CCIEE 中国国际经济交流中心 | 智库丛书
China Center for International Economic Exchanges

国家出版基金项目 NATIONAL PUBLICATION FOUNDATION
"中国经济新发展阶段"丛书

中国方案 智慧
CHINA
CHINESE SOLUTIONS CHINESE WISDOM
THINK TANK SERIES

"十四五"时期中国经济发展新动力与宏观调控体系研究

朱之鑫　刘向东　郭迎锋　等　著

中国经济出版社
CHINA ECONOMIC PUBLISHING HOUSE
·北京·

图书在版编目（CIP）数据

“十四五”时期中国经济发展新动力与宏观调控体系研究 / 朱之鑫等著. -- 北京：中国经济出版社，2022.2

ISBN 978-7-5136-6827-9

Ⅰ.①十… Ⅱ.①朱… Ⅲ.①中国经济-宏观经济调控-研究-2021-2025 Ⅳ.①F123.16

中国版本图书馆 CIP 数据核字（2022）第 033298 号

责任编辑 贺 静
责任印制 马小宾
封面设计 赵 飞

出版发行 中国经济出版社
印 刷 者 北京艾普海德印刷有限公司
经 销 者 各地新华书店
开　　本 710mm×1000mm 1/16
印　　张 25.25
字　　数 338 千字
版　　次 2022 年 2 月第 1 版
印　　次 2022 年 2 月第 1 次
定　　价 88.00 元
广告经营许可证 京西工商广字第 8179 号

中国经济出版社 **网址** www.economyph.com **社址** 北京市东城区安定门外大街 58 号 **邮编** 100011

本版图书如存在印装质量问题，请与本社销售中心联系调换（联系电话：010-57512564）

编写说明

党的十九届五中全会提出，全面建成小康社会、实现第一个百年奋斗目标之后，我们要乘势而上开启全面建设社会主义现代化国家新征程、向第二个百年奋斗目标进军，这标志着我国进入了一个新发展阶段。

2021 年，习近平总书记在省部级主要领导干部学习贯彻党的十九届五中全会精神专题研讨班开班式上，深刻分析了进入新发展阶段的理论依据、历史依据、现实依据，强调进入新发展阶段明确了我国发展的历史方位。新发展阶段，我国发展仍然处于重要战略机遇期，但机遇和挑战都有新的发展变化。进入新发展阶段，我国发展的内部条件和外部环境发生深刻复杂变化。当今世界正经历百年未有之大变局，外部环境出现更多不稳定性不确定性。我国已进入高质量发展阶段，继续发展具有多方面优势和条件，同时发展不平衡不充分问题仍然突出。因此，深入研究阐释“十四五”时期我国发展的战略目标和任务部署，阐释进入新发展阶段、贯彻新发展理念、构建新发展格局、推动高质量发展的丰富内涵和实践要求，围绕高质量发展主题，加强对宏观经济政策的研究阐释，对深化供给侧结构性改革、创新驱动发展战略、建设现代化经济体系、构建双循环发展格局，以及实施乡村振兴战略、实行高水平对外开放等重大举措进行解读，具有重要的研究意义。

中国国际经济交流中心课题组所著的“中国经济新发展阶段”丛书是国内第一套以“中国经济新发展阶段”为主题的丛书，本套丛书深入贯彻党的十九届五中全会精神，准确把握新发展阶段，从新发展阶段中国经济的创新、发展、开放三个方面，围绕高质量发展主题，聚焦科技创新、经济发展新动力、更高水平开放进行研究，深入研究阐释了进入新发展阶段我国构建关键核心技术攻关的新型举国体制、“十四五”时期中国经济高质量发展中新动力成长问题，以及以加强“一带一路”高质量发展顶层设计的更高水平开放促进更高质量发展，对我国科技自强自立的国家发展战略、创新驱动发展战略、宏观经济政策、实行高水平对外开放政策等重大举措进行了解读。

本套丛书内容翔实，结构合理，成果丰富，具有较强的战略性、系统性、针对性和实用性，可以为政府和企业提供重要的决策参考，具有较高的应用价值和研究参考价值。

前言
PREFACE

党的十九大报告提出，“我国经济已由高速增长阶段转向高质量发展阶段，正处在转变发展方式、优化经济结构、转换增长动力的攻关期”。随着新一轮科技革命和产业变革的深入，要素和投资的传统动能会由强变弱，创新需要尽快接棒，形成新动能，推动我国经济持续增长、跃上新台阶。创新能否转换为新动能、能否接棒，既需要市场机制的自然演进发展，也需要制度环境的催化。只有依靠市场和政策“两只手”的最佳组合，围绕我国经济与社会发展进程中的主要矛盾补齐短板，提升发展质量，经济新动能才会从客观需要转为现实存在，驱动经济达到潜在产出水平。

“十四五”时期，既是我国正开启全面建设社会主义现代化国家新征程的开局，也是中国经济迈向高质量发展的关键时期。这一时期，是我国内外部发展条件与环境正发生深刻复杂变化的时期。百年未有之大变局的整体背景下，叠加了新冠肺炎疫情和俄乌冲突的地缘政治风险，对我国实现社会主义现代化的目标既有挑战也有机遇；在我国进入高质量发展阶段的过程中，既有以习近平同志为核心的党中央的坚强领导和双循环发展新格局等基础保障，也有发展不平衡不充分的结构性问题。

本书以上述背景为切入点，探索研究“十四五”时期我国经济增长新动能。在回答如何培育创新发展新动能的问题上，以政策与制度调控的宏观为研究导向，兼顾了产业领域的中观视角和要素结构的微观视角；同时，也采取了路径演绎的纵向维度与国际比较的横向维度相结合的方法，力图能在我国“十四五”时期的发展新动力的总体思路、重点领域和方向、实现路径和支撑政策上破题。

该研究课题由国经中心副理事长朱之鑫同志指导，课题组主要由宏观经济研究部的研究人员组成，统稿由刘向东和郭迎锋完成。

具体分工如下：第一章，发展新动能：探寻实现经济赶超的阶梯，刘向东撰写。第二章，如何认识新动能：聚焦供给体系优化，金爱伟撰写。第三章，如何把脉新动能：瞄准生产率提升，林江撰写。第四章，如何培育新动能：创新驱动产业升级，刘向东撰写。第五章，如何激励新动能：深化体制机制改革，郭迎锋撰写。第六章，如何测度新动能：衡量投入产出效率，刘向东撰写。第七章，美国科技创新的经验做法及启示，金爱伟撰写。第八章，德国培育新动能的经验做法及启示，郭迎锋撰写。第九章，日本产业升级的经验做法及启示，刘向东撰写。第十章，韩国产业转型的经验做法及启示，林江撰写。第十一章，防风险前提下促进经济社会持续健康发展的思路与对策，刘向东、郭迎锋撰写。第十二章，把“稳就业”作为强化逆周期调节的优先目标，刘向东撰写。第十三章，货币政策改革和降低实际利率的途径，郭迎锋撰写。第十四章，当前中国财政政策运用情况及分析，林江撰写。

中国国际经济交流中心宏观经济研究课题组

2022 年 1 月 21 日

目 录
CONTENTS

第一章　发展新动能：探寻实现经济赶超的阶梯　1

一、培育经济新动能的紧迫性增强　3

二、培育新动能面临全要素生产率挑战　12

三、创新引领产业升级的经验借鉴　21

四、培育新动能要有改革新思维　26

五、以科技创新催生新发展动能　32

六、以制度改革激励新动能成长　36

第二章　如何认识新动能：聚焦供给体系优化　41

一、经济发展新动能的内涵及演变　43

二、发展新动能的重要意义　52

三、发展新动能面临的机遇和挑战　57

第三章　如何把脉新动能：瞄准生产率提升　65

一、剖析新动能的来源　67

二、中国新动能发展动向　73

三、中国新动能发展的总体思路　78

四、中国新动能发展的“十四五”目标　82

第四章　如何培育新动能：创新驱动产业升级　85

一、加快形成自主导向的技术创新体系　87

二、加快构建创新导向的现代产业体系　95

三、加快培育市场导向的供应链体系　100

第五章　如何激励新动能：深化体制机制改革　105

一、以深化供给侧结构性改革为主线培育新动能　107

二、完善扶持科技创新的政策体系与体制机制　108

三、优化创新引导产业升级的政策体系　114

四、完善促进市场竞争的政策体系　117

第六章　如何测度新动能：衡量投入产出效率　123

一、发展现状　125

二、测度分析　135

三、国际借鉴　150

四、政策建议　166

第七章　美国科技创新的经验做法及启示　175

一、科技创新是形成新动能的主要源泉　177

二、科技创新政策体现出有效市场和有为政府的结合　180

三、形成新动能有赖于政府治理能力的支撑　182

四、对当前中国培育新动能的启示　183

第八章　德国培育新动能的经验做法及启示　185

一、社会市场经济模式　187

二、德国产业升级和结构调整的历程　190

三、德国新动能培育的新趋势　193

四、德国培育新动能的经验 197
五、德国培育新动能的经验借鉴及教训启示 199

第九章 日本产业升级的经验做法及启示 203
一、日本推动产业升级中的挣扎历程 205
二、日本推动产业转型升级的经验做法 213
三、日本培育新动力成长带来的启示 218

第十章 韩国产业转型的经验做法及启示 223
一、新旧动能转换的升级历程 225
二、主要做法 232
三、重要启示 236

第十一章 防风险前提下促进经济社会持续健康发展的思路与对策 239
一、创新和完善宏观调控的紧迫性与客观要求 242
二、从单一经济增长调控目标转向多重目标统筹调控取向 245
三、中国宏观经济调控面临的目标趋向 252
四、防风险前提下今后应采取更合理的宏观调控政策组合 262
五、防风险前提下今后应采取的宏观调控政策思路与对策 273

第十二章 把“稳就业”作为强化逆周期调节的优先目标 285
一、就业与经济增长出现周期性“背离”现象 287
二、就业与经济增长周期性“背离”的原因 290
三、中美经贸摩擦背景下就业增长面临较大压力 297
四、多措并举促进就业优先政策落实 302

第十三章　货币政策改革和降低实际利率的途径　309

一、中国货币政策改革的总方向、历史沿革与路径　311

二、中国货币政策改革过程中货币政策有效性分析　332

三、货币政策传导机制及畅通利率渠道　335

四、中国货币政策改革路径及畅通货币政策传导途径　348

第十四章　当前中国财政政策运用情况及分析　357

一、当前财政政策调控情况　359

二、财政政策调控的未来空间　367

三、财政政策实施中的其他问题　369

四、政策建议　379

参考文献　383

索　引　387

后　记　391

第一章

发展新动能：探寻实现经济赶超的阶梯

党的十八大以来，我国经济发展进入新常态，经济增长从高速增长转向中高速增长，发展方式从规模速度型粗放增长转向质量效率型集约增长，发展动力从传统增长点转向新的增长点，即加快新旧动能转换和着力培育壮大新动能成为推动经济高质量发展的重要途径。目前，社会各界对“新动能”的理解各有侧重，相关概念没有标准的定义。党的十九大报告中曾指出，要“在中高端消费、创新引领、绿色低碳、共享经济、现代供应链、人力资本服务等领域培育新增长点、形成新动能”[①]。从动力变革角度看，科技创新是培育发展新动能的核心动力。习近平总书记指出，必须实现依靠创新驱动的内涵型增长，既要大力提升自主创新能力，突破关键核心技术，催生新发展动能，同时还要以深化改革激发新发展活力，不断适应解放和发展社会生产力的要求[②]。基于此，“新动能”可理解为“在新一轮技术革命和产业变革创新引领下，通过深化供给侧结构性改革来激发培育经济发展新动力”。

一、培育经济新动能的紧迫性增强

随着人民生活水平的不断提高，人口老龄化进程加快，资本回报率趋势性下降，外部环境日趋复杂多变，我国的供给体系已不适应新常态发展的规律要求，创新能力不适应高质量发展要求，重点领域关键环节

① 《党的十九大报告辅导读本》编写组．党的十九大报告辅导读本[M]．北京：人民出版社，2017.

② 习近平．正确认识和把握中长期经济社会发展重大问题[J]．求是，2021(2).

改革任务仍然艰巨，促使寻找和培育经济发展新动能更为迫切。

（一）经济进入发展新常态

党的十八大以后，我国经济发展进入新常态，呈现出新特征：从高速增长转为中高速增长，经济结构转型升级，从要素驱动、投资驱动转向创新驱动。

（1）我国经济从高速增长转向中高速增长阶段。在经历国际金融危机的洗礼后，我国经济增速由2010年第一季度的12.2%逐步回落至2019年第四季度的6.0%。其中2012—2016年我国经济平均增速为7.4%，2017—2019年平均增速为6.5%，2018—2019年受中美经贸摩擦影响，总体呈下台阶走势。受新冠肺炎疫情冲击，2020年我国经济增速出现较大波动，全年经济增速只有2%左右，但在疫情得到控制后，增长的韧性逐步体现出来，第四季度反弹至6%左右（见图1-1）。除了2021年会有预期的超跌反弹外，接下来经济增长还会趋势性再下降一个台阶吗？对于此观点存在一些争论。从我国经济增速趋势上看，只要我国经济新旧动能转换到位，“十四五”时期我国经济增速仍有望维持在5%以上中高速水平。

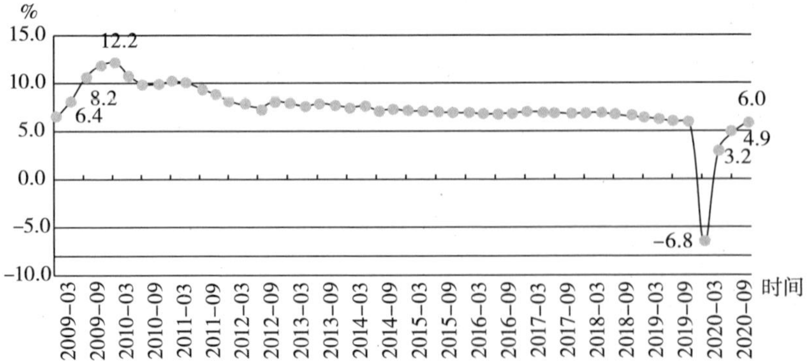

图1-1　2009—2020年中国经济增速变化

资料来源：Wind资讯。

（2）我国产业结构加快调整优化的步伐。近年来，我国经历了产业结构的调整优化，第一、第二、第三产业结构已由2012年的9.1∶45.4∶45.5

转变为2019年的7.1∶38.6∶54.3。自2012年第三产业占GDP比重超过第二产业后，第三产业发展成为经济增长的最大贡献力量，第三产业对GDP增长的贡献率已由2012年的45%攀升至2019年的63.9%。与此同时，产业结构内部也在加速调整升级，新产业、新模式、新产品蓬勃发展，成为推动经济增长、结构调整优化的新动力。农业现代化水平不断提高，2019年农业科技进步贡献率达到59.2%，农作物耕种收综合机械化率超过70%，主要农作物自主选育品种提高到95%以上；制造业向中高端迈进，2019年高技术制造业增加值占规模以上工业增加值的比重达到14.4%，装备制造业增加值占比达到32.5%；战略性新兴服务业、高技术产业投资和工业技术改造投资保持较高增长。特别是，新产业、新业态、新商业模式加快成长，数字经济优势凸显，新动能进一步壮大。国家统计局数据显示，2019年经济发展新动能指数比2015年增长了166.0%，而网络经济指数对经济发展新动能指数增长的贡献率为80.5%；“三新”经济[①]增加值占GDP的比重为16.3%，战略性新兴产业增加值占GDP比重达到11.5%，高技术产品出口额占出口总额的比重为29.3%。随着产业结构的持续优化，能源利用效率逐步提高，2013—2019年单位GDP能耗平均下降4.1%。

（3）我国经济转向创新驱动取得新进展。近年来，我国致力于由要素和投资驱动转向创新驱动发展，制定创新驱动发展战略，加快建设创新型国家[②]步伐，科技创新能力持续提升，科技进步对经济的贡献力日益增强。我国科技进步贡献率从2012年的52.2%提升至2019年的

---

① “三新”经济是指以新产业、新业态、新商业模式为核心内容的经济活动的集合，其增加值衡量的是一个国家（或地区）所有常住单位在一定时期内从事“三新”经济生产活动创造的增加值，核算范围根据《新产业新业态新商业模式统计分类（2018）》确定，由国家统计局按照《新产业新业态新商业模式增加值核算方法》，利用相关统计资料和国民经济核算资料，采用生产方采用增加值率法、相关指标推算法等多种方法核算。

② 创新型国家是指以创新为经济社会发展核心驱动力的国家，其特征在于科技进步贡献率在70%以上，研发投入占GDP的比重高于2%，对外技术依存度一般低于30%，所获得的美国、日本、欧盟三方授权专利数位居全球前列。

59.5%，由世界知识产权组织（WIPO）评估的国家创新能力排名由2012年的第20位攀升至2019年的第14位，研究与试验发展经费支出由2012年的1.03万亿元提升至2019年的2.21万亿元，其占GDP比重由2012年的1.98%攀升至2019年的2.23%。2018年我国专利密集型产业增加值超过10万亿元，占GDP的11.6%。

（二）经济潜在增速呈趋势性下降态势

随着人均GDP超过1万美元，“十四五”时期我国正处于由中等收入国家向高收入国家转变的关键阶段，中国经济增长放缓至新常态，是符合普遍发展规律的。少数跨越中等收入陷阱的经济体都在人均GDP达到这一水平后经济增速出现“下台阶”迹象。

（1）我国经济潜在增长率趋势性下降是发展规律使然。作为追赶型经济体，我国正经历从高速增长阶段向中高速增长阶段的转换。2019年我国经济发展水平与1973年的日本、1992年的韩国相似，达到一定阶段都会经历增速下台阶过程，只是近年来我国经济潜在增长率下降势头有所加快。作为大规模经济体，我国经济体量和发展水平逐步提升，资本存量将会随之逐步接近稳态，部分领域技术追赶愈加接近前沿水平，人口老龄化、少子化进程加速，这些因素促使我国经济增速逐步放缓①。在高速增长开始后的第三个或第四个十年后，日本、韩国、德国、新加坡等经历高速增长的经济体都经历过经济增速下台阶的过程。

（2）我国经济潜在增长率与实际增速存在一定缺口。近年来，我国的需求结构和生产函数发生了变化，特别是生产函数变化已影响到经济增长动力变化。基于生产函数法的测算，近年来，我国潜在经济增长率由2008—2013年的平均9.88%下滑至2014—2019年的7.25%，其中从2014年的8.3%下滑至2019年的6.5%，呈现趋势性下降态势，而且与

① 刘世锦，刘培林，何建武．我国未来生产率提升潜力与经济增长前景[J]．管理世界，2015(3)．

经济实际平均增速存在一定缺口，2008—2013 年平均缺口为 0.73 个百分点，2014—2019 年平均缺口为 0.4 个百分点①。

（3）我国经济增速正呈现出稳步趋势性下降且缓慢收敛态势。有研究表明，当人均收入达到一定水平后，在迈向高收入经济体的成长中都会经历经济增速台阶式下降的过程②。日本和韩国在基本完成工业化后，其经济增速经历了两次“下台阶”过程，其中日本由 20 世纪 60—70 年代的年均 9% 左右的高速增长，逐步迈入 20 世纪 70—90 年代的 4% ~5% 的中速增长阶段，到 20 世纪 90 年初泡沫经济破灭后，日本经济增速再下台阶，进入年均增长 1% 左右的低速增长阶段。韩国在 20 世纪 60—90 年代中期实现年均 8% 左右的高速增长，在亚洲金融危机后经济增速下台阶至 5% 的中速增长，并维持了 10 年左右的时间，而在 2008 年国际金融危机后经济增速再次下台阶，进入 3% 左右的低速增长阶段③。自 2010 年起，我国经济增速已由 10% 左右的高速增长下降至 6% ~7% 的中高速增长。按照“十四五”规划建议提出的到 2035 年基本实现社会主义现代化的目标，要用 15 年时间完成人均 GDP 水平翻一番的任务，这意味着年均 GDP 实际增速至少要达到 4.8% 左右，而“十四五”时期经济增速至少保持在 5% 以上，全要素生产率对经济增长的贡献率要达到 10% 左右④。未来 15 年时间内，我国经济潜在增长率有望逐步下降至 4% ~5%，这意味着实际增速也可能维持在这一区间。只要我国经济增速能维持在这一中速增长水平，到 2035 年就能基本实现社会主义现代化的最终目标。

（4）供给侧结构性改革推动潜在增长率回升。2015 年年底开启第一阶段供给侧结构性改革，“三去一降一补”的政策举措已取得积极成

---

① 刘伟，陈彦斌. 2020—2035 年中国经济增长与基本实现社会主义现代化[J]. 中国人民大学学报，2020(4)：54 - 68.

② 刘世锦，等. 陷阱还是高墙？[M]. 北京：中信出版社，2011.

③ 刘世锦，王子豪等. “十四五”时期中国经济新增长潜能[M]//刘世锦，主编. 读懂“十四五”：新发展格局下的改革议程. 北京：中信出版社，2021：124 - 169.

④ 刘哲希，陈彦斌. “十四五”时期中国经济潜在增速测算——兼论跨越“中等收入陷阱”[J]. 改革，2020(10)：33 - 49.

效，产能过剩问题得到有效缓解，企业生产成本下降和杠杆率趋稳，房地产去库存和脱贫、生态等领域补短板取得积极进展，部分行业市场得到出清，供给结构得到优化，全要素生产率止跌回稳。面对供给侧结构性改革中出现的新问题、新形势，2018 年年底中央经济工作会议提出了第二阶段的供给侧结构性改革，即在"巩固、增强、提升、畅通"八个字上下功夫，更多运用市场化、法治化手段，巩固"三去一降一补"成果，增强微观主体活力，提升产业链水平，畅通国民经济循环。2016 年以来，我国通过深入推进供给侧结构性改革，缩小了实际经济增速与潜在增速的缺口，提升了经济增长水平。现实证据是，2019 年第四季度我国工业产能利用率达到 77.5%，接近历史最高水平 78%（2017 年第四季度）；2019 年 12 月城镇调查失业率为 5.2%，也接近有统计发布以来的历史最低值 4.8%（2018 年 11 月），消费者物价指数（CPI）和工业生产者出厂价格（PPI）保持在较低水平，并未因实际经济增速超过潜在增速而出现较高通货膨胀问题。

（三）要素投入动力发生结构性变化

近年来，我国经济增长的动力发生了变化，传统依靠劳动力和资本要素投入的数量型增长逐步减弱，而依靠全要素生产率和人力资本驱动的质量型增长动力不足，造成潜在增速持续下滑。要延缓持续下滑势头，需要提升全要素生产率（TFP），培育发展新动力，使潜在增长率稳定在相对中速的阶段。

（1）劳动力要素投入支撑经济增长的动力减弱。近年来，我国人口结构发生深刻变化，适龄劳动力人口下降趋势明显。自 2012 年我国 16～59 岁劳动年龄人口数量首次出现下降后，已连续 8 年继续下降，2019 年下降至 8.964 亿人，占我国总人口比重下降至 64%，较 2013 年下降了 3.6 个百分点，而 60 岁及以上人口占比攀升至 18.1%，较 2013 年上升了 3.2 个百分点，这意味着人口红利逐渐消失，而人口抚养比逐渐上升和人口老龄化加剧对经济增长的约束性增强。与此同时，我国每年外出务工农村人数增速放缓，已由2012年的3%以上下降至不足1%，农村可供转移的年轻劳动力已较为有限，2019年40岁以上农村外出务工人数达到49.4%，农村外出务工人数增速放缓正在造成部分地区“用工荒”问题。2003年以来，东部沿海地区已出现劳动力短缺现象，进而造成用工成本加速攀升，低劳动力成本要素比较优势显著减弱，迫使很多制造企业选择“机器换人”。劳动力产业间转移放缓是造成经济结构性减速的重要原因。近年来，我国劳动力出现从劳动生产率较高的第二产业转移到劳动生产率较低的第三产业（如零售、住宿等服务业）的现象。三产中服务业占比越来越高，服务业不能实现规模化，从而造成经济出现结构性减速，这是造成全要素生产率下降的客观因素。从三次产业的比较劳动生产率看，2003年以来，第二产业的比较劳动生产率出现趋势性下降，已跌破1.4并向1.0点逼近，而同期第三产业比较劳动生产率也逐步下降，且处于第二产业的下方向1.0点方向逼近。这意味着第二产业劳动生产率提升幅度已有所放缓，而第三产业劳动生产率提升更为缓慢，劳动者从第二产业转移到第三产业引致生产率下降（见图1－2）。

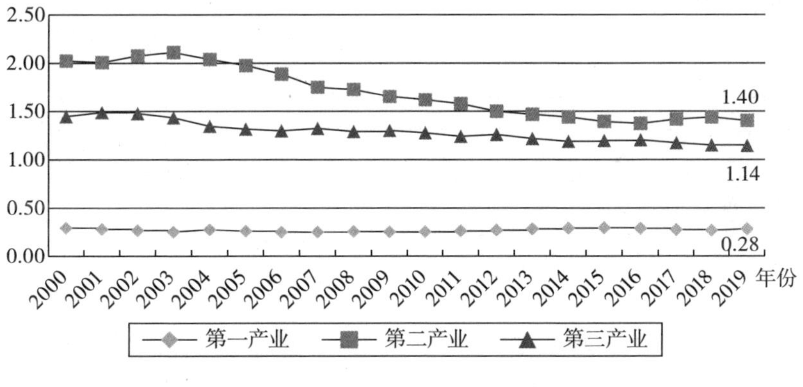

图1－2　2000—2019年我国三次产业比较劳动生产率变化

资料来源：笔者计算。

（2）资本投入呈现出边际效率递减迹象。受人口老龄化加速和家庭开支成本增加的影响，我国国民储蓄率呈现出下降态势，已由2010年的

50.9%下降至2019年的44.4%，而同时居民部门杠杆率由2010年年末的27.3%攀升至2020年第三季度末的61.4%。人口抚养比上升和住房成本开支增加，以及居民高储蓄率趋势性下降，直接导致我国投资率下降，已由2010年的47.0%下降至2019年的43.1%。2010年以来，中国的资本回报率快速下降，物质资本投入的边际报酬在递减，表现为我国投资效率在持续下降，造成报酬递减与低增长的不良循环越发显著。1985—2007年我国资本形成效率（固定资本形成总额/全社会固定资产投资完成额）平均为0.97，而2008—2019年降至0.63。我国增量资本产出率（单位GDP增量所需固定资产投资额）已由2010年的4.0%一度攀升至2015年的12.4%，此后经供给侧结构性改革调整结构后有所下降，但2019年仍保持在8.3%的高位（见图1-3），这意味着依靠高投资支撑经济高速增长的格局已发生改变，资本驱动的增长方式已呈现出低效率问题，挤压了全要素生产率的改进空间，短期内不做出扭转，经济将面临长期失速的风险。

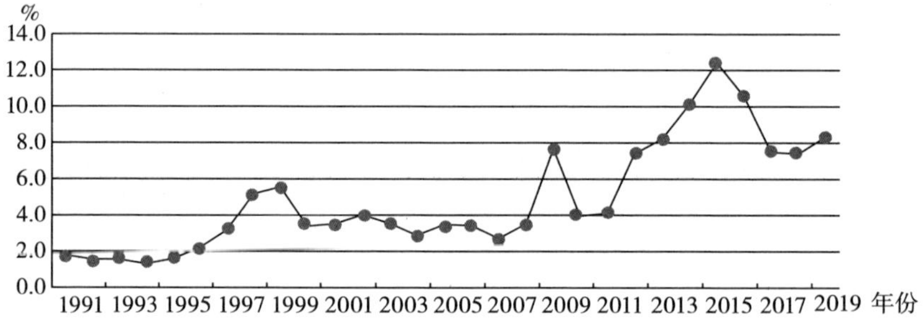

图1-3　1991—2019年我国增量资本产出率变化

资料来源：国家统计局。

（3）土地和环境硬约束持续增强。长期以来，地方政府控制出让规模和速度，造成建设用地供不应求，推动了土地价格大幅上涨。2012年以来，全国国有建设用地供应量逐年下降。在新增供地总量下降的情况下，发展快的地区土地指标不够用，造成地价过高，挤压了地方的城镇化、工业化空间。建设用地协议和出让价格从1998年的每亩5万元上涨到2017年的每亩221万元，土地出让价格年均上涨率为22.07%，19

年间价格翻了 44.2 倍[①]。中国经济进入高质量发展阶段，一个突出问题是生态环境污染和二氧化碳排放问题。在坚决打赢污染防治攻坚战和实现 2030 年碳达峰、2060 年碳中和的目标约束下，限制资源消耗的硬约束压力日趋强化，生态环境保护的刚性压力进一步增大，主要受环境容量和碳减排压力制约，经济发展与资源环境之间的矛盾日益突出，发展方式不得不向环境友好、绿色低碳方向转变。特别是，我国提出了 2030 年碳达峰和 2060 年碳中和的目标，将加速推动工业转型升级和低碳改造，因为工业领域的二氧化碳排放占到全国总排放量的 80% 左右。因此，尽快明确“十四五”期间重点工业行业的碳达峰和碳中和目标是保证全国 2030 年前碳达峰和 2060 年前碳中和目标实现的关键。

（4）全要素生产率提升速度较为缓慢。鉴于劳动力转移和资本深化对效率提升作用减弱，全要素生产率提升速度也较为缓慢。从世界大型联合会计算的 TFP 增速看，近年来，我国 TFP（修正）增速呈现出递减态势，从 2006—2010 年的 1.1%（6.5%）下降至 2011—2015 年的 -0.7%（3.6%），进入“十三五”时期再次下降至 -1.6%（3.1%）。其中，2019 年我国 TFP（修正）增速为 -0.1%（见图 1 -4），与经合组织（OECD）国家持平，略高于全球平均的 TFP 增速 0.1 个百分点，而同期美国和日本的 TFP 增速为 0.5%，这意味着我国全要素生产率对经济增长的贡献远低于美国、日本等发达经济体。全要素生产率是科技进步及其创新应用的体现，在这一方面我国与发达国家仍有较大的现实差距，对此，我国要加以正视并切实着力改善。荷兰格罗宁根大学依据佩恩表[②]数据进行的测算显示，2017 年我国的全要素生产率只相当于美国的不到 40%，而德国、日本、韩国分别相当于美国的 99%、75% 和 63%（见图 1 -5）。

---

① 周天勇．深化土地体制改革与理顺经济运行[J]．学术月刊，2020(2)：30 -43.

② 佩恩表（Penn World Table 9.1），最初由美国宾州大学“生产、收入、价格国际比较研究中心”编制，目前由加州戴维斯分校和格罗宁根大学维护，共汇集了 167 个国家的国民经济总量、资本、劳动力、生产率等国际比较数据。

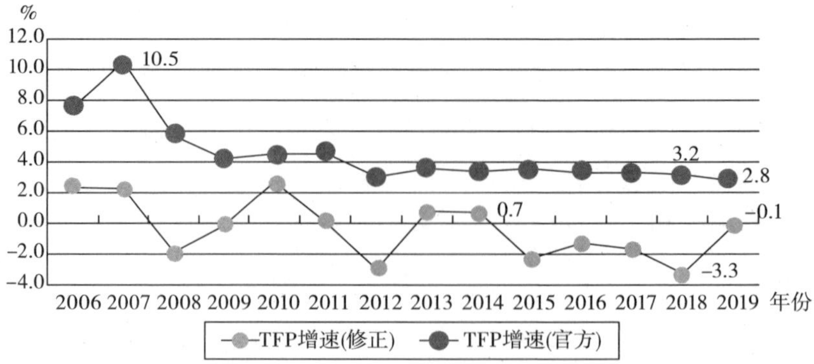

图 1-4　2006—2019 年我国全要素生产率增速变化

资料来源：The Conference Board Total Economy Database（Adjusted version），July 2020。

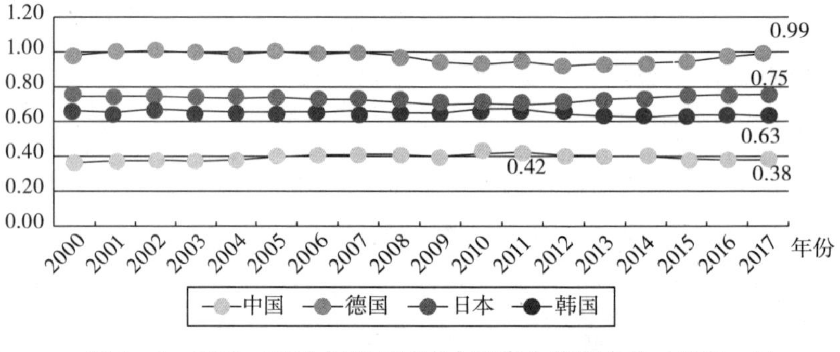

图 1-5　2000—2017 年主要国家全要素生产率变化（美国 =1）

资料来源：荷兰格罗宁根大学测算。

二、培育新动能面临全要素生产率挑战

当劳动力和资本要素投入形成的动能减弱后，生产要素供需条件正在发生显著变化，土地、劳动力、资本、能源资源等传统要素对经济增长的拉动作用减弱，科技、人才、信息、数据等新型要素对经济增长的重要性上升。但我国依靠粗放式要素投入的增长路径依赖造成全要素生产率贡献长期偏低，对工业化结构和生产方式带来持续冲击。在传统产业产能趋于饱和而新兴产业供给不足的背景下，传统的依靠要素投入的

增长模式难以为继，加快寻找经济发展新动力就变得日益迫切。经济新常态下，全要素生产率成为未来中国经济发展的新动力，经济增长方式转向提高全要素生产率显得尤为重要。从产业结构变迁看，我国存在着创新能力不足、产业升级艰难和产业链不稳定上升等问题，粗放式要素资源配置和产业链内倾化等因素抑制了全要素生产率的提升。

（一）创新能力不适应高质量供给发展要求

随着我国与发达国家技术水平差距的缩小，技术引进的外溢效应减弱，而自主创新能力受到体制机制的制约，不适应高质量供给发展的要求。提高全要素生产率的核心因素是创新。自主创新能力不足的根源在于基础研究投入占比较少，科技成果转化率不高，创新链、产业链和供应链环节不畅。

（1）我国基础研究投入占比偏小。基础研究是典型的公共产品，强大的基础科学研究是建设世界科技强国的基石。《2019 年全国科技经费投入统计公报》显示，2019 年我国基础研究经费投入占研发经费比重约为 6.03%①，但与世界主要创新型国家 15% ~20% 的占比差距仍然较大。早在 20 世纪 80 年代，美国、日本、韩国这一比重就超过 10%，近十年更是保持在 12% ~18%。我国 SCI 科技论文平均被引次数只有 10 次/篇左右，低于世界平均 12.61 次/篇被引次数②。基础研究投入不足造成原创性研发能力薄弱，高端产品基础零部件和关键技术依赖于国外高科技企业供给，附加值高、技术和知识密集型产品研制后劲不足，难以满足居民消费升级对中高端产品的需要。我国基础研发结构指标落后于美国、日本和德国等创新型国家，原因在于，整体研发经费占 GDP 比重仍低于大部分创新型国家，R&D 经费投入强度与美国

① 国家统计局，科学技术部，财政部．2019 年全国科技经费投入统计公报[EB/OL].2020 - 08 - 27. http://www.stats.gov.cn/tjsj/zxfb/202008/t20200827_1786198.html.

② 白春礼．世界科技前沿发展态势[R].2020 年 12 月 26 日十三届全国人大常委会第二十一讲专题讲座.

（2.83%）、日本（3.26%）等科技强国相比尚显不足。基础研究投入较少，造成原始创新能力薄弱，严重制约了产业企业创新能力的提升。我国基础研究还存在中央投入多、地方投入少和政府投入多、企业投入少等问题，特别是我国基础研究主要依靠高等学校、政府属研究机构，企业从事基础研究的较少，在基础研究上的经费投入更少。2019 年，高等学校和政府属研究机构对全社会基础研究经费增长的贡献分别为 54.0% 和 35.6%，而企业参与投入的基础研究经费占比只有 3.8%。究其原因，我国具有计划色彩的科研管理体制不利于企业提升创新能力，主要体现在政府主导的科研经费投入和分配，容易造成创新资源的错配，市场缺少对创新投入的耐心资本，使企业难以追求原创性创新成果，而且知识产权保护制度不完善和保护力度不够，企业加大研发投入搞创新的意愿偏低。

（2）高价值的发明专利数量并不占优势。从国际 PCT 专利申请量上看，中国已成为发明专利产出数量的大国。2019 年中国的 PCT 申请数量达到 59005 件，跃居世界第一，是美国的 102%、日本的 112%。截至 2019 年年底，我国国内（不含港澳台）发明专利拥有量为 186.2 万件，每万人口发明专利拥有量达到 13.3 件。我国 PCT 申请专利数量于 2019 年超越美国，专利数量的全球占比达到 22.26%。然而，据世界知识产权组织（WIPO）统计，1993—2018 年，中国持有的美国发明专利累计为 7.3 万件，而美国持有的中国发明专利累计为 24.5 万件，是前者的 3.3 倍。从专利价值看，我国持有高价值的发明专利偏少，而要提升技术水平，尚需从跨国公司获取专利许可。根据国家外汇局统计，2019 年中国知识产权使用费逆差高达 277.24 亿美元，占我国服务贸易逆差总额的 10.69%，是除旅游之外最大的服务贸易逆差项。从专利质量指标看，我国的专利在专利引用率、专利维持率、专利商业化和平均专利申请数量方面仍然落后于前沿国家。从专利结构看，我国申请和授权的实用新型专利较多，而发明专利相对较少。国家知识产权局的数据显示，2019 年我国实用新型和外观设计的国内外授权量分别占到 61.0%和21.5%，而发明专利占比只有 17.5%。专利申请数量的增加，既有研发投入增加和知识产权保护的改善等原因，也在一定程度上反映了政策激励的结果。我国各级政府设置了每万人专利拥有量的规划指标，并推出有关增加知识产权的激励措施，从而造成容易获取的实用新型专利较多，但不少这类专利在经济上或技术上价值不大，很多授予的实用新型专利在5 年内被放弃，即专利持有者停止支付专利维护费（年费）[①]。

（3）科技成果转移转化成效不高。科创成果转化难、转化慢是世界性难题（被称为难以跨越的“达尔文之海”）[②]。我国创新链上下游衔接不畅，特别是从基础研究到市场应用的转化过程中存在难以逾越的鸿沟。《中国科技成果转化 2019 年度报告（高等院校与科研院所篇）》[③]显示，我国科技成果转化规模有所提升，2018 年 3200 家高校院所以转让、许可、作价投资方式转化科技成果的合同金额达 177.3 亿元，但 3200 家高校院所中仅有 688 家设立技术转移机构，且只有 307 家单位认为技术转移机构在成果转化中发挥重要作用。科技成果转化率偏低的原因有很多，既有专业服务机构和服务人才匮乏，也有科技成果本身转化价值偏低且与市场需求脱节，还有科技成果转化导向评价机制和公益类成果转化激励体系不健全等问题。我国科研体制存在的长期弊端是“求新不求用”，即存在先研发、后转化、再推广的特征，而且在研发

---

① 国务院发展研究中心，世界银行．创新中国：培育中国经济增长新动能[M]．北京：中国发展出版社，2019：78－79.

② 科研成果产业化过程中有三个阶段：实验室成果阶段、中间试验阶段和生产定型阶段，其中，新技术在实验室取得突破后，后续如果不能及时得到资金、设备、人才等产品转化配套支持，只能作为专利技术报告束之高阁，即便后续得到向定型完善产品的转化，倘若不能深化产学研合作，缺少继续孵化的动力，多数企业并不愿意承担为新产品开拓新市场的风险，造成很多新研制的产品难以得到市场反哺而最终“出师未捷身先死”。

③ 中国科技评估与成果管理研究会，国家科技评估中心，中国科学技术信息研究所．中国科技成果转化 2019 年度报告（高等院校与科研院所篇）[M]．北京：科学技术文献出版社，2020.

环节对科研人员的激励不足，造成科技与产业“两张皮”现象严重，其中间过程既有科研体制僵化难令科研人员全程参与成果转化，极易形成单向度的知识和技术输出模式，也有风险资本投入不足，难促成商业应用，存在孵化器专业服务不强和企业支撑承接不力等问题。总体来看，我国尚未形成市场导向的科技创新体系。

（4）人力资本红利未得到有效释放。人力资本是内生经济增长动力的重要源泉，生产率的提升关键要依赖于人力资本水平的不断积累。受益于资本的深化，我国人力资本得到了快速积累，但与发达国家相比，我国人力资本投入仍有较大差距。教育部数据显示，2019 年劳动年龄人口平均受教育年限达到 10.7 年，新增劳动力平均受教育年限达到 13.7 年[①]，但是与德国（14.2 年）、美国（13.4 年）、加拿大（13.4 年）、瑞士（13.4 年）、英国（13.2 年）、以色列（13.0 年）、日本（12.9 年）、韩国（12.2 年）等国仍存在 1.5～3.5 个百分点差距[②]。假如我国劳动年龄人口平均受教育年限能尽快提升 1.5 个百分点至韩国当前的水平，将会使生产率回升，对经济增长产生正向带动作用。据中国社会科学院人口与劳动经济研究所测算，我国把劳动年龄人口平均受教育年限提升 1.5 个百分点，将使中国的潜在增长率平均增加 0.2 个百分点[③]。与发达国家相比，我国创新型人才数量与建设创新型国家的需求相比仍有差距，发达国家的每万名就业人员的 R&D 人员数量约为我国的 2 倍。对应到公共教育支出上，2017 年我国公共教育支出占 GDP 比重只有 4.14%，低于经合组织国家 5.2% 的平均值，因而在科学教育、

① 教育部．教育 2020“收官”系列新闻发布会第一场：介绍“十三五”期间国家教育改革发展、教师队伍建设、教育经费投入与使用、信息化建设情况［EB/OL］. 2020－12－01. http://www.moe.gov.cn/fbh/live/2020/52692/.

② United Nations Development Programme. Human Development Report 2020：The next frontier Human development and the Anthropocene［EB/OL］. http://hdr.undp.org/sites/default/files/hdr2020.pdf, Table 1：P343.

③ 张车伟，蔡翼飞，编著．中国人口与劳动绿皮书（No. 21）——“十四五”时期人力资本提升与经济高质量发展［M］. 北京：社会科学文献出版社，2020.

职业教育、终身学习等方面与发达国家也有较大差距。

（二）产业结构优化升级难度较大

这些年来，我国实施供给侧结构性改革，有序淘汰了一批落后产能，培育发展了一批优势产能，在一定程度上缓解了产能过剩问题，生产效率得到一定提升，但因缺少强有力的科技创新成果支撑，关键核心技术“卡脖子”问题突出，产业链、供应链存在诸多堵点断点，产业基础能力不足，产业链现代化水平不高，结构性失衡较为严重，人力资本投入相对不够。

（1）有效中高端供给明显不足。尽管我国拥有独立完整的工业体系，也是全世界唯一拥有联合国产业分类中所列全部工业门类的国家，但我国制造业大而不强的局面并未改变，中低端产品和服务供过于求，而高质量供给明显不足。反映在产业结构上，这意味着传统中低端产业逐步在衰退，但新兴产业成长较为缓慢，不能及时跟上消费升级的需要。我国不能及时提供高质量的供给，主要在于许多行业产业链、供应链不完善不健全，可贸易的制成品面临关键技术或零部件受制于人的问题，如操作系统、高端光刻机仍被国外公司垄断，高端医疗仪器设备、高端医用试剂及重大疾病的原研药、特效药基本依赖进口，高档数控机床、高档仪器装备等关键件精加工生产线的制造及检测设备 95% 以上依赖进口，汽车制造依赖的数控系统 80% 以上依靠进口。130 多种关键基础材料中，32% 在我国仍为空白，52% 依赖进口。智能传感器及相关芯片进口占比也达到八九成，高铁装备、工业机器人、船舶等核心零部件也基本依赖进口。究其原因，主要还是在于我国产业基础能力不足，核心基础零部件（元器件）、关键基础材料、先进基础工艺、产业技术基础能力不足。我国制造的智能手机中核心基础软件、操作系统等几乎完全依赖国外。例如，华为公司受到美国制裁后不得不加速研发其鸿蒙系统。

（2）产业间结构性失衡问题凸显。经过两轮的供给侧结构性改革后，我国钢铁、煤炭、石化、建材、有色金属等传统制造产能陆续达到市场峰值后逐步进入回落阶段，在高技术制造业占比尚未提升上来时，制造业占比仍有下降空间。我国制造业增加值占 GDP 比重已由 2004 年的 32% 左右下降至 2019 年的 27% 左右（见图 1-6）。过去一段时期，我国服务业占比上升很快，这在相当程度上是房地产和金融业快速膨胀的结果[①]。除了实体经济结构供需失衡外，金融、房地产与实体经济的失衡也比较突出，导致经济循环不畅。据测算，我国金融业和房地产业增加值合计占 GDP 比重已由 2004 年的 8.5% 攀升至 2019 年的 14.9%，其中 2019 年金融业与房地产业增加值占 GDP 比重分别为 7.73% 和 7.14%。2019 年，我国制造业实现利润总额约 5.2 亿元，平均资本利润率不足 5%，而同期全国商业银行累计实现净利润 2 万亿元，平均资本利润率接近 11%。两个行业平均盈利能力的差距，自然造成逐利资金不愿意流向实体经济。金融、房地产等领域挤占过多资金，使得制造业经营获利更加艰难，中小制造企业纷纷停产或迁移。

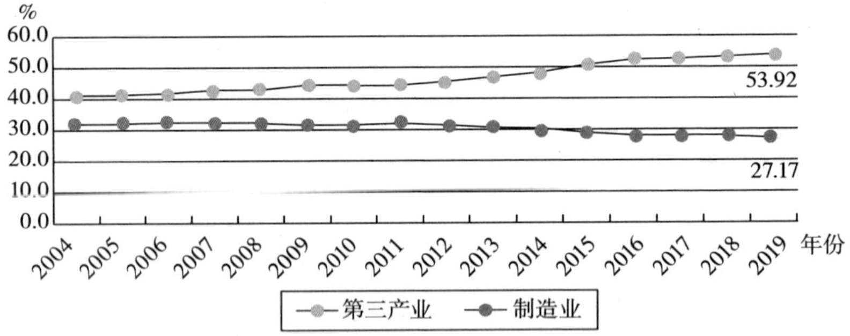

图 1-6　我国制造业和第三产业增加值占 GDP 比重变化

资料来源：国家统计局。

（3）产业链、供应链的不稳定性增加。国际金融危机后，全球产业分工已逐步呈现出区域化倾向，价值链长度呈缩短趋势，美国提出再

① 王一鸣．百年大变局、高质量发展与构建新发展格局[J]．管理世界，2020(12)：1-12.

工业化战略，发达国家加强外商投资安全审查，特朗普政府挑起贸易争端，突如其来的新冠肺炎疫情造成供应链受阻。各种迹象表明，全球产业链供应链面临重构和断裂风险，特别是新冠肺炎疫情进一步冲击各国对产业链安全的担忧，有些国家已采取措施引导企业回迁或转移生产线，以确保国内供应链安全。从趋势上看，全球产业链逐步沿着两个方向演变：一个是在纵向分工上趋于缩短供应链条，即产品生产集中在企业内部进行；另一个是在横向分工上趋于区域化本地化集聚，即在靠近消费地或生产地的区域内集中生产①。短期内因资本逐利的特性，企业会自主调整供应链的动力不会发生逆转性变化，但中长期内出于国家安全的需要，全球产业链将会在国家之间发生结构性变化，即越来越多的国家经济体更加强调产业链自主可控，甚至会动用国家安全力量把涉及国计民生安全的战略性产业强行保留在国内，以减少对他国供应链的依赖，规避关键物资或关键技术被“卡脖子”的风险。

（4）高技能人才短缺制约日益显著。高质量供给和产业升级有赖于熟练技术工人及其工匠精神的培育，而我国现阶段对高技能人才的培育准备不足，已跟不上产业升级和新兴产业发展的需要。特别是，我国技能人才队伍规模偏小，高技能人才缺口较大。随着数字经济的快速发展，国内社会对数字化技能人才需求缺口较大。据不完全统计，市场需求迫切的人工智能、物联网、大数据等技术工人新型职业已达到 38 个，未来五年新型职业人才缺口将超过 9000 万人。以就业为导向的职业教育课程设置、师资力量和人才培养模式相对滞后，适应新职业、新知识、新技术、新技能的多学科交叉的复合型技能人才职训体系尚不完善，人才供给与企业需求脱节问题依然严重，现有中高职业学校尚不适应产业快速转型升级和新型工作应用场景的标准要求。

---

① 中国社会科学院经济研究所．中国经济报告 2020：大变局下的高质量发展[M]．北京：中国社会科学出版社，2020：6.

（三）深层次制度因素制约生产率提升

在我国经济从“数量追赶”向“质量追赶”的转变过程中，提高全要素生产率成为核心任务之一。我国全要素生产率提升将面临诸多挑战，现有的体制机制尚制约着生产要素自由流动和资源优化配置，制约着技术创新转化和产业转型升级。

（1）现有科技创新促进机制对企业研发创新的激励不够。2012 年《关于深化科技体制改革加快国家创新体系建设的意见》确立了企业在技术创新中的主体地位。当前，我国科技创新仍存在一些制约企业研发创新的体制机制，包括各种看得见或看不见的“玻璃门”“弹簧门”“旋转门”。从研发投入看，企业研发经费支出占比较高，但企业对基础研究重视不够，缺乏重大原创性成果，底层基础技术、基础工艺能力不足①，特别是制造业部门研发投入相对较低，制造企业技术创新能力不强。有限的政府支持研发创新资金普遍存在配置低下问题，甚至存在一定的负激励效应，如对新能源汽车产业的补贴，初衷虽是刺激新能源汽车研发创新，但随后却引发大规模的“骗补”闹剧。我国科技创新的环境还不够完善，科研项目和资金管理水平还有待提升，正确的科技评价导向尚未完全确立②，政府资助的科技创新成果的产权归属仍不明晰，宽容失败的激励机制尚不健全，知识产权保护仍有改善空间，对创新型中小微企业的激励机制尚不完善。

（2）政府干预的激励政策难以促进产业优化升级。为加快培育新动能成长，各地政府纷纷制定了有关培育战略性新兴产业的扶持政策举措，包括制定产业目录，设置市场准入、项目审批和核准，分类供地放贷，强制性关停淘汰等直接干预做法，有选择地对某些具体产业、技术

---

① 李晓红．提升企业技术创新能力[M]//《中共中央关于制定国民经济和社会发展第十四个五年规划和二〇三五年远景目标的建议》辅导读本．北京：人民出版社，2020：202－207.

② 王志刚．完善科技创新体制机制[M]//《中共中央关于制定国民经济和社会发展第十四个五年规划和二〇三五年远景目标的建议》辅导读本．北京：人民出版社，2020：208－214.

路线、特定产品或特定企业给予扶持，而强行限制和排除某些被认定的“落后”产业，甚至不顾自身既有的产业基础和特定要素禀赋，想要无中生有地培育战略性新兴产业和高新技术产业，而不是放手让市场来引导企业的产业投向、扎实推进改革降低企业生产成本和制度性交易成本。这种不顾产业发展技术、人才和资源禀赋的片面追求新产业换取新动力的做法，往往得不偿失，反而造成大量资源的浪费，扭曲了公平获取各类资源的市场竞争，削减了企业依靠技术进步获取生产率提升的机会。例如，各地纷纷上马芯片产业造成人才资源分散和低效投资，号称投资 1230 亿元的武汉弘心事件凸显了各地一窝蜂上“高大上”新兴产业项目的弊病。

（3）体制机制障碍束缚了供给优化配置。当前，我国提升产业链现代化水平仍面临不少深层次体制机制障碍，包括生产要素市场化配置机制不健全，农村建设性经营用地和宅基地受到土地管理体制的约束，金融市场尚不完善造成大量资金被低效部门和“僵尸企业”占用，民营企业进入铁路、电信、电网、油气等基础性行业较为困难，全国统一的城乡大市场诚信体系还不健全，难以从无效需求领域向有效需求领域、从低端领域向中高端领域配置，从而造成企业参与市场竞争的制度性交易成本居高不下、显性隐性费用较多，令更多生产要素沉淀在无效、低效环节，降低了资源配置效率。

三、创新引领产业升级的经验借鉴

综观全球，人口超过较大的经济体顺利完成工业化并最终迈入高收入国家行列的并不多。英国、美国等国先行启动工业化实现了早期的经济起飞，并依靠不断研制先进技术引领经济持续增长，德国、日本、韩国等后发国家大多经历过一个挤压式的快速追赶技术前沿国家的过程，凭借技术后发优势和雄厚的人力资本驱动产业升级，逐步迈入高收入国家行列。从美国、德国、日本、韩国的发展经验看，成功实现增速换挡且未跌入“中等收入陷阱”的关键在于三个方面：坚持把科技创新摆在突出位置、依靠技术创新推动产业转型升级、制定产业政策加速动能转换。

（一）坚持把科技创新摆在突出位置

长期以来，美国、德国、日本、韩国等经济体都把科技创新视作引领产业升级和摆脱发展困境的主要动力。为提升尖端科技领域的长期领先地位，创新型国家均实施了科技创新的激励政策措施，建立健全以市场竞争机制为基础、以企业创新为主体的科技创新体系，激发全社会创新活力，重点在原始创新领域发力，提升在全球尖端科技创新链中的引领能力。

100 多年来，美国虽经历了多轮次经济衰退，但在多个关键时点上都依靠科技创新走出危机。1941 年美国成立了科学研究与发展局（the Office of Science Research and Development，OSRD），通过委托合同等方式，将政府巨额科技经费大量注入企业和科研机构，形成了一个联结政府、企业、科研机构的创新网络体系，实现了美国科技创新的系统化发展。20 世纪 80 年代初，里根政府将鼓励私人和私营企业参与科技创新作为政策核心，推进产学研一体化和科技成果转化应用，把政府资金投入的重点转向高技术产业和基础研究中具有潜在经济价值的研究。最值得称道的是，美国制定了《专利和商标法修正案》（即所谓的《拜杜法案》[①]），极大地促进了科学专利和许可工作向产业领域的技术转让和商业化，成功地催生了大量中小创新型企业和新兴产业的发展。

德国非常重视科技创新对培育制造业竞争优势的支撑作用，积极引导企业参与尖端科技研发工作，制定了一整套激励技术创新的制度体

① 《拜杜法案》通过立法允许美国大学、研究机构享有政府资助科研成果的专利权，极大地带动了技术发明人将科技创新成果转化的热情，实现政府资助科技成果在创新链上的均衡激励。该法案后来被《经济学家》杂志评为美国过去 50 年最具激励性的立法之一，成为美国“制造经济”转向“知识经济”的重要标志之一。

系，在行业细分领域进行高强度的研发投入，注重研发突破关系产业尤其是制造业长远发展的关键核心共性技术。在通过技术追赶完成工业化之后，日本技术创新更多地呈现的是企业自主创新而非技术引进，日本充分发挥其擅长工序革新的比较优势，通过“干中学”逐步积累产业创新实践，抓住世界上出现各种颠覆性技术机会，利用自身科研实力将其转化为产业层面的技术创新能力。韩国也把产业技术开发作为产业政策的重要内容，实施“科技立国”战略并提升企业研发强度，引导企业在市场竞争条件下开展创新活动，在开展技术引进、消化吸收和再创新的基础上，加快推进“技术跃迁”并跻身领先的先进技术国家行列。

由此带来的启示是，在实现技术追赶的基础上，要把精力转到科技创新上来，更加注重原创性技术引领发展战略，对企业技术研发创新提供足够的激励，引导有限的资金、技术和人力等创新资源高效集聚，依托头部企业加强自主核心技术研发，及早超越低层次模仿创新和中低端制造，进入颠覆性技术创新的“无人区”。

（二）依靠技术创新推动产业转型升级

强化科技创新能力是创新型国家的普遍做法。提升国家科技创新能力的目的在于将其作为驱动产业升级的动力源。深化创新链和产业链深度融合发展是创新型国家实现经济赶超的重要阶梯，即通过技术改造驱动传统产业内部的优化升级，同时依靠新技术培育壮大新兴产业，提升产业链现代化水平和全球价值链的位势。

美国具有较强的科技创新领先优势，而其并未忽视新技术产业化，在突破信息技术、生物技术、新能源新材料技术后，美国在加强新技术知识产权保护的同时，积极发展与之相关的新兴产业和现代服务业。最为典型的案例是美国硅谷模式。硅谷的形成与发展壮大，充分反映了美国科技创新驱动新兴产业发展的演进历程。硅谷依靠领先的半导体技术等高科技成果，形成了大学与企业紧密结合的产学研体系与新技术快速转化孵化的机制，逐步培育形成微电子、信息技术、新能源、生物医学等先进产业集群，孕育了包括苹果、谷歌、英特尔、惠普、思科、甲骨文、IBM 等在内的大批知名高科技公司。

在经历一段时期的技术追赶后，德国、日本、韩国等国家纷纷引进消化吸收新技术对传统产业进行改造升级，从降本增效入手，推动纺织、钢铁、家用电器行业产品提档升级，同时积极利用技术再创新着力培育发展新兴产业，实现从劳动、资本密集型向技术、知识密集型产业结构的调整演化。德国、日本等制造强国在巩固制造业优势地位的同时，非常重视制造业转型升级发展，采取有力措施从技术、工艺和生产管理等方面优化改进，夯实实体经济发展的根基。如德国紧紧抓住第三次技术革命和产业变革的重要机遇，运用现代信息技术赋能汽车、电子、化工等制造业，推动从一般制造为主转向以计算机、信息技术等赋能的高技术制造产业为主，培育高度发达的强大制造业体系，进一步提升制造业对经济增长的贡献度。

为应对能源、环境和经济危机带来的挑战，德国、日本和韩国加快将产业结构向节能型、技术密集型以及高附加值型转变，包括从钢铁、金属冶炼等传统制造业绿色改造需求出发，延伸发展技术密集型节能环保产业。例如，德国以环境和气候保护为目标，出台了一系列与环保相关的法规政策，引导企业普遍执行严格的技术标准、质量标准和环境标准，增加环保投入和实施绿色战略获取额外收益，着力培育有竞争力的绿色清洁能源产业和节能环保产业。日本充分发挥节能措施对缓解资源环境约束的作用，坚持推行一系列精细化的资源替代和节约措施，引导钢铁、化工等重化工行业转型升级，使其朝着节能环保的绿色化方向发展。

确保技术创新和产业发展的领先地位离不开人才支撑和高质量的教育投入。美国将人才培养作为科技创新战略基础，实施科学、技术、工程和数学（STEM）教育计划等重大专项，加大对高技能人才的培养，吸引全球科技人才。为确保先进制造稳定性、安全性及其优势地位，德国、日本、韩国等还非常重视职业教育对制造业的支撑作用，倡导工匠精神和创新精神，着力培育大量高素质的技能工人和工程师，不断巩固和提升安全高效产业链的人才支撑能力。

由此带来的启示是，培育有竞争力的产业集群，依靠自主导向的技术创新驱动，提升局部领域原创性创新能力，利用新一代信息技术等畅通创新链产业链各环节，深入推动产学研用一体化，推动制造业与服务业等深度融合；加快形成外部压力的倒逼机制，加快敦促产业数字化、智能化和绿色化发展，夯实企业在全球产业链价值链中的竞争优势。

（三）制定产业政策加速动能转换

在加快推动技术创新驱动产业升级过程中，如何更好地发挥政府作用显得尤为重要。美国、德国、日本、韩国等国都强调企业在创新中的主体地位，但都不会忽视政府在营造良好的制度环境方面的作用，即制定合理的产业政策激励企业加大创新力度，加快产业升级步伐。

在激励产业创新方面，美国制定了包括《拜杜法案》在内的系列法规制度。1992 年，克林顿政府开始力推科技自主创新战略，引导政府更多地介入科技创新活动。为了更好地支持制造业回流，奥巴马政府分别于 2009 年、2011 年、2015 年连续发布三版《美国创新战略》，将加强基础研究作为创新发展的基石，以发挥企业的市场主体作用为根本，力图在若干重大领域实现新突破，以保持美国的科技领先地位。德国、日本、韩国等制造强国也从国家层面制定法规政策引导企业自主创新，加大创新型基础设施投入，组建“产学研”联合体，促进科技成果商业化应用。

在扶持产业升级领域，德国、日本、韩国等制造强国纷纷实施调整产业政策，以更好地发挥政府在产业结构调整中的扶持作用，引领产业内技术改造和产业间结构优化，在实现技术追赶的前提下加快完成产业升级进程。在运用产业政策提升产业竞争力方面，日本和韩国在不同的发展阶段，制定了相适应的产业发展规划和产业扶持政策，有针对性地实施财税、金融、用地、技术投资等优惠政策措施，重点引导优势产业做大做强，提升产品出口竞争力。特别是，韩国采取财政、信贷、贸易等优惠政策，甚至允许一定程度的垄断经营，扶持一批消费品、汽车、造船、电子信息等行业领域的大型企业集团，促进其短时期缩小与世界领先企业的技术差距，引导企业快速迈入世界一流创新企业行列。德国在支持产业升级方面也不遗余力，2013 年，德国推出“工业 4.0 战略”，重点扶持企业的生产智能化，促进制造业始终保持先进性。

由此带来的启示是，无论是激励企业开展科技创新，还是加快产业结构调整和转型升级，都需要更好地发挥政府的作用。特别是在市场失灵和扶持幼稚产业方面，政府需要营造良好的产业发展环境，制定适时合宜的产业政策，加大对重点优势产业的扶持力度，尽快依靠科技创新培育有竞争力的产业集群和有影响力的创新型企业集团。

四、培育新动能要有改革新思维

从以上分析来看，我国进入高质量发展阶段后，有效供给不足成为经济增长的主要约束，特别是结构性矛盾制约明显加大。我国经济新动能培育的关键点还在供给侧，主要矛盾是供给结构不能适应需求结构变化，产品和服务的品种、质量难以满足多层次、多样化的市场需求①。矛盾的主要方面在于，目前我国创新能力不适应高质量发展的要求，供给体系创新力不足和关联性不畅，各类“卡脖子”和瓶颈问题突出。破解这些问题，加快推动我国经济向形态更高级、分工更复杂、结构更合理的阶段演化，迫切需要从提高供给体系质量出发，改善供给侧环境、优化供给机制，仍需运用改革思维和改革办法推进结构调整，依靠科技创新、资源优化配置和人力资本投入推动产业结构升级，减少无效

① 刘鹤．加快构建以国内大循环为主体、国内国际双循环相互促进的新发展格局[N]．人民日报，2020－11－25.

和低端供给，扩大中高端和有效供给，提高全要素生产率，构建适应国际产业变革趋势和满足国内需求升级能力的现代产业体系，以此增强经济发展的持久动力。

（一）基本思路

随着世界呈现出竞争优势重塑、经贸规则重建、力量格局重构的叠加态势，我国供给侧结构性改革面临新的要求，既凸显出科技创新对建设现代化经济体系的重要性，又凸显了对产业链供应链的稳定性和安全性的担忧。由此来看，培育发展新动能的着力点在于推动要素结构升级和培育新兴产业发展，即通过优化劳动力、资本、土地等传统要素结构，加快转向技术、管理和数据等新型要素驱动，增强决定要素使用和配置的技术供给和制度供给，提高科技创新和人力资本对经济增长的贡献，实现以创新导向的产业升级、发展方式转变和经济提质增效。新动能发展思路是亟须通过技术创新引领产业加速升级和供给体系优化，引导资源由产业间再配置的结构效应转向产业内升级的效率提升，引导企业由单向的技术改造转向整体的系统升级，引导产业由单纯的产业链协作转向各种要素组合优化协同发展①。地方实践表明，培育发展新动能亟须从供给侧角度加快发展新经济、新技术、新产业、新模式，即通过创新引领产业升级和供应链优化，通过提高人力资本数量和质量提升创新能力。

（1）基本思路。“十四五”及今后更长时期，培育结构性发展潜能，尚需在巩固（三去一降一补成果）、增强（微观主体活力）、提升（产业链水平）、畅通（国民经济循环）的基础上，深入推进供给侧结构性改革，重点在于通过要素升级、结构优化和制度改革，提升供给体系的创新力和关联性，提高全要素生产率，增强科技创新的体系化能力，整体提升产业链现代化水平。综合以上分析，本书认为，新时期深

① 王一鸣．建设现代化经济体系论纲[M]．广州：广东经济出版社，2020：91－93．

入推进供给侧结构性改革的着力点、重点方向和政策取向，可以概括为“两大突破口、三个重点方向、四项制度改革”，即实施两大攻坚战，畅通创新链、产业链和供应链三大链条，深化技术创新、产业政策、竞争市场和人才培育等四个领域的体制机制改革，构建具有竞争力的现代供给体系，破除阻碍资源优化配置的制度障碍，加快形成由新动能主导支撑的现代经济体系。

（2）“两大攻坚战”：重点解决好关键核心技术攻坚战和社会脱碳转型攻坚战。党的十九届五中全会强调要“打好关键核心技术攻坚战，提高创新链整体效能”。加快培育发展新动能迫切要求依靠科技自强自立，优先解决关键核心技术“卡脖子”问题，以此驱动传统产业转型升级和培育发展战略性新兴产业，提高产业链供应链的稳定性和安全性。2020 年 12 月，中央经济工作会议把“做好碳达峰、碳中和工作”确定为 2021 年八大工作重点之一。这意味着我国必然注重推动经济发展由高碳经济向绿色发展转变。显然，这会要求控制煤炭消费和大规模发展清洁能源，但不仅是能源结构优化问题，更是全社会绿色低碳转型行动，尤其将以环境标准和减排压力约束倒逼经济结构优化和产业转型升级。“十四五”时期，在打好污染防治攻坚战的基础上，更要打好全社会脱碳转型攻坚战，迫切要求率先在产业端深度脱碳，尤其是率先优化升级占碳排放量 80% 以上的第二产业，通过技术改造推动产业绿色低碳转型，从而主动履行 2020 年 9 月习近平主席在第七十五届联合国大会一般性辩论上向国际社会承诺的“二氧化碳排放力争于 2030 年前达到峰值，努力争取 2060 年前实现碳中和的目标”。

（3）三个重点方向：自主导向的科技创新、创新导向的产业升级和市场导向的供应链优化。自主导向的科技创新，即要实现自立自强，强调自主可控，解决高质量供给的动力源问题；创新导向的产业升级，即要把技术创新作为产业链现代化升级的主攻方向，解决产业链高级化、智能化、完整性的问题，提升供给体系的韧性和质量；市场导向的供应链优化，即要增强供给体系对国内需求的适配性，特别是以创新驱动、高质量供给引领和创造新需求，解决供给体系的有效性问题。“十四五”时期乃至更长时期，切实围绕三个重点方向深化供给侧结构性改革，切实面向世界科技前沿、面向经济主战场、面向国家重大需求、面向人民生命健康，畅通创新链、产业链和供应链，既解决产业发展的内生动力问题，又解决高质量供给对需求的适配性问题。

（4）四项制度改革：找准关键突破口，瞄准主攻方向，还要使出改革这个关键的一招。激发市场主体活力和培育发展新动能，归根结底还是需要用改革办法解决生产效率和资源配置效率“双提升”的问题，需要在技术创新、产业政策、竞争市场和人才培育等四个方面不断深化改革。一是加快建立以企业为主体的科技创新体系，打造自主可控和开放合作的创新链；二是适时调整产业扶持政策体系，着力促进产业转型升级，打造具有竞争力的现代产业体系；三是进一步强化竞争政策基础地位，营造更加公平有效的市场秩序，建设内外一致的高标准市场；四是深化人力资本培育体制改革，不断提高人力资本投入，为增强原创性创新和厚植发展后劲提供重要的人力支撑。

（二）发展目标

到2035年基本实现社会主义现代化，迈入高收入国家行列，需要保持一定的增长速度，释放经济增长潜力。以改革创新驱动推动经济高质量发展，需要深化供给侧结构性改革，保持先进合理的产业结构，增强供给体系的韧性和发展的可持续性，切实提升发展的质量和效益。

（1）经济增长目标。到2035年实现经济总量或人均收入较2020年翻一番，倒推到“十四五”时期经济潜在增长率至少维持在5%以上，实际经济增速至少维持在5%左右水平。考虑到2021年实际经济增速有望超出潜在增长率，有望拉高“十四五”时期平均增速至5.5%左右，更重要的是增长的质量和效率要持续提升，在经济增速保持合理区间的前提下，还要确保全员劳动生产率增速高于经济增速。要实现这一目标，仍需提高宏观经济治理能力，把供给侧结构性改革与需求侧管理有效结合起来，确保在质量效益明显提升的同时实现经济持续健康发展，使得经济增长潜力得以充分释放。

（2）技术创新目标。强化科技创新对培育新动能的支撑作用，尚需提升创新体系的整体效能，从投入和产出两方面明确技术创新发展的目标。从创新投入看，从“十五”计划时期开始，我国就把研发经费投入占 GDP 比重作为预期性指标列入考核范围，但经过四个五年规划该指标均未完成相应目标，分别相差 0. 18 个、0. 24 个、0. 13 个和 0. 27 个（2019 年）百分点。考虑到这一指标的不可替代性，而且“十四五”规划纲要更是把科技自立自强上升为国家发展的战略支撑，要把创新摆在我国现代化建设全局中的核心地位，因此，“十四五”时期培育发展新动能，必然要把研发经费投入占 GDP 比重作为衡量创新投入的关键指标。“十四五”规划纲要提出全社会研发经费投入增速高于 7%[①]，并力争研发投入强度高于“十三五”时期实际，这意味着研发经费投入增长至少要高过经济增速 1～1. 5 个百分点，即到 2025 年研发经费投入占 GDP 的比重至少达到 2. 7% 左右，而且在投入结构上要把基础研究占比从 2019 年的 6% 左右提升至 2025 年的 8% 以上。从创新产出来看，每万人发明专利拥有量是衡量创新产出的关键指标，但我国专利产出存在“重量不重质”的现象，“十四五”期间要提升专利质量，需要优化这一指标，即更加强调高价值的发明专利拥有量，这意味着把“每万人口高价值发明专利拥有量”作为创新产出考核指标，即由 2020 年的每万人口的 6. 3 件提升至 2025 年的 12 件左右。考虑到研发创新投入需要对应到人力资本上来，还需要纳入“每万从业人员研发人员数量”“劳动年龄人口平均受教育年限”等指标，以反映研发类人才对经济高质量发展的支撑。

① 中华人民共和国国民经济和社会发展第十四个五年规划和 2035 年远景目标纲要[EB/OL]. 新华网,2021－03－13. http://www.xinhuanet.com/2021－03/13/c_1127205564_2. htm.

（3）产业结构目标。对于“十四五”时期产业结构中制造业和服务业比重，经济界是有争议的，争议的焦点是继续沿用“十一五”以来设定的服务业增加值占 GDP 比重的目标还是提出制造业增加值占 GDP 比重目标以凸显建设制造强国的紧迫性。“十四五”规划纲要取消了服务业增加值占 GDP 比重这一指标，也未列出制造业增加值占 GDP 比重的指标，而是增加了数字经济核心产业增加值占 GDP 比重这一指标。这凸显出了“十四五”时期产业结构优化方向更加强调数字产业化和产业数字化水平。综合考虑“十四五”时期重点突出产业结构优化和转型升级的重要性，“十四五”规划纲要提出了战略性新兴产业增加值占 GDP 比重超过 17% 的目标。如果进一步细分制造业和服务业，可建议“十四五”规划使用“规模以上战略性新兴产业占规模以上工业增加值比重”和“战略性新兴服务业占服务业增加值比重”两个指标设定产业内结构优化目标，可以在专项规划中具体列出。

（4）效率提升目标。我国要达成 2035 年基本实现社会主义现代化的目标，意味着全要素生产率要达到美国的 60% 左右，15 年间每年提升增速要高于美国全要素生产率增速 1～2 个百分点，对经济增长的贡献率要超过 50%[①]。考虑到计算方法不同，全要素生产率的数值会有所不同，我国通常使用劳动生产率这一指标作为替代。“十三五”规划中我国首次引入全员劳动生产率指标，若能保持“十三五”时期的 6.5% 的平均增速，到 2025 年我国全员劳动生产率将超过 16 万元/人。考虑到 2012 年后我国适龄劳动力人数逐步减少的事实，“十四五”规划纲要保留了这一指标，明确提出该指标增速要高于经济增速，即有望达到“十三五”时期的平均增速。

① 王一鸣．建设现代化经济体系论纲[M]．广州：广东经济出版社，2020：44－45.

五、以科技创新催生新发展动能

近年来，围绕如何培育发展新动能，全国各地都在积极寻找答案和方案。山东省是转型中国的典型缩影。2018 年 1 月，国务院批复设立山东省新旧动能转换综合试验区。自此，山东省加速开启探索新旧动能转换的试验之路，鼓励济南、青岛、烟台率先试验，用新技术、新思维破解发展动力不足的难题，以创造性地推动经济增长引擎切换。从供给侧角度看，山东省及各地重塑经济发展形态，推进动能破旧立新，培育成长新动力，无不聚焦在实施创新驱动战略、深化供给侧结构性改革、以科技创新驱动传统产业升级、培育发展战略性新兴产业和面向需求优化供给体系上。基于以上分析，本书认为，培育新动能应聚焦到创新链、产业链和供应链的优化升级上来，着力打通技术创新、产业结构和供需市场之间的循环链条，加快形成以创新引领产业升级和需求牵引供给优化的新动力格局，通过新技术应用、新标准要求、新需求引导，促进传统产业转型升级、战略性新兴产业加快培育，加速转向由现代产业体系支撑的新经济形态。

（一）牢牢抓住技术创新这个“牛鼻子”

创新能力直接关系到推动经济发展质量变革、效率变革和动力变革的成效。我国经济从体制转轨和技术追赶转向高质量引领发展必然要依靠创新引领经济体系优化升级。

（1）加大关键核心技术攻关。在科技脱钩风险犹存的新发展阶段，经济发展的首要任务是培育自主导向的技术创新体系。“十四五”时期，我国技术追赶空间进一步缩小，对开放条件下的自主创新紧迫性增强。适应新发展阶段的新要求，亟须坚决打好关键核心技术攻坚战，有必要通过组织实施国家重大科技攻关任务，瞄准人工智能、量子信息、集成电路、生命健康、脑科学、生物育种、空天科技、深地深海等前沿领域，整合优化科技资源配置，重组国家重点实验室，实施一批具有前瞻性、战略性的重大科技项目，聚焦量子信息、光子与微纳电子、网络通信、人工智能、生物医药、现代能源系统等重大创新领域，打造一批关键核心技术研发平台、工程研究中心和创新创业基地，统筹用好新型举国体制和揭榜挂帅制度，切实推动以开放创新促进技术自主创新，以突出原始创新为主攻方向，加速培育经济增长的原动力。

（2）强化企业创新的主体地位。当我国技术发展由模仿追赶形态向原创引领形态过渡时，技术创新不能单靠国家和政府投入完成，而需更加依赖企业等市场主体的力量，即交给创新活力更高的企业主导组织完成。加快构建以企业为主体的技术创新体系，提升企业技术创新的能力，尽快培育孵化大批科技创新型企业，引导其在各个产业领域取得技术创新突破，围绕产业链部署创新链，围绕创新链布局产业链，利用市场力量引导创新资源向企业集聚，充分发挥企业家精神在技术创新中的积极作用，促进大中小企业开展协同创新，推动产学研用深度融合，切实把科技成果转化为现实生产力，提升驱动经济可持续增长的全要素生产率。

（3）增强技术创新人财物保障支撑。推动技术创新离不开人才和资本的持续投入，否则就会陷入“追赶—落后—再追赶”的尴尬怪圈。由于人力资本投资对于促进技术创新至关重要，亟须加大人力资本高强度投入，培育一批科技领军人才、战略科技人才和高水平创新团队，积极发展职业教育和终身培训体系，打通所有劳动者职业上升渠道，提升劳动者的技能水平和创新能力，注重增加人力资源的健康投资，释放可持续的人力资本红利。科技创新离不开金融资本的支持，实现科技自立自强需要利用好金融市场和金融工具，提升金融支持科技创新的服务能力，更好地发挥科创板、创业板等多层次资本市场对科技创新活动的赋能作用。

（二）增强产业转型升级的紧迫感

科技成果只有与产业发展相结合，才能释放出经济贡献。培育发展新动能需畅通创新链到产业链的传导路径，鼓励企业依靠科技创新实现产业转型升级，实现产业结构的动态调整优化，维持产品和服务的市场竞争力。

（1）强化新技术对传统产业赋能。传统产业并不是夕阳产业，即便是夕阳产业也不是没有发展空间。只要通过新技术赋能就能重构传统产业链条，促进其降本增效和焕发活力。要充分利用现有科创成果，加速促进传统产业高端化、数字化、绿色化和服务化，把实体经济特别是制造业做大做优做强，全面提升生产效率和产业链现代化水平。

（2）大力培育发展战略性新兴产业。随着传统产业对经济增长的拉动作用减弱，全国各地不得不寄希望于培育接续的战略性新兴产业，使其作为新时期经济发展的主动力。加快做大做强战略性新兴产业，要前瞻性地谋划布局高新技术产业，着力培育一批具有国际竞争力的战略性新兴产业集群，推动提升新兴产业集中度，谨防陷入低水平重复建设，积极形成特色突出、优势互补、结构合理的战略性新兴产业发展格局，以此提升我国在全球产业链价值链中的位势。

（3）加快发展带动作用强的生产性服务业。随着现代产业分工越来越细，产业组织协作更加紧密。做大做强先进制造业和现代农业离不开更强大相配套的生产服务业发展。加快推动培育生产性服务业向专业化和价值链高端延伸，释放数据、技术、信息等新型要素对实体经济提质增效的催化倍增作用，深入推进服务型制造、数字化转型、个性化定制、多链条集成、工业互联网和公共服务平台发展，促进服务业与先进制造业和现代农业的深度融合，持续优化生产性服务业内部结构，实现房地产、金融等服务业与实体经济协调平衡发展。

（三）提升产业供给与市场需求的适配性

推动先进产能高效释放，实现供需形成更高水平的动态平衡，离不开安全高效的供应链管理。疫情对供应链的冲击促使供应链的安全竞争更为凸显，构建更为安全稳定高效的供应链成为实现产业供给到市场需求精准匹配的重要举措。

（1）加快构建完整稳定的供应链体系。随着产业链缩短趋势明显，供应链竞争日益突出，要加快推动全球供应链跨界整合、优化、创新，打造更加完整的供应链体系，使其绕开现有贸易壁垒或隐性壁垒。以贴近市场需求为导向，加快补齐供应链环节中的短板，畅通流通环节的堵点断点，打造稳定高效的供应链协同平台，增强上中下游、产供销体系的稳定性。加快推广现代供应链新理念、新技术、新模式，开展供应链城市和企业的试点示范，培育一批行业带动能力强的供应链领先企业，增强对市场需求的快速响应能力，实现供需更高水平的动态平衡。

（2）推动供应链数字化智能化绿色化改造。适应消费升级新需求，需要持续不断地优化供应链系统，使其灵活应对市场变化。充分利用大数据、云计算、区块链、人工智能等新兴技术，推动供应链数字化转型、智能化改造和绿色化提升，促进供应链持续降本增效，高效对接用户个性化需求，适应节能环保和气候变化适应性标准要求，大幅提高供给体系满足多样化、智能化、绿色化需求的能力。

（3）提升现代物流与供应链金融服务能力。支撑供应链高效运转，离不开人财物的通力配合和有效配置。除了需要更多供应链管理人才支持外，亟须畅通供应链中货物流转的堵点和断点，健全现代物流体系，完善国家物流枢纽和基础设施网络体系，推进物流业“上云用数赋智”行动，促进物流业与制造业等相关产业深度融合。提升供应链竞争力，尚需着力发展供应链金融、融资租赁等产融结合的金融服务业，利用大数据、人工智能、区块链等技术发展科技金融和金融科技，引导金融资本加大对供应链高效运转的服务力度，解决供应链上中小企业的融资难、融资贵问题，助力提高供应链流程各环节的资源配置效率。

六、以制度改革激励新动能成长

顺应全球科技创新趋势和满足国内外消费升级需要，加快实现科技自立自强和产业转型升级，尚需要进一步深化体制机制改革和健全政策扶持体系，营造良好的科技创新氛围和产业升级制度环境，畅通创新链、产业链、供应链环节并实现有效衔接，以深化体制机制改革，释放全社会创新活力，加快形成战略导向、需求导向和创新驱动的现代产业体系，塑造未来科技创新和产业发展的新优势。

（一）完善科技创新体制机制

深入推进科技体制机制改革是释放科技创新活力的制度基础。从底线思维和领跑思维两个维度，坚持问题导向、目标导向和结果导向，以增强体系能力为主线，完善科技治理机制和激励创新的政策体系，优化创新投入产出结构，提升创新链对产业链供应链安全高效的支撑能力，促进科创成果加速转化孵化，全方位、立体化地构建科技创新的体制机制，依靠深化科技体制机制改革，优先把创新成果转换为驱动产业升级的动力源。

（1）完善国家科技治理和组织实施机制。制定科学合理的中长期科技发展规划，依靠专家专业团队，找准重点科技攻关任务。围绕保障国家竞争力和国家安全集中优势资源，瞄准既定重大科技任务，优化组织实施机制，按照“四个面向”① 分类实施国家重大科技专项任务管理，以揭榜挂帅、悬赏制、赛马制、包干制等多种方式，激励各方企事业机构参与科研攻关。进一步深化科研院所改制，建立健全激励相容的科研管理体制，试点推进绩效导向的科研项目和资金管理市场化管理机

---

① 2020 年 9 月 11 日，习近平总书记在主持召开科学家座谈会时提出，希望广大科学家和科技工作者肩负起历史责任，坚持面向世界科技前沿、面向经济主战场、面向国家重大需求、面向人民生命健康（简称“四个面向”），不断向科学技术广度和深度进军。

制。设立30年内培育至少20名诺贝尔奖级科学家领军人才的目标，探索发现若干具有原创性的科研成果。

（2）健全基础前沿研究的多元化投入支持机制。加大对基础研究、前沿研究的政府投入力度，提升各级财政对基础研究持续投入强度，持续推进国家自然科学基金改革，发挥基金资助的导向作用，重点支持“从0到1”的前沿性原创性科学问题发现和基础理论研究，让坐冷板凳的科学家和研究团队得到国家持续资助。扩大基础研究资金来源，引导地方政府、大中型企业和金融机构组建科创基金，鼓励社会以捐赠或定向资助等方式多渠道投入，提升基础研究和基础应用研究的稳定性和持续性。鼓励企业加大研发投入，对企业投入基础研究实行税收优惠。稳定创投基金退出的税收优惠政策等。

（3）健全知识产权保护和科技成果转化机制。借鉴美国《拜杜法案》，加快赋予科研人员职务科技成果所有权或长期使用权试点推广，建立新时代具有中国特色的科学技术与市场间的“转换人”机制，对于政府资助的科研成果，赋予科技成果完成人或者团队科技成果所有权或长期使用权，将科技成果转化收入全部归于科研机构。加强知识产权保护，综合运用法律、行政、经济、技术、社会治理等多种手段，从审查授权、行政执法、司法保护、仲裁调解、行业自律、公民诚信等环节完善保护体系，健全知识产权综合管理体制、知识产权诉讼制度、知识产权惩罚性赔偿制度和知识产权评估体系，形成便民利民的知识产权公共服务体系、知识产权保护的自律机制和尊重保护知识产权的社会氛围。加快完善技术成果转化相关制度，完善由市场决定的科技项目遴选、经费分配、成果评价机制，建立开放联动的技术要素市场，发挥市场对技术研发方向和创新要素配置的导向作用，建立快捷的新技术新产品准入机制，落实自主创新产品政府采购、“首台套”财税优惠等支持政策，促进科技成果产业化规模化应用。

（4）构建人才支撑和开放合作机制。加大科学教育和人力资本投入，加强创新型、应用型、技能型人才队伍培养，依托高等院校和创新园区，鼓励各地制定创新发展相适应的人才计划和政策体系，培育一批具有国际视野的战略科技人才、科技领军人才、企业家和高技能人才；完善人才横向和纵向流动的激励机制，制定海外高层次留学人才回归创新创业计划，规范和放宽外籍高层次科技人才永久居留条件，建立海外人才科研基地。完善国际科技合作机制，优化科技人员对外交流便利度，加强与创新型国家的多层次、广领域科技交流合作，全面融入全球科技创新网络，参与和构建多边国际科技合作机制，以面向全球的科学研究基金，启动开展国际大科学计划和工程，提升我国科研人员在国际重大科研任务和大科学工程实施中的参与度。

（二）优化产业升级的制度环境

借鉴美国、德国、日本、韩国等创新型国家优化产业结构和推动产业升级方面的政策经验，用好我国显著的制度优势，发挥产业规划的引导作用，营造良好的产业发展制度环境，适时调整促进市场竞争的产业政策，以外部压力倒逼产业适应性转型。

（1）深化支撑产业升级的要素市场化改革。加快推进土地、资本、劳动力、技术、数据等要素市场化改革，破除阻碍生产要素市场配置的体制机制障碍，引导各类要素资源向先进制造业、现代服务业等产业集聚，提升要素资源的配置效率，助推产业结构优化和产业转型升级。进一步制定降低企业制度性交易成本、融资、用地、用能和物流成本的具体措施。

（2）推动产业政策向普惠化、功能性转型。把优化产业政策作为深化供给侧结构性改革的重要内容，重点在提升供给体系质量方面深化体制机制改革。为适应国际规则要求，进一步优化实施与新发展阶段相适宜的产业政策，以市场竞争推动产业组织结构调整优化，引导产业政策向普惠化、功能型转型，重点支持产业基础再造及各领域产业基础能力的薄弱环节，支持关键核心技术、“卡脖子”技术、前沿引领技术和颠覆性技术创新，支持营销网络、品牌培育、供应链管理等制约产业高质量发展的关键环节，使其更能发挥创新促进和增进有效市场的作用。强化竞争政策的基础性地位，在要素获取、准入许可、经营运行、政府采购与招投标等方面，对各类所有制企业平等对待。

（3）完善支撑产业发展的法治环境和信用环境。进一步健全产业结构优化升级的法治环境，最大限度地减少行政干预，利用法律手段对过度行政干预实施约束，通过立法司法、质量技术环境标准等手段引导产业结构调整优化，确保政策制定有法可依、执法必严，依法禁止各级政府层层加码、过度扶持本地产业发展、扭曲公平竞争市场。进一步完善社会诚信体系，强化基于规则和信用的契约精神，依法保护企业家合法权益，切实构建亲清的政商关系。

（4）强化国际产业链安全合作机制。在放宽市场准入限制的前提下，进一步完善外资安全审查机制、公平竞争审查制度、产业损害评估机制，加强政府间产业政策协调，建立健全全球产业链供应链应急协调和管理机制，加强产业政策、规则、标准的联通，深化产业链供应链互补性合作。

（三）强化需求牵引供给的政策体系

市场作为稀缺的资源，在新发展格局中将发挥更大的作用。只有将技术与市场紧密结合，才能驱动产业升级和供给链优化配置，形成与需求相适应的供给体系。增强需求对供给的牵引作用，尚需完善适应消费升级的相关制度，增强供需适配性。

（1）完善市场培育牵引供给优化的机制。充分发挥政府采购培育早期市场的作用，有效实施高技术产品首台（套）措施，对战略性新兴产业、企业、产品和服务实行政府优先采购和购买第三方服务政策措施，制定倾向于有核心技术的中小企业的政府采购需求标准和评价体制，促进新技术、新产业、新模式优先发展。充分发挥好超大规模市场优势，完善市场准入负面清单制度，以“清单之外无审批”为原则，形成全国统一大市场，优化供给结构，调整产品结构，改善供给质量，提升供给体系对国内需求的适配性。

（2）深化投融资体制机制改革。进一步健全市场化投融资体制机制，加快推进能源、铁路、电信、公用事业等行业竞争性环节市场化改革，放宽对民营企业的市场准入限制，打破自然垄断和行政垄断，破除制约民营企业发展的“玻璃门”“弹簧门”“旋转门”，形成市场主导的投资内生增长机制，引导更多资金流向适应消费升级的供给领域，降低无效投资和重复建设。进一步创新市场化的融资机制，面向重大市场需求，提升金融有效支持实体经济的能力，优化政策性金融和发展绿色金融，完善多层次资本市场，持续完善信息披露为主和上市退市等基础性制度建设，提升直接融资比重。

（3）健全内外贸一体化调控体系。加快推动内外贸法律法规、监管体制、经营资质、质量标准、检验检疫、认证认可等规则相衔接，推进同线同标同质，降低关键原材料和设备进口环节税费，增加优质产品进口。

第二章

如何认识新动能：聚焦供给体系优化

发展新动能是各国摆脱瓶颈束缚、跃上更高发展水平的共同路径选择。在较长一段时期内，我国经济增长偏重于要素投入和出口导向，在实现了较高经济增速的同时，出现了经济发展质量和效益不高等问题，导致产业结构不适应需求升级、生态环境矛盾激化、国际压力陡增。进入新常态以后，长期积累的矛盾和问题日渐凸显，传统动能明显衰减，我国提出培育和发展新动能以实现动能转换，保持经济行稳致远。在较长时期内，我国处于并将长期处于社会主义初级阶段，发展仍然是我们党执政兴国的第一要务。适应新发展阶段，贯彻新发展理念，以推动高质量发展为主题，着力构建新发展格局，仍应以供给侧结构性改革为主线，从要素提升、结构转型和体制机制改革方面着手，强化创新能力，提升产业层级，转变发展方式，形成经济发展新动能。

一、经济发展新动能的内涵及演变

新动能是在新一轮技术革命和产业变革创新引领下，通过深化供给侧结构性改革来激发培育经济发展新动力。

随着我国经济进入新常态，制约经济发展的因素主要方面转移到供给侧，发展主线转向供给侧结构性改革。通过实施“三去一降一补”，在“破、立、降”的基础上实现“巩固、增强、提升、畅通”，有效减少无效和低端供给，扩大有效和中高端供给，增强了供给结构对需求变化的适应性和灵活性，提高全要素生产率，形成了推动经济发展的新动能。

（一）新动能的理论界定

新动能是通过供给端的科技创新与结构优化对经济发展所产生的新动力。新动能是在一定的经济发展阶段，在国家宏观、产业中观和企业微观三个层面上，通过科学与技术的供给和结构的优化重组所形成的经济社会发展新动力，从外延上讲，供给端的新技术、新产业、新业态、新模式都属于新动能。新动能的相对概念是旧动能，是指传统动能，它不仅涉及传统制造领域的高耗能、高污染行业及相关领域，还包含利用传统经营模式经营的第一、第二、第三产业。

新动能与旧动能是相对的、动态发展的。旧动能经过升级改造可以变成新动能，新动能随着时代发展、技术革新也会衰落成旧动能。需要以发展的眼光审视新旧动能转换，在改造升级传统动能时注意发掘其中蕴藏的新的生命力，在培育发展新动能时，及时根据技术前沿调整方向，从而把人类生产方式和生活方式提升到一个历史的新阶段。新旧动能转换有三种途径：第一，通过新动能的增量来对冲传统动能的减弱，加快培育新技术、新产业，找到新的经济增长点；第二，通过大众创业、万众创新，“互联网＋”等创造出新业态、新模式来改造传统动能；第三，通过数字化转型或数字赋能，为传统动能的升级赢得新的发展空间。

（二）我国经济发展新动能的政策演变

从上述新动能的理论内涵出发，结合我国新时代中国特色社会主义发展历程，从政策实施层面考察我国的经济发展新动能，应该更加聚焦到深化供给侧结构性改革这一主线，着力提升发展质量和效益，提高全要素生产率，形成推动经济发展的新动能。

1. 我国进入新常态以后提出经济发展新动能

2012 年以来，我国经济呈现出新常态特征，即“增长动力实现转换”“经济结构实现再平衡”。具体而言，正从高速增长转为中高速增长，经济结构需要进一步优化升级，从驱动力上需要从要素驱动、投资驱动转向创新驱动。习近平总书记在2014年5月考察河南的行程中第一次提及“新常态”。国务院总理李克强在2014年9月出席第八届夏季达沃斯论坛开幕式上的讲话中提出，要推动牵一发而动全身的重点领域改革，把“改革的红利”转化为“发展新动能”，这是中央层面首次提出新动能的概念。如何将“改革的红利”转化为“发展新动能”？2015年10月李克强总理在《求是》杂志发表文章《催生新的动能实现发展升级》，指出以大众创业、万众创新培育新动能，明确了“双创”作为催生新发展动能的重要方法。

2. 在经济体制改革上要摆正新旧动能的关系

2015年10月，习近平总书记在接受路透社采访时提出经济领域“新旧动能”转换问题，指出中国经济正经历新旧动能转换的阵痛。2017年4月，李克强总理主持召开“贯彻新发展理念、培育发展新动能”座谈会强调，“要坚持创新、协调、绿色、开放、共享新发展理念，推动新旧动能转换，环境和载体是两个基本要素”。“放管服”改革为新动能成长创造更好环境，创新驱动发展战略和“双创”为新动能成长提供更好载体。要厘清新旧动能转换，以及“放管服”改革、创新驱动发展战略与激发新动能的关系。

3. 进一步明确新动能的聚焦领域与方法

2017年党的十九大报告明确了形成新动能的手段和方法。报告指出，要加快建设制造强国，加快发展先进制造业，推动互联网、大数据、人工智能和实体经济深度融合，在中高端消费、创新引领、绿色低碳、共享经济、现代供应链、人力资本服务等领域培育新增长点，形成新动能①。基于党的十九大报告提出的形成新动能方法，国家统计局于

① 2018年国务院批复山东省设立新旧动能转换综合试验区，这是我国首个以新旧动能转换为主题的区域性国家发展战略，发展新动能进入一个新的阶段。

2018 年发布经济发展新动能指数，开始用指标来表征新动能发展态势。新动能指数覆盖范围为新产业、新业态、新商业模式（简称“三新”）。根据国家统计局发布的《新产业新业态新商业模式统计分类（2018）》，“三新”范围包括了现代农林牧渔业、先进制造业、新型能源活动、节能环保活动、互联网与现代信息技术服务、现代技术服务与创新创业服务、现代生产性服务活动、新型生活性服务活动、现代综合管理活动。

4. 明确新时期经济发展新动能的主要内容

进入新发展阶段，无论是全面塑造发展新优势，还是推动经济体系优化升级、构建新发展格局，均对形成新动能提出了更高要求。第一，信息化、互联网和数字经济是形成新动能的重要内容。2018 年 4 月，习近平总书记致信祝贺首届数字中国建设峰会开幕强调，以信息化培育新动能，11 月，习近平总书记在致第五届世界互联网大会的贺信中再次指出，为世界经济发展增添新动能，迫切需要我们加快数字经济发展，推动全球互联网治理体系向着更加公正合理的方向迈进。第二，以科技创新催生新发展动能。2020 年 8 月 24 日，习近平总书记在经济社会领域专家座谈会上的讲话《正确认识和把握中长期经济社会发展重大问题》中指出，要以科技创新催生新发展动能，要大力提升自主创新能力，尽快突破关键核心技术，这是关系我国发展全局的重大问题，也是形成以国内大循环为主体的关键。

5. 新时期经济发展新动能的工作着力点

在中央不断丰富对经济发展新动能认识的同时，我国经济发展理论与政策研究方面的专家学者也进行了广泛的研究。中国国际经济交流中心副理事长王一鸣指出，推动产业数字化转型和创新发展、推进新型基础设施建设，可以为经济高质量发展注入新动能。国务院发展研究中心原副主任刘世锦等提出了发掘都市圈（城市群）、基础产业、中等收入群体、基础研发能力、数字经济和绿色发展等新结构性潜能，形成新动能。东北财经大学国民经济工程实验室主任周天勇等提出形成发展新动能的关键是深化改革，尤其是深化土地要素配置的市场化改革。清华大学经济管理学院院长白重恩认为，雄厚的人力资源基础是经济新动能之蓬勃兴起的重要原因，创业创新热潮使得新经济、新动能孕育成长。国家金融与发展实验室理事长李扬提出发展经济新动能，要推动创新、激活主体、改善营商环境、推动要素市场化改革。北京大学国家发展研究院院长姚洋认为，经济增长新动能最重要的还是有效需求，即需求端，要多强调消费。

（三）供给侧新动能推动人类社会大发展

将经济发展新动能聚焦于供给侧、生产端具有深刻的历史背景和现实意义。从国际经验来看，新动能的培育与技术革命和产业变革分不开，是各国摆脱发展瓶颈、跃上更高发展层次的重要动力，也是人类经济社会大发展的重要动力。

1. 工业革命形成巨大新动能

18 世纪 60 年代以来，人类社会先后经历了四次工业革命。每一次的工业革命都遵循了这样一条逻辑：科学理论创新产生了技术变革，技术变革导致产业升级演替，进而引发经济社会的深刻变革。

第三次、第四次工业革命形成的巨大新动能，催生出“新经济”。20 世纪 50 年代，以电子计算机、原子能、空间技术和生物工程的发明和应用为主要标志，爆发了“第三次工业革命”。半导体、大型计算机、个人计算机、互联网等技术的蓬勃兴起，促成了网络革命、数字革命。这些技术颠覆了人类的生产方式和整个社会面貌。智力因素成为生产的关键因素，技术密集型产业空前发展，科技创造了巨额财富；分工合作迈向专业化、深度化，世界经济加速一体化；政府治理逐渐规范化，社会保障逐渐系统化等。

20 世纪末至 21 世纪初，以人工智能、机器学习、基因测序等技术的发明和发展为标志，“第四次工业革命”席卷全球，催生了又一轮的

“新经济、新动能”。从20世纪90年代初到2000年2月，美国经济增长周期超过106个月，成为自1854年以来美国经济史上最长的增长周期①，因其高增长、低通胀等特征，被学界评价为美国经济的“黄金十年”。2000年克林顿政府召开“白宫新经济会议”，总结经验认为，信息革命改变了人们的工作、学习、生活和交往方式②，这种改变像工业革命一样具有深远意义，由此带来了美国的新经济。

2. 美国、欧盟、日本将供给侧新动能作为发展突破口

第四次工业革命催生的新经济、新动能是一种全新的经济模式。在这一时期，互联网无处不在，技术和数字化改变一切，人工智能、机器学习崭露锋芒，颠覆性创新层出不穷，创新周期缩短，创新成果传播速度广度远超前三次工业革命，创造单位财富需要的人工更少，创新供给、创造需求等。

第四次工业革命为美国、欧盟、日本等突破2008年金融危机造成的发展困境提供了重要契机，各国均将培育以技术创新为核心的供给侧新动能作为国家发展战略。美国提出了“再工业化”和“美国创新战略”；欧盟启动了新的研究与创新框架计划——“地平线2020”；德国制定了“工业4.0”战略；日本通过了《科学技术创新综合战略2014——为了创造未来的创新之桥》，提出将日本打造成为“全球领先的创新中心”。

3. 我国从需求侧到供给侧实现动能转换

改革开放以来，我国经历了三次动力转换过程，经济增长模式也发生了相应的变化。

第一轮动力转换（1979—1998年），起始于改革开放初期，持续到亚洲金融危机前的1998年上半年。经济增长主要呈现为供给短缺，经

① 萧琛．论美国的“新经济”和“新周期”[J]．世界经济与政治，2000(4)．

② 刘树成，李实．对美国“新经济”的考察与研究[J]．经济研究，2000(8)．

济增长的动力转换主要来自通过改革开放，释放供给潜力，实现供需的总量再平衡。

第二轮动力转换（1998—2010 年），起始于亚洲金融危机后的 1998 年，延续到国际金融危机后的 2010 年。中国经济发展逐渐由供给短期向相对过剩转变，这一时期经济增长动力主要来自需求特别是投资需求的潜力挖掘①。

第三轮动力转换（2010 年至今）。我国经济发展进入新常态是这一时期的主要特征，主要依托需求形成的发展动能不断衰减。模仿型排浪式消费阶段基本结束，传统产业供给能力大幅超出需求，传统产业投资需求相对饱和，出口低成本比较优势发生转化，要素规模驱动力减弱，环境承载能力已经达到或接近上限，各类隐性风险逐步显性化，全面刺激政策的边际效果明显递减等。我国已经步入从需求侧转向供给侧、形成新动能、提升经济发展质量和效益的新阶段。

（四）跨越中等收入陷阱要求发展新动能

从各国发展规律来看，原有增长方式持续一定时期后，其对经济的贡献作用逐渐减弱，也就是说，传统动能发展到一定阶段会出现动力减弱，这个时候新的增长方式成长壮大，新动能不断形成，对经济的贡献逐渐增强。新旧动能转化阶段，表现为经济结构出现明显的调整。这一时期，一些国家尤其是经历快速增长之后迈入“中等收入”的经济体因为旧动能衰减而新动能无法及时补位，造成经济增速下降，时间一长，极易引发社会和政治问题。

1. 跨越中等收入陷阱是一项世界性难题

根据世界银行的定义，人均国民收入（GNI）在 1006 美元至 3955 美元（2018 年固定价格）的经济体为中等偏下收入国家，人均国民收入在 3956 美元至 12235 美元的为中等偏上收入国家。2019 年中国的人

① 王一鸣．中国经济新一轮动力转换与路径选择[J]．管理世界，2017(2)：1－14.

均 GNI 为 10229 美元，处在接近中等偏上收入国家的上沿。根据世界银行 2013 年的一项研究，1960—2008 年，全球共有 101 个经济体在经历了一段时期的高速增长之后，步入中等收入经济体行列，只有 13 个经济体[①]成功由中等收入经济体迈入高收入经济体行列，绝大部分始终徘徊在中等收入水平，无法突破经济发展的瓶颈。

2. 跨越中等收入陷阱是一项系统性工程

综合各方研究来看，落入中等收入陷阱的经济体，其增速放缓甚至停滞与生产要素、发展战略和制度等因素相关[②]。要素方面，从低收入经济体迈进中等收入经济体的发展阶段，产业多以低成本要素、产业劳动密集型为主，通常具有工资低廉的特点，企业经营成本相对较低，但当经济增长积累到一定阶段时，这一比较优势会逐渐丧失，从而使经济发展面临寻求新动能的挑战。发展战略方面，经济体在低收入阶段赖以支撑的发展战略在中等收入阶段或失去可持续性，或成为制约因素。体制机制方面，如果制度改善和科技革新无法及时催生出增长的新动力，中等收入和低收入国家增长趋同并向高收入国家收敛的可能性将会很小，二者之间将形成贫穷和富裕的“双峰”俱乐部收敛，中等收入经济体将会长期滞留中等收入阶段，落入中等收入陷阱。

3. 新动能培育是我国跨越中等收入陷阱的主攻方向

这些陷入中等收入陷阱的国家在生产要素、发展战略和相关体制机制方面的问题在我国都有一定程度的存在，在有些领域甚至问题还比较突出，成为制约我国发展的突出短板。我国因此也出现了这些国家普遍出现过的发展动能不足，2011 年以来，经济增速持续下行，各种风险

---

① 这 13 个经济体分别是赤道几内亚、希腊、爱尔兰、以色列、日本、毛里求斯、葡萄牙、西班牙、波多黎各、新加坡、韩国、中国台湾和中国香港。需要指出的是，这 13 个经济体除日本以外，体量都很小，其中新加坡、中国香港基本是单一城市经济体。中国作为人口第一大国，经济体量大，发展又极不平衡，跨越中等收入陷阱的难度要远远超过这些经济体。

② 张欢．中等收入陷阱：理论验证与中国经济长期增长研究[D]．南京：东南大学，2017.

显著上升。针对这些风险和隐患，中央提出推进供给侧结构性改革是当前和今后一个时期我国经济工作的主线，也是我国跨越中等收入陷阱的“生命线”，是一场输不起的战争①。

在深入推动“三去一降一补”“巩固、增强、提升、畅通”的基础上，我国发展质量和效益不断提升，结构不断优化，新兴产业蓬勃发展，创新型国家建设成果丰硕。但是客观地看，经济发展距离“提高供给体系质量和效率，增强经济持续增长动力，推动社会生产力水平实现整体跃升②，实现由低水平供需平衡向高水平供需平衡的跃升”③ 的要求仍有较大差距。跨越中等收入陷阱，应继续深入推进供给侧结构性改革，推动要素驱动转向创新驱动，实现产业结构优化升级，释放体制机制活力，提高全要素生产率，提升发展质量和效益，形成推动经济发展的新动能。

第一，推动要素驱动转向创新驱动。实现从依赖低成本的要素驱动到提高生产效率的创新驱动的增长。增强掌握和使用新技术的能力，加速先进技术和创新成果的积累，促进新技术、新产品和新工艺的发明创造及应用，提升人力资本水平，提高各生产要素的利用效率。

第二，实现产业结构优化升级。淘汰转移落后产能，实现传统产业的转型升级，发展先进制造业等符合社会需求和技术发展方向的战略性新兴产业，促进产业向高附加值转型，提升包括金融、信息技术、科研服务等在内的生产性服务业在经济结构中的比重。

第三，通过改革释放体制机制活力。通过体制机制改革，破除限制要素流动的障碍，减少对资源配置的扭曲。完善宏观经济和社会管理机制，化解风险，维护经济和社会发展环境的稳定，为经济发展提供良好

① 开局首季问大势——权威人士谈当前中国经济[EB/N]. 人民网—人民日报. 2016 - 05 - 09.

② 习近平. 在中央财经领导小组第十一次会议上的讲话[N]. 人民日报,2015 - 11 - 11.

③ 习近平. 围绕贯彻党的十八届五中全会精神做好当前经济工作[EB/OL]. 人民网,2015 - 12 - 18.

的制度保证。

二、发展新动能的重要意义

我国面临的发展环境深刻复杂变化。世界正经历百年未有之大变局，新一轮科技革命和产业变革深入发展，国际环境日趋复杂，不稳定性、不确定性明显增加。我国已转向高质量发展阶段，但发展不平衡不充分问题仍然突出，重点领域、关键环节改革任务仍然艰巨，创新能力不适应高质量发展要求。应对内外挑战，实现到2035年基本实现社会主义现代化，到21世纪中叶建成社会主义现代化强国的战略目标，要求我们必须不断培育壮大发展新动能，推动经济的高质量发展。

（一）发展新动能是统筹两个大局的内在要求

2019年5月，习近平总书记在江西考察时指出，领导干部要胸怀两个大局，一个是中华民族伟大复兴的战略全局，一个是世界百年未有之大变局，这是我们谋划工作的基本出发点。“两个大局”是以习近平同志为核心的党中央基于对国情世情的深刻认识做出的重大判断。中华民族伟大复兴是大变局的重要组成部分和推动大变局的关键变量，大变局是中华民族伟大复兴进程的时代背景和外部环境。统筹两个大局是实现“两个一百年”奋斗目标的重大原则和根本遵循。①

1. 发展新动能是中华民族伟大复兴的战略全局的重要支撑

党的十九大报告指出，经过长期努力，中国特色社会主义进入了新时代，这是我国发展新的历史方位。我国社会主要矛盾已经转化为人民日益增长的美好生活需要和不平衡不充分的发展之间的矛盾。我国经济已由高速增长阶段转向高质量发展阶段，正处在转变发展方式、优化经

① 李凡. 从两个大局出发思考处理问题[EB/OL]. http://www.xinhuanet.com/politics/2020-05/08/c_1125956312.htm.

济结构、转换增长动力的攻关期，建设现代化经济体系是跨越关口的迫切要求和我国发展的战略目标。

（1）发展新动能，必须以供给侧结构性改革为主线。发展新动能，必须坚持质量第一、效益优先，推动经济发展质量变革、效率变革、动力变革，提高全要素生产率，着力加快建设实体经济、科技创新、现代金融、人力资源协同发展的产业体系，着力构建市场机制有效、微观主体有活力、宏观调控有度的经济体制，不断增强我国经济的创新力和竞争力。

（2）新两步走战略是我国的中长期发展目标。党的十九大提出了“两步走”战略安排，在2020年实现全面小康社会的基础上，到2035年基本实现社会主义现代化，经济实力、科技实力将大幅跃升，跻身创新型国家前列。到2050年建成富强民主文明和谐美丽的社会主义现代化强国，成为综合国力和国际影响力领先的国家。到2035年基本实现社会主义现代化，将原定的第二个百年奋斗目标实现时间提前了15年[①]。基本实现现代化的一个重要标准就是人均GDP达到中等发达国家水平。相关领域的专家学者用长期阶段性减速趋势法推算各国2050年人均GDP，测算到2050年中等发达国家的较高标准、中性标准和较低标准分别约为人均22000美元、20000美元、15000美元[②]。如果再考虑到世界发达国家的正常增长水平[③]，以进入世界前列为标准，我国GDP增长速度要在未来10年保持5.5%，接下来的10年保持4%，在最后的13年保持3%（2017年数据），才可以实现目标。到2035年中国要达到当前最发达的、人口在500万以上的前20个国家的发展水平，即人均GDP能达到按2011年不变价计算的2.5万~3万美元。到2050年

① 20世纪80年代，根据邓小平的战略构想，中央正式确立的经济建设“三步走”战略，明确到21世纪中叶，人均国民生产总值达到中等发达国家水平，人民生活比较富裕，基本实现现代化。

② 杜秦川．从各国长期阶段性减速推算2050年中等发达国家标准[J]．中国经贸导刊（理论版），2017（17）．

③ 清华大学李稻葵教授测算，过去20年里发达国家的GDP平均增速为2%（2017年）。

迈入全球最发达的大中型国家的前列，人均富裕水平能够进入那时大中型国家的前20位，按照购买力平价计算的人均生活水平应该能达到美国的70%左右，经济总量将达到美国的2.5倍以上，甚至接近3倍①。除了收入水平的提升，还要求我国的科技实力大幅跃升、社会文明程度达到新的高度、人民生活更为宽裕、城乡区域发展差距和居民生活水平差距显著缩小、基本公共服务均等化基本实现、生态环境根本好转、基本实现美丽中国等，实现这些目标的根本措施还是要加快发展。

（3）创新驱动就是创新成为引领发展的第一动力。2016年，中共中央、国务院印发《国家创新驱动发展战略纲要》，明确创新驱动就是创新成为引领发展的第一动力，创新驱动是国家命运所系，国家力量的核心支撑是科技创新能力。该纲要设定了“三步走”战略，第一步，到2020年进入创新型国家行列，基本建成中国特色国家创新体系；第二步，到2030年跻身创新型国家前列，发展驱动力实现根本转换；第三步，到2050年建成世界科技创新强国，成为世界主要科学中心和创新高地。在创新战略指引下，科技创新成果不断形成新动能。2015—2019年我国经济发展新动能指数（以2014年为100）分别为124.8、159.1、204.1、269.0和332.0，分别比上年增长24.8%、27.5%、28.3%、31.8%和23.4%，持续较快增长势头。新动能持续发展壮大，推动在第四次工业革命进程中弯道超车，成为支撑我国有效应对世界百年未有之大变局、迈入世界强国的重要力量。

2. 发展新动能是积极应对世界百年未有之大变局的重要举措

从历史经验来看，本轮世界百年未有之大变局根源仍是科技革命，由科技革命引发的产业革命正在重塑世界格局。产业革命整体上推动了经济全球化，但不同地区、不同群体的受益程度存在显著差异，进一步拉大了发展差距。由于长期以来，全球在公平分享发展红利方面存在重

① http://www.outlookchina.net/html/news/201712/11450.html.

大的制度和机制问题，并没有有效弥合发展带来的贫富过大差距，引发了广泛的极端主义和民粹主义。表现在宏观层面，经济的此消彼长深刻地改变了世界力量格局，加剧了大国之间的战略博弈[①]。从纵向来看，前三次工业革命助推英国、美国先后成为世界经济中心，德国、日本经济腾飞迈入经济强国。我国在错失前三次工业革命的机会之后，抓住了第四次工业革命浪潮，并将创新驱动上升到前所未有的高度。

（二）发展新动能是保持经济平稳运行的重要支撑

"十四五"时期是我国开启全面建设社会主义现代化国家新征程的第一个五年，保持经济社会持续健康发展至关重要。"十四五"期间，我国发展面临诸多复杂挑战。在外部环境不稳定性、不确定性明显增加，新冠肺炎疫情影响广泛深远的同时，国内过去长期累积的问题愈加凸显。发展不平衡不充分，重点领域关键环节改革任务仍然艰巨。资源配置不公平、贫富差距过大、社会阶层固化等风险因素不断累积。民营经济面临发展机会不平等，无法公平获得土地、资金、能源等生产要素，市场在资源配置中的决定性作用并未得到有效发挥，政府对微观经济的干预仍较多等问题[②]。此外，创新能力不适应高质量发展要求，农业基础还不稳固，城乡区域发展和收入分配差距较大，生态环保任重道远，民生保障存在短板，社会治理还有弱项。

当前，十分突出的是保持经济平稳运行难度很大，需求不足制约经济稳定恢复，企业特别是中小微企业、个体工商户生产经营困难较多，稳就业、保民生面临很大压力，金融等领域风险有所积聚，基层财政收支矛盾加剧等。

在长短期、内外多重不利因素的影响下，我国经济发展的传统动能正在衰竭，经济下行压力较大。经济发展进入新常态，新旧增长动力尚

---

① 高祖贵．世界百年未有之大变局的丰富内涵[N]．学习时报，2019-01-21.

② 中国国际经济交流中心课题组．"十四五"经济体制改革若干重大问题研究[R]．2019.

未完成转换，由于外部需求收缩、内部“三期叠加”多种矛盾聚合的因素，以牺牲资源环境为代价的老路行不通了，继续加大对产能过剩行业投资、增加未来调整压力的增长也要不得①，跨越中等收入陷阱压力很大②。因此，进入“十四五”时期，必须将发展新动能作为应对挑战、保持经济平稳运行的重要支撑。

（三）发展新动能是有效应对外部挑战的有力手段

新冠肺炎疫情全球大流行使保护主义、单边主义抬头，世界经济低迷，全球产业链供应链因非经济因素而面临冲击，国际经济、科技、文化、安全、政治等格局都在发生深刻调整，世界进入动荡变革期。今后一个时期，我们将面对更多逆风逆水的外部环境，这其中，中美经贸摩擦是当前和今后一段时期必须面临的重大外部挑战③。

以特朗普为代表的部分美国不理智、不合理的声音认为，允许中国加入TWO，中国获益巨大，美国受到了损失，这种状况不可接受，特朗普政府据此大幅调整对华关系。自2017年8月美国贸易代表办公室（USTR）对中国开展“301调查”以来，中美关系急速转变。美国对我国实施了全面多维经济制裁。一是对大部分产品加征关税。2018年9月美国对我国出口的2000亿美元清单加征10%关税，2019年9月对我国出口的3000亿美元部分清单（约占38.9%）加征15%关税。二是实施技术封锁、禁运和投资限制。美国明确将核能、航空航天、信息和通信技术、机器人、机械与中国制造2025相关的高技术作为打击对象；

① 人民日报署名文章：五问中国经济——权威人士谈当前经济形势[EB/OL]. http://www.xinhuanet.com/politics/2015-05/25/c_1115402529.htm.

② 周天勇等研究认为，力度太大和时间太长的人口控制，给中国未来的经济增长带来了比日本、韩国和中国台湾要大得多的下行压力，没有改革和发展方面的大的举措，进入不了高收入门槛，是大概率事件。刘守英等认为，“以地谋发展”模式已经衰竭。土地发动机的功能在2010年以后开始效力减退。随着经济发展阶段转换，依靠土地宽供应拉动经济增长的模式已发生历史性转换。这一阶段土地对经济增长的影响表现为：放地拉增长→经济增速先增加后下降→继续放地拉增长→经济增速继续下行→土地需求量也随之下降，土地发动机功能不再。

③ 中国国际经济交流中心课题组. 宏观经济调控与对策[R]. 2019.

针对中国重点高科技企业的技术封锁和禁运措施，将多家中国企业列入出口管制清单，实施技术封锁；对中国赴美技术投资管控力度加大；对中国赴美投资设置限制，尤其是涉及敏感技术收购的投资，加大对中国企业赴美投资审查力度，扩大审查范围。三是金融制裁潜在威胁上升，美国已经将我国列为“汇率操纵国”，对我国银行等金融机构实施了制裁。

贸易摩擦已经发展成持续性危机，中美陷入“修昔底德陷阱”风险加大。二战之后美国确立了世界的主导权，处于守成大国地位，而中国是新兴崛起大国，因此无论中国采取什么样的发展战略，守成大国美国都会极力打压。正如美国战略家认为的，中国正在一步一步地成为美国最强劲的对手，还将继续挑战美国在各个层面的统治①。2017 年特朗普上台之后的首份《国家安全战略报告》将中国定位为美国“战略上的竞争对手”，提出将着重在经贸、投资等问题上加强对美国经济利益的保护力度。美国认为世界已经进入竞争的新时代，要始终将“美国优先”作为基本准则。基于此，美国不是针对某几个矛盾突出的方面，也不是针对某一次冲突爆发的事件，而是在整体性地、结构性地与中国对峙②。中美关系的不确定、不稳定性风险对我国经济发展将带来重大影响。

三、发展新动能面临的机遇和挑战

党的十八大以来，我国经济实力、科技实力、综合国力跃上新台阶，经济运行总体平稳，经济结构持续优化，新动能不断发展壮大。良好的基础也有利于我国抓住机遇，持续推动新动能的发展。

---

① 哈佛大学肯尼迪政府学院首任院长格雷厄姆·艾利森认为，只要中国不放弃“中华民族伟大复兴”，中国就将继续挑战美国在各个层面的统治。

② 美国丹佛大学国际关系学院教授赵穗生认为，特朗普对华政策已经不是针对某几个矛盾突出的方面，也不是针对某一次冲突爆发的事件，而是在整体性地、结构性地与中国对峙。

（一）发展新动能取得积极成效

党的十八大以来尤其是“十三五”时期，我国经济实力、科技实力、综合国力跃上新台阶，经济运行总体平稳，经济结构持续优化，新动能不断发展壮大。2015—2019 年我国经济发展新动能指数①分别为 124.8、159.1、204.1、269.0 和 332.0②，分别比上年增长 24.8%、27.5%、28.3%、31.8%和23.4%。2019 年，各项分类指数与上年相比均有提升，其中，网络经济指数涨幅最高，对总指数增长的贡献最大。2019 年“三新”经济（以新产业、新业态、新商业模式为核心内容的经济活动的集合）增加值占 GDP 的比重为 16.3%，比上年提高 0.2 个百分点；增速为 9.3%，比同期 GDP 现价增速高 1.5 个百分点。

新动能快速发展带动了我国经济的结构性调整，经济结构不断优化。2019 年第一、第二、第三产业增加值比重分别为 7.1%、39%、53.9%；第二和第三产业产值占 GDP 比重已超过 90%。工业体系更加齐全，工业生产由低端向中高端迈进，航空航天、电子通信、医疗仪器、新能源、新材料等高技术产业蓬勃发展，高铁、核电等重大装备竞争力居世界前列。服务业蓬勃发展，新电子商务、数据消费、现代供应链、互联网金融等新技术新模式日新月异，服务业成为创新创业的热点。居民生活持续改善，2019 年城乡居民恩格尔系数分别下降至 27.6%和 30 %。全国居民每百户家用汽车拥有量为 33.0 辆，比 2013 年增长 95.3%③。

① 国家统计局统计科学研究所于 2015 年开始采用定基指数方法编制中国经济发展新动能指数，以呈现在经济转型升级时期产业形态及经济增长动力的变化，反映经济新动能发展趋势和进程，为观察中国经济真实情况提供了一个新视角。“经济发展新动能指数”是利用新产业、新业态、新商业模式等活动的基础数据，采用线性加权的综合评价方法构建而成的复合指数。目前，该指数包含五个分类指数，即网络经济指数、经济活力指数、创新驱动指数、转型升级指数、知识能力指数。

② 以 2014 年定基为 100。

③ 国家统计局．经济结构不断升级发展协调性显著增强——新中国成立 70 周年经济社会发展成就系列报告之二[N]．经济日报，2019 - 07 - 09.

（二）发展新动能面临三重机遇

随着改革开放的深入推进，我国经济实力显著提升，市场经济体制不断完善，改革的系统性、整体性、协同性不断增强，为发展新动能奠定了坚实的基础。当前，发展经济新动能面临诸多机遇。

（1）工业革命加速发展。第四次工业革命不再是某一个产品或服务的革新，它是整个系统的创新①。核心是智能化与信息化，进而形成一个高度灵活、人性化、数字化的产品生产与服务模式。这场革命呈现出指数级而非线性的发展速度。在广度与深度方面，本次工业革命建立在数字革命的基础上，结合了各种各样的技术，这些技术正给我们的经济、商业、社会和个人带来前所未有的改变。它不仅改变着我们所做的事情和做事的方式，甚至在改变人类自身。它产生了系统性的影响，包含国家、公司、行业之间（和内部）以及整个社会所有体系的变革。第四次产业革命带来的新技术、新产品、新业态、新模式正在我国加速涌现，极大地推动了我国发展新动能的拓展和壮大。

（2）国内基础雄厚。农业基础地位稳固，基础设施完善，产业体系完整、韧性较强。我国已建成了世界上最为完整的产业体系，是全世界唯一拥有联合国产业分类中所列全部工业门类的国家。货物贸易总量居世界第一，是120多个国家和地区的最大贸易伙伴。我国人力资源丰富，技能人才达到2亿人，有力地支持了新兴产业的快速发展。产业数字化加速形成创新驱动力，这些产业优势条件为发展新动能奠定了坚实的基础。

（3）拥有超大规模国内市场和内需潜力②。我国14亿人口、4亿多

① ［德］克劳斯·施瓦布. 第四次工业革命：转型的力量（第1版）［M］. 北京：中信出版社，2016.

② 国务院发展研究中心产业经济研究部部长赵昌文等认为，我国是超大规模经济体，超大规模的市场优势和内需潜力是这一属性的重要特征。超大规模的市场优势和内需潜力，与中央强调的强大国内市场本质上是一致的，均强调巨大的市场也是一种资源。

中等收入群体、960万平方公里国土面积，拥有超大规模和全球最具成长性的内需市场。这种内需市场具有更强的韧性，有利于抵制外部冲击，保持经济运行稳定。2020年国际货币基金组织（IMF）发布的《世界经济展望报告》预计，2020年全球经济将下滑4.9%，面临自20世纪30年代经济大萧条以来最严重的衰退。主要经济体中唯一能够实现正增长的只有中国。巨大的市场可以更好发挥规模报酬递增型优势，支持产业保持强大的竞争力。巨大的市场空间也意味着更多的创新场景、更低的创新成本和更高的创新收益。

（三）发展新动能需重点突破体制机制障碍

发展新动能，推动要素驱动转向创新驱动，实现产业结构优化升级，释放体制机制活力，要求切实发挥市场在资源配置中的决定性作用，通过深化改革开放，破除限制要素流动的障碍，减少对资源配置的扭曲，激发市场主体经济活力，用好国内国外两个市场两种资源。解决这些领域存在的突出问题，是我国发展新动能面临的重要挑战。

（1）部分重大改革举措没有完全落实到位。党的十八届三中全会提出到2020年在重要领域和关键环节改革上取得决定性成果，但是从市场反应来看，仍存在一般性的改革举措比较多，而真正关键的、重大的和管用的改革举措相对不足，落实改革的举措不够有力，效果尚未达到市场预期等问题[①]。比如在国有企业改革方面，中央确定了“以管资本为主，国有资本更多投向关系国家安全、国有经济命脉的重要行业和关键领域，重点提供公共服务、发展重要前瞻性战略性产业、保护生态环境、支持科技进步、保障国家安全”等目标，但国有企业仍普遍延续管人管事的做法，国有企业覆盖面广、广泛参与到竞争性领域。

（2）一些领域市场发挥决定性作用仍受掣肘。政府经济管理中仍

① 张军扩．坚定不移深化市场化改革　不断在关键性基础性重大改革上突破创新[EB/OL]. https://www.thepaper.cn/newsDetail_forward_8154383.

部分沿用计划管理方式，在一些领域，规划和计划成为很多政府部门直接干预经济活动的依据或手段。例如，各地将土地规划、城市和乡镇规划作为审批项目的重要依据，这些规划往往滞后于经济社会发展，而复杂的规划调整程序使得一些地方急需的、有利于形成新动能的重大项目无法落地。电力是经济运行的重要基础，但是各地普遍制定年度用电计划，对发电企业下达发电利用小时计划，干扰了电力的市场交易。各种专项规划、行业规划、产业政策水平不一，很多规划和政策制定时间较早、质量不高、预见性差。在新旧动能转换中，大量先进产能、引领行业发展方向的新项目因僵化的执行规划和产业政策而无法获得批准。

（3）一些领域中存在歧视非公所有制经济现象。中央虽然始终明确要毫不动摇地坚持基本经济制度，鼓励、支持非公有制经济发展，党的十九大也重申了必须坚持和完善我国社会主义基本经济制度、坚持“两个毫不动摇”的方针，充分肯定了公有制经济和非公有制经济都是社会主义市场经济重要的组成部分，但在实践中民营企业仍面临一些制度和机制上的障碍。民营企业在土地、资金、能源等生产要素的获得和使用上仍未实现和国有企业的公平竞争，对民营企业权益的保障力度也不够。在钢铁、化工、煤炭、石油、矿藏、电力、民航、公路、水利、金融、证券、保险、房地产等众多领域曾一度出现“国进民退”现象。一段时期内在舆论场上甚至出现了“民营企业退场”的言论，造成了负面影响，影响了民营企业的信心，导致民间投资增速显著放缓。

（4）扩大开放尚有较大空间。中央《关于新时代加快完善社会主义市场经济体制的意见》提出，要推动由商品和要素流动型开放向规则等制度型开放转变，吸收借鉴国际成熟市场经济制度经验和人类文明有益成果，加快国内制度规则与国际接轨，以高水平开放促进深层次市场化改革。目前，我国在商品和要素流动型开放方面仍有不足，表现为金融领域开放不到位，服务贸易开放不足，公共服务领域如教育、卫生、文化等方面开放程度低[①]。在制度性开放方面，给予外企国民待遇和实现我国与国际惯例对接仍有较大提升空间，突出表现为，在商标、技术、版权、专利等知识产权保护方面差距较大，在法律规则对接、法律服务、政府监督等方面短板明显。当前，在逆全球化思潮抬头的背景下，有人认为国内国际双循环相互促进难以实现，脱钩成为世界经济发展的趋势，因此将“构建完整的内需体系”理解为内需体系本身构成完整的需求体系，对企业发展造成了一定的不良影响[②]。

（四）发展新动能的实现路径

发展新动能是各国在发展进程中普遍的自觉行为，对于不同的国家、不同的发展阶段，新动能的内涵与形式也存在巨大的差别。我国提出新动能，也经历了理论认识上的深化过程。在较长时期内，发展仍然是我党执政兴国的第一要务，实现中央确立的战略目标，应对国内外、长期近期各种挑战和困难，要求我们必须深化改革持续释放创新创业活力，以创新引领产业升级，不断发展和壮大经济新动能。

（1）发展新动能要从生产要素、产业结构、体制机制入手，提高全要素生产率，提升发展的质量和效益。要坚持以供给侧结构性改革为主线，实现经济发展动力从依赖低成本的要素驱动转向提升生产效率的创新驱动；实现产业结构优化升级，发展新兴产业，提升生产性服务业；以改革释放体制机制活力，优化资源配置。

（2）我国已经步入从需求侧转向供给侧、形成新动能新阶段。发展经济新动能应该更加聚焦到深化供给侧结构性改革这一主线，一方面因为聚焦于供给侧、生产端的新动能是主要经济体摆脱发展瓶颈，跃上更高层次发展的重要经验；另一方面因为进入新常态以来，我国主要依

① 中国国际经济交流中心原副理事长黄奇帆认为，中国未来对外开放的薄弱环节体现在4个方面，即金融业、服务贸易、公共服务领域和数字贸易，把这4块短板补齐了，中国对外开放的高质量、高效益就能够体现出来了。

② 资料来源：https://mp.weixin.qq.com/s/pPBR_4D1eQbKzfkTbvxdLw。

托需求形成的经济发展新动能不断衰减。模仿型排浪式消费阶段基本结束，传统产业供给能力大幅超出需求，传统产业投资需求相对饱和，出口低成本比较优势发生转化，要素规模驱动力减弱，环境承载能力已经达到或接近上限，各类隐性风险逐步显性化，全面刺激政策的边际效果明显递减等。我国已经步入从需求侧转向供给侧、形成新动能、提升经济发展质量和效益的新阶段。

（3）发展新动能具有历史意义。发展新动能是立足国内国际两个大局、统筹两个百年目标的内在要求，也是应对当前冲击保持经济平稳运行的重要支撑。应对世界百年未有之大变局，要求我们必须抓住第四次工业革命这一历史机遇，弯道超车，实现创新驱动发展。发展新动能是推动我国经济转向高质量发展阶段、助力中华民族伟大复兴的重要保障，是实现到 2035 年基本实现社会主义现代化、到 2050 年建成社会主义现代化强国的根本措施，也是疫情之下保持经济平稳运行的重要支撑。

（4）超大规模国内市场是发展新动能的重大机遇。我国发展新动能面临的主要机遇包括全球工业革命加速发展、国内具备雄厚的发展基础和超大规模国内市场和内需潜力。其中超大规模国内市场具有更强的韧性，有利于抵制外部冲击，超大规模国内市场还可以更好地发挥规模报酬递增型优势，支持产业保持强大的竞争力，这也意味着更多的创新场景、更低的创新成本和更高的创新收益。

（5）发展新动能需重点突破体制机制障碍。发展新动能面临的主要挑战包括部分重大改革举措没有完全落实到位、有些改革的效果未达到市场预期。一些领域市场发挥决定性作用仍受掣肘，政府经济管理中仍部分沿用计划管理方式和手段。在能源、金融等领域和获得土地、资金等环节仍存在歧视非公所有制经济现象，较大地影响了民营企业的信心。金融领域开放不到位，服务贸易开放不足，公共服务领域如教育、卫生、文化等方面开放程度低，制度性开放存在明显短板等。

第三章

如何把脉新动能：瞄准生产率提升

加快推动供给体系提质增效是培育发展新动能的首要内涵。寻找培育发展新动能的切入点，需要顺利实现经济增速换挡，培育能在未来一段时间内确保经济保持较高增速的新动力源。为此，既需要分析新旧动能转换的内在原因，了解增速换挡时期新动能的来源和方向，掌握培育新动能的重要着力点，也需要充分认识当前中国处在新旧动能转换重要阶段，掌握当前中国新动能的发展趋向。本章聚焦分析这两方面课题，以此把脉我国新动能发展方向。本章认为，发展新动能的关键点在于从生产效率提升、产业转型升级和体制机制改革三方面着力实现。

一、剖析新动能的来源

（一）经济发展中的增长陷阱

1."中等收入陷阱"概念的由来

从历史上看，经济体在经历快速增长之后经济增长动力减弱、增速放缓甚至停滞是世界经济发展过程中普遍存在的现象。而最常被与经济增速放缓甚至停滞联系起来的概念是"中等收入陷阱"（middle income trap）。2007 年，世界银行在其《东亚复兴：关于经济增长的观点》报告中最早提出了"中等收入陷阱"的概念①。该报告通过将拉丁美洲国家与

① Gill, Indermit, Homi Kharas and Others. An East Asian Renaissance: Ideas for Economic Growth [R]. World Bank, Washington, DC, 2007.

东亚新兴经济体进行比较，分析了拉丁美洲国家如何在成为中等收入的经济体之后经济往往陷入停滞、无法继续保持增长成功跻身高收入国家的问题。随着这一概念的传播，更多的研究将研究对象扩展到拉丁美洲地区之外，他们认为中等收入经济体在经历初期的高速增长之后出现增速回落甚至停滞的现象也存在于非洲、东南亚、中东等地区，相关经济体也存在贫富分化、就业困难、过度城市化、金融体系脆弱、社会公共服务短缺等问题，新兴的中等收入经济体常常面临无法跨越中等收入的瓶颈。

根据世界银行 2013 年的一项研究，1960—2008 年，全球共有 101 个经济体在经历了一段时期的高速增长之后，步入中等收入经济体行列，而在这些经济体中只有 13 个成功由中等收入经济体迈入高收入经济体行列，绝大部分始终徘徊在中等收入水平，无法突破经济发展的瓶颈。这 13 个经济体中的 8 个是与西欧相近的欧洲国家或石油生产国，有着良好的经济发展基础，另外 5 个则是日本和亚洲“四小龙”（韩国、新加坡、中国台湾及中国香港）[①]。日本、韩国和中国台湾是其中体量较大、较具代表性的经济体。这些经济体在实现经济转型的过程中有着相似的特点：都是在经历了 20 ~ 30 年的高速增长、人均 GDP 达到美国的 50% ~ 60% 后，出现经济增速的调整，实现增长动能换挡；在经济进入中速增长期之后，其增速普遍较高速时期时减半，在持续 10 ~ 20年之后，最终实现人均 GDP 达到美国的 70% ~ 80% 。[②]

2. 日本和韩国跨越中等收入陷阱的历程

20 世纪 50 年代至 70 年代是日本经济的高速发展期，1955—1973 年，日本实现了年均 8. 8% 的经济高速增长。1973 年，日本人均 GDP

---

① 林毅夫．发展经济学的反思与重构[J]．济南大学学报(社会科学版)，2018，28(1)；Im，F. and D. Rosenblatt. Middle - Incometraps，Policy Research Working Paper 6594，World Bank；World Bank，2013，China 2030，Building a Modern，Harmonious，and Creative Society[R]. Washington，D. C.：World Bank，2013.

② 姜超，等．“增速换挡，中枢下移”[R]．海通证券研究报告，2019 - 02 - 27.

达到 11434 国际元，为同期美国的 68.5%。1974—1991 年，日本经济步入中速增长期，年均增速降至 4.1%。从 20 世纪 80 年代开始，为了进一步提升产业竞争力，日本制造业结构开始向高附加值的加工型方向发展。在这一阶段，日本鼓励科技自主创新，吸收引进国外先进技术和优秀成果的同时，积极加大自主研发投入，汽车、电子、精密机械、宇航、原子能等工业部门快速发展。1980—1990 年是日本加工型重工业发展最快的阶段，其占制造业的比重从 39% 上升到 49%，占据了制造业的近半壁江山。日本通过调整产业结构、加强自主创新等举措成功实现经济结构和发展动力的转型之后，从中等收入国家跨入高收入国家。

韩国经济的快速发展始于 20 世纪 60 年代初，成为 30 多年“汉江奇迹”的开端。其间，韩国开始推行工业化政策，50 年代中期以来开始的进口替代战略被出口导向战略取代，并推出了第一个经济开发五年计划，经济增长进入快速发展阶段。1970 年，韩国人均国民收入 280 美元，1978 年突破 1000 美元并进入中等收入阶段。[①] 20 世纪 70 年代末石油危机爆发之后，韩国经济过度依赖出口产业和重化工业的经济结构的弊端显现，韩国政府出台了稳定经济、促进市场自由化和调整产业结构的政策措施，韩国经济在 80 年代进入平稳发展的阶段。到亚洲金融危机爆发前的 1996 年，韩国人均国民收入达到 10548 美元。1961—1996 年，韩国经济保持了长达 36 年的高速增长，年平均 GDP 增速 7.9%。1996 年韩国人均 GDP 达到 13211 国际元，为同期美国的 52.1%。1997 年亚洲金融危机之后，韩国经济增速下滑较为明显。1997—2010 年，韩国平均 GDP 增速为 4.7%。亚洲金融危机的冲击推动了韩国进行大刀阔斧的改革，韩国经济得以迅速恢复。在金融领域，韩国通过金融改革着力清理不良债务、恢复融资功能，企业改革破解产能过剩、负债高企和财阀垄断难题。在产业发展方面，韩国将发展高科

① 崔志鹰，朴昌根．当代韩国经济[M]．上海：同济大学出版社，2010.

技提升到国家战略的高度，不仅传统的造船、汽车、钢铁等产业实现了新的飞跃，电子、半导体、液晶显示等产业也取得了快速发展。随着经济体量的增长、企业规模的壮大以及企业经营的成熟，韩国企业经营更加国际化，新兴科技企业逐渐崛起。

3. **中国处在爬坡过坎的关键阶段**

根据世界银行最新的定义，人均国民收入（Gross Net Income，GNI）在1006美元至3955美元（以2018年固定价格计算）的经济体为中等偏下收入经济体，人均国民收入在3956美元至12235美元的为中等偏上收入经济体。2019年，中国的人均GNI为10229美元，已经处在或接近中等偏上收入国家的上沿。在经济转入中速增长平台趋向下，要切实跨越中等收入阶段，迈向高收入国家行列，则要求保持较长时期的中速增长，需要寻找到支持经济中速增长的动力源。着力抵冲人口结构变动、相关产业供给和需求达到峰值、资源环境承载力接近临界值以及技术追赶空间缩窄等因素的影响。即便人口和劳动力供给保持不变，我国经济高速增长的势头也难以持续下去。跨越经济增长中的陷阱特别是中等收入陷阱，需要寻找到新的增长动力源，挖掘新的发展潜能，确保未来10～15年经济增速保持在5%～6%的水平，促使中国能顺利迈向高收入国家行列。

（二）陷入增长陷阱的原因

分析以往诸多经济体进入中等收入阶段的发展路径，可以发现在中等收入阶段，多数经济体出现增速放缓甚至停滞有着要素质量、产业发展战略和体制机制三方面的原因①。

1. **要素投入质量**

不同经济增长阶段，劳动力、土地、能源、技术等要素条件的变化

---

① 张欢．中等收入陷阱：理论验证与中国经济长期增长研究［D］．南京：东南大学，2017.

是限制经济保持较高速增长的重要原因。

要素边际报酬随着投入量的增加递减是李嘉图在《政治经济学及赋税原理》中提出的最为基本又直观的经济学理论之一。劳动力、土地和资本等各类生产要素投入具有边际报酬递减的特征，这将引致一国经济增长最终走向停滞。在另一条路径上，经济学家马尔萨斯则强调人口增长的影响，提出了著名的“马尔萨斯陷阱”。该理论认为，经济发展会带来高出生率，人口将呈现几何级数的增长，这反过来稀释了增长相对缓慢的资本的人均占有量，从而使人均收入长期收敛在较低水平。在从低收入经济体迈进中等收入经济体的发展阶段，多以发展低成本要素特别是劳动密集型产业为主，企业在经营投入方面具有较高的低成本优势，但当经济增长积累到一定阶段，这一比较优势会逐渐丧失，从而使经济发展面临动能不足的挑战。

2. 产业发展政策

经济体在低收入阶段赖以支撑的产业发展政策在中等收入阶段或失去可持续性或成为制约因素也是其陷入增长瓶颈的一个重要原因。

一些经济体在经济发展的初级阶段，主要依靠生产要素的价格比较优势布局其产业结构，而在步入中等收入水平后，随着要素价格上涨，人均国民收入和技术相较于发达国家的差距逐渐缩小，同时外部需应对欧美国家在高精尖端产业的挤压排斥和新兴市场国家在中低端产业的“挤出”效应，使占据比较优势的传统产业失去竞争力。例如，阿根廷在1984—2002年，高技术制造业比重从16%降低到10.3%；1992年，巴西高技术制造业出口比重为14%，在2005年提高到26.0%，到2013年时又下降到16.0%；马来西亚于1977年成为中等收入国家，在其制造业结构中，高技术制造业规模在人均GDP达到8000美元后不增反降，出口比重也没有持续增长。

3. 体制机制因素

经济增长的本质在于经济循环为国民提供多样性的产品和服务的能

力的提高，而此种能力提高以体制和制度的不断完善为前提。如果体制、机制无法及时革新，经济社会结构固化，要素流动和有效配置受阻，经济发展结构失衡，中等收入和低收入国家将难以催生出经济持续增长所需的新动力，长期滞留中等收入阶段，向高收入国家收敛的可能性将会大为缩小，二者之间形成贫穷和富裕的“双峰”俱乐部收敛①。以拉美国家为例，这些经济体在其发展过程中普遍存在政府对市场过多干预、营商环境恶劣等问题，这些因素导致了国内企业特别是中小企业发展滞后、生产经营效率较低、缺乏竞争力。

（三）增长新动能的主要来源

实现发展阶段的递进，需要适时加快增速换挡和新旧动能转换。任何经济体要获得平稳健康可持续增长，需要逐渐提升要素质量，加快技术创新，摆脱长期依赖低端劳动密集型企业带动经济增长的局面，制定适合经济发展状况和条件的产业发展战略，营造有利于激发社会创新和市场活力的体制机制环境，推动产业升级，提升单位要素产出，增加产品附加值和产业竞争力，最终实现经济长期健康持续增长。

1. 生产效率提升

从依赖低成本的要素驱动到提升生产效率的创新驱动的增长。要增强掌握和使用新技术的能力，加速先进技术和创新成果的积累，促进新技术、新产品和新工艺的发明创造及应用，提升人力资本水平，提高各生产要素的利用效率。

2. 产业转型升级

积极淘汰转移落后产能，实现传统产业的转型升级，发展先进制造业等符合社会需求和技术发展方向的战略性新兴产业，促进产业向高附加值转型，提升包括金融、信息技术、科研服务等在内生产性服务业在

① Quah. Empirics for economic growth and convergence[J]. European Economic Review, 1996,40(6):1353-1375.

经济结构中的比重。

3. **体制机制改革**

通过体制机制改革，破除限制要素流动的障碍，减少其对资源配置的扭曲作用，把土地、劳动力和金融资源根据更具竞争性和高效率的方式配置到最具生产力的用途。完善要素市场化配置机制，提升要素流通和配置效率，化解潜在风险，改善企业经营环境，鼓励中小企业发展，为经济发展提供良好的体制机制保障。

二、中国新动能发展动向

（一）中国经济增长动力转换演变

改革开放以来，我国主要经历了两次经济增长动力转换过程，但经济增长模式并没有根本变化。第一次动力转换（1979—1998 年）起始于改革开放初期，持续到亚洲金融危机前的 1998 年上半年。经济增长主要呈现为供给短缺，经济增长的动力转换主要来自通过改革开放释放供给潜力，实现供需的总量再平衡。第二次动力转换（1998—2010 年）发生在亚洲金融危机后的 1998 年下半年，延续到国际金融危机后的 2010 年。中国经济增长逐渐由供给短缺向相对过剩转变，这一时期经济增长动力主要来自需求特别是投资需求的潜力挖掘。①

2010 年之后，特别是 2012 年以来，中国经济进入“新常态”则意味着经济增长模式发生了转变。

一方面，随着要素成本上升和结构性矛盾的不断积累，中国经济下行压力加大，国内生产总值增长率逐渐下滑。劳动力人口开始缩小，成本上升，原先依赖财政政策刺激基础建设和房地产投资需求以及过度使用生态资源的中国经济难以维持长期、可持续的增长，且过去的经济政

① 王一鸣．中国经济新一轮动力转换与路径选择[J]．管理世界,2017(2):1－14.

策和改革也遗留了产能过剩、“国进民退”、贫富差距扩大等问题。

另一方面，中国经济目前稳定增长的表现主要得益于以下几个方面的因素。首先，中国有着庞大的且不断扩大的内需市场；尽管近年来国内投资增速有所放缓，但消费规模增速保持较高的水平，对经济增长起到了较好的支撑作用，中高收入水平的消费群体规模的扩大和消费能力的提升使得中国内需市场更加成熟，也使可以中国较好地抵御外部风险的能力增强。其次，改革进程持续推进，中国经济的结构也在不断优化，经济增长动能的转变对经济的牵引作用加大，新兴产业和新业态的兴起以及传统产业的升级改造开始焕发活力，起到了较好的推动作用。

当前中国正处在经济增速换挡的关键时期，从高速增长进入中高速增长的新常态，实现增速换挡。动能转换是我国经济“新常态”的三个重要特征之一，培育壮大发展新动能是促进经济增长、推动结构调整、实现高质量发展的重要支撑。经济增速换挡既是挑战，也是机遇。党的十九大报告提出中国经济正“从高速增长阶段转向高质量发展阶段”，更加强调优化产业结构和积极扩大消费在拉动经济增长方面的作用，减少经济增长对投资和外贸需求的依赖，为经济稳定增长注入了新的动力。

（二）中国新动能发展趋向

我国当前新动能发展趋势可以通过现有的两个新动能发展统计指标，即“‘三新’经济增加值”和“经济发展新动能指数”得到较好的体现。

其中，“三新”经济增加值主要从新兴产业和业态在经济整体中的结构比重来衡量和把握当前我国新动能发展的总体状况和趋向，为我们提供了宏观的视角。相比之下，经济发展新动能指数的编制则更为全面，涵盖要素、结构和效率等多方面的细化指标，综合反映了我国近年来新动能的发展趋势。这两个指标侧重点不同，但相互补充，较好地覆盖了以上分析的新动能发展的生产效率提升、产业转型升级和体制机制改革三方面来源。

1.“三新”经济蓬勃发展

“三新”经济是新产业、新业态、新商业模式的简称。国家统计局的“三新”经济增加值统计了一个国家（或地区）所有常住单位一定时期内进行“三新”经济生产活动的最终成果。其中，新产业是指应用新科技成果、新兴技术而形成一定规模的新型经济活动，具体表现为新技术应用产业化直接催生的新产业、传统产业采用现代信息技术形成的新产业等；新业态是指顺应多元化、多样化、个性化的产品或服务需求，依托技术创新和应用，从现有产业和领域中衍生叠加出的新环节、新链条、新活动形态，具体表现为以互联网为依托开展的经营活动等；新商业模式是指为实现用户价值和企业持续盈利目标，对企业经营的各种内外要素进行整合和重组，形成高效并具有独特竞争力的商业运行模式，具体表现为将互联网与产业创新融合，把硬件融入服务，提供消费、娱乐、休闲、服务的一站式服务等。

为编制“三新”经济统计数据，国家统计局根据《国民经济行业分类（GB/T4754—2017）》对符合“三新”特征的有关活动进行再分类，并参照《战略性新兴产业分类》《高技术产业（服务业）分类》《高技术产业（制造业）分类》等相关分类，于2018年8月制定并印发《新产业新业态新商业模式统计分类（2018）》。其统计范围涵盖：现代农林牧渔业、先进制造业、新型能源活动、节能环保活动、互联网与现代信息技术服务、现代技术服务与创新创业服务、现代生产性服务活动、新型生活性服务活动、现代综合管理活动等。

2017年以来，我国“三新”经济在经济总量中的占比不断提升，由2017年的15.3%上升到2019年的16.3%，提升了1个百分点。

从增速变化来看，近几年“三新”经济增加值也保持了较高的增速。三年平均增速12.7%，高于GDP增速3.2个百分点。2019年，受经济增速整体放缓影响，“三新”经济增加值增速较之前有所放缓，仍同比增长9.3%，高于GDP整体增速1.5个百分点（见图3－1）。

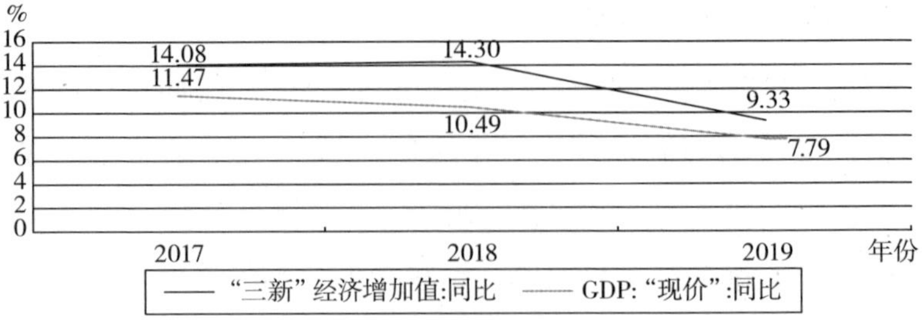

图3-1　2017—2019年“三新”经济增加值增速与GDP增速比较

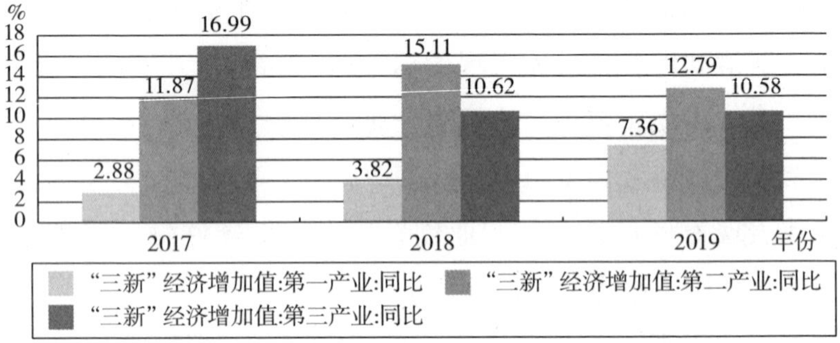

图3-2　2017—2019年各产业“三新”经济增加值增速

分三次产业来看，“三新”经济的占比提升，第三产业成为“三新”经济的主要构成部分（见图3-2）。2019年第一产业“三新”经济增加值为6685亿元，占GDP比重为0.7%；第二产业“三新”经济增加值为70443亿元，占GDP比重为7.1%；第三产业“三新”经济增加值为84799亿元，占GDP比重为8.6%。

2. 经济新动能指数稳步增长

国家统计局统计科学研究所于2015年开始采用定基指数方法编制中国经济发展新动能指数，以呈现在经济转型升级时期产业形态及经济增长动力的变化，反映经济新动能发展趋势和进程，为观察中国经济真实情况提供了一个新视角。“经济发展新动能指数”是利用新产业、新业态、新商业模式等活动的基础数据，采用线性加权的综合评价方法构建而成的复合指数。目前，该指数包含五个分类指数，即网络经济指数、经济活力指数、创新驱动指数、转型升级指数、知识能力指数。

2015 年以来，中国经济发展新动能持续快速增长。2019 年我国经济发展新动能的综合指数水平是 2015 年的 2.7 倍，年均增速达到 26.2%。从具体分项看，网络经济是主要经济增长新动能中增速最快的组成部分（见图 3－3）。2019 年网络经济指数高达 856.5，比上年增长 42.0%。2015—2019 年，网络经济指数保持了 54.5% 的增速。与其他分指数相比，该项指数的增幅最高，对综合指数的贡献也最大。网络经济对经济发展新动能指数增长的贡献率由 2015 年的 22.2% 上升为 2019 年的 80.5%（见图 3－4）。此外，经济活力指数和创新驱动指数在近几年也保持了较快增长势头。过去 5 年两项指数年平均增速分别达到 27.1% 和 15.1%。相比之下，知识能力和转型升级增长则较为平缓，2019 年两项指数分别为 147.2 和 141.4，比上年分别增长 3.6% 和 1.0%，2015—2019 年年均增速则分别达到 8.1% 和 7.3%。

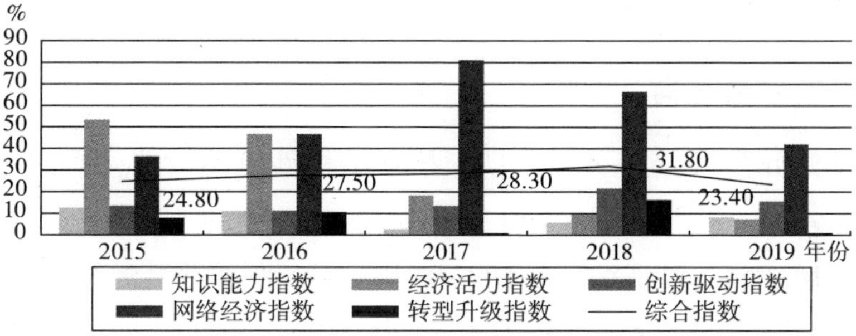

图 3－3 2015—2019 年新动能指数各分项的增长率

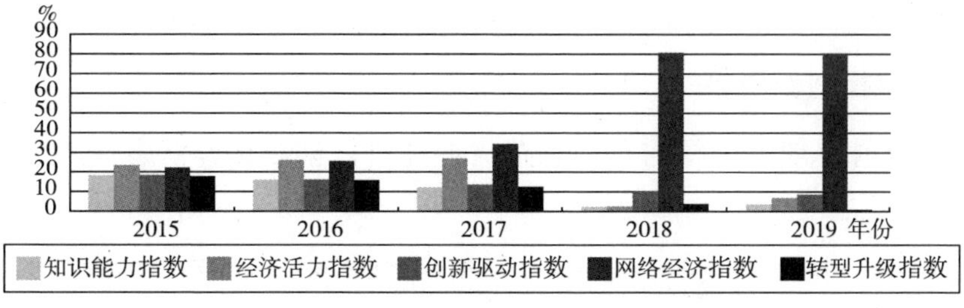

图 3－4 2015—2019 年新动能指数各分项的贡献率

三、中国新动能发展的总体思路

我国经济新动能培育的关键点在于供给侧的提质升级，主要矛盾是供给结构不能适应需求结构变化，产品和服务的品种、质量难以满足多层次、多样化市场需求①。矛盾的主要方面是目前我国创新能力不适应高质量发展的要求，供给体系创新力不足和关联性不畅，各类"卡脖子"和瓶颈问题突出。要破解这些问题，仍需运用改革思维和改革办法解决结构性问题，依靠科技创新、资源优化配置和人力资本投入推动产业结构升级，构建适应国际产业变革趋势和满足国内需求升级能力的现代产业体系。

在当前形势下，培育经济发展新动能要牢固树立和贯彻落实创新、协调、绿色、开放、共享的发展理念，坚持以推进供给侧结构性改革为主线，深入实施创新驱动发展战略，着力振兴实体经济，促进制度创新与技术创新的融合互动、供给与需求的有效衔接、新动能培育与传统动能改造提升的协调互动。

（一）主要方向

"十四五"及今后更长时期，培育结构性发展潜能，尚需在巩固（"三去一降一补"成果）、增强（微观主体活力）、提升（产业链水平）、畅通（国民经济循环）的基础上，深入推进供给侧结构性改革，重点在于通过要素升级、结构优化和制度改革，提升供给体系的创新力和关联性，扩大广义技术进步对经济的带动作用，提高全要素生产率，增强科技创新的体系化能力，整体提升产业链现代化水平。

1. 科技创新引领

坚定科技创新引领的发展思路，提高科技创新在经济发展中的贡献

---

① 刘鹤．加快构建以国内大循环为主体、国内国际双循环相互促进的新发展格局[N]．人民日报，2020－11－25.

率。实施重大科学基础研究和科技攻关，加快前沿性创新，加强信息技术、数字经济、人工智能创新发展。优化自主创新的社会环境，加强国家创新体系的建设，设立政府研究机构主导关键核心技术和共性技术研发，建立“政产学研”相结合的科研创新体系。加大各层次教育投入，着力提升人力资本。

2. 产业转型升级

加快培育新兴产业，加快产业结构升级，构建以战略性新兴产业为引领的现代产业体系。以新一代信息技术、高端装备、新能源新材料、现代海洋、医疗健康等战略性新兴产业为重点，推动互联网、大数据、人工智能和实体经济深度融合。将产业结构升级和消费结构升级相结合，实现产业消费双升级、供给和需求平衡发展。将传统产业的转型提升和新兴产业的培育相结合，打造高端制造业集群，以服务型制造促进我国产业迈向全球价值链中高端，推动制造业高质量发展。以技术赋能服务、平台变革服务，推动服务业扩量提质。促进“互联网 +”制造业、制造业与服务业融合互动发展。

3. 体制机制改革

培育新动能不仅局限于新技术、新产业等，还在于进一步推动体制机制改革，从优化资源配置效率入手，提升全要素生产率。加快金融领域改革，健全支持实体经济发展的现代金融体系，降低企业融资成本，增强现代金融服务实体经济的能力。加快构建城乡融合发展的体制机制，推进区域协调发展，促进城乡要素流动，加快大都市圈的发展。健全完善社会保障体系，建立覆盖全国的“保基本”社会安全网，促进劳动力合理流动，通过劳动力流动改善要素配置效率。

（二）基本原则

随着世界呈现竞争优势重塑、经贸规则重建、力量格局重构的叠加态势，我国供给侧结构性改革面临新的要求，既凸显出科技创新对建设现代化经济体系的重要性，也凸显了对产业链、供应链的稳定性、安全性的担忧，亟须通过技术创新引领产业加速升级和供给体系优化，引导资源由产业间再配置的结构效应转向产业内升级的效率提升，引导企业由单向的技术改造转向整体的系统升级，引导产业由单纯的产业链协作转向各种要素组合优化协同发展①。

1. 平衡总量提升与结构转换的关系

经济发展是“量”和“质”的统一，转方式、促升级、换动能的过程中需要平衡好总量提升、短期稳定和结构转换、长期发展之间的关系，增量和提质的不可偏废。“量”是基础，是发展的规模、程度、速度，“质”则是经济发展的必然要求。在“三期叠加”的复杂形势下，坚持以供给侧结构性改革为主线，发挥创新驱动作用，推动产业向高端化、绿色化、智能化、融合化方向发展。结构转换不能让位于总量提升。当前，国际国内经济环境不确定性因素增多，在形势更为复杂、严峻的背景下，在有效应对国际经贸条件紧缩的同时，宁愿牺牲短期的总量提升，也要勇于担当、下狠功夫，保持推进改革、梳理国内经济运行中的深层次结构性矛盾的定力，稳中求进，引领我国经济向高质量发展阶段迈进。

2. 平衡好自强自立和开放合作的关系

如何正确处理开放与创新、自主创新与开放创新的关系，是当前中国经济社会发展中的重大问题。习近平总书记在论述开放和创新时指出，我国的经济体量到了现在这个块头，科技创新完全依赖国外是不可持续的，我们要毫不动摇坚持开放战略，但必须在开放中推进自主创新。坚持核心技术立足自主创新。对于基础技术/通用技术、非对称技术/“撒手锏”技术和前沿技术/颠覆性技术，必须掌握竞争和发展的主动权。同时，随着经济全球化不断深入，创新资源在世界范围内加快

① 王一鸣．建设现代化经济体系论纲[M]．广州：广东经济出版社，2020：91－93.

流动，也必须以开放的心态拥抱全球创新，坚持有区别的开放创新策略，深化国际交流合作，充分利用全球创新资源，在更高起点上推进自主创新。

3. 平衡好重点突破和区域协同的关系

当前，我国区域发展进入新旧动力转换的新阶段，要把区域协同发展和新旧动能转换结合起来，在推动新经济产业合理布局的同时，实现旧产能梯度转移，优化经济发展的空间结构，增强区域经济新增长极的辐射带动作用。推进发达地区和欠发达地区联动发展，推进区域基础设施互联互通、产业配套协作，促进要素跨区域间自由流动，营造有利于创新创业创造的良好发展环境，打破阻碍要素区域间流动的不合理壁垒，实现跨域统筹衔接，促进区域协同发展。

（三）总体思路

综合以上分析，新时期深入推进供给侧结构性改革、发展培育新动能的着力点、重点方向和政策取向可以概括为“两大攻坚战、三个重点方向、四项制度改革”，即实施两大攻坚战，畅通创新链、产业链和供应链三大链条，深化四个领域的体制机制改革，构建具有竞争力的现代供给体系，破除阻碍资源优化配置的制度障碍，加快形成新动能支撑的现代经济体系。

1. 打好关键核心技术和全社会脱碳转型攻坚战

一方面，迫切要求依靠科技自强自立，优先解决关键核心技术“卡脖子”问题，以此驱动传统产业转型升级和培育发展战略性新兴产业，提高产业链供应链稳定性和安全性；另一方面，注重推动由高碳经济向绿色发展转变，以环境标准和减排压力约束倒逼经济结构优化和产业转型升级，主动履行我国向国际社会承诺的“二氧化碳排放力争于2030年前达到峰值，努力争取2060年前实现碳中和”的目标。

2. 推动创新链、产业链和供应链融合发展

推动自主导向的科技创新、创新导向的产业升级和市场导向的供应链优化。自主导向的科技创新，即要实现自立自强，强调自主可控，解决供给的动力源问题；创新导向的产业升级，即要把创新作为产业链升级的主攻方向，解决产业链的完整性和供给高质量问题；市场导向的供应链优化，即要增强供给体系对需求的适应性，解决供给体系的有效性问题。“十四五”时期乃至更长时期，切实围绕三个重点方向深化供给侧结构性改革，切实面向世界科技前沿、面向经济主战场、面向国家重大需求、面向人民生命健康，畅通创新链、产业链和供应链，既解决产业发展的内生动力问题，又解决高质量供给对需求的适配性问题。

3. 深化科技创新、产业体系、竞争市场和人力资源制度改革

找准关键突破口，瞄准主攻方向，还要使出改革这个关键的一招。激发市场主体活力和培育发展新动能，归根结底还是需要用改革的办法解决生产效率和资源配置效率“双提升”的问题，需要在技术创新、产业政策、竞争市场和人才培育等四个方面不断深化改革。一是加快建立以企业为主体的科技创新体系，打造自主可控和开放合作的创新链；二是适时调整产业扶持政策体系，着力促进产业转型升级，打造具有竞争力的现代产业体系；三是进一步强化竞争政策基础地位，营造更加公平有效的市场秩序，建设内外一致的高标准市场；四是深化人力资本培育体制改革，不断提高人力资本投入，为增强原创性创新和厚植发展后劲提供重要的人力支撑。

四、中国新动能发展的“十四五”目标

到 2035 年基本实现社会主义现代化，迈入高收入国家行列，需要保持一定的增长速度，释放经济增长潜力。以改革创新驱动推动经济高

质量发展，需要深化供给侧结构性改革，保持先进合理的产业结构，增强发展的韧性和可持续性，切实提升发展的质量和效益。

（一）经济增长目标

要想实现到2035年实现经济总量或人均收入较2020年翻一番的目标，倒推到“十四五”时期经济潜在增长率至少维持在5%以上，实际经济增速至少维持在5%左右水平。考虑到2021年实际经济增速有望超出潜在增长率，有望拉高“十四五”时期平均增速至5.5%左右，要实现这一目标，仍需配合宏观调控政策措施，尤其把供给侧结构性改革与需求侧管理有效结合起来。

（二）技术创新目标

强化科技创新对培育新动能的支撑作用，尚需提升创新体系的整体效能，从投入和产出两方面明确技术创新发展的目标。从创新投入看，从“十五”计划时期开始，我国就把研发经费投入占GDP比重作为预期性指标列入考核范围，但经历四个五年规划该指标均未完成相应目标，分别相差0.18个、0.24个、0.13个和0.27个（2019年）百分点。考虑到这一指标的不可替代性，而且是“十四五”时期衡量创新投入的关键指标，研发经费投入增长要高过经济增速1~1.5个百分点，即到2025年研发经费投入占GDP的比重达到2.7%左右，而且在投入结构上要把基础研究占比从2019年的6%左右提升至2025年的10%以上。从创新产出来看，每万人发明专利拥有量是衡量创新产出的关键指标，但我国专利产出存在重量不重质的现象，“十四五”期间要提升专利质量，需要优化这一指标，即更加强调高价值的发明专利拥有量，这意味着把“每万人口高价值发明专利拥有量”作为创新产出考核指标，到2025年要把这一指标提升至12件每万人口左右。对应到人力资本上来，可能需要纳入“每万从业人员研发人员数量”“劳动年龄人口平均受教育年限”等指标，以反映研发类人才对经济高质量发展的支撑。

（三）产业结构目标

对“十四五”时期产业结构中制造业和服务业比重，经济界是有争议的，争议的焦点是继续沿用“十一五”以来设定的服务业增加值占 GDP 比重的目标，还是提出制造业增加值占 GDP 比重目标以凸显建设制造强国的紧迫性。综合考虑“十四五”时期重点突出产业升级的重要性，建议“十四五”规划使用“规模以上工业战略性新兴产业占规模以上工业增加值比重”和“战略性新兴服务业占服务业增加值比重”两个指标设定产业内结构优化目标。如考虑到向社会发布，可以将两类产业内指标列入专项规划。

（四）效率提升目标

我国要达成 2035 年基本实现社会主义现代化的目标，意味着全要素生产率要达到美国的 60% 左右，15 年间每年提升增速要高于美国全要素生产率增速 1 ~ 2 个百分点，对经济增长的贡献率要超过 50%①。考虑到计算方法不同，全要素生产率的数值会有所不同，我国通常使用劳动生产率这一指标作为替代。“十三五”规划中我国首次引入全员劳动生产率指标，若能保持“十三五”时期的 6.5% 的平均增速，到 2025 年我国全员劳动生产率将超过 16 万元/人。考虑到 2012 年后我国适龄劳动力人数逐步减少的事实，在“十四五”时期至少该指标增速要略高于经济增速。

---

① 王一鸣．建设现代化经济体系论纲[M]．广州：广东经济出版社，2020：44－45.

第四章

如何培育新动能：创新驱动产业升级

“十四五”时期，我国仍处在转变发展方式、优化经济结构、转换增长动力的攻坚阶段。尽管已转入高质量发展阶段，我国仍未顺利跨越三期叠加（经济增长速度换挡期、结构调整阵痛期、前期刺激政策消化期）的新常态阶段。我国发展的主要矛盾转向着力解决发展的不平衡不充分问题，特别是创新能力不适应高质量发展要求，农业基础还不牢固，工业基础能力尚待提升，经济循环存在诸多堵点、断点和难点。如何解决这些问题，培育新动能仍需要深化改革，挖掘供给侧的产出潜力，即通过着力深化供给侧结构性改革，提高全要素生产率，培育发展新动能，这意味着要加快提升供给体系的创新力和关联性。从这一角度看，培育新动能重点要在“培育”二字上下功夫，这并非一蹴而就的事情。培育新动能的重点是培育企业技术创新能力，建设科技强国和人才强国，着力聚焦实体经济发展，不断提升产业基础能力和产业链现代化水平，推动产业转型升级，形成更强创新力、更高附加值、更安全可靠的产业链供应链。培育新动能还要通过推动现代科技和市场经济深度融合，实现供需更高水平的动态平衡，以有效市场反哺供给优化，助推建设制造强国和数字中国，重塑参与国际合作竞争的新优势。

一、加快形成自主导向的技术创新体系

“十四五”时期，我国高质量发展面临更为强烈的创新需求，需要更多的高精尖技术支撑。建设科技强国需要全社会持续不断地增加基础科研投入，在事关国计民生的科技、产业和经济安全方面迫切需要实现

科技自立自强，需要全面实施创新驱动发展战略，加快形成正向激励相容的创新链产业链供应链，提高供给体系的整体效能。实现科技自立自强，既要发挥国家战略科技力量，加强关键核心技术攻关，也要强化企业创新主体地位，激发全社会的创新活力，还要构建良好的产学研用深度融合的创新生态，完善人才、资金、项目、平台等相关配套政策，进一步推动从0到1的原始创新和从1到10的集成创新以及技术引进消化吸收再创新，深入推进官产学研用相结合，加快推动科技成果转移转化，实现新技术和新产品的产业化、商业化推广应用。

（一）坚决打好关键核心技术攻坚战

紧紧围绕国家创新体系总体布局，强化国际战略科技力量与市场主体统筹协同和融通创新，畅通创新链的关键环节共性基础技术，解决制约产业链“卡脖子”技术问题，加快推动由技术跟跑到领跑的蛙跳式跃迁。

（1）组织实施重大科技攻关任务。按照建设科技强国的战略意图，继续发挥国家科技重大专项的战略平台支撑作用，聚焦影响国家安全和人民生命健康的关键核心技术，组织制定中国关键核心技术攻坚计划，强化原始创新、集成创新和引进消化吸收再创新，集中力量和多方资源研发核心技术，实施“卡脖子”技术清单式科技攻关。制定实施战略性科学计划和技术工程，组织国内科学家和工程师等持续研发、集中攻关、不断取得新技术突破，推进科研院所、高校、企业科研力量优化配置和资源共享，着力突破基础软硬件、先进材料、核心零部件、产业基础技术等瓶颈制约。加快系统谋划人工智能、量子科技、集成电路、生命健康、脑科学、生物育种、航天航空、深地深海等前沿技术攻关，构筑面向未来发展的新优势[①]。充分发挥国家战略科技力量，超前布局一批具有前瞻性、战略性的国家重大科技项目，储备一批关键前沿技术和

① 白春礼．强化国家战略科技力量[J].求是,2020(1).

颠覆性技术，形成一批具有战略威慑的“撒手锏”技术，为构筑引领未来发展新优势奠定坚实基础。

（2）打造关键核心技术研发平台和基地。在国家急需突破的关键核心技术领域，加快整合国内外创新资源，集中优势资源构建协同创新体系，建设若干具有国际影响力的科技创新中心和产业技术创新孵化高地。高标准建设一批国家重点实验室，引导科研院所、高校、企业科研力量协作开展基础性、前沿性技术攻关，特别是加大对基础性、关键性共性技术的科研攻关，全面提升实验室平台承担和完成国家重大科技任务的能力，构建依靠跨学科、大协作、高强度支持开展协同创新的研究基地。进一步整合集聚优势创新资源，发挥北京怀柔、上海张江、安徽合肥等综合性国家中心和粤港澳大湾区综合性国家科学中心的牵引作用，重点支持北京、上海、粤港澳大湾区布局建设一批创新型重大科技基础设施，充分发挥国家高新区引领区域创新协同发展，支持其在关键领域攻关形成一批高价值核心专利，打造一批重要的原始创新策源地。

（3）统筹用好新型举国体制和揭榜挂帅制度。瞄准体现国家战略意图的关键核心技术，充分发挥新型举国体制优势，依托国家重大科技攻关项目，集中力量组织科研团队，开展切实有效的技术攻关，搭建共性基础技术平台。重点用好用足国家科技资金，把好钢用在刀刃上，重点向关键核心技术领域倾斜，主要聚焦关键核心技术项目和重大应急攻关项目。进一步完善新型举国体制，可采取“揭榜挂帅”① 等方式，引入市场竞争机制，不论是国家队还是草根能人，都可以作为领军人才、优秀团队、能工巧匠参与国家重大科技攻关项目，国家委托单位可以征集筛选多个团队，平行协作展开技术研发攻关，并以更加宽松的容错纠错机制，集中多方资源研制筛选出最优技术路线、最佳解决方案，彻底

① 在提到提高科技创新支撑能力时，2020 年《政府工作报告》中强调“实行重点项目攻关‘揭榜挂帅’，谁能干就让谁干”。2016 年，习近平总书记在网络安全和信息化工作座谈会上就提到，可以探索搞揭榜挂帅，把需要的关键核心技术项目张出榜来，英雄不论出处，谁有本事谁就揭榜。

激发全社会的创造活力、创新能力，加快在核心技术和基础研究上取得更多的关键性突破。

（4）以开放创新促进技术自主创新。谦虚谨慎处理好自主创新与国际合作的关系，坚持技术引进吸收消化再创新，遵循国际技术贸易规则，在尊重知识产权的前提下推进开放创新，主动与技术原创方进行持久深入的合作，依靠“干中学”等多种方式及时掌握前沿技术，推进科技创新自立自强，在更高起点上参与全球科技竞争。积极参与国际重大科技项目攻关，深度融入全球科技创新网络，通过科技创新国际合作，增强对全球产业科技创新网络的嵌入率与贡献度，形成“你中有我，我中有你”的科技创新竞合之势。在加强应对新冠肺炎疫情中，我国参与了病毒溯源、检测、药物、疫苗等科研合作，有效贡献了中国的科技抗疫智慧；在国际重大科学项目攻关中，我国参与了当今世界规模最大、影响最深远的国际大科学工程——国际热核聚变实验堆（ITER），承担该项目科研任务及核心部件的制造。积极参与国际技术标准制定，鼓励科技企业参与全球科技治理，加快推动包括5G、人工智能、区块链、量子通信等标准规范的研发制定，成为全球科技治理规则的制定者和引领者。

（二）构建企业为主体的技术创新体系

企业是市场活动的主体，也是科技创新的主体。我国坚持社会主义市场经济改革方向，实施创新驱动发展战略和建设世界科技强国，急需提升企业技术创新能力，加快培育一批具有竞争力的创新型企业，建立以企业为主体、市场为导向、产学研用深度融合的技术创新体系。强化企业创新主体地位，引导其重点在新一代信息通信、集成电路、基础软件、生物技术、重大装备、新能源新材料、人工智能、区块链等新兴产业领域取得创新突破，使其在参与国际合作竞争和自主创新活动中发挥主导作用，在构建新发展格局和推动经济社会高质量发展中扮演关键角色。

（1）加快培育孵化大批科技创新型企业。坚持把培育科创类企业作为实现动能转换、引领高质量发展的战略举措。更好发挥政府在科创企业全生命周期中的服务作用，实施自由灵活的科技创新管理机制，在尊重科创企业发展规律基础上，建立覆盖企业初创、成长、发展等不同阶段的政策支持体系，对处于初创、成长、壮大等不同发展阶段的企业给予全面呵护，助推企业开展以技术创新为核心的平台创新、产品创新、管理创新和商业模式创新。鼓励全国各地开展全面创新改革试验，依托创建国家级的自主创新示范区、科教融合特区、产教融合试验区等平台载体，加速培育一批创新型的牛羚、瞪羚、独角兽高技术企业和隐形冠军企业。以夯实产业基础能力为根本，培育产业创新链上的龙头主导型企业，推动具备一定规模的高新技术企业通过内部孵化或与高校、院所合作等方式设立新型研发机构，鼓励新型研发机构按照市场实际需求积极为企业技术创新活动提供服务，加强新型研发机构与产业链相关企业特别是中小企业开展创新业务协作，引领形成良好的产业链融通创新机制。

（2）发挥市场机制作用，引导创新资源向企业集聚。在培育强大内需市场基础上，着力依托国内强大市场需求和重大工程项目牵引的作用，围绕产业链部署创新链，围绕创新链布局产业链，以应用研究为切入点发挥市场的牵引力量，瞄准世界科技前沿和市场所需，将关键技术样品规模商用和产业生态培育等环节紧密结合，重视面向产品稳定性和可靠性的持续商用化研发，以技术研发创新为核心推动平台、产品、商业模式等全方位创新，确保科技供需精准对接。积极推动政府、高校、科研院所共建新型研发机构和基地平台，引导研发机构、企业、用户等面向市场需求开展协同创新，通过股权出售、股权激励、股票期权、项目收益分红、岗位分红等方式激励科技成果转化，把高校和科研院所的创新力量释放到企业技术创新活动中去，推动创新链与产业链深度对接，全面提高创新链整体效能。着力引导企业牵头组建创新联合体，发挥由市场驱动的企业主体能动性，动态地引导创新资源向企业集聚，引导科创企业聚焦主业，挖掘产学研联合攻关和科技创新潜力，准确把握未来科技变革方向，主导全球行业技术发展，深度参与国际竞争合作。充分发挥大企业的引领带动作用，引导大中小企业和相关科研主体融通创新，鼓励产业链上中下游协作，采取研发众包、内部创业、共享平台等方式，开展产业链协同创新，提高产业链相关企业的“专精特新”能力，全力推动大中小企业向价值链中高端延伸，使其在全球产业链价值链中占据更重要位置。

（3）发挥企业家精神在技术创新中的积极作用。弘扬企业家精神，培育一批富有冒险创新精神、市场意识强、具有科学头脑和国际视野的企业家队伍，充分发挥企业家推动创新发展的探索者、组织者、引领者的作用，挖掘以市场导向的创新动力，引导技术研发和人力资本投入，有效调动员工创造力。进一步完善“科学家 + 企业家”相结合的创新创业新模式，促进企业联合大学和院所共同承担国家重大科技项目，加快科技成果加速转移转化，让科技创新与产业需求端紧密衔接；鼓励有条件的企业加大产业技术基础研究，开展前沿性、储备性技术研究，发挥行业龙头企业在知识产权、技术标准、专利质量和技术诀窍等方面的引领作用，引导科技型中小企业强化技术创新“软硬件”配置，全面提升整个产业链强大持久的技术创新能力。

（三）提升人力资本质量和水平

人力资本投资对于促进技术创新至关重要。增加人力资本投资有利于提高劳动者使用和推广技术的能力，促进科研能力提升和技术创新扩散。中国经济迈入高质量发展阶段，人才红利将取代人口红利成为增长驱动力。建设创新型国家，尚需深入挖掘每年 500 万左右的科学、技术、工程、数学（STEM）专业的毕业生的潜力（其中工学类普通本科毕业生超过 140 万人），施展他们在科技研发、工程设计和建设管理等领域的聪明才智，进一步增加对人力资本的投入，强化科学家精神、工程师精神、工匠精神的培养，让技术创新动力更活跃、更持续。

（1）持续加大人力资本投入。加大人力资本投入力度，提高公共教育支出占比，加大对基础教育经费投入，加大对落后地区人力资本投资的倾斜力度，尤其是加大公共投资以增加农村地区和弱势群体接受学习教育机会，加大对技能型人才高质量教育和培训的经费投入。进一步加大对儿童早期教育的投入，解决留守儿童、流浪儿童等的辍学问题，促进义务教育均衡发展，办好学前教育、特殊教育和网络教育，着力培养所有学生的通用基础技能，加快缩小城乡儿童早期教育以及中小学教育方面的差距，着重培养其认知技能、人际交往技能、创造思维[①]，让所有公民享有公平而高质量的教育。加大国际人力资本引进，着力引培具有国际水平的科技领军人才、战略科技人才和高水平创新团队，鼓励各地吸引国内外高端人才和技术急缺人才，以市场为导向引进、培育和使用海外高层次人才，不拘一格地为海外高层次人才提供优良的创新创业环境，尤其吸引海外留学人才回国创新创业。

（2）发展职业教育和终身培训体系。在创建世界一流高等教育体系的同时，以提高所有劳动者平均教育年限为出发点，借鉴德国双元制、日本企业办大学等做法，完善职业教育和培训体系，加快推动应用型高等院校建设，促进高等教育系统均衡发展。及时调整人口政策、技能培养政策，扩大中高职院校招生规模，聚焦大数据、人工智能、区块链等新兴技术，全面提升技能人才科技专业能力，培育一大批具有工匠精神和创新能力的高素质技能队伍。深入推动产教融合、校企合作，调动企业办学的积极性，搭建可持续的校企合作平台，满足人民日益增长的多样化职业教育需求，培养社会所需的高技能工程师人才。积极培育发展新型的职业技能培训机构，加快提高劳动者素质，着力培养动手解决问题能力和创造性思维，充分整合新技术应用与教育培训，鼓励劳动

---

① 国务院发展研究中心，世界银行．创新中国：培育中国经济增长新动能[M]．北京：中国发展出版社，2019：108－109．

者不断掌握新技能，全面提升劳动者终身学习能力。

（3）打通所有劳动者职业上升渠道。探索深化人才培养和管理机制改革，完善人才供给与需求信息监测撮合服务平台，促进劳动者职业自由流动，打通所有劳动者职业上升通道，有效提升工作技能、劳动素质和创新能力。重点完善产学研一体化的人才培养机制，强化职业资格证书互认，打通跨地域、跨行业、跨部门的职业上升的渠道，引导形成终身学习的社会氛围。发挥高技能人才的带动作用，让工程师等新生劳动者在“干中学”中成长，增强其研究创造能力，激发其最大潜能，使其通过创新创业成就自我，实现财富创造和劳有所用。

（四）加大金融支持科技创新的力度

科技创新离不开金融资本的支持。加快推动科技自立自强需要利用好金融市场和金融工具，提升金融服务科技创新的能力，尤其要发挥好科创板、创业板等多层次资本市场对科创企业的直接融资作用。

（1）建立完全覆盖科创企业全生命周期的融资支持体系。加快制定金融支持科创企业健康发展的政策举措，鼓励商业银行等金融机构积极开展科技金融业务，综合运用“知识产权质押贷款、股权质押贷款、订单融资、税基贷”等产品，进一步提高专项再贴现额度，创新再贴现专项产品，提供支持科技创新的信贷产品体系，向中小创新型企业拓宽信贷业务，打造企业全生命周期的综合金融服务，提高银行信贷支持对科创企业融资需求适配性。优化科技创新融资担保体系，完善风险补偿和风险分担机制，为科创企业提供增信、风险分担和配资等业务支持，发挥好政府创业引导基金、政策性担保基金、成果转化基金的带动作用，积极鼓励保险、基金、信托等金融资本流向科技创新领域。

（2）充分发挥好多层次资本市场对科技创新的赋能作用。把中小企业和创新企业发展作为资本市场发展的基石，建设以注册制改革为核心的有活力、有韧性的资本市场，持续完善信息披露为主和上市退市等基础性制度建设，进一步完善多层次资本市场服务科技创新体系，加强对中小企业和科创企业上市辅导和服务，让所有诚实守信用的企业能获得上市交易和再融资的机会。加大风险资本、私募股权投资等创业投资支持科创企业力度，开设私募股权转让平台，增加创新创业债券融资规模。强化多层次资本市场对企业发展的多重赋能作用，支持企业利用资本市场盘活资本、整合资本、并购资本，增强技术研发创新能力，实现创新发展、绿色转型，提升企业核心竞争力和抗风险能力。引导包括养老金、企业年金、社保基金等更多中长期资金入市，鼓励和支持上市公司进行现金分红。充分利用资本市场的价格发现机制，提高社会公众资金参与率和使用效率，构建良性循环的资产生发器，让国内外投资者能搭上科创企业高效发展的快车，帮助更多机构和家庭实现财富保值增值的需要。

（3）完善知识产权证券化机制。扩大知识产权证券化覆盖面，鼓励运用专利质押贷款、科技保险和专利权出资入股等模式，加快知识产权质押融资、知识产权投贷联动、知识产权融资租赁、知识产权信托及知识产权保险等产业发展，鼓励各地试点创新探索盘活科创、民营和小微企业软件著作权、专利权、商标权等无形资产，促进科技成果加速转化。加快推进知识产权保险业务发展，优先在知识产权纠纷案件较多发生的地区开展知识产权保险试点，逐步完善知识产权保险产品体系，向更多科创企业提供全方位维权的保险服务和法律援助，为更多科创企业化解知识产权维权难题提供保险保障。

二、加快构建创新导向的现代产业体系

加快科技创新是畅通国内大循环、塑造我国在国际大循环中主动地位的关键，也是着力优化供给结构和改善供给质量的关键，还是加快推进产业基础高级化、产业链现代化的必要手段。构建创新导向的现代产业体系，既要充分利用现代科技手段优先改造传统产业，更要培育新技术、新产品、新业态、新商业模式，着力发展战略性新兴产业，加快发

展现代服务业，推动我国产业迈向价值链中高端。

（一）推动传统产业改造升级

充分利用先进适用技术推动传统产业转型升级，促进传统产业高端化、数字化、绿色化和服务化，全面提升生产效率和产业链现代化水平，形成新技术产业化规模化应用的“试验场”。

（1）着力推动传统产业高端化。充分利用新一轮技术革命和产业革命的新机遇，实施产业基础再造工程，加强基础材料、基础零部件元器件、基础工艺和产业技术基础等传统工业“四基”建设，强化关键材料、核心工艺和关键零部件保障能力与产业科技自立自强能力，推动产业基础高级化。进一步促进自动控制、核心软件、工业云与智能服务和工业互联网等新型产业基础能力和数字平台设施建设，在更高开放水平下强基础、补短板、锻长板，全方位构建自主可控、安全高效的现代产业链。加快推进传统产业技术改造，重点把实体经济特别是制造业做实做优做强，支持老工业基地转型升级，全面提高我国制造业供给体系质量，推动“中国制造”向“中国创造”转变。

（2）加快数字化赋能传统产业。深入实施国家大数据战略、网络强国战略、互联网+行动计划，推进数字产业化和产业数字化，推动传统基础设施数字化改造、智能化改造，增强产业配套支撑能力。前瞻布局以数据感知、连接、存储、运算等为特点的新型基础设施，促进大规模数字连接，实现基础设施的泛在互联。实施传统产业数字化转型行动，充分利用5G、人工智能、大数据、云计算、区块链等数字化技术赋能传统产业全过程，将其运用于企业研发设计、生产制造、营销管理等流程环节，促进提升劳动生产率和产品或服务附加值。推动实施工业互联网创新发展工程，重点发展工业互联网、物联网等数字化平台，促进平台经济、共享经济等新经济健康发展，释放各行各业发展新动力。

（3）强化传统产业绿色化转型。围绕碳达峰和碳中和目标要求，倒逼产业转型和绿色发展，加大产业绿色化技术研制，提高产业应对气候变化的适应能力。对标国际先进水平，将推行清洁生产、资源高效利用和节能降耗减碳目标落实到位，倒逼传统产业集约化、绿色化、高端化发展。大力发展绿色经济、循环经济、低碳经济，引导产业生态化、生态产业化，开展绿色制造领跑行动，加快发展再制造产业，构建线上线下融合的废旧资源循环利用体系。提升重点行业、重点产品资源产出率和能效水平，促进资源集约循环利用，减少材料投入量，降低污染和二氧化碳排放。以发展绿色金融产品和绿色技术认证交易为切入点，引导制造企业实施节能减排技术改造和环境达标认证。

（4）促进制造业与服务业深度融合。大力发展服务型制造，推动制造环节向价值链两端延伸，推动制造环节向前延伸，强化创意开发、工业设计、技术研发、成果转化等环节，提高产品的科技含量；推动制造环节向后延伸，强化检测、评估、营销、服务，以及废旧产品回收利用等环节，提高产品附加值，实现研发设计、营销服务和生产制造紧密结合和相互转换。依托数据驱动和网络运作，推进制造业从产品定制、设计生产到物流售后融通创新，探索重点行业重点领域融合发展新业态、新模式，大力发展创新设计、定制化服务、供应链管理、网络化协同制造、服务外包、智能服务、金融支持服务、信息增值服务、系统解决方案、全生命周期管理等服务型制造模式，提升产业集群内制造业与服务业的相互协同、配套服务水平。依托研发设计、品牌提升、质量检测等专业服务，深入开展制成品质量提升行动，努力增品种、提品质、创品牌，提升两业融合发展水平。鼓励平台型服务业企业通过委托制造、品牌授权等方式向制造环节拓展，开展生产设备、专用工具、生产线等制造资源的协作共享，促进发展网络化协同研发制造、个性化定制等增值服务。健全公共技术服务平台，搭建研发设计、知识产权、信息服务、金融、商贸、物流、会展等服务平台，增强高质量、高标准供给能力，促进传统制造业与现代服务业的深度融合，以制造业高效率带动服务业生产效率提升，以专业服务业优势促进制造业生产效率提升，有效克服“鲍莫尔病”[①]。

（二）大力发展战略性新兴产业

战略性新兴产业以重大技术突破和重大发展需求为基础，是引领国家未来发展的重要决定性力量，是培育新动能接续发展和产业结构转型升级的重要方向，是建设现代产业体系和获取竞争新优势的重要支撑。加快做大做强战略性新兴产业，积极形成特色突出、优势互补、结构合理的战略性新兴产业发展格局，着力培育一批具有国际竞争力的战略性新兴产业集群，有助于提升我国在全球产业链供应链价值链中的位势。

（1）前瞻性谋划布局未来产业。加快推进新技术大规模产业化商业化应用，加快发展壮大新一代信息技术、生物技术、新能源、新材料、高端装备、新能源汽车、绿色环保及航空航天海洋装备等未来产业，鼓励各地优选重点，实施固链强链延链补链行动，在细分产业和产品上尽快取得突破性进展，超前布局一批高新技术产业示范基地，构建一批各具特色、优势互补、结构合理的战略性新兴产业增长引擎，培育新技术、新产品、新业态、新模式。

（2）培育一批战略性新兴产业集群。充分利用工业化和信息化深度融合契机，依托现有产业园区等载体平台，促进各要素资源在具有比较优势的地区集中配置，打造一批先进制造业集群，培育若干世界级先进制造业集群。加快推动重大产业工程落地实施，围绕重大产业工程，做强做优优势产业和头部企业，提升产业集聚的广度和深度，培育一批具有国家影响力的大型跨国公司，提高自主品牌产品和服务的国际竞争力和知名度。

（3）推动提升新兴产业集中度。研究制定战略性新兴产业实施技

① 所谓“鲍莫尔病”(Baumol's cost disease)，主要是指由威廉·鲍莫尔最早使用简单两部门非均衡增长模型分析得出的“进步部门的生产率相对快速增长将导致停滞部门相对成本的不断上升”的结论。这种现象反映到现实经济中，就是指服务业劳动生产率相对制造业难以有效提高的情况下，服务业在整个经济中的比重上升，表面上经济结构得以优化，实际上全社会生产率反而会出现下降的现象。

术路线图，鼓励企业兼并重组和头部企业发展，鼓励支持新兴产业跨界融合发展，并用好市场规则推动提升产业集中度，鼓励各地聚焦本地优势特色因地制宜发展新兴产业，重点发展具有比较优势的战略性新兴产业，避免低水平重复建设。采取包容审慎原则，支持行业头部企业创新创业发展，放宽新业态、新模式市场准入，鼓励平台经济、共享经济、金融科技高效健康发展，引导重点行业的重点企业上市融资，使其成为接受严格监管的公众公司。

（三）加快发展生产性服务业

鉴于产业结构的服务化特征日趋明显，科技创新引领产业升级的支撑作用主要体现在提供高附加值的生产性服务上。加快培育发展更有活力和竞争力的生产性服务业有助于促进生产率提升，信息技术、科技研发等高附加值生产性服务业仍有较大的发展潜力，服务业与制造业、农业的融合发展越来越成为驱动经济增长的关键因素。加快落实《关于推动先进制造业和现代服务业深度融合发展的实施意见》（2019 年 11 月）、《推动物流业制造业深度融合创新发展实施方案》（2020 年 8 月）等政策文件，培育高附加值生产性服务业，使其与第一、第二产业相适应，持续优化生产性服务业结构，实现房地产、金融等服务业与实体经济协调平衡发展。

（1）加快发展高技术服务业。加快推动物流、法律、会计、咨询、人力资源等生产性服务业向专业化和价值链高端延伸，加快发展研发设计服务、知识产权服务、检验检测服务、科技成果转化服务、信息技术服务、数字内容服务、电子商务服务、生物技术服务等服务业，促进服务业态、模式和理念创新，提升生产性服务业附加值，培育一批高新技术服务业集聚区，引导形成大中小企业协同发展的高技术服务企业集群。重点加快培育几家有专业化质量标准的服务企业，为高端制造业提供有针对性的质检服务。

（2）推动服务业与先进制造业、现代农业深度融合。围绕先进制造业和现代农业发展需求，推动各类市场主体参与服务供给，加快把生产性服务业隐性知识和技术转化为制造和农业生产方面的生产力，加大科技创新对实体经济的支撑力度。推动大数据、云计算、人工智能等新技术与制造业和现代农业的深度融合，释放数据、技术、信息等新型要素对实体经济提质增效的催化倍增作用，深入推进服务型制造、数字化转型、个性化定制、多链条集成、工业互联网和公共服务平台发展，创新先进制造和现代服务业深度融合的方式、业态和路径，推动制造业和农业向价值链中高端延伸，全面提高制造业和现代农业的生产效率和产品的科技含量和产出价值。

（3）推进金融、房地产与实体经济均衡发展。进一步优化金融资源配置，规范整改影子银行和交叉金融业务突出问题，引导资金更高质量服务实体经济，遏制资金“脱实向虚”发展。坚持“房住不炒”和因城施策做法，严控资金违规流入房地产市场，建立健全房地产平稳发展长效机制，抑制房地产泡沫继续做大，有效防范系统性金融风险。

三、加快培育市场导向的供应链体系

全球贸易摩擦和新冠肺炎疫情给供应链的稳定性和安全性造成了威胁。面对全球供应链重构风险，主要经济体在积极寻求更稳定的贸易伙伴，推动供应链布局本地化和分散化，进一步加大国内生产能力创新，构建更加安全高效的现代供应链。在此背景下，我国积极调整优化供应链全球布局，加快构建有国际竞争力的供应链，降低供应链交易成本，提升供应链运作效率和稳定性，释放供应链上下游紧密合作形成的新动能，助推中国成为全球供应链创新与应用的重要中心。

（一）打造更加安全稳定的供应链体系

为应对贸易摩擦和疫情防控引发的供应链断裂风险，亟须加快推动全球供应链跨界整合、优化、创新，使其绕开现有贸易壁垒或隐性壁垒，提升专业化供应链服务能力，形成一批行之有效的重要规则和标准，增强供应链体系的完整性、稳定性和有效性。

（1）构建完整的供应链体系。加快缩短供应链配置距离，聚焦高端芯片、光刻机等关键“卡脖子”零部件和制造装备，实施“链长制”和培育链主型企业，引导区域内配套产业链高度集聚，构建设计、生产、制造、封装等一体化供应链协作体系，实施供应链“备胎”计划，适度增加关键零部件或产品仓储库存，建设商业海外仓，增强供应链关键环节闭环运作，保障关键物资生产供应链条的完整性，增强供应链抵御外部冲击的韧性，确保受到冲击后能快速复工复产。

（2）强化供应链体系的稳定性。以贴近市场需求为导向，加快补齐供应链环节中的短板，畅通流通环节的堵点断点，降低物流配送成本，构建稳定的供应商体系。围绕产业集群内企业在产品设计、物料采购、生产制造、检验检测、物流和市场销售等环节的共性需求，打造稳定高效的供应链协同平台，通过协同设计、协同采购、协同制造、协同物流和金融服务等方式，通过构建一批整合能力强、协同效率高的供应链平台，发挥上游链主企业对下游“超级用户”企业集成整合作用，激发上中下游产业链成员企业融通发展的协同性，增强上中下游、产供销体系的稳定性。

（3）加强供应链整合创新能力。深入推进供应链创新与应用试点工作①，推广现代供应链新理念、新技术、新模式，加快供应链城市和企业的试点示范，建设一批供应链体系完整、国际竞争力强的产业集群，培育一批行业带动能力强的供应链领先企业。总结一批可复制推广的供应链创新发展和政府治理实践经验，以持续整合创新引领供应链效

① 2017年8月，商务部、财政部在全国17个城市开展供应链体系建设试点工作，重点围绕物流标准化、供应链平台、重要产品追溯，打基础、促协同、推融合，建设标准规格统一、追溯运行顺畅、链条衔接贯通的供应链体系。2018年10月16日，商务部、工业和信息化部、生态环境部、农业农村部、中国人民银行、国家市场监管总局、中国银保监会、中国物流与采购联合会等8部门印发通知发布全国供应链创新与应用试点城市和试点企业名单，试点工作进入全面实施阶段。

率提升和价值创造，提升重点城市、重点产业、重点企业供应链体系的安全性。积极推动国内企业深度参与全球供应链竞争、合作与分工，提高在全球范围内开展供应链协同和配置资源的能力。

（二）打造智慧柔性绿色的现代供应链

供应链管理意味着组织优化从生产到消费的供需全流程，不仅强调供需的精准适配性，还强调实现供需高水平和高效率的对接。为推动供应链降本增效，亟须推动供应链数字化转型、智能化改造和绿色化提升，促进供应链更加智能、敏捷和绿色，全面降低从前端设计、生产到流通、最终消费等各环节成本，大幅提高整个供应链体系的竞争力和整体效能。

（1）推动供应链数字化转型。加快推动大数据、云计算、区块链、人工智能等技术与供应链融合，推进供应链的数字化、网络化和智能化发展，提升全流程全链条数字化水平。支持设计、制造、施工等领域骨干企业整合资源，延伸链条，提升对供应链的控制力，加快培育有国际竞争力的供应链体系。

（2）推动供应链柔性化改造。鼓励供应链上各类企业与时俱进地运用5G、边缘计算、人工智能等先进技术，建设以智能感知、智能控制、自动化柔性化生产为特点的智能工厂，打造更加智慧柔性的供应链，有力促进供需精准匹配和快速传导响应。深化供应链上中下游深度合作，实施业务流程再造工程，建设开放式个性化定制平台，推进各关键环节的柔性化改造，通过线上线下多渠道采集对接用户个性化需求，不断提升面向终端客户多样性需求的响应能力。

（3）推动供应链绿色化提升。推进行业企业产销存运营绿色转型，包括推广使用新能源物流车、仓储设施设备节能技术及绿色智能包装新材料，建设以资源节约、环境友好为导向的采购、生产、营销、回收及物流体系，制定严格的绿色产品标准，探索建立统一的绿色产品标准、认证、标识体系。

（三）增强供应链核心要素配置能力

顺畅的供应链体系既包含物流、资金流的快捷流动，也包括商流、信息流的高效传递，而各环节上的要素配置效率反映了供应链竞争力高低。面向终端需求，增强供应链要素配置能力，有助于确保供应链高效运转、提升供应链对需求的快速响应能力。

（1）健全现代物流体系。以构建现代物流体系、建设物流强国为目标，加快发展货运物流、冷链物流、电商物流、直播带货、快递配送、国际物流等细分领域。加快建设国家物流枢纽和基础设施网络体系，搭建更加安全高效的冷链基地网络，推动仓储物流协同升级和强链固链补链。鼓励发展统一配送、集中配送、共同配送等模式，深入实施多式联运示范工程和广泛推广甩挂运输、江海直达、高铁快运等运输组织模式，多措并举发展“通道 + 枢纽 + 网络”的现代物流体系。加快新技术推广应用，推进物流业“上云用数赋智”行动，着力发展多式联运、无接触配送、自动驾驶、高铁货运、大型无人机载货、智能快递柜和无人配送车等新业态新模式。促进物流业与制造业等相关产业深度融合，培育壮大具有国际竞争力的现代物流企业，加快建设国际物流供应链服务保障系统，推动国际物流与产业链供应链协同融合，服务国内国际双循环相互促进。

（2）发展供应链金融。着力发展供应链金融、融资租赁等产融结合的金融服务业，引导金融资本加大对供应链高效运转的服务力度，解决供应链运行中资金堵点和断点，如供应链上中小企业融资难融资贵问题。借鉴美国小企业管理局的做法①，由政府审核设立小企业投资公司等政府支持机构共同承担风险，建立健全中小企业信用担保体系，为没有足够信用和抵押的创业者提供部分担保、贷款或投资，支持金融机构

① 美国小企业管理局的做法是，由政府承担银行部分信贷风险为初创企业提供担保，引入专业风险投资人向初创企业进行投资，为拿到风险投资的初创企业增信获取银行贷款。

助力中小企业技术装备升级换代。加快推动供应链各利益攸关方加强相关业务数据和信息共享，鼓励金融机构依靠完善的数字化风控和信用体系，为供应链上下游企业提供在线授信、保理、担保、结算、理财等综合金融服务，助力提升供应链的资源配置效率。充分利用区块链技术推动供应链融资，开展仓单质押贷款、应收账款质押贷款、票据贴现、保理、国际国内信用证等供应链金融创新，帮助供应链上中小企业实现无抵押融资，进一步降低供应链融资成本，提升供应链运作效率，有助于构建长期稳定的现代供应链体系。

第五章

如何激励新动能：深化体制机制改革

以科技创新催生新发展动能，坚持以深化供给侧结构性改革为主线，推动体制机制改革创新，探索有利于提高生产率的制度与政策体系，用改革的办法营造良好的发展制度环境，激发全社会创新活力，激励产业升级加速，形成发展新动能。

一、以深化供给侧结构性改革为主线培育新动能

《中共中央关于制定国民经济和社会发展第十四个五年规划和二〇三五年远景目标的建议》强调，“十四五”时期经济社会发展要以深化供给侧结构性改革为主线。通过供给侧结构性改革持续激发新动能，为经济高质量发展注入源源不断的新动力，成为今后一段时期经济政策领域的主要内容和工作落脚点。需要紧紧围绕“巩固、增强、提升、畅通”八字方针，坚持在深化供给侧结构性改革上持续用力，千方百计激发市场主体活力，促进经济发展新动能在各个领域生根发芽、茁壮成长。

（1）发挥科技创新的引领作用，激发新动能。坚持供给侧结构性改革的战略方向不动摇，顺应新一轮科技革命和产业变革趋势，持续激发新动能。加快推进新一代信息技术和制造业融合发展，提升制造业数字化、网络化、智能化发展水平。推动互联网、大数据、人工智能和实体经济深度融合，在中高端制造、创新引领、绿色低碳、现代供应链等领域培育新的增长点。

（2）提升产业链现代化水平，培育新动能。改善科技创新生态，

激发创新创造活力，打好关键核心技术攻坚战，加速科技成果向现实生产力转化，注重利用技术创新和规模效应形成新的竞争优势。强化工业基础能力建设，推动制造业高质量发展，培育和发展新的产业集群。加强国际产业安全合作，更好吸引全球资源要素，形成更具创新力、更高附加值的产业。

（3）统筹短期与中长期宏观经济政策体系，赋能新动能。把供给侧结构性改革主线贯穿于宏观调控全过程，构建财政、货币政策与产业政策的协调统一框架体系。财政政策要更加积极有为、注重实效，更好地依靠有效投资发挥优化供给结构的关键作用。货币政策要更加灵活适度、精准导向，强化对市场主体的金融支持，确保融资重点流向制造业、中小微企业。产业政策要注重传统产业优化升级的“新旧动能转换”和创新型产业的“新动力源”的培育，支持龙头企业突破关键核心技术。

（4）营造良好的制度环境，保障新动能。充分发挥市场在资源配置中的决定性作用，更好发挥政府作用，推动有效市场和有为政府更好结合，为深化供给侧结构性改革创造有利的环境条件，推动质量变革、效率变革、动力变革。用深化改革的办法优化营商环境。持续推进“放管服”等改革，积极破除妨碍各类生产要素流动的壁垒，加快打造市场化、法治化、国际化营商环境。实施好民法典和相关法律法规，依法平等保护国有、民营、外资等各种所有制企业的产权和自主经营权，放宽市场准入，推动贸易和投资便利化。

二、完善扶持科技创新的政策体系与体制机制

党的十九届五中全会把创新放在了现代建设全局的核心地位，凸显了以习近平同志为核心的党中央对科技创新前所未有的高度重视，说明了当前我国以改革促创新、以创新促发展的重要性和紧迫性。“十四五”期间，以深化供给侧结构性改革为主线，首要是进一步完善扶持

科技创新的政策体系和体制机制，加快新旧动能转换，促进新动能“生根发芽”并“茁长成长”。

（一）强化与底线思维和领跑思维相适应的科技创新体制机制

加强科技创新的顶层设计和基础能力建设，紧紧围绕“四个面向”，从国家急迫需要和长远需要出发，布局科技发展战略，配置创新资源，完善国家科技组织模式①。强化底线思维，从保障国家安全出发，通过关键核心技术攻关的举国体制，尽快实现关键领域的自主可控，培育新技术的产业“种子”。强化领跑思维，构建基础前沿和颠覆性创新的遴选支持机制，坚持原创导向，在重要新兴技术领域加大布局力度，在构建新兴技术体系和技术轨道中抢抓先机，构筑未来发展新优势。

（二）改善研发投入结构，加大基础研究投入

（1）持续提高研发经费占 GDP 比重。加快实施创新驱动发展战略，尽快把研发强度提高到 2.5% 以上水平，把中央财政科技经费投入占 GDP 比重提升 1% 以上。进一步向美国、日本、韩国和德国研发强度水平看齐，同时进一步提高企业研发经费支出占比。借鉴美国等发达国家资本市场的成熟经验，培育并完善种子基金、天使基金等创新创业投资市场环境。持续加大对光刻机、高速芯片、高端电容电阻、ITO 靶材、高端轴承钢、燃料电池关键材料、操作系统等关键核心技术的科创投入。

（2）加快提升基础研究投入占比。“三新”经济的发展是建立在基础研究的转换基础之上的。加快改善研发投入结构，集中优势资源补短板，从总量上加大基础研发投入，进一步提高基础研究经费投入占比，要解决研发结构中原创性研发不足的问题。建议未来五年内将基础研究

① 本书编写组.《中共中央关于制定国民经济和社会发展第十四个五年规划和二〇三五年远景目标的建议》辅导读本[M]. 北京：人民出版社，2020.

投入占研发经费的比重从5%左右提升到与发达国家相当的10%～15%的水平，重点在前瞻性基础研究、引领性原创成果重大突破上。进一步改善基础研究投入主体结构，提高地方政府和企业基础性研发投入比例。

（3）完善对基础研究与应用基础研究研发的支持机制。健全基础前沿研究投入的政策与机制。加大对基础研究的投入，加快形成以政府投入为主、社会投入多元化的机制，推动基础研究财政投入持续增长，引导企业和金融机构以适当方式加大支持，鼓励社会以捐赠和建立基金等方式多渠道投入，拓宽基础研究资金来源渠道，形成持续稳定的投入机制①。创造有利于基础研究的良好科研生态，建立健全科学评价体系、激励机制，持续推进国家自然科学基金改革，优化学科布局，稳定基础学科和冷门学科研究力量，提升基础研究和应用基础研究的能力。

（4）鼓励企业加大研发投入，对企业投入基础研究实行税收优惠。科学引导和鼓励企业作为研究主体加强产业技术基础研究，鼓励有条件的企业开展前沿性创新研究，推动企业加强技术研发机构的建设，大力支持重点行业骨干企业提升研发能力。优化和完善社会支持体系，特别是针对涉及国家安全、国民经济命脉的重要产业，吸引多元投资，鼓励加大研发投入。制定普惠性税收减免政策，推动企业研发费用税前加计扣除、合理扩大加计扣除范围、改进计核方法等优惠政策落地，对开展基础研究有成效的科研单位和企业，在财政、金融、税收等方面给予必要的政策支持。

（三）完善科研人员激励管理机制，优化科技成果转化机制

（1）探索科技人员职务科技成果产权激励制度。调动基础研究科研人员的积极性，提升专利质量，提高发明专利占比，探索建立技术经

① 习近平．在科学家座谈会上的讲话[EB/OL]．人民网，http://cpc.people.com.cn/n1/2020/0911/c64094－31858756.html.

理人制度，推进产业技术开发应用研究；进一步完善各类科创中心、孵化基地、加速器的培育机制，继续搭建并优化各类产业技术转化平台。激发基础前沿和颠覆性科技人才的创新活力，健全创新激励机制。构建充分体现知识、技术等创新要素价值的收益分配机制，探索科技人员职务科技成果产权激励制度，完善科研人员职务发明成果权益分享机制。

（2）完善国家重点实验室体系，加强基础研究平台建设。不断强化国家重点实验室开展基础研究和应用基础研究的核心作用，夯实国家创新体系基础角色。进一步完善国家重点实验室经费多元化投入制度，促进与企业合作共建共享开展基础研究和应用基础研究。进一步盘活科技资源库存，建设与国际接轨的激励机制，使国家重点实验室更好地服务于国家的产业升级和转型，为创新驱动发展战略提供强大的知识与人才支撑。借鉴德国弗朗恩霍夫研究所等创立的技术转移经验和模式，改革现有事业性研究机构，加快培育一批产业技术转移机构，进一步完善技术开发利用的制度与机制。进一步优化基础学科学术期刊和学术平台，加强基础研究领域的国内国际学术交流。

（四）建设高质量教育体系，打造高素质人才支撑体系

（1）进一步加大公共教育投入力度。进一步提高劳动者素质，提高公共教育支出占比。加大基础教育经费投入力度，尽快将学前教育纳入公共服务范围，将义务教育拓展到高中阶段；深入推动产教融合、校企合作，培养社会所需的高技能工程师人才；加大对落后地区人力资本投资的倾斜力度，促进义务教育均衡发展，办好特殊教育和网络教育，让所有公民享有公平而高质量的教育服务。

（2）高质量发展职业教育。因地制宜发展职业教育。结合各地经济发展实际和特点，优化职业教育资源配置，加大现代职业教育体系建设力度，满足人民日益增长的多样化职业教育需求，依托优势产业基础，调整优化专业结构，培养相应的高技能人才，依据当地企业人才需求状况，完善相应办学设施。

（3）创新职业教育办学体制模式。积极支持各类办学主体通过独资、合资、合作等形式办学，深化“校企合作、工学结合”机制，面向企业教学，联手名企，开展互利合作，推动公办和民办职业教育共同发展，探索建立职业学校委托管理和购买服务的人才培养机制。

（4）加大人力健康资本投入。增加公共健康领域人力资本投入。进一步提高医疗卫生总费用占 GDP 比重，优化城乡人居环境，改善人民健康状况，提升人力健康标准；科学制定加班补偿制度和带薪休假制度，引导企业注重员工身心健康投资，鼓励科研人员增加健康运动，摒弃996 的加班文化，实施结果导向的绩效管理，减少低效的“磨洋工”，通过增加健康投资积累人力资本，提高科研人员投入产出比，释放可持续的人力资本红利。

（5）加强公共卫生与防疫人才培养和基础科研工作。鼓励双一流大学设立高质量公共卫生学院；财政部设立专项资金支持建设公共卫生学院，快速培养一批既懂得公共卫生又懂得系统防疫、应急响应的医卫队伍；集中力量建立公共卫生与防疫研究实验室体系，吸引国际组织和人才参与科技攻关计划，开展公共卫生领域前沿研究工作。

（五）健全知识产权保护体系，完善新动能激励机制

（1）改善知识产权收益结构，提升发明专利产业化水平。借鉴美国的《拜杜法案》，建立新时代具有中国特色的科学技术与市场间的“转换人”机制，充分调动科研机构（投资人）、发明人（专利所有人）、中介人（牵线人）、科技企业（转换人）四方的积极性，促进科研机构搭平台聚资源、发明人一心搞科研、中介人牵线搭桥、科技企业积极孵化的良好局面形成，加速科研成果转化和产业化。

（2）建设知识产权保护制度和转让市场。进一步完善科技成果孵化转化、处置收益的体制机制，深入推进全面创新改革试验，设立或完善国家级的自主创新示范区、科教融合特区、产教融合试验区等，通过知识产权的转让收益平台，培育一批创新型的牛羚、瞪羚、独角兽高技

术企业和“隐性冠军”企业。

（3）持续加强知识产权保护工作。切实保护各类市场主体的合法权益，加快制定完善各类知识产权标准，重罚严惩各类侵权违法行为，一视同仁地保护各类市场主体的合法权益；积极推进知识产权法律条款的修改进程，大幅提高违法成本；继续提升知识产权审查质量和效率，加快专利审查、商标注册智能化系统建设。

（六）扩大并畅通国际研发创新合作渠道

（1）完善科技创新能力开放合作机制。实施更加开放包容、互惠共享的国际科技合作战略，有效提升科技创新合作的层次和水平，加强与世界主要创新国家的多层次、广领域科技交流合作。积极参与和构建多边科技合作机制，深入实施“一带一路”科技创新行动计划，拓展民间科技合作的领域和空间。聚焦重点领域国际科技合作，务实推进全球疫情防控和公共卫生领域国际科技合作，开展药物、疫苗、检测等领域的研究合作。聚焦气候变化、人类健康等共性问题，加强同主要国家科研人员的联合研发①。

（2）深度参与全球创新治理。聚焦事关全球可持续发展的重大问题，设立面向全球的科学研究基金，加快启动我国牵头的国际大科学计划和大科学工程，鼓励支持各国科学家共同开展研究。务实推进全球疫情防控和公共卫生领域国际科技合作。

（3）构建国际化人才制度和科研环境。建设有国际竞争力的人才培养和引进制度体系，大力提升科研管理、平台建设的国际化水平，提高国际科技人才在重大科学研究任务和大科学工程实施中的参与度。逐步放开在我国境内设立国际科技组织、外籍科学家在我国科技学术组织任职，使我国成为全球科技开放合作的广阔舞台。

---

① 习近平. 在科学家座谈会上的讲话[EB/OL]. 人民网，http://cpc.people.com.cn/n1/2020/0911/c64094-31858756.html.

三、优化创新引导产业升级的政策体系

坚持供给侧结构性改革为主线，立足以国内大循环为主体、国内国际双循环相互促进的新发展格局，加快新旧动能转换，适时淘汰落后产能，推进产业转型升级，加快培育新兴产业，构建现代产业体系。

（一）持续强化创新引领高质量供给的政策支持

（1）以“普惠性”方式支持所有企业的科技创新。调整以往倾斜性选择性的支持方式，改为更加普惠性功能性的支持方式，对大中小企业、国有民营外资企业一视同仁。加大新兴产业发展基础设施建设、政府数据资源开放、标准制定、教育和人才培养、国际合作等方面的投资力度，通过完善基础环境，强化平台保障，提升产业发展能力。探索关键核心技术攻关的“揭榜挂帅”项目组织新模式，更多采取后补助或奖补等方式发放，促进产业政策从“选马”到“赛马”的转变。

（2）营造有利于“隐形冠军”成长的环境。制定倾向于有核心技术的中小企业的政府采购需求标准和评价体制。研究进一步降低企业制度性交易成本、融资、用地、用能和物流成本的政策举措。

（3）支持龙头企业突破关键核心技术的能力提升。实施国家工业冠军计划，把领军企业培育作为政府政策支持的着力点，在人工智能、航空航天、量子技术、生命科技等引领未来发展的关键领域培育一批世界级企业和领军企业。实施国家重点产业技术提升计划，明确国家重点支持产业技术方向，创新国家重大技术发展项目组织实施机制和模式，新设立一批国家产业技术创新研究院，明确由龙头企业牵头组织，积极探索“企业为主导＋科研院所和高校为主力＋贯通产业链上下游＋政府支持＋开放合作”的组织模式，推动我国在战略前沿领域、革新技术领域突破一批关键核心技术。

（二）分类施策“去产能”，合理有效处置“僵尸企业”

（1）分类施策“去产能”。巩固“去产能”成效，继续建立并完善市场化法治化机制。坚持对不同所有制企业一视同仁，在“去产能”的过程中注意保护企业的合法权益。继续针对煤炭、钢铁、水泥、玻璃、电解铝等不同产业，分类施策，统筹安全、环保、能耗、质量、用地、产业政策和产能置换等政策体系，合理采取行政化目标体系、市场化机制和环保手段，稳步推进传统过剩产业“去产能”。针对集成电路等新兴产业，要统筹并加强产业发展引导，防止高水平产能过剩。

（2）合理、有效加大力度处置“僵尸企业”。依托国内大循环形成的新需求，制定合理合规的产业政策，促进落后产能市场出清。避免通过以往行政化“一刀切”的方式“去产能”，强化市场功能，区分把握和准确识别“僵尸企业”，实践中注意区分遇到暂时困难的企业和“僵尸企业”，对认定的“僵尸企业”，督促各级政府，加大处置力度，强化市场功能，加快市场出清，谨防继续向“僵尸企业”输血，坚决拔掉“输液管”和“呼吸机”。分类施策，采取破产关闭、债转股、资产收购和置换等不同方式，妥善处置“僵尸企业”的债务、人员安置等难题，消除社会与经济发展隐患。

（三）制定质量技术标准，健全降本增效机制

（1）推动数字转型，促进降本增效。适时提升企业用地、用能、环保和数字标准，推动企业采用更高水平的数字化、智能化、集成化的技术手段提质增效，促进企业专注于主业经营并向产业链纵深延伸，加快形成专精特新能力，全面提升企业在全球产业链、价值链中的位势。打造现代化产业基础，加快发展具有国际竞争力的先进制造业集群，形成生物医药、集成电路、智能制造、新能源新材料等一批前沿产业集聚带。

（2）优化生产工艺，提升产品标准。使用先进技术和装备，对工艺、流程进行系统化改造，优化提升技术工艺，大力发展工业互联网，推进工业化与信息化深度融合，实现制造业与服务业深度融合，显著降低生产成本和减轻劳动强度，显著提高生产效率、产品质量和安全环保水平。通过科技创新、管理提升、绩效控制，努力把产品做到极致，向产业价值“微笑曲线”两端延伸，增强产品复杂度和企业盈利能力。

（四）加快“固链补链强链”，完善高质量引资制度

（1）打造具有国际竞争力的产业链集群。利用疫情后全球价值链、供应链和创新链的调整机会，构建现代化产业集群。升级价值链，针对重点区域产业链短板和弱项“补链扩链”，围绕新一轮更高水平开放，建立内外一体、优势互补产业布局，提升国内战略产业基础能力和产业链水平。打通供应链，保持产业链集群各类要素优化配置和顺畅流通，统筹解决重点企业和产业链配套企业的需求，形成多渠道全产业链配套体系。积极打造创新链，激励市场主体转换产业链发展动能，发挥核心城市创新策源地功能，增强城市群科技创新实力，促进跨境电商业务发展，推动构建电商新零售与跨国采购结合、线上线下结合、境内境外结合的服务贸易产业链。

（2）加快推动产品更新换代和产业转型升级。以新一代信息技术、高端装备、新能源新材料、现代海洋、医养健康等战略性新兴产业为重点，着力投资和发展人工智能、5G、量子信息科学和其他可能影响未来国家安全和经济增长的关键新兴技术，推动互联网、大数据、人工智能和实体经济深度融合，支持企业推动产品更新换代和产业持续升级。将产业结构升级和消费结构升级相结合，实现产业和消费双升级、供给和需求平衡发展；把传统产业的转型提升和新兴产业培育结合起来，以服务型制造促进产业中高端发展，以技术赋能、平台增值，推动服务业扩量提质，提升产品的附加值。

（五）推进产学研深度融合，畅通创新链和产业链

（1）支持企业牵头组建创新联合体、承担国家重大科技项目。鼓励企业与大学科研机构建立多种形式的合作关系，构建产学研协作新模式，支持行业骨干企业牵头组建创新联合体，与大学科研机构建立产业联盟、联合实验室/研发中心、联合技术中心，打造统一开放、竞争有序的产学研协同创新网络。

（2）支持企业牵头组建联合科研团队。统筹规划国家工程（技术）研究中心、国家制造业创新中心、国家重点实验室、国家产业技术创新战略联盟等各类创新平台。构建社会主义市场经济条件下关键核心技术攻关新型举国体制，实施好体现国家战略意图的重大科技项目，支持企业牵头组建联合科研团队，承担国家重大科技项目，把集中力量办大事的制度优势、超大规模的市场优势同发挥好市场机制和企业主体作用有机结合起来。

（3）引导建立产学研深度融合的利益分配机制和风险控制机制。充分考虑创新联合体各方的贡献，有效应对成果转化风险、创新失败风险等，有效减少企业创新主体的损失。

四、完善促进市场竞争的政策体系

制度供给能否精准且有效直达产业中观和企业微观层面，决定着生产要素供给能否实现高质量、高效益，能否满足和引领市场需求。建设高标准市场体系也是实现新旧动能转换、培育经济发展新动能的重要支撑。

（一）持续完善公平竞争市场机制，持续改善营商环境

（1）强化竞争政策的基础性地位。依据“竞争中性”的原则，在要素获取、准入许可、经营运行、政府采购与招投标等方面，对各类所有制企业平等对待，促进创新型民营企业健康发展；主动对接国际准

则，加强对新制定法律法规和政策的公平竞争的审查，健全以公平为核心的产权保护制度，继续推进赋予科技人员科技成果所有权的改革。

（2）持续优化营商环境。深化“放管服”改革。落实商事制度改革，推进工商注册制度便利化。对标对表，全面落实《优化营商环境条例》，大力破除信息孤岛，继续对标世界一流营商标准，加快政府职能转变。破除制约民营企业参与市场竞争的障碍或隐性壁垒，进一步完善中小微企业保护和支持体系，依法平等保护民营企业产权和企业家人身财产合法权益。尊重企业家精神和工匠精神，依法依规构建亲清政商关系，建立规范有效的政企沟通机制和政府诚信履约机制。

（3）健全市场监管法规体系，做到依法行政。组织市场监管部门牵头，梳理并调整与市场经济相适应的法律法规，做到“有法可依”；依法界定部门职责，厘清法定权限和程序，确保“有法必依”；加强法律对监管权力监督，保证“违法必究”；坚持政府“法定职责必须为”“法无授权不可为”，保障企业“法无禁止皆可为”，做到依法行政。

（二）以负面清单制度为核心，放宽市场准入限制

（1）健全市场负面清单制度。全面实施准入前国民待遇＋负面清单管理制度，真正实现公平竞争。以“法无禁止即可入”为原则，完善市场准入负面清单制度，以“清单之外无审批”为原则，建立完善国家和地方各层面行政许可事项清单，实现清单动态调整，压缩清单长度，推动准入门槛不断放宽。清理现有涉及市场准入的管理措施，没有法律、行政法规和国务院决定依据的，一律取消，清理针对不同所有制企业资本准入的不合理限制措施，取消和减少附加条件。建立健全与清单管理制度相适应的社会信用体系、激励惩戒机制、信息公示制度、信息共享制度等。扩大增值电信、医疗机构、教育服务等现代服务业，以及交通运输、基础设施、能源资源等领域的对外开放，只做减法、不做加法，而且“非禁即入”将得到全面落实。

（2）进一步提高行政管理能力与公共服务水平。进一步精简市场

准入行政审批事项，投资审批、生产经营活动审批、资质资格许可和认定、评比达标表彰、评估等要严格按照行政许可法和国务院规定的程序设定，不额外对非公经济设置准入条件。对属于市场准入负面清单的事项，可以区分不同情况探索实行承诺式准入等方式，进一步强化落实告知性备案、准入信息公示等配套措施。市场准入管理部门要与国家安全、城乡规划、土地管理、环境保护、安全监管等部门密切配合，按职责分工理顺程序。加大政府购买公共服务力度，为更多市场主体参与创造条件。

（3）破除垄断，充分培育新动能的发展“基因”。反垄断、反不正当竞争，是完善社会主义市场经济体制、推动高质量发展的内在要求，也是培育经济发展新动能的一项保障制度。使《中华人民共和国反垄断法》真正、切实有效地适用于所有主体，对内资外资、国有企业和民营企业、大企业和中小企业、互联网企业和传统企业一视同仁，平等对待，保障各类市场主体平等参与市场竞争。确保《关于促进平台经济规范健康发展的指导意见》实施，更好地规范和发展线上经济，确保互联网行业在法治轨道健康发展。加强反垄断监管，有效推动创新、促进共治。不断完善平台企业垄断认定、数据收集使用管理、消费者权益保护等方面的法律规范，维护市场公平竞争，推动整个行业保持创新活力、实现健康发展。

（三）加快形成国内国际双循环相互促进机制

（1）畅通国内经济活动的自我循环机制。通过出口转内销、调整产业结构、建设国内市场，打通供给与需求的良性循环，实现商品市场的均衡。通过强化居民就业、强化社会保障体系，维护增长与民生的良性循环，实现劳动力市场的均衡。通过金融体系让利实体经济，打造经济与金融的良性循环，实现资本市场的均衡。

（2）维护中国与全球价值链的多元联动机制。通过进一步扩大开放，维护中国与全球价值链的多元联动。一方面，积极推动“一带一路”建设，在新领域上加速人民币国际化，促使国内国际市场联系趋于多元化、坚韧化、灵活化，缓冲全球单边主义和保护主义的负面拖累。另一方面，立足于“国内大循环”的相对韧性，加速扩大高水平的对外开放，以“亲诚惠容”的理念与更多元的国际伙伴共享双赢机遇，以更为广泛的“朋友圈”应对单一节点上的大国优先主义冲击。

（3）建立重塑全球经贸体系的引导机制。“十四五”期间，立足长远，引导全球经贸体系的重塑，并建立相应的引导机制。建立从全球价值链中的“供给”中心升级为“供给—需求”双中心的体制机制。建立从聚焦单一环节的“中国制造”升级为覆盖研发科创、智能化制造、品牌营销等全环节的“中国智造”的制度体系。改善现有政策体系，从全球经贸体系和治理格局的被动接受者升级为全球经贸体系和治理格局重塑的主动引导者。

（四）进一步完善资本市场赋能机制

（1）进一步完善多层次资本市场体系。坚持以注册制改革为核心，以“科创板”和“创业板”为抓手，持续完善信息披露为主和上市退市等基础性制度建设，提高上市公司质量，建设有活力、有韧性的资本市场。把中小企业和创新企业发展作为资本市场发展的基石，全面推动地方资本市场服务体系和全国性证券市场服务体系无缝衔接。

（2）发挥资本市场多重赋能作用。从提高全社会资本要素配置效率的角度出发，重点以证券化资本市场为核心牵引力，推动全社会资本要素优化配置，积极以证券化的资本市场带动非证券化的资本市场，推动资本市场服务整体下沉，强化多层次资本市场对企业发展的多重赋能作用。

（3）引导更多中长期资金入市。推动资本市场健康发展，引导包括养老金、企业年金、社保基金等更多中长期资金入市，利用资本市场机制提高资金使用效率，构建良性循环的资产生发器；引导资本市场有效支持科技创新发展，鼓励和支持上市公司现金分红，完善投资者保护制度，吸引更多中长期资金参与。

（五）完善企业家搞活创新的制度环境

（1）营造企业家精神发挥的制度环境与政策体系。企业家精神的核心是创新和冒险，要从制度完善、政策稳定、政商关系健康三个方面保障企业家创新和冒险精神的发挥。从制度层面杜绝寻租设租、灰色交易等腐败现象；从政策层面消除政策不稳定、没有连续性的现象，为企业家创造稳定的预期，促进生产、投资和研发投入的扩大；从“亲”“清”政商关系层面避免投机取巧等不正常的政商关系，鼓励企业家们的创新和冒险。

（2）鼓励企业家做创新发展的探索者、组织者和引领者。鼓励企业家勇于推动生产组织创新、技术创新、市场创新，重视技术研发和人力资本投入，以有效调动员工的创造力。发挥企业家精神在全面创新中的重要作用，使其以全球视野和宽广胸怀谋划企业发展，鼓励和引导企业家开展基础性前沿性创新研究，重视颠覆性和变革性技术创新。鼓励企业家与科学家深度合作，加快科技成果从实验室走向市场，形成鼓励创新、宽容失败的激励机制，激发企业家创新活力，降低企业家创新活动风险。

第六章

如何测度新动能：衡量投入产出效率

无论形势如何变化，发展总是硬道理。当前，中华民族伟大复兴的战略全局与世界百年未有之大变局同步交织，尤其是突如其来的新冠肺炎疫情更是增加了世界发展的不确定性和不稳定性，使得我国的发展面临着前所未有的机遇和挑战。在错综复杂的新形势下，抓住机遇，应对挑战，推动经济转向高质量发展，亟须加快转变发展方式、优化经济结构、转换增长动力，不断培育发展新动能，形成新发展格局。

一、发展现状

新动力即新动能，是我国经济进入新常态后形成新发展的主要动力来源。发展新动能是我国经济进入新常态以后中央提出的“适应新常态，引领新常态”的重大发展方针。我国近年来新动力加速发展，取得了显著的成绩，但也面临要素成本攀升和旧有体制机制束缚等障碍，应通过全面深化改革开放推动新动力加速发展。

（一）新动能的内涵界定

1. 新动能是形成新发展的主要动力源

发展新动能是我国经济进入新常态以后中央提出的“适应新常态，引领新常态”的重大发展方针。经过30年多年的高速增长以后，我国经济出现了一系列趋势性变化，增速从高速增长转向中高速增长，经济发展方式正从规模速度型粗放增长转向质量效率型集约增长，经济结构正从增量扩能为主转向调整存量、做优增量并存的深度调整，经济发展动力正从传统增长点转向新的增长点。2016 年 4 月，习近平总书记在主持网络安全和信息化工作座谈会上指出，我国经济发展进入新常态，新常态要有新动力。2018 年 4 月，习近平总书记强调要发展数字经济，加快推动数字产业化，依靠信息技术创新驱动，不断催生新产业、新业态、新商业模式，用新动能推动新发展。

2. 新动能推动新经济发展

经济进入新常态以来，我国不断探索形成新动力的方法和途径，包括深化重点领域改革、创新驱动发展战略、“互联网 +”行动计划、扩大内需、双创（大众创业、万众创新）、扩大开放等。党的十九大报告中进一步指出，要在中高端消费、创新引领、绿色低碳、共享经济、现代供应链、人力资本服务等领域培育新增长点，形成新动能。要坚持对外开放的基本国策，积极促进“一带一路”国际合作，打造国际合作新平台，增添共同发展新动力。我国关于发展新动力的政策思路日渐清晰，即新动力以新发展理念为指导，改革是产生新动力的根本动力①，新动力推动“新经济”发展，新经济重点体现为新产业、新业态、新商业模式。

3. 新旧动力协调发展形成混合动力

从中外各国发展实践来看，传统产业经过一定时期持续后，其对经济的贡献作用逐渐减弱；与此同时，新的产业不断成长壮大，形成新的发展动力，对经济的贡献逐渐增强。新旧动力转化主要表现为经济结构出现明显的优化调整。在动力转换时期，倘若传统产业动力衰减而新动力无法及时补位，就会造成经济增速下降，经济低迷时间一长，极易引

---

① 学术界十分重视信息技术的作用，一些学者将信息技术作为形成新动能的重要因素，比如周跃辉等提出，经济新动能即新动力作用于经济运行而产生的前进能量，是指以互联网、物联网、大数据、云计算等新一代信息技术应用为基础，以一系列相关技术突破为支撑，大量新产业、新业态、新模式快速涌现并汇聚而成的产业发展新势能。发展“新经济”是培育“新动能”的重要措施，以新技术、新产业、新业态、新模式等“四新”经济为核心产业驱动力量。

发经济危机、社会动荡等问题。

保持经济健康平稳发展需要实现新旧动力的有序转换。一方面要大力培育新动力成长；另一方面要改造提升传统动力，推动形成新活力，即新旧动力协调发展形成混合动力，推动经济快速增长。当前，我国经济中的新动力规模有限，对拉动经济增长力度有限①，而作为传统动力的钢铁、汽车等传统制造业仍发挥着关键性作用，仍要下大力气形成混合动力，推动传统产业实现高端化、低碳化、智能化改造②，实现传统行业“脱胎换骨”和“有中出新”，推动新旧动力接续转换和共同成长。

（二）我国新动力的发展现状

我国新动力的成长主要表现为代表未来发展方向的新产业、新业态和新商业模式快速发展，新技术赋能后的传统产业加快升级步伐，发展的混合动力机制初步形成。

1. “三新”经济蓬勃发展

近年来，我国经济发展新动力加速发展壮大，经济活力进一步释放，成为缓解经济下行压力、推动高质量发展的重要动力。自 2018 年起国家统计局开始发布“三新”经济增加值数据和经济发展新动能指数。“三新”经济增加值数据涵盖新产业、新业态、新商业模式（简称

① 国务院发展研究中心原副主任刘世锦认为，新动力很重要，但是规模有限。中国以后再想找到像房地产、钢铁、汽车这种大块头的能够把经济带起来上一两个大的台阶的支柱性产业基本上不可能了。以后有一些新的产业、新的技术、新的商业模式出现，但往往规模对冲能力是非常有限的，比如高技术产业，占整个工业的比重是 19%，对冲力是有限的。

② 中国社科院工业经济研究所所长黄群慧认为，新动能发展的关键是制造业和互联网的深度融合，现在是制造业沿此方向升级的大好时机。中国经济研究院院长白津夫认为，可以通过信息物理融合（如机电一体化等）、工业智能化实现产业革命。国务院发展研究中心发展部研究室副主任卓贤认为，通过新技术应用、生产组织重构、分工系统优化、管理模式重组改造传统经济，可以实现旧动能与新动能的渐进接续。

“三新”）三大类[①]，具体覆盖了现代农林牧渔业、先进制造业、新能源活动、节能环保活动、互联网与现代信息技术服务、现代技术服务与创新创业服务、现代生产性服务活动、新型生活性服务活动、现代综合管理活动（参见国家统计局《新产业新业态新商业模式统计分类（2018）》）。

国家统计局的测算显示，我国“三新”经济增加值和经济发展新动能指数逐年攀升。2019 年，我国“三新”经济增加值增速为 9.3%，比同期 GDP 现价增速高 1.5 个百分点，增加值总量相当于 GDP 的 16.3%，比上年提高 0.2 个百分点（见图 6－1）。2015—2019 年我国经济发展新动能指数（以 2014 年为 100）分别为 124.8、159.1、204.1、269.0 和 332.0，分别比上年增长 24.8%、27.5%、28.3%、31.8% 和 23.4%。其中，各项分类指数均有提升，网络经济指数、创新驱动指数、经济活力指数、知识能力指数、转型升级指数分别增长 42.0%、15.6%、7.4%、8.3% 和 1.0%（见图 6－2）。

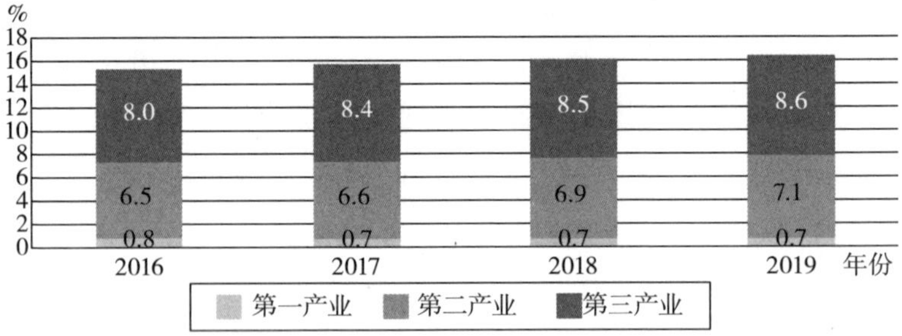

图 6－1　2016—2019 年“三新”产业增加值占 GDP 比重（分行业）

资料来源：国家统计局。

① 新产业是指应用新科技成果、新兴技术而形成一定规模的新型经济活动，具体表现为新技术应用产业化直接催生的新产业、传统产业采用现代信息技术形成的新产业等；新业态是指顺应多元化、多样化、个性化的产品或服务需求，依托技术创新和应用，从现有产业和领域中衍生叠加出的新环节、新链条、新活动形态，具体表现为以互联网为依托开展的经营活动等；新商业模式是指为实现用户价值和企业持续盈利目标，对企业经营的各种内外要素进行整合和重组，形成高效并具有独特竞争力的商业运行模式，具体表现为将互联网与产业创新融合，把硬件融入服务，提供消费、娱乐、休闲、服务的一站式服务等。

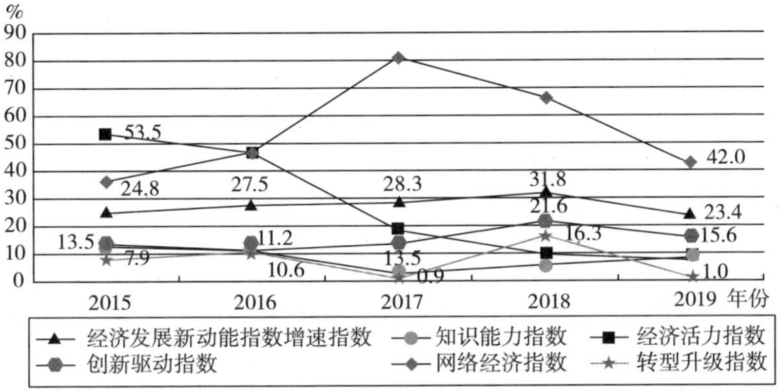

图 6-2 2015—2019 年经济发展新动能指数及分项增速

资料来源：国家统计局。

与世界其他国家相比，我国互联网规模居于领先位置，数字化应用位于全球前列，特别是网络购物、网络支付、云计算等应用全球领先。作为三新经济的重要构成部分，我国数字经济发展迅速，规模不断壮大。2019 年《福布斯》发布的全球数字经济 100 强名单中，我国的互联网平台企业阿里、腾讯分别位列全球第 10、第 14 位。2010—2019 年，我国电子商务交易规模从 4.55 万亿元增长至 34.81 万亿元，年均复合增速达 25%，交易总额折合 5.1 万亿美元，是美国的 8.4 倍，比上年增长 6.7%。其中，商品、服务类电商交易额 33.76 万亿元，增长 6.6%；合约类电商交易额 1.05 万亿元，增长 10.1%。①。

2. **产业转型升级步伐加快**

（1）农业现代化取得显著进展。党的十八以来，我国加快推进农业供给侧结构性改革，稳步推进农业现代化，粮食生产能力不断提高和巩固，建成了 6 亿亩以上高标准农田，粮食产能超过 1.2 万亿斤，农业种植结构持续优化，农产品质量显著提升，农业生态环境向好发展，化

① 商务部. 中国电子商务报告 2019[EB/OL]. http://dzsws.mofcom.gov.cn/article/ztxx/ndbg/202007/20200702979478.shtml.

肥农药减量增效，现代化农业科技取得显著进步，农业科技进步贡献率近60%，良种覆盖率超过97%，良种对增产的贡献率接近50%，农业机械化和智能化水平不断提升，主要农作物耕种收综合机械化水平已超过65%，主要农产品人均占有量均超过世界平均水平。新一轮科技革命和产业变革的兴起为农业转型升级注入强劲驱动力。2016年我国出台《“互联网+”现代农业三年行动实施方案》，明确了农业现代化水平明显提升的具体目标。我国农业在智能化生产、网络化经营、高效化管理和便捷化服务上取得了显著成效，农业信息化爆发出前所未有的活力①。农业农村部数据显示，2019年全国2083个县域网络零售额达30961.6亿元，同比增长23.5%。阿里研究院发布的《中国淘宝村研究报告（2009—2019）》中的数据显示，我国淘宝村数量已达到4310个，淘宝镇数量达到1118个，覆盖2.5亿人口。2018年，全国淘宝村和淘宝镇网店年销售额合计超过7000亿元，带动就业机会超过683万个。

（2）工业结构不断向中高端水平迈进。2006—2019年，我国高技术制造业增加值年均增长都超过13%，高于同期工业增加值年均增速2.5个百分点，其中移动通信基站设备、集成电路、发动机、化学纤维、铁路机车等工业制成品产量年均增速分别为29.2%、11.9%、10.5%、10.3%和2.9%。2016—2019年，规模以上工业战略性新兴产业增加值年均增长9.7%，高于同期规模以上工业增加值年均增速3.6个百分点，其中新能源汽车、工业机器人、自动扶梯及升降机等新兴工业产品产量年均分别增长37.3%、8.8%和6.8%。

（3）服务业数字化方兴未艾。2019年服务业占国内生产总值的比重达到53.9%，就业人数占比约50%，服务业已成为中国经济第一大产业。利用大数据、云计算、物联网、人工智能等新一代信息技术大力发展平台经济和共享经济，推动服务网络化、平台化、智能化，加快服

① 农业农村部.“互联网+”推动现代农业实现新跨越——我国农业信息化发展成就综述[EB/OL].新华网,2016-09-02.

务业数字化变革是服务业结构升级的重要方向。例如，我国已打造出分钟级即时配送网络，骑手的调度规划 0.55 毫秒就能完成，每小时可以规划 29 亿次配送，配送时间从 1 小时缩短到 30 分钟以内。数字经济与服务经济深度融合，拉开了我国生活服务业数字化发展大幕，极大地便利了居民生活，不断推动服务业及相关行业变革，为服务经济迈向高质量发展注入持久动力①。

3. 创新能力进一步增强

近年来，我国加快实施创新驱动发展战略，创新能力逐年显著提升。据世界知识产权组织（WIPO）发布的《2020 全球创新指数报告》显示，我国继续保持 2019 年位列第 14 的排名，确立了全球创新领先者的地位，也成为前 30 名中唯一一个中等收入的经济体。我国在专利、实用新型、商标、工业品外观设计申请量和创意产品出口等重要指标上均名列前茅，其中拥有 17 个全球领先的科技集群（仅次于美国的 25 个，德国有 10 个、日本有 5 个），其深圳—香港—广州和北京分别位居全球第二和第四位（东京—横滨和首尔分列第一和第三位）。

（三）发展新动力面临的瓶颈

中国经济发展仍处在“三期叠加”时期，新动力成长尚面临要素成本高企、体制机制障碍以及创新性破坏等方面的制约。

1. 要素成本高企

（1）劳动力成本快速上涨。较低的劳动力成本对于维持我国“世界工厂”地位发挥着重要的作用。2000 年以来，我国劳动力成本持续较快增长，2001—2010 年全国城镇单位就业人员平均工资（以下简称人均工资）从 10834 元提高到 36539 元，年均名义增速为 14.6%，实际增速为 12.4%②。2011—2018 年，全国城镇单位就业人员平均工资从

① 中国信息通信研究院，等．中国生活服务业数字化发展报告[R]. 2020.

② 金三林．我国劳动力成本上升的成因及趋势[EB/OL]. 国研网，2015 - 01.

41799 元上涨到 82413 元，涨幅接近一倍。劳动力工资上涨太快，降低了制造业的竞争力和比较优势[①]。从 2006 年开始，我国就出现了制造业占 GDP 比重下降趋势，目前这一趋势仍在持续[②]。

（2）用地成本大幅攀升。土地是经济发展最基本的生产要素，用地成本逐年攀升不利于新动力成长。长期以来，地方政府通过控制出让规模和速度，造成建设用地供不应求，推动了土地价格大幅上涨。2012 年以来，全国国有建设用地供应量逐年下降。例如，2018 年自然资源部下达地方新增建设用地计划 400 万亩，比上年减少 100 万亩。2019 年全国国有建设用地供应总量 62.4 万公顷，比 2018 年下降 3.6%。新增供地总量下降情况下，发展快的地方土地指标不够用，造成地价过高，挤压了地方城镇化和工业化的空间，建设用地供不应求导致土地价格大幅上涨。建设用地协议和出让价格从 1998 年的 5 万元/亩，上涨到 2017 年的 221 万元/亩，土地出让价格年均上涨率为 22.07%，19 年中价格翻了 44.2 倍[③]。

（3）生态环境成本逐渐提高。近年来，我国经济发展与人口资源环境之间矛盾日益突出，成为经济社会可持续发展的重大瓶颈制约[④]。为了促进资源节约、生态环境保护和污染防治，推动形成绿色发展空间格局、产业结构、生产方式和生活方式，我国加快推动资源环境价格机制改革。其中包括建立健全能够充分反映市场供求和资源稀缺程度、体现生态价值和环境损害成本的资源环境价格机制，完善有利于促进绿色

---

① 2018 年，第一财经研究院发布的《中国与全球制造业竞争力报告》显示，名义劳动力成本的大幅上升，是导致中国制造业相对优势下降的主要原因。在该报告考察的 19 个经济体中，2008 年金融危机前，中国单位劳动力成本年均增速为 1.5%，危机后上升到 1.7%。同期的全球平均单位劳动力成本增速从危机前的 1.5% 下降到了 -2.5%。比如全球制造业第三大国日本的单位劳动力成本一直在下降，第四大制造业国家德国在危机后也进入了单位劳动力成本的下降过程。

② 蔡昉．我国制造业占比“未富先老”劳动力转移未结束[EB/OL]．新浪财经，2020-01-11.

③ 周天勇．深化土地体制改革与理顺经济运行[J]．学术月刊，2020(2).

④ 资料来源：《关于 2016 年国民经济和社会发展计划执行情况与 2017 年国民经济和社会发展计划草案的报告（摘要）》。

发展的价格政策，将生态环境成本纳入经济运行成本等。这些政策的实施非常必要，但客观上也将提高企业的运行成本。

2. 体制机制障碍

（1）重大改革举措落实不到位。党的十八届三中全会提出到2020年在重要领域和关键环节改革上取得决定性成果，但是从市场反应来看，仍存在一般性的改革举措比较多，而关键的、重大的和管用的改革举措相对不足，落实改革举措不够有力，效果尚未达到市场预期等问题①。例如，国有企业改革方面，中央确定了“以管资本为主，国有资本更多投向关系国家安全、国有经济命脉的重要行业和关键领域，重点提供公共服务、发展重要前瞻性战略性产业、保护生态环境、支持科技进步、保障国家安全”等目标，但国有企业仍普遍延续管人管事的做法，国有企业覆盖面广，广泛参与到竞争性领域，市场发挥决定性作用仍受到掣肘。政府经济管理中仍大量沿用原有的计划方式。经济管理中的一些部门仍然没有完全放弃有计划思维和方式，规划和计划成为很多政府部门直接干预经济活动的依据或手段。民营企业仍面临制度上的不平等，民营企业在土地、资金、能源等生产要素的获得和使用上无法和国有企业公平竞争，对民营企业权益的保障力度不够。

（2）扩大开放步伐滞后于市场预期。我国在商品和要素流动型开放方面仍有不足，表现为金融领域开放不到位，服务贸易开放不足，公共服务领域如教育、卫生、文化等方面开放程度低②。在制度性开放方面，给予外企国民待遇和实现我国与国际惯例和普遍的营商环境方面对接仍有较大提升空间，突出表现为：在商标、技术、版权、专利等知识产权保护方面差距较大；在法律规则对接、法律服务、政府监督等方面

① 张军扩．坚定不移深化市场化改革不断在关键性基础性重大改革上突破创新[J]．中国发展观察，2020(12)．

② 中国国际经济交流中心副理事长黄奇帆认为，中国未来对外开放的薄弱环节体现在4个方面，即金融业、服务贸易、公共服务领域和数字贸易，把这4块短板补齐了，中国对外开放的高质量、高效益就能够体现出来了。

短板明显。

（3）法治环境的不完善已经成为制约企业家创新创业的突出障碍。法治是最好的营商环境，要以立法高质量发展保障和促进经济持续健康发展。我国距离依法治国的总目标仍有显著差距。一是立法质量需要进一步提高。立法工作中的部门化倾向、争权推诿现象较为突出。一些地方利用法规实行地方保护主义，对全国形成统一开放、竞争有序的市场秩序造成了障碍。二是执法领域存在的有法不依、执法不严、违法不究甚至以权压法、权钱交易、徇私枉法等问题突出。三是司法公信力不高问题突出，在一些司法人员中存在作风不正、办案不廉，办金钱案、关系案、人情案，“吃了原告吃被告”等现象。四是违法行政行为缺乏有效司法监督。对一些行政机关违法行使职权或者不作为造成对国家和社会公共利益侵害或者有侵害危险的案件，如国有资产保护、国有土地使用权转让等，由于与公民、法人和其他社会组织没有直接利害关系，使其没有也无法提起公益诉讼，导致违法行政行为缺乏有效司法监督。

3. 创新的“双刃剑”

（1）创新对旧制的“破坏”。互联网、大数据等技术支撑的新动力较之于传统动力，除了带来生产率的巨大提升外，还对原有生产模式形成了颠覆式创新，包括涌现出新的生产工具、生产方法，扩展新的生产对象和生产产品，创造新的组织方式、管理模式，催生新的社会体系等。由此对国家、公司、行业之间以及整个社会所有体系带来了全新的变革。现有的政府管理体制机制无法满足新经济带来的变革。各种新技术的出现，使信息公开性、管理精细化程度得以大幅提高。但也要看到，社会结构已经出现了重大变化。传统社会结构表现为金字塔形、信息单向传播。现代社会结构则表现为扁平化、社会思潮多元化。与以往相比，社会治理对象的期望值更高，公众意见表达渠道增多，瞬时回应难度加大。这就要求政府的组织决策、组织形态、组织方式、组织行为、决策机制等都需要进行深刻的变革。颠覆性技术的广泛应用打破了原有规模化、标准化生产模式，推动全球从产业链式分工转向产业网络式分工，劳动等要素低成本比较优势和传统加工制造环节的重要性将降低，创新要素和研发设计活动在国际竞争中的重要性得以强化，降低了我国产业的竞争力。

（2）野蛮生长易形成新垄断。数字化、网络化、智能化赋予了企业无可比拟的竞争优势，互联网平台企业具有天然垄断性，极易在细分领域形成新垄断。以平台经济为例，大型互联网平台在用户数量、信息交互速度、匹配范围及成本效率上集聚了越来越多的资源。平台竞争“赢者通吃”现象比较普遍，市场容易呈现出高集中度格局，全球知名的互联网企业初步形成了一定的垄断性地位①。垄断企业不仅获取高额利润，减少消费者剩余，还可能导致抑制行业技术发展，限制新进入企业参与市场竞争，有损市场效率。

二、测度分析

如前所述，新经济主要表现为新产业、新业态和新商业模式。经济发展新动力则是新经济作用和影响的体现，即发展新经济意味着培育发展新动能和驱动旧动能转型。对经济发展新动力的测评意味着要通过新经济形成的投入、产出和效率等因素进行，测评的核心涉及劳动力、资本、技术及管理等要素投入产出的效率效能问题。

（一）对新动能的测度

测度新动力需要首先理解经济增长新动力的内涵。当前，国内外对新动力的含义并未形成统一共识，知识经济、信息经济、数字经济、分享经济、平台经济、零工经济等都被视为新经济或新动力范畴，而它们之间的边界内涵是很不同的。

① 熊鸿儒．理性看待互联网平台垄断[N]．经济日报，2019－06－24.

本书认为，在实现增速换挡和新旧动能转换过程中，经济体需要逐渐摆脱依赖低端劳动密集的增长模式，提升要素品质，同时制定适合经济发展状况和条件的产业发展战略、政策，创造优质的体制、机制和制度环境，促进技术创新和应用，以提升生产率，增强企业竞争力，实现产业升级，提高高附加值产品和产业在经济结构中的比重，实现可持续经济增长。因此，新动力源自三个方面，即要素提升、结构转型和机制增效。而对新动力的测评也需要建立在与这三方面紧密联系的统计分类的基础上，梳理既有可获取数据又易比较测量的统计监测指标。

1. 统计监测指标

（1）我国现有的相关统计指标

测度新动力成长离不开统计监测指标，我国现有官方统计体系中既有如“‘三新’经济增加值”“经济发展新动能指数”等综合性指标，也有如“中国创新指数”和“国家创新指数”等专注创新能力和环境等的专门领域的指标。

以“经济发展新动能指数”为例，为了更好地测度新经济新动能，国家统计局制定了《新产业、新业态、新商业模式统计分类（试行)》，建立了《新产业、新业态、新商业模式专项统计报表制度（2016)》，结合常规 GDP 核算结果，还建立了《新产业新业态新商业模式增加值核算方案》，并据此开展了“三新”经济增加值核算工作。随后，国家统计局根据新动力发展客观实际，不断修订和调整分类标准、统计监测制度和核算制度。2018 年，国家统计局印发了《新产业新业态新商业模式统计分类（2018)》和《新产业新业态新商业模式统计监测制度(2018 年，试行)》。

在“‘三新’经济增加值”核算的基础上，国家统计局统计科学研究所于 2018 年公布的编制中国经济发展新动能指数是国内现有的与经济发展新动力直接对应的综合性指标。该指标采用定基指数方法，数据回溯至 2015 年，以呈现在经济转型升级时期产业形态及经济增长动力的变化，反映经济新动能发展趋势和进程，为观察中国经济新动力成长的真实情况提供了一个新视角（见表6－1）。“经济发展新动能指数”是利用新产业、新业态、新商业模式等活动的基础数据，采用线性加权的综合评价方法构建而成的复合指数。目前，该指数包含五个分类指数，即网络经济指数、经济活力指数、创新驱动指数、转型升级指数、知识能力指数。

表6－1 中国经济发展新动能指数指标体系

分类指数	权重	序号	指标名称	计量单位
知识能力指数	0.2	1	经济活动人口中硕士及以上学历人数比例/%	
		2	“四上”企业从业人员中专业技术人员占比/%	
		3	非信息部门信息人员比重/%	
		4	每万名就业人员R&D人员折合全时当量	人年
经济活力指数	0.2	1	新登记注册市场主体数量	万户
		2	科技企业孵化器数量	家
		3	国家高新技术开发区企业单位数	个
		4	创业板、新三板挂牌公司数量	个
		5	实际使用外资金额	亿美元
		6	对外直接投资额	亿美元
		7	快递业务量	亿件
创新驱动指数	0.2	1	R&D经费支出与GDP之比/%	
		2	企业R&D经费	亿元
		3	科技企业孵化器内累计毕业企业数	个
		4	每万名R&D人员专利授权数	件
		5	技术市场成交合同金额	亿元
网络经济指数	0.2	1	固定互联网宽带接入用户数	万户
		2	移动互联网用户数	万户
		3	移动互联网接入流量	万GB
		4	电子商务平台交易额	万亿元
		5	跨境电子商务交易额	万亿元
		6	实物商品网上零售额占社会消费品零售总额的比重/%	
		7	网购替代率/%	

续表

分类指数	权重	序号	指标名称	计量单位
转型升级指数	0.2	1	战略性新兴产业增加值占 GDP 比重/%	
		2	高技术制造业增加值占规模以上工业增加值比重/%	
		3	农业产业化经营组织数量	个
		4	通过电子商务交易平台销售商品或服务的“四上”企业占比/%	
		5	高技术产品出口额占出口总额的比重/%	
		6	单位 GDP 能耗降低率/%	

资料来源：国家统计局。

我国现有有关新动力相关指标体系较好地反映了我国近年来在经济新动能培育和发展方面的状况，但存在不足。首先，现有相关统计指标由于开发时间晚、缺乏持续性，数据累积较短，不足以体现较为长期的发展趋势，同时也缺乏国际比较的基础。其次，测量新动力带来的增加值可以很好地衡量新动力对经济的贡献度，但要在对新动力形成共识的基础上开展增加值核算，不仅要依赖科学有效的统计监测体系，还需要明确一致的增加值核算算法，以便于国际比较。从现实操作看，虽然可依托各类数据库计算出经济复杂度等指标，但指标的稳定性和适用性会打折扣。最后，从经济发展新动能指数构成看，五个分类指数的权重按照等权重计算，虽便于计算，但并未突出新动能成长的核心驱动力，特别是未体现出创新对国家经济和产业发展增强发展后劲的重要性。我们认为，中国发展新动力的测评更应聚焦在技术创新特别是制造业升级方面，从日本、德国、韩国等制造强国的发展经验中可以看出这一点（见第三章）。

为此，测量新动力还是要回归本源，更多地从关键基础指标入手，即新动力成长的根本来源于创新的高强度投入、科技成果高水平产出和生产效率的全面提升。

（2）基础监测指标的选择

对新动力成长的测评重点在于对投入产出效率进行评价，体现在国家层面就是指新技术研发及其广泛应用的投入产出情况。

从新动力成长的机制看，研发经费投入占 GDP 比重是个可比指标，由此延伸还涉及公共教育支出占 GDP 比重，测评研发强度的重要性在于，对于提升竞争力来说，高强度的研发创新投入是必不可少的前提条件，特别是在基础研究、应用基础研究等原始创新领域。

从新动力成长结果来看，研发投入获得产出通常以 PCT 专利申请量或授权量作为衡量指标，通过高强度的研发投入，最终需要获得高质量的专利产出，特别是对于创新型企业来说，能否拥有一批前沿科技的专利是体现其核心竞争力的关键。从产品竞争力角度来衡量新动力成长也是个可行的办法，但这种测量办法需要基于数据库进行综合建模测算，而且要开展国际比较，则面临方法选择不同、结果不同的问题。例如，经济适用性是衡量一个经济体出口能力的重要指标，主要是基于技术复杂度对出口产品和服务进行分类，再进行加权计算，从而衡量一国产品和服务出口的多样化程度。鉴于中国工业门类相当齐全，现已在大量行业都有国际竞争力的产品和服务，因而经济适应性这一指标超过了人均同等水平的国家。经济复杂度则衡量一国出口的多样性（出口产品种类的多少）和普遍性（特定产品出口目的国的多少），中国在 1995—2004 年经济复杂度已大幅提升，因而单纯考察经济复杂度，具有多门类的大国经济体占优，但不能反映关键技术能力缺失问题。

从经济活动的投入产出效率看，全要素生产率是衡量技术进步对经济贡献的程度。多数时候，新动力能够推动经济增长，但并不一定带来生产率的提升，而要关注新动力成长的质量则需要关注效率提升问题。目前来看，单纯从新动力对全要素生产率的贡献方面的研究较少，而且衡量全要素生产率也并未形成统一认识。尽管各个机构对各国全要素生产率的测量会有所不同，但总体上国家之间的相对差距并不会出现大的偏差，如中国的全要素生产率总体低于美国、德国、日本、韩国等国家是既定事实。

2. 测度指标分类

经济活动是投入和产出相结合的过程，二者是经济活动的两面。要素的质量主要体现在生产环节的投入方面，产出结构变化则是经济结构转型的最直接反映，而效率是投入和产出的比重，是体制、机制和制度因素的综合体现。因此，分析经济新动力以及构建相关监测指标可以从投入、产出和效率三个角度入手，并对其进行分类（见表6－2）。

表6－2　新动力成长测评指标

类别	指标
投入	R&D经费投入占GDP比重（基础研究投入占比、企业R&D经费投入占销售额比重）
	公共教育支出占GDP比重/平均受教育年限
产出	PCT专利申请量/授权量、每万人发明专利拥有量、每万名R&D研发人员专利授权量
	高科技产品出口额占制成品出口额的比重
效率	全要素生产率/劳动生产率
	高技术制造业增加值占规模以上工业增加值比重、战略性新兴产业增加值占GDP比重

资料来源：课题组整理。

（二）发展趋势和差距分析

与美国、德国、日本、韩国等制造业强国相比，我国在新动力成长方面仍有较大差距，主要表现在研发强度不高、产出质量不硬、效率提升难度较大等方面。

1. 研发经费投入差距较大

我国在研发人员及其投入增速上位居世界前列，但在研发强度、基础研发投入占比、研发活动质量方面仍有较大差距。

（1）研发强度仍有较大提升空间。与世界主要发达国家相比，我国当前总体研发经费投入规模和研发强度①还有较大提升空间。由于各国经济总量存在差距，中国的研发投入总量在美国、德国、日本、韩国

① 研发强度（R&D经费占GDP的比重），又称研发经费投入强度，是国民经济中研究与试验发展经费与国内生产总值的比值。研发强度越强，表明经济活动中在科技创新领域的资源投入越大。

四国中仅次于美国。2018 年中国在研发方面的总投入约是美国的一半（52%），分别是日本、韩国和德国的 1.9 倍、3.7 倍和 2.5 倍。世界银行的数据显示，2018 年我国研发强度为 2.19%，美国、日本、德国、韩国分别为 2.84%、3.26%、3.09%、4.81%（见图 6－3）。其他的创新型小国经济体如以色列、韩国自 2000 年和 2012 年起就已超过 4%。纵向来看，我国研发强度的提升始终落后于相关发展目标。“十一五”期间（2006—2010 年），我国研发强度达到 1.76%，没有完成规划的 2% 的目标任务；“十二五”期间（2011—2015 年），我国研发强度达到 2.07%，略低于规划的 2.2% 的目标任务。“十三五”（2016—2020 年）规划提出我国研发强度 2020 年的目标为 2.5%，而 2019 年我国研发强度为 2.23%，离这一目标仍存在差距①。从全部研发经费中用于人员劳务费支出占比看，2017 年我国这一占比为 29.9%，分别为法国和德国的1/2、英国的 2/3、日本的 3/4。需要特别注意的是，我国中央财政科技拨款占 GDP 的比重一直徘徊在 0.4% ~0.5%，与主要创新型国家 0.6% ~1.2% 的水平差距较大。

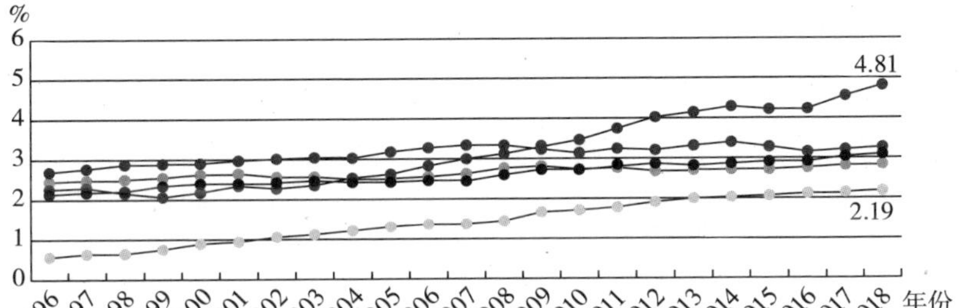

图 6－3　1996—2018 年主要国家研发强度情况

资料来源：世界银行。

① 受汇率转换等因素影响，国家统计局和世界银行统计的我国研发强度数据略有差异，为方便比较研发强度的规划目标值和实际实现值，此处使用国家统计局数据。

（2）基础研发投入占比偏小。基础研究是典型的公共产品，需要国家或地方政府持续不断的科研投入。我国基础研究经费占研发总投入的比重一直在5%左右；而早在20世纪80年代，美国、本日、韩国这一比重就超过了10%，近十年更是保持在12%～18%。对应到公共教育支出上，2017年我国公共教育支出占GDP比重只有4.14%，低于经合组织国家5.2%的平均值，因而在科学教育、职业教育、终身学习等方面与发达国家仍有较大差距，不利于基础研究和科技创新的持续性。

（3）工业企业研发投入并不高。除了华为等个别企业，我国工业企业研发经费投入方面与美国、欧盟、日本、韩国等国的跨国公司差距更大。我国基础研发的主要投入主体为中央政府，地方政府和企业的占比较低，这也是我国基础研发结构指标落后于美国、日本和德国等的一个主要原因。《2019年全国科技经费投入统计公报》显示，2019年我国研发强度为2.23%，其中基础研究和应用研究分别占到6.0%和11.3%，企业、政府所属研究机构、高等学校经费支出所占比重分别为76.4%、13.9%和8.1%，其中规模以上工业企业R&D经费投入强度只有1.32%，制造业的研发强度也只有1.45%[①]，即便是装备制造业和高技术制造业研发经费投入强度也只有2.07%和2.41%，可见工业企业用在基础应用研究方面的投入更少。另一原因是不少国内工业企业急功近利的思想浓厚，不想在研发创新上投入太多，以免形成沉没成本，因而并不主动花钱追求科技成果的转化，而且出于产品可靠性考虑，并不愿意使用国内的创新产品。换句话说，我国在科学家与企业家之间尚缺少“转换人”的角色，往往造成科研成果与成果应用“两张皮”现象，科技创新成果转化率偏低，也造成科研人员薪酬待遇没有与市场挂钩，导致激励不足，造成其研发积极性不高。

① 国家统计局．2019年全国科技经费投入统计公报[EB/OL]．国家统计局网站，2019－08－27.

2. 创新产出质量有较大差距

尽管我国研发强度不高，但在专利、论文发表等方面却呈现出高增长，表现出我国小投入、高产出的特点，但实际上创新产出质量与美国、欧盟、日本、韩国等仍有较大差距。

（1）PCT 专利申请量和高科技产品出口量占比位居世界前列。从数量上看，我国自 1994 年正式成为 PCT① 的成员以来，专利申请数量增长迅速，与主要发达国家的差距不断缩小。1994 年，中国 PCT 专利申请数量仅为 103 件，仅占美国专利申请数量的 2%、日本的 3.7%，差距悬殊。但之后中国 PCT 专利申请增长迅速，1995—2019 年，中国 PCT 专利申请数量的年平均增速为 35.2%，而同期美国为 5.9%，日本为 13.9%，韩国为 22.1%，德国为 6.6%。2017 年，中国的 PCT 申请数量达到 48875 件，超过日本，位列世界第二；2019 年，中国的 PCT 申请数量达到 59005 件，跃居世界第一，是美国的 102%、日本的 112%。我国 PCT 申请专利数量于 2019 年超越美国，专利数量的全球占比达到 22.26%（见图 6－4）。近年来，中国高技术产品的出口及其增加值占比都在持续增加。例如，高科技产品出口额占制成品出口额的比重已由 1992 年的 6.4% 攀升至 2018 年的 31.4%（见图 6－5），相对而言，中国中科技出口占比也较高（见图 6－6）。单从专利数量和高科技出口占比看，我国已经跻身世界创新型国家前列。实际上，考虑到中国专利的质量和高科技产品出口统计归类问题，我国的创新能力并不强。

（2）发明专利总体数量不高且专利许可费逆差高。据世界知识产权组织（WIPO）统计，1993—2018 年，中国持有的美国发明专利累计为 7.3 万件，而美国持有的中国发明专利累计为 24.5 万件，是中国的 3.3 倍。从专利价值看，我国持有高价值的发明专利偏少，而要提升技术水

① 专利合作协议（Patent Cooperation Treaty，PCT）是对各个成员国提交专利申请进行审查从而满足各国对于专利保护诉求的协议，为衡量各国的专利申请数量提供了统一的标准。PCT 的专利数量在一定程度上可以反映一国的科技创新能力和专利保护意识。

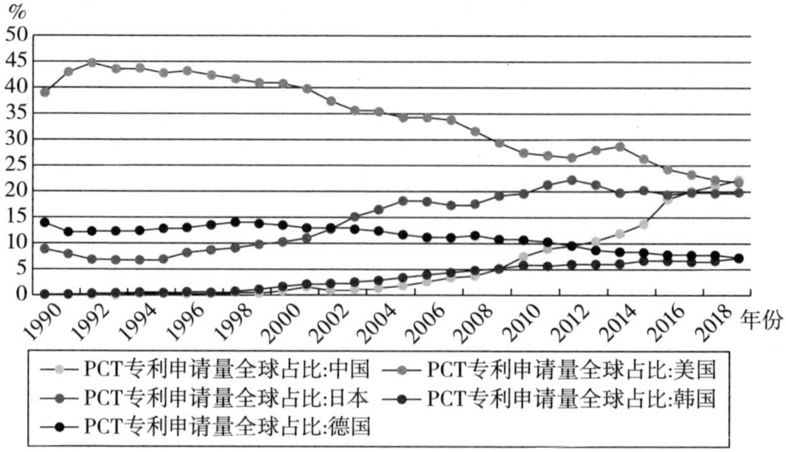

图 6-4　1990—2018 年主要国家 PCT 专利申请量占比

资料来源：世界银行。

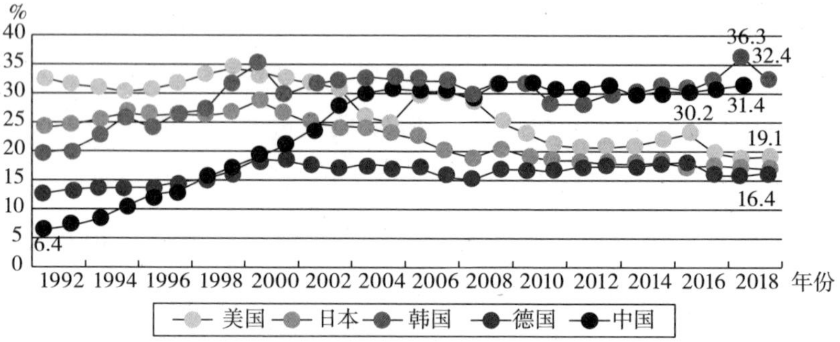

图 6-5　1992—2018 年主要国家高科技产品出口额占制成品出口额比重

资料来源：世界银行。

平，尚需从跨国公司获取专利许可。根据国家外汇局统计，2018 年中国专利许可费逆差高达 304 亿美元，这是除旅游之外最大的服务贸易逆差项。

（3）科研论文人均发表数量偏低且被引量不高。我国虽有数量众多的科研人员，发表论文数量也位居前列，但每年人均科研产出并不高。科睿唯安数据库数据显示，2017 年我国每万名研究人员 SCI 论文发表量平均约为 1949 篇，低于英国的 4350 篇，美国、德国和法国的 2700～3100

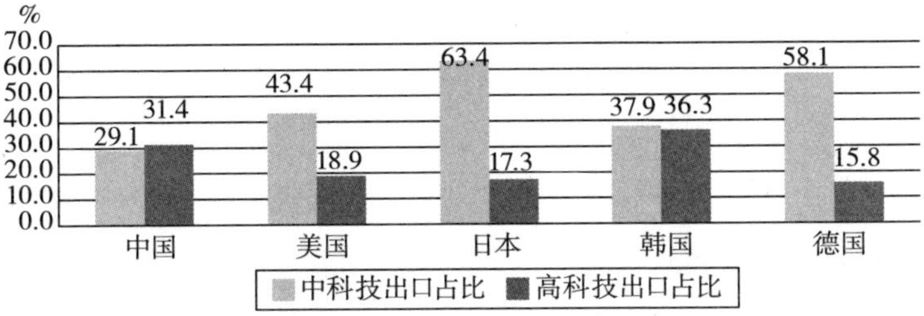

图 6－6　2018 年主要国家中、高科技出口占比

资料来源：世界银行。

篇，略高于日本的 1213 篇，而英国、美国、德国、法国等国家在论文产出规模方面是中国的 2 倍，产出质量则是中国的 2.5～4 倍左右，2016 年每万名研究人员高被引论文数量我国只有 21 篇，而英国、美国、德国、法国分别为 85 篇、51 篇、52 篇和 48 篇。由此可见，我国在科研论文方面注重数量不注重质量的现象相当明显，对科研产出还需正本清源，做好久久为功的准备。

（4）关键技术受制于人的问题更加凸显。中美贸易摩擦叠加疫情等因素的影响，让我国的产业链、供应链安全问题更加凸显。特别是 2016 年以来，美国以影响国家安全为由禁止华为通信设备和智能手机进入美国市场，并对欧洲国家施压禁止采购中国通信设备。如果中美科技脱钩，短期内很可能会延缓或阻碍中国技术创新能力持续提升的进程。值得警惕的是，我国目前在一些关键核心技术上受制于人，特别是在信息网络通信、生命医疗、高端制造、先进材料、国防军工等领域有一批亟待攻克的核心科学问题和“卡脖子”技术瓶颈，部分关键元器件、零部件、原材料过度依赖进口，这正如在芯片领域面对被“卡脖子”的严峻形势，在光刻机、光刻胶、高端轴承钢等关键核心零部件和材料方面高度依赖国外进口，这已威胁到我国数字经济产业链安全乃至国家经济安全。

（5）多数领域不具备与美国科技相互制衡的能力。客观地讲，我国与美国在科技领域的差距仍很显著，尤其表现在中美相互持有专利数量的相对差距上，两者差距较小意味着中国在美持有专利数量相对较多，具有一定的制衡能力，两者差距较大则意味着不具备这种制衡能力。如在计算机技术领域，美国的专利数对中国的优势差额高达17443件，但优势倍数仅有2.6倍，说明中国在此领域积累了一定优势，但在发动机、泵、涡轮机和食品化学等领域，美国的优势倍数高达13倍以上，说明中国在此领域仍存在过度依赖美国技术的风险（见图6－7）。

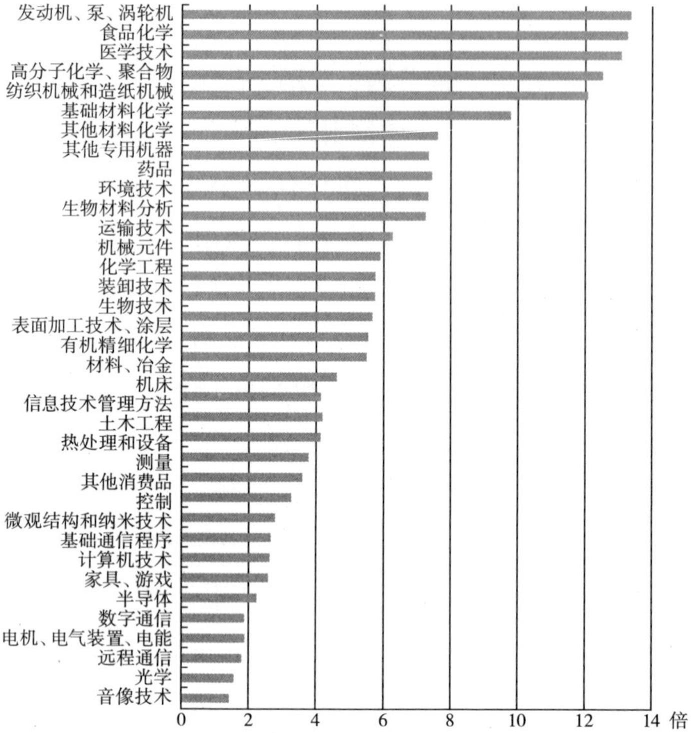

图6－7　美国对中国的分行业专利技术优势倍数

注：纵轴定义为美国优势倍数＝美国人累计获得的中国专利授权数量÷中国人累计获得的美国专利授权数量。

资料来源：石光．中美科技脱钩的可能与应对［J］．财经，2020（19）．

3. 转化发展效率有较大差距

无论是科技投入转化效率还是经济生产和资源配置效率，我国与美国、欧盟、日本、韩国等发达国家或地区的效率差距相当明显。

（1）全要素生产率相对偏低。荷兰格罗宁根大学根据佩恩表数据进行的测算显示①，2017 年我国的全要素生产率只相当于美国的不到 40%，而德国、日本、韩国分别相当于美国的 99%、75% 和 63%（见图 6－8）。全要素生产率是科技进步及其创新应用的体现，我国与发达国家仍有较大的现实差距，对此我国要加以正视并切实着力改善。

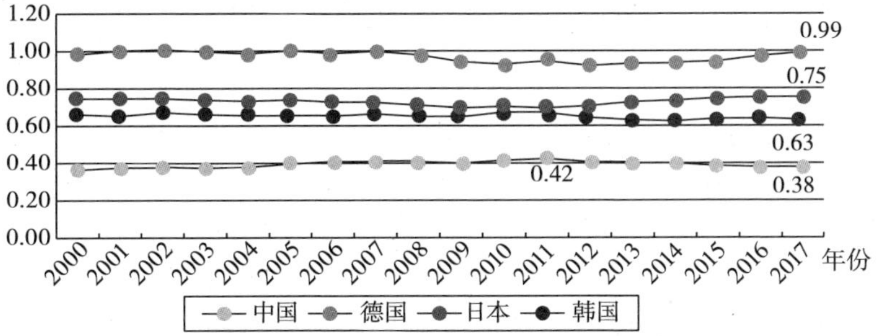

图 6－8　2000—2017 年主要国家全要素生产率变化（美国＝1）

资料来源：荷兰格罗宁根大学测算。

（2）劳动生产率相对更低。根据国际劳工组织的测算，2019 年我国劳动生产率②（按单位劳动人口 GDP 产出计算）非常低，美国的劳动生产率是中国的 7.4 倍，日本和德国是中国的 6.1 倍，韩国是中国的 3.4 倍（见图 6－9）。可见，我国在劳动生产率追赶上仍有较大的空间，特别是在挖掘人力资本潜力、提升单位劳动者的产出价值方面还需下大功夫。

（3）产业数字化程度并不高。近年来，我国依托巨大的人口规模和市场容量，在互联网商业模式上取得了较快发展，但在核心数字技术和产业数字化方面仍与美国、欧盟等差距较大，体现为产业数字化效率

① 佩恩表（Penn World Table），最初由美国宾州大学"生产、收入、价格国际比较研究中心"编制，目前由加州戴维斯分校和格罗宁根大学维护，共汇集了 167 个国家的国民经济总量、资本、劳动力、生产率等国际比较数据。

② 劳动生产率测量经济体中生产商品和服务的投入效率，该数据提供了一国之内衡量经济增长、竞争力和生活水平的标准。

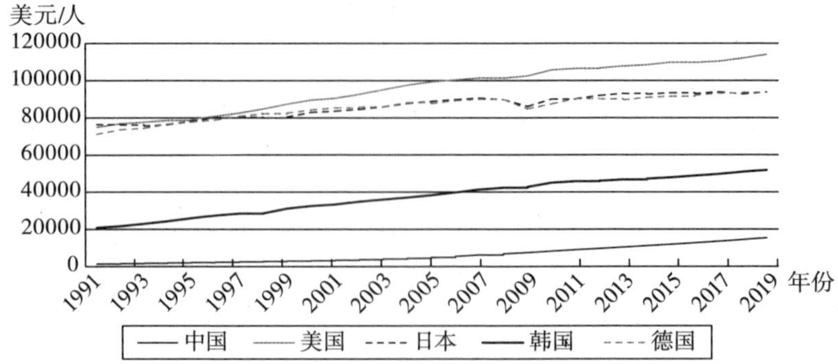

图 6-9　1991—2019 年主要国家劳动生产率变化（2010 年不变价 GDP）

资料来源：国际劳工组织测算。

并不高，特别是在工业领域尚未实施数字化的企业还比较多。更为关键的是，工业信息基础设施和制造业数字化转型的基础相对薄弱，特别是关键工业软件、底层操作系统、嵌入式芯片、开发工具等数字技术领域基本被国外垄断，现有大多数国产工业传感器与控制产品集中在中低端市场，在控制系统、平台数据采集开发工具等数字平台技术领域缺少核心专利，研发创新新技术停留在应用层面居多，涉及更深层次的系统软件、核心算法等相对较少，从而制约了产业数字化效率提升。尽管很多工业企业注重信息通信技术投入，但时常不能把其转化为效率提升驱动器，反而随技术产品的更新换代成为投资“黑洞”或负资产。

（三）分析结论

从以上差距分析看，我国新动力成长的基础尚不牢固，特别是研发投入的强度和持续性不够，投入产出重数量、轻质量的问题突出，经济生产效率、资源配置效率总体不高，特别是高端制造效率提升受到一定制约。由此，我国必须从持久战的角度加以认识，从投入、产出和效率三方面着手缩小与先进国家的差距。

1. 投入：确保持续高强度

没有投入不会有产出，没有精细化的投入，就没有高效的产出。要加快缩小与日本、德国、韩国等创新型国家的技术差距，首先要解决研发强度偏低的问题。这就要求政府优化创新投入环境，推广研发经费投入加计扣除政策并做实做新，特别是鼓励企业加大研发经费投入，逐步把研发强度提升到日本、德国、韩国等制造强国的平均水平。在持续加大研发投入的同时，还要持续优化投入的结构，把更多研发经费投入基础研究、应用基础研究上，逐步增强原创能力，久久为功，夯实基础研究和应用基础研究的根基。

2. 产出：重数量，更重质量

当技术追赶到一定阶段后，就要逐步由技术追赶转为部分技术的“并跑”和少数领域“领跑”。如前所述，当前中国新动力成长的优势主要体现在技术应用层面，部分前沿性创新较多集中于互联网、大数据、人工智能等数字技术领域，如依托大规模内需市场和完整的产业配套能力，在网络购物、电子支付、分享经济等领域发展较为迅速。但是，我国基础研究或应用基础研究较为滞后，缺少从 0 到 1 的原创性研究，其中原因有科研成果管理体制僵化等问题。尽管中国每年发表的论文数量和专利申请量位居世界前列，却很难转化为实际生产力，特别是缺少大批诺贝尔奖级的研究成果，整体原始创新根基不牢，发展后劲不足，一旦遇到“卡脖子”技术就面临捉襟见肘的窘境。因此，未来较长时期内，中国必须更加注重基础研究，营造良好的研究价值导向环境，在注重产出数量的同时，更要重视产出质量。

3. 效率：生产与制度并重

如果科技革新和制度改善无法及时催生出增长的新动力，中等收入和低收入国家增长趋同并向高收入国家收敛的可能性将会变小，二者之间将形成贫穷和富裕的“双峰”俱乐部收敛，中等收入经济体将会长期滞留在“中等收入”阶段，难以成功跨越“中等收入陷阱”。以收入差距为例，当居民收入差距扩大到一定程度之后，就会由居民消费不足而导致严重需求不足，经济增长将会失去动力。这一因素在拉美国家尤为普遍。对于中国来说，提高行业特别是制造业的生产效率已成为非常重要的课题，这意味着必须加快实施创新驱动发展战略，提升制造业生产率，推动传统制造实现产业升级，提高产业附加值和竞争力，以实现长期经济增长。要保证向创新驱动发展转变，尚需加快推动制度改革创新，以促进资源配置效率提升为目标，加快形成更加包容性的政治制度和经济制度。当前在中国经济高质量发展进程中，技术革新和制度创新两者并重显得尤为必要和重要。

三、国际借鉴

面对外部环境变化和内部生存压力，日本、德国、韩国等国家在转型升级中均遭遇过爬坡过坎的艰难抉择，特别是在新旧动能转换的青黄不接问题突出之时，即传统产业支撑的旧动能式微，而新兴产业的新动能尚未培育出来。近年来，中国正处于这种爬坡过坎的关键阶段，面临产业加速升级中的各种挑战。重新回顾梳理日本、德国、韩国等国家推动产业升级的经验，尤为重要。

（一）日本

二战后，日本通过系列经济改革和产业升级，经济得到腾飞，并率先跨越了“中等收入陷阱”。战后 50 年间，日本大致每隔 10 年就会完成一次产业升级，其间包括长达 40 年时间的美日贸易摩擦，即日本每次产业升级均非一帆风顺。从 1957 年开始一直到 20 世纪 90 年代，美国凭借政治干预手段，先后在六个不同行业对日本实施了自主出口限制，包括纺织、钢铁、家用电器、汽车制造、通信、半导体。值得一提的是，20 世纪 80 年代后期，日本的资本密集型产业升级到知识集约型产业，即转向以芯片、半导体产业为代表的电子信息产业是在极其艰难的情况下完成的。

1. 产业升级历程

1945—1955 年，日本着力实施“贸易立国”战略，在朝鲜战争的外需拉动下，基于资源禀赋比较优势及需求状况，重点发展了劳动密集型的纺织轻工业和轻型机械工业等，从一切靠进口向“出口导向型”转变。这段时期，日本经济复苏起步于纺织工业，即借用美国的资金、技术、设备和市场，启动劳动密集型纺织品制造。日本凭借强大的纺织品制造能力快速地占领了美国市场，让美国国内纺织品企业倍感压力。美国自日本进口纺织品份额由 1951 年的 17.4% 攀升至 1955 年的 60% 以上。于是，美国纺织业界对日本纺织品发起反倾销调查，就此拉开日美贸易摩擦的帷幕。为了维护美国市场，1961 年、1963 年和 1971 年美国、日本分别就纺织品贸易签订了《美日棉纺织品短期协定》《美日棉纺织品长期协议》《美日纺织品协定》，规定日本对美出口自主限制，自此日美纺织品贸易战才得以缓解。

1955—1972 年，日本实施了“国民收入倍增计划”，从出口拉动向“消费主导转型”转变，通过充实社会资本、引导产业结构高级化、促进贸易和国际经济合作、提高人力资本和振兴先进科技、缓和双重结构和确保社会稳定等举措，化解美国压力下的中低端产能过剩难题和高外贸依存度问题。日本利用纺织品出口所积累的贸易顺差，于 20 世纪 50 年代起着手推进结构调整和产业升级，即由纺织等劳动密集型产业转向钢铁、家用电器等资本密集型行业。例如，自 1951 年起，日本开始积极引进国外先进技术对钢铁业进行大规模改造，推进钢铁企业兼并重组，提升钢铁行业规模经济效益，到 1963 年时日本已攀升为世界上钢铁出口量最大国家，特别是美国自日本进口钢铁的份额从 1950 年的 5% 上升到 1968 年的 50% 以上。于是，美国不得不要求日本自主限制钢铁产品对美出口，日本被迫让步，并于 1969—1971 年实施钢铁产品对美设定最低价格的出口限制。

受国际石油危机和世界经济危机压力的影响，1973—1985 年日本实施了“技术立国”战略，从劳动、资本密集型向技术、知识密集型转型。20世纪60年代末，日本着手启动下一轮的产业升级，改变原有依赖进口廉价能源的发展方式，将产业结构向节能型、技术密集型以及高附加值型转变。20世纪70年代初期，日本不断加大科研投资力度，扶植汽车、电子、精密机械、航空、原子能等高技术制造业部门发展。当时，日本电视机技术已全面赶超美国，并以小型电视机进入美国市场而且获得了竞争优势，引发美国于1968年对日本企业开展反倾销调查，并于1977年要求日本限制对美彩电出口数量。然而，这并没有限制日本对美贸易顺差的增加。1979年，日本对美国出口额占日本对外出口总额的26%，1985年这一比例提升到37%。20世纪70年代末，石油危机促使日本研制低耗油的汽车，并以小巧低廉节油的优势快速占领美国市场。美国再次要求日本实施汽车出口限制，1981年和1995年日本和美国分别签订《美日汽车贸易协定》《美日汽车、汽车零部件协定》。当前，汽车产业仍是日本的支柱产业，但当时日本被迫对美做出让步，同意进口美国汽车及其零部件，而且自主限制汽车出口，日本采取的应对措施是由出口转为在美国投资建厂，以此获取的收益反哺企业研发投入。

受日元升值压力影响，1985年至21世纪初，日本实施了“IT立国”战略，重点从降本增效入手，培育发展信息通信产业，重点对“成本主导型”的产业实施智能化高质量改造，以提供更加价廉物美特色的强竞争力产品。在发展家电产品时，日本已着手发展半导体产业，并迅速取得对美国的制造竞争优势。日本在半导体领域的技术升级已让美国感到威胁，并使其于1985年启动对日本半导体“301调查”① 和反倾销调查。凭借持续更新的制造能力优势，1983年以后，日本对美贸易顺差维持较高速增长。1986年7月，美国与日本达成《美日半导体贸易协定》，而当时日本在全球DRAM市场占有率高达80%。随后，日

① 从1976年开始的十余年间，根据1974年出台的《美国贸易法》第301条款，美国对日本发起15次“301调查”，范围包括汽车、钢铁、半导体、制药等领域。

元升值和日美半导体协议致使日本企业不能再通过价格与国际对手竞争。这一阶段，日本的产业升级是极其艰难的，不仅在于美国的不断施压，还在于日本1989—1990年实施的紧缩政策使其泡沫经济破灭，大量日本企业面临严重的资产负债表衰退。同时，日本企业受制于终身聘用制和等级制，提升竞争力和创新能力的难度加大。为此，日本政府加大政策支持力度，引导日本企业转向系统芯片等领域。经过艰难的转型努力，日本现已在高端智能制造领域处于世界领先地位，特别是安川电机、发那科、川崎重工等日本企业在世界机器人市场已占据60%以上的市场份额。

2. **主要做法**

虽遭受美国施压和经济泡沫破灭，但日本企业能每隔10年完成一次产业升级，成功迈入高收入国家，并未因泡沫经济破灭而跌入低收入国家，其产业升级背后的主要做法值得借鉴。

（1）坚守自主创新驱动的制造业根基。从产业升级方向看，日本始终围绕制造业进行技术、工艺和生产管理等方面的改造升级，不断夯实产业发展的工业基础。即便在泡沫经济时期日本制造业占比仍保持在30%左右。日本每次制造业升级会取得更强的国际竞争优势，主要得益于其独特的自主创新体系。日本在发达国家中研发强度是最高的，近10年和近20年均值都超过了3%；且在研发经费构成中来自产业部门的比例高达七成左右。1973年之前，日本被视为战后发挥“后发优势”采用进口替代战略并取得成功的典型代表。在完成工业化之后，日本的技术创新更多地呈现的是企业自主创新而非技术引进。这并不是说日本不追求先进技术的引进，而是与日本战后经济高度成长期的内需主导型发展模式有关。日本内需主导型成长是在限制外资进入情况下出现的，政策制定者可自主对产业发展方向发挥战略性引导作用，而且创新活动主体只能是国内企业，即依托本土需求推动本土企业开展创新。鉴于有限的资金能力、较低的国内购买力和特殊的道路条件，日本丰田公司采取了与美国福特公司生产方式完全不同的精益生产方式，以多品种、小批量、零库存的方式生产日式轿车，从而重获竞争优势，并以此打开美国市场。

（2）注重技术形态稳定后的精益求精革新。日本把本国的产业升级建立在节能技术、先进制造模式和对其他国家先进技术吸收创新之上，总体取得了良好效果，已成为世界上公认的追赶型经济体产业升级的典型代表。在颠覆性技术出现后，通常技术进步步入稳定的发展轨道，此时工序革新成为技术革新的主要形态。日本企业就是抓住这一特点，发挥其擅长工序革新的比较优势，通过“干中学”逐步积累实践，努力将生产能力转化为技术能力。例如，日本索尼公司在导入源于西屋电器半导体技术之后，通过对生产工序的持续改进，将半导体技术应用对象从对价格不敏感的军队等公共部门扩展到对价格敏感的民用领域。尽管日本并不是每项技术的原创方，但通过与技术原创方的合作，日本在技术革新方面取得了很好的成效，如 PCT 专利申请量，日本始终保持在高水平状态（见图 6－10），而且几乎每年都有诺贝尔奖获得者。

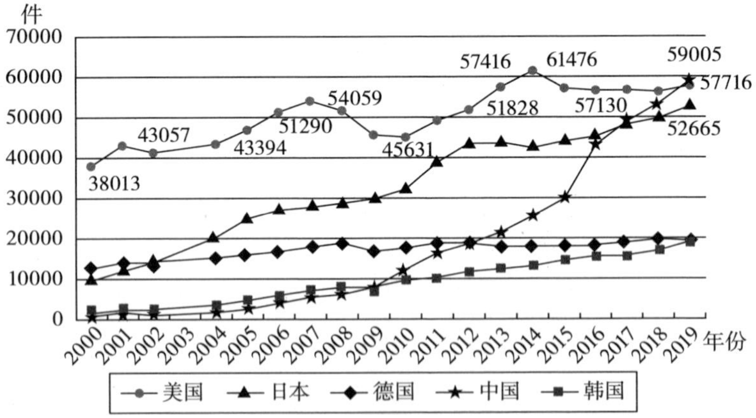

图 6－10　2000—2019 年主要国家 PCT 专利申请量情况

资料来源：世界银行。

（3）适时调整并发挥好产业政策的引导作用。在产业升级中，日本突出的一个特点是适时调整产业政策。日本政府强调制定与客观环境相适应、能够对产业升级起到积极推动作用的政策措施，突出政府在产业发展方向上的计划与指导，对有发展潜力和战略意义的行业加大扶持力度以促进其迅速发展，并从技术层面上增强产业政策的实际效果。例如，日本充分发挥节能措施对缓解资源环境约束的作用，坚持推行一系列精细化的资源替代和节约措施，引导钢铁、化工等重化工行业转型升级，朝着节能环保的绿色化方向发展。再如，日本积极使用ICT技术优化生产制造流程，大力发展智能制造等先进制造模式，引导汽车等制造商广泛采取智能制造技术，注重推进工业化与信息化、制造业与服务业等深度融合发展。此外，日本政府还积极营造法治化的市场环境，为促进产业升级提供公平、公正、公开的市场环境。

3. 重要启示

当前，中国制造业同样面临转型升级的压力，既有外压也有内压。从日本产业升级经验中得到的启示是，要妥善处理好外压和内压的关系，坚定走自主开放创新的发展道路。

（1）强调内需主导的产业升级思路。促进中国制造业转型升级，研发创新先进制造技术，要及时转向国内大循环引导的发展模式，充分利用国内大市场引领产业升级，持续保持强大的生产制造能力，适时淘汰并减少不合时宜的低端过剩产能。

（2）处理好技术引进与自主开发的关系。作为技术追赶者，中国要注重在引进颠覆性原创技术基础上吸收改进创新或局部改良革新，即合理合规利用人类一切先进的技术成果，在引进消化吸收的基础上实现再创新，加快缩小与发达国家技术前沿的差距，避免陷入“低端锁定”[①]，同时更要强调创新活动的自主性，加大推进部分领域原创性开发力度，及早摆脱对 一些“卡脖子”关键技术的依赖。

---

① 所谓“低端锁定”，是指在国际产业转移中，输出国的企业把持产业价值链的高端环节，而输入国相关企业主要从事价值链低端环节的工作，且难以向高端延伸的格局。

（3）利用内外部压力倒逼企业加速创新。20世纪70—80年代，在经济、能源、环境等危机倒逼下，日本政府引导企业适时调整原有生产模式，敦促其向节能、技术密集型或知识密集型及高附加值型方向转变。当前，中国正在努力践行新发展理念，绿色发展就是其中非常关键的特征，借助加强环境督察和生态整治的机会，通过设定合理的环境标准，加速倒逼行业企业转型升级，促使企业推进新一轮绿色转型，增强应对出口产品绿色壁垒的能力，提升出口产品复杂度和竞争力。

（4）更好地发挥产业政策的扶持作用。为更好地发挥好政府搭台唱戏的积极作用，日本政府适时调整产业政策，及时表明政策指向性和阶段性特点，不断完善有利于技术创新的制度环境。中国应借鉴日本的经验做法，因地制宜和因时而动地调整产业政策方向，采取更合规的政策措施，由政府部门主导或牵头搭建各种公共服务平台、信息汇聚和交流平台，引导内需市场形成正向的创新激励机制，推动经济和产业形态向更高阶段迈进，创建官产学研深度融合的技术创新体系，致力于满足经济社会各领域发展质量和效率的现实所需。

（5）重视教育投入培养接续的人力资本。产业升级和研发创新归根结底是要有不同的人才协作推动。20世纪50—70年代，为了让劳动力更加稳定并培养熟练工以提高生产效率，日本企业普遍采取终身雇佣制和年工序列工资制。在推动技术创新过程中，日本企业非常重视对全员的职业教育培训，倡导工匠精神和实干精神，确立人在管理过程中的主导地位，充分调动人的积极性、主动性和创造性。当前，我国已致力于建设创新型国家，需要有效对接市场急需的创新型、应用型人才队伍，着力培养面向大数据、人工智能、生命科学等新兴产业的科研人才、技能人才，以适应构建现代产业体系和建设创新型国家的目标要求。

（二）德国

二战后，德国经济发展经历多轮次转型，实施科学务实的政策措施，始终把住“制造立国”的方向，在制造业方面始终保持先进性，并利用现代技术及时推进产业转型，逐步由最初的工业 1.0 升级为当前的工业 4.0，而且其制造技术演进仍在持续。由此形成的制造竞争力，使得其在 2008 年国际金融危机及随后发酵的欧债危机的冲击下仍能安然度过并屹立不倒。

1. 产业升级历程

二战后，美国推行的马歇尔计划解决了德国经济的启动资金难题，而 1950 年朝鲜战争爆发后，美国及其盟国修改了对德国的工业和技术限制政策，特别是德法关系的缓和促使欧洲经济一体化加快。1945 年到 20 世纪 70 年代，德国建立和巩固了“社会市场经济”模式[①]（又称第三条道路、莱茵模式），由粗放型增长向集约型增长转型。在此背景下，德国紧紧抓住第三次科技革命的历史机遇，运用现代技术赋能制造业，汽车、电子、化工等制造业对经济增长的贡献度持续攀升，而传统的钢铁、煤炭采掘等资源型行业贡献度下降。

20 世纪 70 年代至 90 年代中期，德国从一般制造为主转向以计算机、信息技术等高新技术产业为主。为追赶美国电子信息和集成电路产业发展，德国政府先后制定了《制造技术 2000 年框架方案》《德国 21 世纪信息社会行动计划》等政策措施，旨在通过发展 ICT 技术提高制造业科技含量。2013 年 4 月，德国推出《德国工业 4.0 战略》，重点研究生产智能化，同时提出“促进创新网络计划”和“主题研发计划”，通过将市场企业和国家公共研究机构组合成“产学研”联合体，促进技术和产业转移。

20 世纪 90 年代末至今，为了应对能源、资源约束和生产率下降的挑战，德国着力引导产业向循环经济、绿色经济、智能经济转型发展。为此，德国还把产业升级方向重点放在发展可再生能源领域和新能源发

① 社会市场经济模式注重将市场经济和社会利益相结合，实现市场自由竞争和国民福利有机结合。

展领域。

2. **主要做法**

发达国家中，德国的对外贸易依存度是较高的。尽管如此，德国制成品却很少遭遇反倾销调查，其中原因在于德国非常重视出口产品品质的差异性，即生产出口与其他国家互补且难以被替代的工业设备等制成品，这一点与美国、英国等国家的去工业化做法不同。

（1）高度重视制造业的高质量发展。德国非常重视制造业在国家发展中的地位，并未随美国、英国等发达国家加速去工业化，而是不断夯实在制造业领域的优势地位。德国长期坚持在战略高度上发展制造业，逐步形成了由大型企业和中小企业共同支撑的强大制造业体系和若干制造业集群①，尤其是德国中小企业在某个细分领域具有很强市场竞争力。世界银行的数据显示，1950—2011 年，德国出口额占世界出口总额比重均值为 10.2%，其中 2009 年德国出口依存度曾高达 45.7%；德国高技术制成品出口占比维持在相对较高水平。据经合组织（OECD）统计，1991—2009 年，德国制造业（就业人口）占 GDP（就业总人口）比重均值为 23%（21.8%），而同期日本、英国、法国和美国分别为 21.4%（19.3%）、17.3%（13.8%）、15%（15.1%）和 15%（12.1%）。

（2）注重推进产业基础高级化发展。在推进制造业转型升级中，德国设立了许多工业研究联合体，充分发挥原有产业链优势地位，通过持续研发创新提高产品性能和品质，保持出口产品竞争力。例如，德国并未像其他国家那样抛弃传统纺织业，而是通过不断研发创新提高纺织品的科技含量，从而在基础材料领域走在世界前列，现已成为防火服材料、飞机和轮船制造业所需材料、透气性良好的运动服材料以及防辐射

---

① 如鲁尔区是高科技和服务中心，慕尼黑与斯图加特大区专注于高科技和汽车，莱茵—内卡地区的化学工业领先，法兰克福是金融中心，科隆、汉堡是航运、空客飞机制造以及媒体中心等。

材料等高科技纺织品领域的领先者。除了将原有制造业务由低端向高端转移外，德国还推进传统制造业的产业链延伸和拓展，即通过解决传统制造业发展瓶颈问题，转型发展到相关技术或知识密集型行业，拓展到价值链的中高端环节。为解决环境污染问题和推动绿色发展，从钢铁、金属冶炼等传统制造业绿色改造需求出发，德国延伸发展技术密集型节能环保产业，培育有竞争力的清洁生产和节能环保产业。举例来说，德国蒂森钢铁公司配合汽车客户的需要研发出主要用于汽车车身结构部件和底盘的高锰钢，这种钢材可以有效减少汽车燃料消耗及增加新车抗冲击能力。

（3）设立促进制造业技术更新的制度架构。德国重视科技创新对培育制造业竞争优势的支撑作用，为此制定了一整套研发投入、成果转化、知识产权保护、技术标准、产学研合作等的制度，以更有效地激励企业实现自主创新。尽管德国研发经费投入占 GDP 的比重只有 3% 左右，但其中 90% 的科研经费是由企业自主投入的，尤其是德国装备制造业每年研发经费投入占行业销售额的 5% 以上。德国还积极鼓励中小企业参与尖端技术研发工作，而且支持其十几年如一日地专注于具体细分产品，由此培育出 1200 多家“隐形冠军”，分别占据全球同类产品市场份额的 60% ~80%。例如，德国伍尔特公司虽只生产螺丝、螺母等连接件产品，却在全球 80 个多家和地区有 294 个销售网点。

（4）坚持追求制成品的精准品质。德国着力把高品质和高标准作为塑造“德国制造”① 竞争力的关键。德国企业普遍执行严格的技术标准、质量标准，对残次品或有问题的技术实施零容忍政策。20 世纪 70 年代，德国就在汉堡建成并运行了磁悬浮铁路，但因有人提出可能产生放射性问题就一直论证而没有推广。由于在制造领域追求精益求精，德国逐步形成机械机器制造、汽车制造、电器电子工业以及化学工业等四

① 比如，德国诺沃泰克公司直线位移传感器的线性精度可达万分之一，分辨率高于 0.01 毫米，其内部的导电塑料电阻及多指贵金属电刷可保证 1 亿次以上的寿命。

大支柱制造产业，在这些领域有很多技术标准已成为全球通用标准。

（5）重视职业教育对先进制造的支撑作用。德国高度重视职业教育，为此制定了《职业技术培训法》，规定青年人必须参加技术培训，企业有义务为青年工人提供技术培训的岗位。德国优质的高等教育和独特的二元制教育体系为德国源源不断地输送训练有素的工程师和熟练的技术工人。德国政府在教育和科研上不断加大投入，不断提供用于面向未来的职业教育和再就业培训等财政资金支持。

3. **重要启示**

与美国、英国等国家相比，德国没有产生严重的产业空心化，主要在于其固守发展制造业的根基，几十年不断加大对先进制造技术的投入，而是善用现代信息技术等手段，引领制造业持续向价值链高端提升，营造配合激励企业创新的制度环境，建立固本培元的职业教育体系。“德国制造”仍是高品质制造中的代名词。中国产业升级离不开工业基础和现代技术的融合支持，而德国产业升级的做法带给我们较多的启示。

（1）加快推进制造业高质量发展。重视实体经济发展，就不能把经济结构调整和优化方向简单地认为提高服务业所占比重，而是充分吸收新技术用于传统制造业改造，推动传统制造业高端化发展，如充分利用现代信息技术、节能环保技术等引导制造业智能化、绿色化发展，提升产品科技含量，延伸产业链条，拓展新兴产业发展空间。

（2）高度重视工业基础能力的提升。除了高度重视品牌培育和促进技术进步外，德国推进制造业转型升级的经验是夯实工业基础并着力推动产业链基础高级化，特别是在基础材料、基础元器件、基础软件等领域下功夫精益求精，突破制约产业升级的关键基础领域，包括精密机床、深加工产品及配套技术支持服务等。借鉴德国这一经验做法，中国在产业政策中要有效引导制造企业推动工业基础高级化，共同研发关系到长远发展的关键共性技术，全面提升工业基础能力。

（3）培育一大批具有竞争力的“隐形冠军”企业。德国经验表明，培育有竞争力的中小企业发展是支撑强大制造能力的基石。中国正在致力于形成具有强有力的产业集群，亟须围绕大企业大集团培育一批规模效益型、科技创新型、持续成长型的“小巨人”企业群体。

（4）加快形成稳定的高技能人才队伍。德国经验表明，德国制造业高品质和精细度依赖于稳定的高级技能工人，而这又依赖于一整套高水平的中高等职业教育和再培训制度。中国要确保高质量制造业行稳致远，需要加快推进校企合作，建设一批产教融合的示范实训基地和就业训练中心，持续不断培育一批适应未来先进制造业发展的高技能人才队伍。

（三）韩国

朝鲜战争后，韩国产业发展基础相当薄弱。20 世纪 60—70 年代，韩国把握住历史发展的契机，因地制宜地制定产业政策，适时稳健地推行产业结构调整和优化升级，在工业化起步阶段采取了优先发展轻纺工业和重化工业的发展思路，随后在政府强有力的政策引导下发展汽车、电子和半导体制造业，成功摆脱“低端锁定”，成为世界上重要的工业化国家之一。

1. 产业升级历程

20 世纪 70 年代，韩国创造了“汉江奇迹”，当时主要依靠出口导向型经济，但此后韩国就开始了由劳动密集型产业向资本密集型产业升级的阶段。从 20 世纪 60 年代中期开始，韩国汽车产业取得快速发展，到 1975 年其国产化率达到 95%，成为全球为数不多的拥有汽车自主创新能力的国家之一。从 20 世纪 70 年代初起步，韩国钢铁产业现已成为第五大钢铁制造国。从 20 世纪 70 年代生产技术含量低的电脑电源、键盘、监视器、引进半导体封装生产线开始，韩国半导体产业多项产品现已在全球市场份额中位居前列，成为仅次于美国和日本的第三大半导体强国。

20 世纪 80 年代，随着出口导向型经济面临外部压力，韩国将产业技术开发作为产业政策的重要内容。当时，韩国政府意识到如不重视技术开发，出口竞争力下滑就在所难免，必须加快推动产业升级，引导企业在市场竞争条件下开展创新活动。为此，韩国废除针对特定产业的法案，采取更能促进创新竞争的扶持政策，引导企业投资从轻工业和成熟产业转向技术密集型的重工业。例如，1986 年韩国制定了“面向 21 世纪的科学技术发展长期计划”，加大技术开发投资，使研究开发费占 GDP 的比重达到 2% 左右；同年出台科技发展 15 年规划，明确提出将技术开发的主体由政府逐步转到企业，同时政府提供税收、金融等优惠政策，分担企业技术开发风险；制定颁布“提高产业技术五年计划”（1989—1993 年），而且还设立了由总统直接管理的科技开发最高审议机构“技术振兴审议会”，落实促进产业技术开发的具体措施。

20 世纪 90 年代后期，为了尽快摆脱“亚洲金融危机”阴影，韩国进一步实施“科技立国”战略，加大对高等教育和高技术产业的投资力度，提升企业研发强度，带动产业结构高级化，将高科技产业投资占 GDP 比重提升至 5% ~6%，赶上和超过了西方发达国家水平，使知识、信息技术密集型产业成为韩国 21 世纪的主导产业。

2. **主要做法**

在产业结构转型升级动力机制中，韩国的产业政策和扶持大企业集团的做法发挥了极其重要的作用。韩国政府通过强有力的政策引导，支持企业集团提升研发强度，不断提高劳动者素质和劳动生产率。

（1）把产业升级视为国家重大战略。20 世纪 80 年代之前，韩国早期追赶主要依靠国家指导性计划主导市场经济发展，其产业政策直接由政府部门做出并执行，而且有明确的国家计划和优惠政策。韩国通过对造船、汽车和信息通信等重点产业的倾力扶持，帮助其实现了人均国民收入突破 2 万亿美元和贸易规模突破 1 万亿美元的目标。20 世纪 80 年代之后，韩国仍把强化政府引导和调控作为推动产业升级的关键环节，制定“韩国科技发展长期计划”等促进产业升级的相关规划或行动计划，重点支持相关企业顺应产业发展趋势要求，积极向美欧日等先进国家学习技术和经营管理，并给予产业发展各种奖励措施支持发展，包括设立投资基金，以优惠利率提供大型投资所需资金，快速使其产业产品在国际市场中占据领先地位。

（2）高度重视扶持大型企业集团。为了克服国内市场规模较小问题，自20世纪70年代起，韩国政府重点扶持大型企业集团，主导推行的大企业集团化战略，提供财政、信贷、贸易等优惠支持，甚至包括允许一些企业实施垄断经营，促使韩国消费品工业、汽车制造业、造船业、电子信息产业等行业短时期内成为世界领先，促使韩国制造渐渐成为“性价比”的标志。20世纪70年代中后期，韩国有一半以上的政府贷款以政策贷款方式用于扶持大企业集团的做大做强。这一做法的好处是减少了资本分散性和不节约性，提高了资本集中度和产品出口竞争力，使得企业在承接产业转移过程中能有效自创品牌、突破技术瓶颈，以更快的速度推动产业升级。韩国的三星、现代、SK、LG和KT（韩国电信）等大企业集团创造的产值在韩国国民经济中所占比重超过60%。不可否认的是，这种做法容易形成垄断财阀，发展后期会引致效率下降、遏制市场经济健康发展。

（3）发挥后发国家“技术跃迁”的优势。在技术追赶上，韩国获取先发国家先进技术或前端工艺，通过依靠扶持大企业集团开展技术引进、消化吸收和再创新，从而加快实现“技术跃迁”。例如，韩国半导体行业DRAM技术追赶被公认为赶超或跨越的成功案例。由于半导体产业需要高密度的研发投入和规模制造，而韩国政府全力引导企业和研究机构专攻半导体产业的计算机存储技术，从而利用“技术跃迁”的后发优势，成功追赶进入国际芯片市场。

3. 重要启示

由于国内市场较为狭小，韩国政府充分利用后发优势，集中有限资源依托大型企业集团实施产业升级战略，其中政府产业政策发挥着极其重要的作用，不断创造包括基础设施和开放环境在内的有利条件，有效地引导大型企业集团不断引进先进技术，走消化吸收再创新的产业升级之路。

（1）加大对重点产业升级政策引导和设施支撑。在促进特定产业升级过程中，韩国不仅制定了相关产业发展规划，如《造船工业长期发展计划》《钢铁工业育成法》《汽车工业育成计划》《半导体芯片保护法》《电子产业技术发展战略》《21 世纪电子发展规划》等，引导产业发展的方向，还制定了产业扶持政策，如财税、金融、用地、技术投资等优惠政策，重点引导优势产业做大做强，提升产品出口竞争力。20 世纪 60 年代初，韩国就开始大力改善交通、港口、通信、仓储等“软硬件设施”，优先发展理工科教育和职业教育，培养合格的高素质劳动者，搭建引导企业创新发展的公共服务平台，包括着力构建以企业为主体、产学研互动的技术支撑平台，营造支持企业发展的软硬件环境，对检验检测、公共技术研发等公共服务平台在资金、场地、装备等方面给予配套支持。由此带来的启示是，中国应继续创造条件积极承接国际产业转移，加大对重点优势产业的政策支持，加强创新型基础设施投入，合规按需制定有利于投资、创业和创新的用地、税收和融资等政策措施，营造良好的产业发展环境。

（2）制定技术创新战略促进技术转型。韩国经验表明，韩国发展大企业集团化战略离不开对科技创新的支持，特别是在工业基础较为薄弱的情况下，更需从国家层面制定法规政策引导企业主动创新。如从 20 世纪 60 年代开始，韩国就颁布了《韩国科学技术研究所扶持法》《技术开发促进法》《科学家教育法》《技术评估法》《科学技术振兴法》《科学技术革新特别法》《科学技术基本法》等多部法律法规，以此振兴科技，帮助企业加快科技创新。而且，韩国非常注重制定技术发展战略，并对企业技术研发行为提供激励，引导有限的资金、技术和人力等创新资源向特定企业集聚，鼓励其选择以市场为导向的技术路线，如对于企业的研发费用给予 50% ~90% 的无偿援助，以低息政策贷款为企业开发项目提供资金保障。韩国通过系列技术追赶和产业扶持计划，加快培育一批具有创新能力和国际竞争力的产业集群和龙头企业群体，缩小与世界领先企业的技术差距，引导企业快速迈入世界一流创新企业行列，发挥其在产业升级中的示范引领作用。由此带来的启示是，据实际情况建立以突破核心技术为导向的政策体系，适当实施产业组织政策提高行业集中度，通过制定技术创新发展计划和实施国家品牌计划，鼓励和引导更多大中小企业参与研发创新和培育自主品牌，培养大批量的科技人才、营销人才和管理人才等。

（3）持续走技术引进消化吸收再创新路径。承接日本、美国等国家产业转移时，韩国非常注重学习先进技术，在与跨国企业合作中积累产业经验，获得成熟的生产技术和设备等物化技术，通过对先进技术引进和消化吸收，特别是引导企业通过逆向工程对国外产品进行分析，然后进行模仿和再创新，逐步掌握更多根植于大脑和身体中难以系统编辑的非物化技术诀窍，从而为提升自主化技术水平提供坚实支撑，逐步推动国内产业从代工制造（OEM）到代工设计（ODM）再到原创性制造的转型升级。以纺织技术为例，韩国从日本、美国承接轻纺工业后并积极获取相应先进技术，仅在 1962—1966 年，就分别从美国和日本获得 20 余项轻纺工业技术。又如，韩国大宇汽车从日本尼桑进口部件组装蓝鸟轿车，现代汽车与美国福特公司合作组装小客车，三星电子为三洋代工电视机、为 GE 代工微波炉等。由此带来的启示是，在加强知识产权保护的同时，更应采取有效措施支持企业走“引进—消化吸收—再创新”的技术路线，在国际市场上购买成熟的技术和品牌，积极发展工业设计等生产性服务业，积极承接生产性服务外包，依靠开拓国内外市场不断推动技术进步，引导产业加速升级。

四、政策建议

“十四五”时期，我国应充分认识到在创新投入、产出和效率等方面存在不足，加快新动力成长，需要发挥市场在资源配置中的决定性作用，坚持深化供给侧结构性改革，设计科学合理的体制机制并落实相应的政策举措，实现由要素投入、规模扩张等工具所带来的旧动能驱动的粗放型增长方式，转向由要素升级、技术进步、结构优化、消费升级等集约型增长方式，全面提升经济发展质量和效益。建议培育的重点是以聚焦攻关先进制造技术为切入点，通过持续高强度科技研发投入，提升关键技术的产出质量；通过新技术改造革新，推进产业转型升级；通过加大要素市场化改革力度，推动资源有效配置，全面提升中国制造在国际的竞争力、影响力和品质美誉度。

（一）推进以科技创新为核心的技术创新体系建设

“十四五”时期，新一轮科技革命和产业变革正深刻地影响着世界经济与政治格局。我国应抓住新技术革命机遇，落实创新驱动发展战略，围绕“三新”经济，推进以科技创新为核心的技术创新体系建设，针对我国基础研究薄弱、关键技术不足、创新基础不牢等问题，打通基础研究、应用基础研究和应用研究的科技创新链条，持续加大科创投入，通过人事、财税、金融等激励政策，促进科技成果转化，转化为生产力。

1. 持续加大科创研发投入，改善研发投入结构

持续提高研发经费占 GDP 比重。加快实施创新驱动发展战略，尽快把研发强度提高到 2.5% 以上水平，把中央财政科技经费投入占 GDP 比重提升 1% 以上。进一步向美国、日本、韩国和德国研发强度水平看齐，同时进一步提高企业研发经费支出占比。借鉴美国等发达国家资本市场的成熟经验，培育并完善种子基金、天使基金等创新创业投资市场环境。持续加大对光刻机、高速芯片、高端电容电阻、ITO 靶材、高端

轴承钢、燃料电池关键材料、操作系统等关键核心技术的科创投入。

加快提升基础研究投入占比。“三新”经济的发展是建立在基础研究的转换基础上的。加快改善研发投入结构，集中优势资源补短板，从总量上加大基础研发投入，进一步提高基础研究经费投入占比，解决研发结构原创性研发不足问题。建议未来五年内将基础研究投入占研发经费的比重从5%左右提升到与发达国家相当的10%～15%的水平，重点开展前瞻性基础研究、引领性原创成果重大突破。进一步改善基础研究投入主体结构，提高地方政府和企业基础性研发投入比例。

完善国家重点实验室投入机制。进一步完善国家重点实验室经费多元化投入制度，促进与企业合作共建共享开展基础研究和应用基础研究。盘活科技资源库存，探索建立健全与国际接轨的激励机制，更好地服务国家发展需要。

2. 促进科技成果转化，提升创新产出水平

加强产业技术开发研究，优化基础研究向应用研究转化机制。调动科研人员积极性，提升专利质量，提高发明专利占比，探索建立技术经理人制度，推进产业技术开发应用研究；进一步完善各类科创中心、孵化基地、加速器的培育机制，继续搭建并优化各类产业技术转化平台；借鉴德国弗朗恩霍夫研究所等创立的技术转移经验和模式，改革现有事业性研究机构，加快培育一批产业技术转移机构，进一步完善技术开发利用的制度与机制。

改善知识产权收益结构，提升发明专利产业化水平。借鉴美国的《拜杜法案》，建立新时代具有中国特色的科学技术与市场间的“转换人”机制，充分调动科研机构（投资人）、发明人（专利所有人）、中介人（牵线人）、科技企业（转换人）的四方积极性，促进科研机构搭平台聚资源、发明人一心搞科研、中介人牵线搭桥、科技企业积极孵化的良好局面形成，加速科研成果转化和产业化。

持续加强知识产权保护工作，切实保护各类市场主体合法权益。加快制定完善各类知识产权标准，重罚严惩各类侵权违法行为，一视同仁保护各类市场主体合法权益；积极推进知识产权法律条款的修改进程，大幅提高违法成本；继续提升知识产权审查质量和效率，加快专利审查、商标注册智能化系统建设。

3. 优化创新激励机制，发挥科研人员和企业的创新积极性

支持企业攻关核心技术，完善科研激励机制。通过政府采购、税收减免等方式，支持科技龙头企业和大型国有企业开展科技创新活动；引导并支持科技龙头企业和大型国有企业对相关科研人员开展股权、绩效激励，提高科研人员科研动力。建立科研人员激励机制，通过个税减免、子女就学、人才公寓、落户等不同方式，鼓励企业引进和培养高科技人才。

发挥资本赋能作用，优化产权激励措施。充分发挥政府引导基金的引领作用，与各类风险资本、私募股权基金紧密结合，正确发挥母基金的放大效用；对标美国纳斯达克，完善科创板、创业板等机制，激活企业全流程创新链条，尽快形成产业技术转化投资退出机制。

推动“科学家 + 企业家”创新创业合作。进一步加强产学研深度结合，把高校和科研院所的创新力量释放到企业中去，完善“科学家 + 企业家”的创新创业新模式；探索设立具有国际水准的国家级科教特区，完善知识、技术、数据、管理等创新要素参与利益分配的激励机制，探索赋予科研人员职务科技成果所有权或长期使用权，促进各类科研成果转移转化应用，及时动态地引导创新资源向创新型企业集聚；充分发挥企业家精神，构建以企业为主体、市场为导向、产学研深度融合的科技创新体系。

（二）促进传统产业升级和新产业培育，加快构建现代产业体系

坚持供给侧结构性改革为主线，立足以国内大循环为主体、国内国际双循环相互促进的新发展格局，加快新旧动能转换，适时淘汰落后产

能，推进产业转型升级，加快培育新兴产业，构建现代产业体系。

1. 分类施策“去产能”，合理有效处置“僵尸企业”

分类施策“去产能”。巩固“去产能”，继续建立并完善市场化法治化机制。坚持对不同所有制企业一视同仁，在“去产能”过程中注意保护企业的合法权益。继续针对煤炭、钢铁、水泥、玻璃、电解铝等不同产业，分类施策，统筹安全、环保、能耗、质量、用地、产业政策和产能置换等政策体系，合理采取行政化目标体系、市场化机制和环保手段，稳步推进传统过剩产业“去产能”。针对集成电路等新兴产业，要统筹并加强产业发展引导，防止高水平产能过剩。

合理、有效加大力度处置“僵尸企业”。依托国内大循环形成的新需求，制定合理合规的产业政策，促进落后产能市场出清。避免行政化“一刀切”的方式“去产能”，强化市场功能，区分把握和准确识别“僵尸企业”，实践中注意区分遇到暂时困难的企业和“僵尸企业”，对于认定的“僵尸企业”，督促各级政府，加大处置力度，强化市场功能，加快市场出清，谨防继续向“僵尸企业”输血，坚决拔掉“输液管”和“呼吸机”。分类施策，采取破产关闭、债转股、资产收购和置换等不同方式，妥善处置“僵尸企业”的债务、人员安置等难题，消除社会与经济发展隐患。

2. 提升发展标准，推动产业链集群发展

坚持数字技术驱动，促进产业竞争力提升。适时提升企业用地、用能、环保和数字标准，推动企业采用更高水平的数字化、智能化、集成化的技术手段提质增效，促进企业专注于主业经营并向产业链纵深延伸，使其加快形成专精特新能力，全面提升在全球产业链、价值链中的位势。奠定现代化产业基础，加快打造具有国际竞争力的先进制造业集群，形成生物医药、集成电路、智能制造、新能源新材料等一批前沿产业集聚带。

推动企业优化生产工艺，提升产品标准。使用先进技术和装备，对工艺、流程进行系统化改造，优化提升技术工艺，大力发展工业互联网，推进工业化与信息化深度融合，实现制造业与服务业深度融合，显著降低生产成本和减轻劳动强度，显著提高生产效率、产品质量和安全环保水平。通过科技创新、管理提升、绩效控制，努力把产品做到极致，向产业价值“微笑曲线”两端延伸，提升产品复杂度和企业盈利能力。

3. 加快现代化产业的“引资补链”，推动产业转型升级

加快现代化产业的“引资补链”，打造具有国际竞争力的产业链集群。利用疫情后全球价值链、供应链和创新链的调整机会，构建现代化产业集群。升级价值链，针对重点区域产业链短板和弱项“补链扩链”，围绕新一轮更高水平开放，建立内外一体、优势互补产业布局，提升国内战略产业基础能力和产业链水平。打通供应链，保持产业链集群各类要素优化配置和顺畅流通，统筹解决重点企业和产业链配套企业的需求，形成多渠道全产业链配套体系。积极打造创新链，激励市场主体转换产业链发展动能，发挥核心城市创新策源地功能，增强城市群科技创新实力，促进跨境电商业务发展，推动构建电商新零售与跨国采购结合、线上线下结合、境内境外结合的服务贸易产业链。

加快推动产品更新换代和产业转型升级。以新一代信息技术、高端装备、新能源新材料、现代海洋、医养健康等战略性新兴产业为重点，着力投资和发展人工智能、5G、量子信息科学和其他可能影响未来国家安全和经济增长的关键新兴技术，推动互联网、大数据、人工智能和实体经济深度融合，支持企业推动产品更新换代和产业持续升级。将产业结构升级和消费结构升级相结合，实现产业和消费双升级，供给和需求平衡发展；把传统产业的转型提升和新兴产业培育结合起来，以服务型制造促进产业中高端发展，以技术赋能、平台增值，推动服务业扩量提质，提升产品的附加值。

（三）创造良好的市场环境，培育产业龙头企业

在产业链集群建设过程中，以夯实产业基础能力为根本，培育产业创新链上的龙头企业，促进产业基础高级化和产业链现代化提升，提高专精特新企业创新能力，全力推动创新型企业迈向产业中高端，在全球产业链价值链中占据重要位置。

1. 持续完善公平竞争的市场机制

强化竞争政策的基础性地位。依据“竞争中性”的原则，在要素获取、准入许可、经营运行、政府采购与招投标等方面，对各类所有制企业平等对待，促进创新型民营企业健康发展；主动对接国际准则，加强对新制定法律法规和政策的公平竞争的审查，健全以公平为核心的产权保护制度，继续推进赋予科技人员科技成果所有权的改革。

持续打造一流的营商环境。继续对标世界一流营商标准，加快政府职能转变，深化“放管服”改革，持续优化营商环境，破除制约民营企业参与市场竞争的障碍或隐性壁垒，进一步完善中小微企业保护和支持体系，依法平等保护民营企业产权和企业家人身财产合法权益。尊重企业家精神和工匠精神，依法依规构建亲清政商关系，建立规范有效的政企沟通机制和政府诚信履约机制。

健全市场监管法规体系，做到依法行政。组织市场监管部门牵头，梳理并调整与市场经济相适应的法律法规，做到“有法可依”；依法界定部门职责，厘清法定权限和程序，确保“有法必依”；加强法律对监管权力监督，保证“违法必究”；坚持政府“法定职责必须为”“法无授权不可为”，保障企业“法无禁止皆可为”，做到依法行政。

2. 形成扩大内需导向的政策体系

加快形成市场驱动的科技创新发展。制定产业扶持、优惠融资、良好的营商环境等政策举措，支持科创企业聚焦主业，联合政府、高校、科研院所共建新型研发机构，发挥由市场驱动的企业主体能动性，准确

把握未来科技变革方向，挖掘联合攻关、合作创新应用的潜力，在一些优势领域领跑全球行业技术发展，深度参与国际竞争合作。

加快形成国内国际双循环相互促进机制。畅通国内经济活动的自我循环机制。通过出口转内销、调整产业结构等，打通供给与需求的良性循环；保障居民就业、强化社会保障体系，保持增长与民生的良性循环；通过金融体系让利实体经济，保持经济与金融的良性循环。建立国内供给需求双升级机制。运用改革的方法打通经济运行的难点、堵点，破除机制桎梏和利益藩篱，在供需两端同步启动“内循环”的自我强化；加快数字化转型，发挥数字经济对于供求双升级的赋能作用。维护中国与全球价值链的多元联动机制。积极推动“一带一路”建设，率先在新兴领域推进人民币国际化；加速扩大高水平对外开放。

3. 促进资本市场赋能机制的进一步完善

进一步完善多层次资本市场体系。坚持以注册制改革为核心，以“科创板”和“创业板”为抓手，持续完善信息披露为主和上市退市等基础性制度建设，提高上市公司质量，建设有活力、有韧性的资本市场。把中小企业和创新企业发展作为资本市场发展的基石，全面推动地方资本市场服务体系和全国性证券市场服务体系无缝衔接。

发挥资本市场多重赋能作用。从提高全社会资本要素配置效率的角度出发，重点以证券化资本市场为核心牵引力，推动全社会资本要素优化配置，积极以证券化的资本市场带动非证券化的资本市场，推动资本市场服务整体下沉，强化多层次资本市场对企业发展的多重赋能作用。

引导更多中长期资金入市。推动资本市场健康发展，引导包括养老金、企业年金、社保基金等更多中长期资金入市，利用资本市场机制提高资金使用效率，构建良性循环的资产生发器；引导资本市场有效支持科技创新发展，鼓励和支持上市公司现金分红，完善投资者保护制度，吸引更多中长期资金参与。

（四）强化教育的基础性作用，不断积累人力资本

培育新动力成长，实施创新驱动发展战略，离不开人力资本的支撑，“三新”经济的发展也赋予了人力资本更加重大的意义和任务，需要培养管理和数字技术的复合型人才。

1. 进一步加大公共教育投入力度

进一步提高劳动者素质，提高公共教育支出占比。加大对基础教育经费投入力度，尽快将学前教育纳入公共服务范围，将义务教育拓展到高中阶段；深入推动产教融合、校企合作，培养社会所需的高技能工程师人才；加大对落后地区人力资本投资倾斜力度，促进义务教育均衡发展，办好特殊教育和网络教育，让所有公民享有公平而高质量的教育服务。

2. 高质量发展职业教育

因地制宜发展职业教育。结合各地经济发展实际和特点，优化职业教育资源配置，加大现代职业教育体系的建设力度，满足人民日益增长的多样化职业教育需求，依托优势产业基础，调整优化专业结构，培养相应的高技能人才，依据当地企业人才需求状况，完善相应办学设施。

创新职业教育办学体制模式。积极支持各类办学主体通过独资、合资、合作等形式办学，深化“校企合作、工学结合”，面向企业教学，联手名企，开展互利合作，推动公办和民办职业教育共同发展，探索建立职业学校委托管理和购买服务的人才培养机制。

3. 加大人力健康资本投入

增加公共健康领域人力资本投入。进一步提高医疗卫生总费用占GDP比重，优化城乡人居环境，改善人民健康状况，提升人力健康标准；科学制定加班补偿制度和带薪休假制度，引导企业注重员工身心健康投资，鼓励科研人员增加健康运动，摒弃996的加班文化，实施结果导向的绩效管理，减少低效的“磨洋工”，通过增加健康投资积累人力

资本，提高科研人员投入产出比，持续获取人力资本红利。

加强公共卫生与防疫人才培养和基础科研工作。鼓励“双一流”大学设立高质量公共卫生学院；财政部设立专项资金支持建设公共卫生学院，快速培养一批既懂得公共卫生又懂得系统防疫、应急响应的医卫队伍；集中力量建立公共卫生与防疫研究实验室体系，吸引国际组织和人才参与科技攻关计划，开展公共卫生领域前沿研究工作。

第七章 美国科技创新的经验做法及启示

美国仍是当今经济最发达的国家。在过去的100多年里，尽管美国也经历了多轮的经济衰退，但都能通过政策调整，较快地重启新一轮的发展。我国经济总量已雄踞世界第二，正面临跨越中等收入陷阱关键节点。即将进入的“十四五”是我国实现第一个百年奋斗目标之后，乘势而上开启全面建设社会主义现代化国家新征程、向第二个百年奋斗目标进军的第一个五年。在这一关键节点和阶段，深入研究美国培育新动能的经验，助力我国高质量发展，具有很强的现实意义。

一、科技创新是形成新动能的主要源泉

美国于19世纪末、20世纪初相继超越英国、中国，成为世界第一大经济体，并持续至今。第二次世界大战后，美国经济总产值一度占到世界的55%以上，此后这一比重持续下行，到2019年美国经济占全球比例下降到25%左右，但仍维持了世界第一大经济体的地位。

长期以来，科技创新为美国经济提供了持续增长的动力。根据索洛等的测算，1909—1949年的30年间，科技进步对美国经济增长的贡献率达到51%。20世纪50年代以来，美国科技创新与经济运行保持了高度的一致性。当发展到关键时期，科技创新就成为美国实现经济重振的决定性力量。

（一）大萧条及二战前后，美国政府逐步成为科技发展的主要投入者

二战以前，美国已形成了以市场竞争机制为基础、以企业为主体的

科技创新体系。1930—1940 年，美国工业企业研究与发展（R&D）经费投入占到全社会总投入的 60% 以上，政府投入只占 15% 左右，而且政府投入主要集中于应用领域。1929—1933 年的大萧条时期，美国政府总预算中用于 R&D 经费从 1930 年的 2% 以上急剧降到 1935 年的 1% 以下。危机中上台的罗斯福总统实施“罗斯福新政”，重新定义了政府在经济和社会活动中的角色，推动政府在科技创新中发挥更加积极的作用，促使政府和工业企业科技经费投入大幅回升。

二战永久地改变了美国研发体系和科技政策，从根本上把美国推到最强大科技创新国家并长期保持领先地位。1941 年 7 月，罗斯福总统成立了科学研究与发展局（OSRD），通过合同方式，将政府巨额科技经费大量注入企业和科研机构，形成了一个联结政府、企业、科研机构的创新网络体系，实现了美国科技创新系统化发展。1945 年 7 月，美国发布《科学：无尽的前沿》报告，提出把发展科技作为美国战后建设的核心任务，把大学作为最重要的基础研究机构，政府应着力科技创新成果应用和人才培养，政府科研投入应交由科学家而不是官员管理。此后很长时期，美国政府成为科技发展的主要投入者和支持者。政府 R&D 经费占比由 1940 年的 18% 上升至 1945 年的 83%，1953—1978 年，美国 R&D 费用的一半来自政府部门，资金支持范围覆盖从基础研究到应用研究和科技前沿领域。

（二）里根政府将鼓励私人和私营企业参与科技创新作为应对经济滞胀的政策核心

经历低通胀、高增长的黄金时代后，20 世纪 70 年代美国经济增长动能疲弱，发展陷入滞胀时期。美国科技创新优势受到来自欧洲和日本的挑战。美国开始对二战后政府主导的科技创新政策进行反思，认为政府投入过多，过多投向了军工和国防，超过了自身经济能力，对经济社会支持不足。1981 年开始，里根政府以供给学派为主要理论指导，放松管制以激发企业和市场活力，将鼓励私人和私营企业参与科技创新作为政策核心，而政府创造良好的制度环境，同时推进产学研一体化和科技成果转化应用，把政府资金投入重点转向高技术产业和基础研究中具有潜在经济价值的研究。里根政府的这一做法适应了时代发展要求，助力美国成功抓住了新一轮技术革命和新兴工业蓬勃发展的机遇，着力实现产业结构优化及增长方式转变。

（三）克林顿政府时期，政府大幅增加科技创新投入

20 世纪 90 年代初期，美国在科技创新领域日益受到欧洲、日本和“亚洲四小龙”的挑战。在新凯恩斯主义理论的指导下，1992 年克林顿政府开始力推科技自主创新战略，引导政府更多地介入科技创新活动。一是实施国家科技创新战略，制定系列重大科技计划，重点突破信息技术、新能源技术等。二是加强创新体系建设，加快新技术产业化步伐。三是调整科技创新方向，将政府投入更多用于基础研究和民用技术。四是继续强化企业科技创新主体地位，提升中小企业在科技创新中的作用。在战略性新兴产业和现代服务业推动下，美国创造了经济发展的“黄金十年”。截至 2000 年 2 月，美国经济增长周期超过 106 个月，成为自 1854 年以来美国经济史上最长增长周期。1991—2000 年，美国经济年均增长率高达 3.2%，占世界经济比重从 24% 增加到 30%。

（四）奥巴马政府重新规划了科技创新战略布局及制造业回流计划

2009 年，奥巴马政府开始提出“再工业化”战略方针，制定制造业发展规划，以及《国家纳米技术计划》《材料基因组计划》等多项专项规划，组织实施医学、清洁能源、信息通信、空间技术等重大专项，以突破前沿领域关键技术。奥巴马政府分别于 2009 年、2011 年、2015 年连续发布三版《美国创新战略》，将加强基础研究作为创新发展的基石，以发挥企业的市场主体作用为根本，力图在若干重大领域实现新突破，以保持美国科技领先地位，为经济发展提供强劲持久动力。美国高

度重视基础研究，政府投入中基础研究投入长期占到研发预算的20%以上，还将大量政府资金投入基础教育、基础设施、尖端技术等领域，加大对具有潜力成为未来工业，并可能产生变革性影响领域的投资。

奥巴马政府同时强调私营企业在创新中的主体地位，通过制定法案、保护知识产权、简化行政审批、加大税收优惠等政策手段，创造良好的创新环境，并将人才培养作为科技创新战略基础，实施科学、技术、工程和数学（STEM）教育计划等重大专项，加大对高技能人才的培养力度，吸引全球科技人才。2009—2015年，美国经济年均增长率达到2.2%，到2016年时美国国家创新能力已跃居全球第4位。

（五）特朗普政府以来，更加强调运用市场机制提升科技创新能力

2017年特朗普政府调整了奥巴马时期的科技创新战略，更加强调运用市场机制提升科技创新能力，弱化政府作用。特朗普政府制定的《减税与就业法案》清晰地展示了通过减税鼓励企业增加研发支出的政策目标，特别是削减了政府在基础研究和应用研究上的投入，大幅收缩国际创新合作项目，限制国外人才流入。然而，面对新冠肺炎疫情，特朗普政府出台专门法案，为科研机构提供额外的研发资金支持，加强官产学研协作，力推COVID-19高性能计算联盟，加快研发应对病毒的疫苗等科技。

二、科技创新政策体现出有效市场和有为政府的结合

每到重要发展关口，美国政府就加强科技创新导向的投入，发挥科技创新对培育新动能的积极而又关键的作用。从施策方向看，起初，美国政府加大科研投入，培育领先技术，随后政府调整科技创新制度，引导企业成为科技创新主体，政府资金投入重点转向技术基础和环境建设、人才培养等方面。

（一）政府积极作为，适时调整科技创新政策着力点

在美国经济发展的关键节点上，美国政府都积极作为，制定有针对性的科技创新战略，实施科技振兴专项规划，调整政府投入方向，有力地推动了国家科技进步、经济社会发展。罗斯福政府时期，政府提高对科技发展的投入强度，率先在诸多领域取得科技领先地位，引导美国成为科技创新强国。里根政府时期，政府鼓励私人和私营企业参与科技创新战略，激发创业者和投资者的冒险精神，推动产业结构及增长方式的成功转型，助力美国走出滞胀。克林顿政府力推科技自主创新战略，创造了经济发展的“黄金十年”。奥巴马政府时期，政府重构创新体系架构，助力美国经济复苏。

（二）发挥市场机制，引导企业加大科技创新力度

科技创新市场化、大众化是美国科技实力经久不衰的重要原因。罗斯福政府对政府投入资金的运用充分采用了市场化的方式，即以委托合同方式，将巨额科技经费注入企业和科研机构，供其使用而非政府自己使用。里根政府之后，历届美国政府都把企业确立为科技创新的主体。即便是克林顿政府和奥巴马政府时期，政府不断加大对科技创新的投入，但企业尤其是私营企业（和个人）仍始终是科技创新的主体。

（三）培养创新人才，强化官产学研协作

美国政府非常注重创新型人才培养和引进，尊重人才在科技创新中的主导权。例如，《科学：无尽的前沿》报告就要求由科学家而不是官员来管理科研经费。奥巴马政府实施科技人才战略，将人才培养作为科技创新的战略基础，制定了“福布莱特计划”，出台并修订了《移民法》等移民政策措施，大力吸引全球人才。美国政府还注重产学研用协作。二战以后美国科技创新就迈入系统化发展阶段，打破了过去的政府、企业、科研机构之间相对割裂的局面。罗斯福时期建立了联结政府、企业、科研机构的创新网络体系。里根时期推进产学研一体化，推

动科技成果转化应用。克林顿政府加强创新体系建设，加快技术的产业化步伐。奥巴马构筑新的创新体系架构。政产学研协作，充分有效地利用了政府资金，促进了科技创新成果的产业化、市场化。

（四）完善制度保障，创造良好的科技创新环境

自“罗斯福新政”以来，美国政府就高度重视通过制定法律法案保障科技创新成果。此后，美国逐步建立了较为完善的科技创新法律体系，打造了有利于激发创新活力的市场环境，充分调动了企业、科研院所和个人创新创业的积极性，提高了国家科技创新实力。

三、形成新动能有赖于政府治理能力的支撑

政府治理能力的不断提高是美国的另一个重要经验。政府不断协调政治与经济关系，建立市场经济体系，支持社会创新建设，促进形成持续的经济新动能。研究美国经济发展历程的一个重要经验是，在不同阶段针对不同问题，采取了灵活、适度的宏观政策手段。

大萧条之后，罗斯福推行的以政府积极介入、刺激需求的凯恩斯宏观经济政策，将美国经济拉出泥潭，并在20世纪60年代达到顶峰。进入70年代，美国进入高通胀与经济衰退并存的滞胀时代。凯恩斯主义失灵，供给学派崛起。供给学派认为，经济的进步“始终依赖于供给者创造能力”，必须把有效需求创造出来。里根政府通过实施减税、压缩政府开支、控制货币发行、减少政府管制等供给管理政策，实现了美国经济持续增长。里根政府经济政策的核心是建立良好的激励机制和充分运用市场手段。税收的本质是将财富在政府与企业、个人之间进行重新分配。在市场经济条件下，企业和个人是财富创造的主体，政府发挥了财富分配的作用。减税是将财富和资源更多地留给企业和个人，以激励其创造的热情，刺激生产。减缓和稳住货币增长速度，促使通货膨胀率下降，可有效减缓企业和个人资产缩水幅度，反过来也有利于鼓励生

产。减少政府管制和平衡预算体现的都是要让市场发挥更大的作用。

罗斯福政府和里根政府采取的经济政策思路截然相反，但都培育出了推动美国经济长达数十年的新动能。这反映出，新动能的形成发展和面对的问题、内外环境密切相关，不同的发展环境和条件，形成新动能的方法和形式大不同，要采取灵活、适度的宏观政策手段。

四、对当前中国培育新动能的启示

“十四五”将开启我国全面建设社会主义现代化国家的新征程。进入这一新发展阶段，深入贯彻新发展理念，加快构建新发展格局，要求深入吸取历史和国际经验，不断培育和壮大经济新动能，实现发展调速不减势、量增质更优。

（一）加快建立和完善国家创新体系

坚持创新在现代化建设全局中的核心地位，把科技自主自强作为国家发展的战略支撑。大力推动科技管理体制和人才管理制度改革，加快完善企业主导的技术创新体制，强化优化创新服务机制等，推动国家创新体系不断完善。一是坚持把科技创新摆在突出位置。持续高强度加大科技创新投入，夯实企业作为科技创新主体的基础地位，建立以企业为主体的国家创新体系。二是构建吸引全球人才参与的创新链。推进科技人才管理体制改革，全面落实国有企业、高校、科研院所等企事业单位和社会组织的用人自主权；建立与国际规则接轨的人才培养和引进政策体系；完善人才创新创业激励机制建设，促进官产学研一体化。三是制定新兴产业培育计划。加大对具有潜力成为未来工业并可能产生变革性影响领域的投资，强化政策扶持，实施先进产业集群培育计划。

（二）加快要素市场化改革

要素市场化改革是深化供给侧结构性改革、解决制约全局深层次矛盾的重要突破口，对于转变发展方式、优化经济结构、转换增长动力具有重要意义。改革土地出让制度，将土地管理计划从指令性计划改为指导性计划，建立充分竞争的市场交易制度，充分释放土地要素活力。改革投融资体制，对各类固定资产投资活动真正做到放开、放活、放权，从根本上改善投资预期，提高投资规模和水平。改革金融体制，提升金融服务实体经济能力。改善营商环境，激发企业创造的热情。

（三）健全宏观调控制度体系，改善宏观调控效力

宏观调控应更聚焦于经济发展全局，以保持宏观经济稳定，防范和化解经济的剧烈波动为主要目标，建立科学的宏观调控决策机制，完善以间接调控为主的政策工具体系。宏观调控不应拘泥一种或几种理论学说，要针对具体实体，灵活适度、突出实效，为我国经济平稳高效运行创造良好的宏观环境。

（四）营造激发创新的制度环境

加快建立以平等为核心的现代产权制度，依法保护各类所有制知识产权，清理修订不利于科技创新的法律法规，废除地方保护、市场分割、限制公平竞争等政策壁垒。加快突破空域管理、数字产权确权等长期困扰创新发展的机制障碍，推动形成包容审慎的适应性监管体系。

第八章

德国培育新动能的经验做法及启示

德国经济奇迹的核心要义是工业经济持续而稳定的发展。无论是过去传统要素投入的经济增长模式，还是目前统领欧盟发展的经济领袖，还是未来以智能化、数字化为特征的新一轮科技革命和产业变革，德国在不同的发展阶段，都通过国家扶持或企业投入的技术变革手段，在制造业领域培育产业发展新动能。无论是站在哪个时间节点来看，都体现了德国在社会市场经济模式的体系框架之下，通过自由竞争的市场机制和必要的国家调节的手段，大力推进传统产业改造和新兴产业培育相结合的政策举措，实现新旧动能转换。

一、社会市场经济模式

德国二战后经济起飞，除了美国马歇尔计划以及世界经济的整体复苏之外，根本原因在于其内生的社会市场经济模式，可以说，当代以“德国制造”为代表的工业经济发展成就，其渊源就在于理论与实践不断发展的社会市场经济模式。2019 年 11 月 29 日，德国联邦经济与能源部发布的《国家工业战略 2030》明确提出：“德国的高度繁荣得益于已确立为世界上最成功的经济模式：社会市场经济。”

（一）理论指导：欧肯创立的德国弗莱堡学派的秩序自由主义

德国社会市场经济产生的理论根源在于秩序自由主义（Ordoliberalismus）。秩序自由主义思想由瓦尔特·欧肯（Walter Eucken）和弗兰茨·伯姆（Franz Boehm）所代表的弗莱堡学派建立并倡导。该学派的主要观点是以自由竞争和价格自动均衡为机制，主张政府适当干预经济，为企业创造自由竞争的环境，这种观点既不同于亚当·斯密的自由放任，也不同于凯恩斯国家干预主张。

秩序自由的基本原则。弗莱堡学派关于秩序自由的基本原则包含有效价格机制、币值稳定、市场开放、私有产权、契约自由、财产责任保证和经济政策的前后一致性等七项原则。

秩序自由的思想体系。市场经济是由国家干预和维护的一种文化秩序，而不应是一种自然秩序；需要一个个人利益之上的强力国家，这个国家规定个人和国家的自由活动范围；强调自由竞争，这种自由竞争要以能有序运转为前提，国家的干预行为应符合市场自身规律，干预是为了市场的自调体系运转更为有效；国家的干预行为应该包含两个方面：一是国家的竞争、金融、信贷、货币、社会保障、就业等政策；二是保障市场正常运转的法律体系。

德国社会市场经济范畴首先由德国学者阿尔弗雷特·米勒—阿尔马克（Alfred Muller－Armack）在《经济调控与市场经济》（1947）一书中提出，其体制框架是由路德维希·艾哈德（Ludwig Erhard）在担任二战后英美占领区经济委员会经济管理局局长期间在德国建立起来的，他倡导并实施的经济政策摒弃了自由放任的经济发展模式，也拒绝了国家决定一切的管制经济模式。其基本思想是市场效率与社会认同和社会利益平衡相结合，具体包含：在市场经济过程中国家需要建立并维护市场竞争秩序的职能，明确市场活动的框架和条件，通过反限制竞争调节经济过程，尽可能放弃对价格和工资形成的直接干预，通过增进消费者机会、促进技术进步和创新、重视按绩效分配收入和利润的方式使市场中的各种力量自由发挥作用。

（二）艾哈德的德国社会市场经济实践

艾哈德[①]被任命为战后联邦德国首任经济和劳工部长，推行他的德国社会市场经济模式的实践，后被称为联邦德国经济奇迹之父。艾哈德的社会市场经济的基本原理就是“市场自由”同“社会平衡”的统一，通过市场对经济过程进行基本协调，实现市场、国家和社会三者的有机结合和统一。

艾哈德的德国社会市场经济实践具体包括以下内容：

（1）避免阶层分化，实现共同富裕的“三位一体”目标：生产率和生产量的大幅度提高、名义工资的大幅度增长、低廉而稳定的物价水平。

（2）完成“三位一体”必须依靠自由竞争的市场机制的作用。让所有劳动人民能从提高生产力中得到日益增多的工资，这是通过竞争来有效地促进繁荣这一信念的内在组成部分。

（3）自由竞争的市场机制要辅之以必要的国家调节。国家的作用不是直接参与经济活动，而是为市场经济的运行创造良好的环境，最重要的在于确保两个稳定：稳定货币、稳定物价。通货的稳定是基本人权之一。

（4）限制竞争的威胁主要来自两个方面：个人权力过大和垄断。

（5）减轻赋税压力是全体公民乃至整个经济的合理需求，要达到这个目的，必须把政府的开支限制在合理的水平上，财政赤字红线保持

① 艾哈德属于广义上的弗莱堡学派的秩序自由主义者，他在二战后德国经济和社会重建的不同主张辩论过程中，以无党派人士身份主张以新自由主义为基础的社会市场经济模式解决德国的经济社会重建问题。而当时的社民党（SPD）主张以政府干预和调控为主的社会主义计划经济，要求对当时的主要企业实行国有化，基民盟（CDU）在“阿伦纲领”（Ahlener Programm）中也提出了所谓“基督教社会主义”的纲领，认为“对经济实行计划和控制……从长远来看是极为必要的”。后来艾哈德的社会市场经济模式得到了基民盟主席阿登纳（Konrad Adenauer）的认可，基民盟在1949年的“杜塞尔多夫总则”中指出“社会市场经济是一种向每个自由人提供最佳经济益处和社会平等的经济制度”。艾哈德被任命为战后联邦德国首任经济和劳工部长，推行他的德国社会市场经济模式的实践，因此被称为联邦德国经济奇迹之父。

在3%。

（6）为了大众的福利，需要建立以劳资合作为前提的劳资共同决策机制，建立医疗保险、养老保险、失业救济、文化和教育鼓励等一套完整的社会福利制度，但有效的社会福利政策必须以不断增长的国民收入为前提，不能允许工资的增加超过劳动生产率的增长幅度，否则会产生通货膨胀。

二、德国产业升级和结构调整的历程

德国是二战后利用最短时间发展成为世界经济强国的国家。受1998 年东南亚金融危机的影响，很多国家的经济都出现了动荡不安的局面，而德国企业却在 20 世纪 90 年代末继续保持着蓬勃向上的势头。2009 年的欧债危机爆发以后，德国经济下滑了 4.7%，失业率也上升为7.7%。但是 2010 年德国经济就开始增长，在同期欧洲其他国家的失业率都很高的市场状况下，2018—2019 年每月登记的失业率维持在4.8% ~5.8%的水平，在发达经济体中表现优异，究其原因，除了其较为稳定的经济发展环境之外，政府和企业的产业结构调整和升级方面的创新是一个决定性的因素。

（一）新动能培育 1.0

20 世纪50 年代至60 年代，是德国工业快速发展时期，新动能培育表现为：能源经济和重工业促进了战后德国经济的快速恢复。这一时期第一产业比重不断下降，第二产业比重不断上升。1970 年，德国三次产业比重分别为 3.9%、57.6%、38.7%。第二产业在国内生产总值中的比重已经大大超过了第一产业和第三产业的产值之和，达到最高值。在此阶段，以二战后大规模内需为主导的恢复性建设，为能源工业、钢铁工业、建筑业、机械工业、化学工业和汽车工业的发展提供了巨大的市场需求，成为德国当时的支柱产业，表现出了对国民生产总值的巨大贡献及对其他产业的迅速带动作用。1950—1970 年联邦德国的工业品销售额数据表明，汽车工业、机械工业、化学工业、原材料工业产品的增长率呈现绝对上升趋势，这 20 年中平均每年增长率分别为 13.5%、12.3%、10.4% 和 10.3%。

（二）新动能培育 2.0

20 世纪 70 年代至 80 年代，由于德国经济的快速发展，德国劳动力价格逐渐上升，成本劣势逐渐凸显，劳动密集型制造业大量向外转移，使得国内经济产业结构开始发生改变。新动能培育表现为：对传统产业进行自动化技术升级与电子等前沿产业的培育。20 世纪 70 年代以后，德国重点发展电子工业和生物技术。1975 年，第三产业比重达到 49.4%，第二产业比重为 47.7%，第三产业在国民生产总值中的比重开始超越第二产业，成为占比最高的产业。到 1980 年，德国三大产业比重分别为 2.2%、44.8%、53%，第三产业比重不仅超越了第二产业，而且超越了第一产业和第二产业比重之和。

这一时期，德国采取了相应的产业政策，对制造业的结构调整进行了干预。对于钢铁、煤炭、造船、纺织等“收缩部门”和“停滞部门”，进行“有秩序的适应”，严格控制财政补助金，压缩生产、人员和设备，例如，1975—1987 年，德国的钢铁工业出现了大量生产过剩，开始陷入危机，德国政府通过对钢铁业发放投资津贴的方式，对经济转型的社会冲击实行“减震”的“适应性”措施。1986 年，德国政府出台了《煤矿改造法》，规定由政府向购买废弃矿土地者提供低息贷款，对老工业基地的改造起到了极大的促进作用。对于农业、采煤等有战略需求的部门采取“有目的的保存”，通过调整整顿，将该部门最重要的实力保存下来；对于电子、核电站、航空航天等新兴工业进行“有远见的塑形”。此外，政府还大力推广汽车、纺织等产业的自动化生产技术，制造业产能利用率从 1982 年的 75% 左右提高到了 1989 年的近 90%，德国的干预产业政策取得了一定成效。

（三）新动能培育3.0

20世纪90年代至2008年金融危机之前，德国开始了以发展新经济产业为核心的跨世纪产业结构调整。新动能培育表现为：发展新产业经济，维持德国制造业在德国经济结构中的支柱地位。德国采取了相应的产业政策，对制造业的过快下降进行了政府干预，2001年，德国三次产业比值为0.98∶28.86∶70.16，但是到了2005年，这一比值为0.96∶30.43∶68.61，第二产业比重略有上升，第三产业比重略有下降，德国的干预产业政策取得了一定成效。

产业领域方面，德国重点发展以微电子技术、机械—电子技术、光—电子（复合）技术、生物技术、宇航、海洋开发及新能源、新材料等为标志的新兴产业。这些当时的新产业经济已经成为德国现代经济体系中的核心产业。微电子技术的主要应用领域是汽车、机械制造、信息、通信技术等，这些领域的出口占德国出口一半以上的份额，从而使微电子技术成为德国新兴的支柱产业。20世纪90年代中期以后，为了缩小与日、美等国家在信息技术方面的差距，德国加大对计算机和信息技术的投入力度。

（四）新动能培育4.0

德国为了应对21世纪国际科技及产业的发展新趋势，夯实并发展其制造业强国的竞争优势，持续推动制造业领域新兴产业的发展，分别于2006年、2010年和2014年出台了三个版本的国家高技术战略。其中，2006年版的《国家高技术战略》面向2010年的发展提出了产学研联合攻关的安全研究、健康与医学、环境技术、信息与通信、航空航天、车辆交通与技术、微系统技术、纳米技术、生物技术和材料技术等17个重点领域的发展任务；2010年版的《国家高技术战略2020》则面向2020年的市场需求提出了气候和能源、健康和营养、交通、安全及信息通信等五大领域的规划和部署；2014年德国政府通过的“创新为德国”新高科技战略确定了数字化经济和社会、可持续发展及能源、创新的工作天地、健康生活、智能交通、民生安全等六方面科研和创新的优先主题。

三、德国新动能培育的新趋势

高科技战略是塑造德国创新体系和提高创新能力的重要措施，也是影响德国产业发展的核心。“工业 4.0”和德国国家工业战略 2030 作为德国高科技战略以及产业发展的重要组成部分，是德国引领新的产业变革的关键政策。

（一）德国“工业 4.0”战略的新动能培育

作为德国《国家高技术战略 2020》战略的一部分，2013 年 4 月，在德国工程院和西门子、博世等公司的推动下，德国正式推出德国“工业 4.0 战略”，努力推动信息技术和传统技术深度融合，促进制造业智能化、网络化、自动化发展，进一步提升德国在未来全球制造业版图中的地位，凸显德国制造的优势，描绘德国新兴产业发展的蓝图。

1. 德国“工业 4.0”战略在国际互联网行业面临的发展劣势

2016 年之后，德国工业 4.0 战略发展面临国际环境和技术变革所带来的新动能培育的必要性和紧迫性。创新对德国的经济增长和社会发展至关重要，德国经济的国际竞争力和成就主要归功于创新驱动，德国在汽车、机械制造、化工以及电气技术方面依旧保持世界领先地位。但随着互联网经济的迅猛发展，德国企业在尖端技术以及数字化方面的劣势开始显现出来。因此，对内德国需要尽快实现产业升级，促进数字技术等新兴行业的发展，尽快摆脱“路径依赖”的负面效应；对外又要同时面对美国等发达国家和以中国为代表的新兴国家在国际市场上的竞争。

根据德国研究与创新专家委员会（EFI）的报告，德国陷入了一个

“能力陷阱”（competence trap），即在已有优势产业不断吸引研发投资和优秀科研人员的同时，新出现的产业并没有获得充分的发展，有时还会失去优秀人才，形成了路径依赖的“锁定效应”。图 8－1 是德国大型企业与国际平台级的高科技企业在最近五年来业绩情况的比较，可以看出，不管是从营业收入、盈利情况，还是从雇员数量以及市值方面来比较，德国经济界的领头羊都远远落后于新兴的、以数字技术和互联网技术为基础的国际企业。

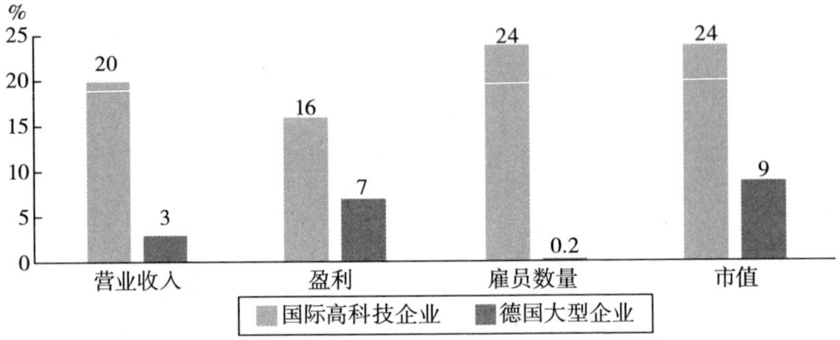

图 8－1　德国大型企业与国际高科技企业的营业情况比较
（2012 年到 2016 年年均增长率）

注：国际高科技企业包括：谷歌、亚马逊、苹果、脸书、腾讯；德国企业包括：巴斯夫（BASF）、拜耳（Bayern）、戴姆勒（Daimler）、汉高（Henkel）、西门子（Siemens）。

资料来源：BMWi. Digitale Plattformen und deutsche Industrieunternehmen im Fünf－Jahres－Vergleich［EB/OL］. http：//www. bmwi. de/Redaktion/DE/Infografiken/Digitale－Welt/weissbuch－02. html。

2. “工业 4. 0”战略进一步通过创新驱动促进新旧动能转换

在经济结构亟待革新的背景下，2017 年以来，德国在“工业 4. 0”的实施上又有了新的进展。

（1）德国政府重新整合了专业资源，增加科技投入。2013 年成立的“工业 4. 0”合作平台（Plattform Industrie 4. 0），已经成为世界上最大，也是最成功的推进制造业企业数字化转型的平台之一，成为连接德国政府决策层、商界、学界、工会等行为者的桥梁，同时促进了德国

“工业4.0”方面的国际合作。在制定和推进高科技战略，特别是“工业4.0”战略方面，德国政府重新整合了专业资源，确立了以高科技平台（Hightech Forum）、创新对话机制（Innovationsdialog）和德国研究与创新专家委员会为基础的三大专家咨询机构。其中，德国研究与创新专家委员会和创新对话机制成立时间较早，分别成立于2006年和2008年，而高科技平台则是德国政府最新成立的专家机构。创新对话机制依托于德国国家科学与工程院（Acatech），是一个联邦政府（联邦总理、经济部长、教育和研究部长）与商界和学界的对话平台。德国研究与创新专家委员会则由六位在科研和创新政策方面顶尖的德国学者组成，侧重于创新政策的分析和评估。德国高科技战略之前提出的3%的目标，在2015年已经实现。德国研究与创新专家委员会和高科技平台均提出建议，到2025年这一比例应达到3.5%。这一建议很快受到政府的重视，德国联邦教育和研究部部长万卡（Johanna Wanka）在2017年3月表示，政府将努力在2025年实现3.5%的目标。

（2）数字要素投入及优化为“工业4.0”的“铺设管道”。数字化“工业4.0”是数字议程的核心之一，数字化是实现“工业4.0”的基础条件，只有数字化进程得到推进，未来生产网络才能得以建立，所以数字化可以看作是为“工业4.0”“铺设管道”。2014年，德国政府就提出了“数字议程2014—2017”（Digitale Agenda 2014－2017），这是德国数字化政策具有里程碑意义的一项措施，可以算是数字化进程中的纲领性文件。截至2018年，已经有超过200亿件机器设备通过网络连接了起来，预计到2030年这一数字将达到5000亿，因此数字化和网络化将是经济增长的关键推动力。而数字经济不仅是一个重要的经济领域和技术领域，还意味着商业模式以及整个社会的变革，同时，不仅是企业需要实现数字化，劳动市场、消费者的购物方式和生活方式也要实现数字化。

（二）德国《国家工业战略2030》加大国家对经济的干预力度

在德国传统制造业优势流失、新兴创新行业后继乏力的情况下，推动经济政策调整、发挥政府经济作用已成为德国各界的共识。

2019年2月和11月，德国联邦经济与能源部公布德国《国家工业战略2030》首次系统性地提出具有明显保护主义倾向的产业政策设想，认为德国当前主要面临三大挑战：一是颠覆性技术威胁其经济可持续发展；二是缺乏大规模企业参与全球竞争；三是竞争成本升高增加德国企业国际竞争压力。明确提出了未来10年德国工业发展的目标，要求增强并扩大德国制造业在欧洲和全球范围内的经济技术实力、竞争力和领先地位。德国联邦经济与能源部提出巩固工业在德国国民经济中的核心地位、加强国家对经济事务干预、推动德/欧产业政策改革等一系列建议，呈现对内加大扶持力度、放松监管，对外加强戒备、划清界限的特点。主要内容包括以下几个方面：

（1）明确重点方向，把制造业作为培育新动能的重中之重。明确提出了未来10年德国工业发展的目标，要求增强并扩大德国制造业在欧洲和全球范围内的经济技术实力、竞争力和领先地位。

（2）将传统产业改造与新兴产业培育有机结合。主要发达国家非常注重将传统产业改造与新兴产业培育有机结合。根据德国《国家工业战略2030》提出的钢铁、铜和铝产业，化工产业，机械工程和工厂建设，汽车产业，光学产业，医疗设备产业，绿色技术产业，武器装备，航空产业和增材制造（3D打印）等10大重点领域中有4项是传统产业，6项属于新兴产业。这些都是德国已经或仍处于领先地位的关键工业领域，也是德国制造走向未来的基石。

（3）在社会市场经济框架之下，进一步加大扶持力度，强化产业政策的适度干预。第一，提高第二产业的占比。相关文件提到，德国需要将第二产业的占比提高到25%（目前23%），而欧盟需要在2030年将其提高到20%。第二，进一步强化区域（德国及欧盟）闭环工业增值链是非常重要的。相关文件提到如果增值链的所有部分从基本材料的生产到加工，再到分配、服务、研究和开发，都存在于一个经济地区，那么各个环节将更具竞争力。必须对目前大量外包而出现的价值链缺失予以警惕和修补。

（4）政策聚焦发力，更加重视工业冠军企业培育和生态环境营造。德国《国家工业战略2030》明确提出要培养“国家工业冠军”，期望在人工智能、自动驾驶等战略性领域，通过国家支持再造类似空中客车一样的全球领先企业。在德国《国家工业战略2030》发布后不久，德国联合法国一起发布了《面向二十一世纪欧洲工业政策之法德宣言》，强调通过制定欧洲技术融资战略，确保金融市场支持工业创新，满足初创公司和创新技术公司的资本需求。实施“先进研究探路者计划”，推动欧洲在医疗、能源、气候、安全和数字技术领域的突破性创新，确保氢、低碳工业流程、智能医疗与网络安全等颠覆性技术涌现，并成为人工智能技术的世界领导者。

四、德国培育新动能的经验

国际金融危机之后欧盟内部的希腊、西班牙等国又发生了主权债务危机，但德国经济则依靠其强大的制造业而引领着欧盟的经济发展，没有发生所谓的产业空心化，也就不存在实体经济发展困境的现象。德国健康而持续的经济发展的根本原因就在于以制造业为核心的实体经济，无论是制造业产业发展，还是制造业的产业政策，都体现了在制造业领域不断的新旧动能转换理念与实践。

（一）坚持以促进制造业的发展为基本理念的产业政策

德国政府的产业政策一直秉承德国全力打造“制造业”实体产业和全力支持“中小企业”发展的思想。随着国际竞争市场的不断变化，德国政府也在围绕着制造业和中小企业不断调整其产业结构、技术结构和产品结构，传统的汽车制造、机械制造、化工、电子工业优势一直支撑着德国经济稳定而健康的发展，同时在德国政府的产业政策支撑下，自动化工程、信息科学、生物及遗传工程、环保等技术领先世界。与日韩的全方位并深入企业微观层面扶持企业的做法不同，德国政府的作用仅仅是维持市场竞争秩序，稳定币值等宏观经济环境，提供社会经济基本条件和社会保障制度，立足点在于为保护企业间竞争和产业的协调发展提供相应的制度框架。当前德国政府正在开展和实施"工业 4.0"计划由德国《国家高技术战略 2020》推动。

（二）德国政府坚定不移地支持中小企业，培育隐形世界冠军

德国政府一直认为，由中小企业为主体构成德国制造业是德国保证就业、外贸平衡、经济增长、物价稳定四个目标实现的基础。因此，德国对中小企业的扶持也是所有发达国家中最大的，所造成的后果就是历年的世界 500 强企业中德国企业数量从未超过 35 家，远低于美国、日本、法国和中国。2013 年德国政府新组阁的党派谈判文中进一步明确了要加强产业和中小企业的构成比例的稳定增长。

德国政府坚定不移地支持中小企业，培育了众多隐形世界冠军。"隐形冠军"是德国管理学家赫尔曼·西蒙于 1986 年提出的概念。"隐形冠军"是那些在产品质量、种类和技术等方面具有独特竞争力和一定市场垄断性的中小型企业。需要具备三项特征：同行业世界前三或者所在大洲第一名的企业，是市场上的领先者；年收入少于 50 亿欧元，从全球的维度看，它是一个中型企业；这些隐形冠军并不被大众所熟知。2018 年之前，赫尔曼收集了全世界 2734 家隐形冠军，德国拥有 1307 家隐形冠军，是数量最多的国家，美国有 366 家、日本有 220 家、中国有 68 家。

（三）金融业以国有经济为主导，支持实体经济的发展

德国的金融业以国有银行机构为主导，私有银行资产占所有银行资产的比重较低。德国银行业由三大支柱构成：合作银行（Raiffeisen -

Volksbank)(包括两个层级：大众银行和中央合作银行)体系、国有银行(包括储蓄银行和州立银行)体系和私有商业银行体系。根据德意志联邦银行公布的银行资产数据计算，私有银行资产占德国银行总资产的比例不超过50%，远低于美国和英国的水平。德国私有银行为众所周知的德意志银行、德国商业银行和慕尼黑抵押银行，其所占比重较小，这些银行为面向全球资本市场的全能银行，除存贷款的表内业务之外，也有参与全球资本市场的投行业务，是完全资本化运作的金融集团。而公有的储蓄银行立足当地，担负着向德国广大的中小企业提供融资需求的公共任务，并不以营利为目的。因此，德国的银行业平均资本回报率常年基本保持在4%的水平，远低于欧盟其他成员国商业银行的9.9%的资本回报率。这种银行体系结构在金融危机和当前世界经济低迷的情况下不仅能更好地服务实体经济发展，也提高了自身的风险防范能力。

五、德国培育新动能的经验借鉴及教训启示

德国政府的产业政策一直秉承德国全力打造“制造业”实体产业和全力支持“中小企业”发展的思想，通过不断地创新驱动实现制造业方面的新旧动能转换。

(一) 理论与实践相结合的社会市场经济理论

德国的产业政策是在社会市场经济理论框架下开展，并在不同的国际环境与国内发展困境下进行相应的调整。德国经济取得的成就与德国诞生于弗莱堡学派秩序自由主义理论的社会市场经济体制密切相关，该经济政策摒弃了自由放任的经济发展模式，也拒绝了国家决定一切的管制经济模式。其基本思想是市场效率与社会认同和社会利益平衡相结合，基本原理就是“市场自由”同“社会平衡”的统一，通过市场对经济过程进行基本协调，实现市场、国家和社会三者的有机结合和统一。在二者的关系中，前者为主、后者为辅，彼此制约。

（二）加大科技投入、做大做强实体经济

制造业是德国经济发展的基石。从制造业与房地产和金融业的发展关系来看，德国对房地产执行了准公共产品的政策，其金融业的产权结构以储蓄银行为代表的国有资本为主，其以制造业为主体的经济体系以实体经济的制造业为主。值得一提的是，在新动能培育方面，重视传统产业改造提升是德国一直坚持的做法。没有强大的传统产业作为基石，新动能培育只能是“空中楼阁”“天方夜谭”，德国的钢铁制造一直领先世界，就是通过对其不断的技术研发投入、改造升级而形成的，在精密钢材和特种钢材方面的世界优势无可替代。为此，我国在新动能培育过程中，应重视传统产业改造升级，通过新技术提高传统产业生产率，加快发展新型制造和服务型制造新模式，带动已有产业提质升级，实现高质量发展。

（三）创新型政府运用新思维、新方法支持制造业的发展

经过金融危机对西方经济与社会的冲击，包括德国在内的发达国家在促进制造业回流和重新振兴制造业的过程中，开始重视构建创新型政府和社会环境，德国的社会市场经济模式也在基本理论框架下不断充实、发展。德国重视全流程创新创业环境优化，努力在高等院校和科研院所营造创新创业文化，鼓励学生创业，在初等教育、职业学校和高等院校课程大纲中增设创业教育。同时，重视对高新技术企业的金融支持和产业标准体系建设，着力打造卓越的“欧洲尖端集群”，等等。德国还提出“创新德国”的理想蓝图，认为创新不仅是技术创新，还包括社会创新，要求为社会利益而推进创新和研发未来技术，激发每一个人的创新潜能，汇聚经济、科技、社会及政治各方力量，促进持久繁荣。

德国在国家产业政策以及与之相配套的法律法规的支持下，通过市场化的资源配置方式，市场资金流向相关产业，不断培育并壮大这些产业。国际金融危机之后的各个国家的新兴产业政策尤为显著，德国明确

新兴产业发展重点，推动相关领域加快突破进程，加快培育新的经济增长点，在促进经济复苏的同时努力抢占全球科技产业竞争制高点，培育新动能，其他国家也在德国“工业4.0”的启发下，纷纷出台国家层面的新兴产业发展战略。

（四）重视中小企业和创业企业发展与支持龙头企业发展相结合

充分认识到中小企业和创业企业的重要性，对其政策支持力度不断加大，为新兴产业发展提供有力支撑，是德国的典型经验。随着国际竞争市场的不断变化，德国政府也在围绕着制造业和中小企业不断调整其产业结构、技术结构和产品结构，传统的汽车制造、机械制造、化工、电子工业优势一直支撑着德国经济稳定而健康地发展，同时在德国政府的产业政策支撑下，自动化工程、信息科学、生物及遗传工程、环保等技术领先世界。与日韩的全方位并深入企业微观层面扶持企业的做法不同，德国政府的作用仅仅是维持市场竞争秩序、稳定币值等宏观经济环境、提供社会经济基本条件和社会保障制度，立足点在于为保护企业间竞争和产业的协调发展提供相应的制度框架。

更加重视龙头企业的培育。在德国《国家工业战略2030》中，把龙头企业培育作为衡量新动能培育成效的重要指标。目前我国在培育新动能领军企业方面缺乏系统的支持政策，建议明确实施国家工业冠军计划，把领军企业培育作为政府政策支持的着力点，在人工智能、航空航天、量子技术、生命科技等引领未来发展的关键领域培育一批世界级企业、领军企业。

（五）良好的营商环境是实体经济发展的重要支撑

制造业的转型升级、新旧动能的转换，离不开良好的营商环境。一是要有完善的政策环境。德国在推进“工业4.0”战略中，制定了《高科技战略2020》的具体实施战略计划。在推进实体经济发展过程中，应该制定推进实体经济发展的政策体系，确保实体经济发展有序推进。

二是基础设施建设是必要条件。基础设施建设既是推进实体经济的重要组成部分，也是加快实体经济发展的重要“润滑剂”。三是营商环境必须适合制造业的发展。对我国营商环境的优化来讲，需要允许不同所有制企业公平竞争，提高全社会的资源配置效率。按照建设服务型、高效型政府的要求，切实转变政府职能和工作作风，强化政府服务理念和服务职责，切实帮助企业解决面临的实际困难和问题，形成“亲”“清”的政企关系。

第九章

日本产业升级的经验做法及启示

日本的产业升级历程艰难曲折，尤其在中美经贸摩擦压力下，日本被迫由出口导向型经济为主切换到国内循环为主体、国际循环为辅的双循环模式上来。在这一过程中，日本通过实施国民倍增计划、促进国内消费、发展新兴产业等措施带动产业转型升级，但过度的金融自由化和宽松货币政策导致泡沫经济，泡沫破灭后日本企业变压力为动力，仍挣扎完成新一轮产业升级，其背后主要做法值得借鉴。日本企业坚守自主创新驱动的制造业根基，努力拓展多元化市场反哺创新投入，注重技术形态稳定后的精益求精革新。对我国企业的启示在于，于危机中要保持持续创新定力，深挖内需潜力反哺创新投入，以环保外压倒逼绿色转型，推进官产学研深度结合，加快形成先进产业集群。

一、日本推动产业升级中的挣扎历程

二战后，日本大致经历了三轮产业升级：从 20 世纪 50—60 年代的钢铁、化工、造船等行业向 60—70 年代的高度组装行业如汽车、家电产业转型，之后 20 世纪 80 年代再次升级到知识集约型产业，主要是以芯片、半导体产业为代表的电子信息产业。相较于前两次的产业转型升级，日本第三次产业升级是在极其艰难的情况下完成的。20 世纪 60 年代，针对日本对美国贸易顺差加大问题，美国就开始对日本实施打压。在这一打压过程中，日本虽经历 20 世纪 90 年代泡沫经济的破裂之痛，但仍在挣扎中实现产业结构转型升级，成功保持了科技创新领域的竞争力。20 世纪 80 年代前半期，日本人均 GDP 超过 1 万美元，到 2013 年，日本人均 GDP 达到 3.85 万美元，其间成功跨越中等收入陷阱，经济得以持续发展的成功原因有两点：一是每 10 年进行一次产业结构调整以应对外部环境变化；二是日本政府和企业持续的研发投入提升了产业附加值。作为亚洲率先迈向发达经济体的国家，日本出口导向发展模式助其走上经济复兴之路，而大规模出口使其遭遇较多的贸易保护抵制，特别是对美国部分行业的就业和贸易收支形成了威胁，对美国以科技领先保持军事霸权的战略也形成了威胁，由此导致美日之间长达 40 年之久的贸易摩擦。值得警惕的是，在应对外压的过程中，日本宏观经济政策制定曾出现过失误，扩张之后的紧缩金融政策不仅让楼市与股市泡沫破灭，也令经济增长在低位徘徊，更让日本企业陷入持久的资产负债表衰退之中，其后不得不在负重中挣扎推进产业升级。

（一）美日贸易摩擦压力历时长久

当美国限制日本纺织品出口时，日本的钢铁、家电等制成品出口增加；当美国限制日本钢铁及家电制成品产能时，日本汽车产业竞争力提升；当美国敦促日本对汽车实施自主出口限制时，日本半导体产业又对美国产业构成威胁，使得美国不得不使出超级 301 条款，对日本新兴产业屡次实施打压。在美国一次次的限制中，日本企业反而越挫越勇，总会找到产业升级的路径，总会找到技术更新的办法。

1. 纺织品贸易争端

二战后，日本经济复苏的起步阶段源于纺织工业，即实现日本战后的“第一次工业革命”肇始于棉纺织业，为其重启中断了的第二次工业革命，即重工业重建和起飞提供了利润、就业和市场基础。二战后，日本百废待兴，劳动力低廉，日本企业借机向美国借款购买机器设备和原材料，启动劳动密集型的纺织品制造，并向美国出口棉纺织品以偿还外债。美国自日本进口纺织品份额由 1951 年的 17.4% 攀升至 1955 年的 60% 以上。此种情形下，美国纺织业界对日本纺织品发起反倾销调查，日美贸易摩擦就此拉开帷幕。在此压力下，1971 年，日美间正式签订《日美纺织品协定》。1971 年后的 3 年里，日本对美国的毛纺织品和合成纤维制品的年平均出口增长率分别控制在 1% 和 5.2% 以内。此后，日本以纺织为代表的劳动密集型产业增加值占比持续回落，而同期钢铁、家电等行业增加值占比却快速攀升。

2. 钢铁及家电制成品贸易争端

当美国限制日本纺织品出口时，日本企业已着手推动产业间的转型升级。日本政府出台了向重工业倾斜的产业政策，如补助企业以低价买入煤炭和钢铁，加快钢铁、家电等制成品出口等。早在 20 世纪 60 年代开始，美国又着手对日本钢铁、家电制成品实施打压。在此压力下，日本率先转向汽车、半导体等高端制造领域，高技术制造出口逐步体现竞争优势。20 世纪 70 年代，日本部分产业生产技术已接近世界先进水平。日本政府制定的产业政策发挥了一定的作用，促使日本产业结构由传统的组装型产业成功转型为半导体、计算机、微电子、新材料等高新技术产业。与 20 世纪 60 年代产业政策不同，当时日本产业政策的特征是改变以往政府直接介入产业的方式，转变为引导市场走向理想型的“市场诱导型”方式。为进一步提升国际竞争力，日本政府还诱导企业增加高技术制造领域的投资，提出“产业蓝图”和“综合能源对策”等，不断调整更新产业的指导方针。20 世纪 80—90 年代，日本产业政策也是随着产业结构转型同步变化的，约 10 年左右变化一次（见表 9－1）。

表 9－1　20 世纪 60 年代和 70 年代日本产业政策的演变

时期	政策目标	政策内容
60 年代	实现经济高速增长 构建开放型经济体制	将资源集中分配到基础产业 实现贸易自由化和资本自由化，重组产业秩序，扩大出口 培育机械、电子和航空工业

续表

时期	政策目标	政策内容
70 年代	应对石油危机 应对贸易摩擦 应对环境问题	调整钢铁、合成纤维、船舶和化肥等长期萧条产业政策 调整贸易政策，限制出口和鼓励进口 实现外压下国际协调 支持高端技术研发 推出产业发展蓝图

资料来源：吴金希，等. 借鉴与转型——中日产业政策比较研究［M］. 北京：清华大学出版社，2016：12.

3. 汽车贸易争端

20 世纪 70 年代，日本进入并保持贸易顺差状态，对外投资实现自由化，日本汽车产业凭借小型、节能等优势已展现竞争力，特别是燃油效率出众而赢得美国市场青睐，致使美国颇有影响力的汽车城——底特律陷入衰退状态。此后，日本汽车始终保持在汽车产业领域优势，包括丰田公司开发出即时管理系统和看板管理系统，同时提高生产质量和效率，有效保持生产与成本的平衡，保持在研发创新上的持续投入，使其今后在电动汽车、氢燃料汽车领域保持领先优势。20 世纪 80 年代初，日本汽车生产量突破了 1000 万辆，超越美国成为世界第一位，而其汽车出口高达 597 万辆，达到了历史最高水平，而在美国市场上日系车销售量达到 191 万辆，市场占有率达到 20% 以上，同期美国本土汽车市场份额减少了 20% 左右，其结果是造成美国汽车行业受到伤害，一度解雇员工超过 20 万人。

由于吸收了日美纤维贸易争端中积累的经验教训，日本企业预见汽车行业有作为高科技产业的潜力，在受到美国出口限制的情况下并未放弃这一产业而转向其他，反而制定更加有利于汽车制造业发展的产业政策。为应对美国针对日系汽车出口的贸易保护措施，1992 年日本制定了应对计划，增加对美国产汽车零部件的进口量，将汽车和汽车零部件在 1993 年实施的日美一揽子经济协议中视作一个优先领域。美国对日本汽车实施自主出口限制后，日本汽车厂商实施了附加优质待遇的销售策略，提高了每台汽车的销售利润。即便在自主出口限制条件下，日本汽车对美出口派生出的企业联合效果，再加上日元升值的影响，日本汽车产业仍在美国市场获取了巨额利润。实际上，日本汽车厂商并未成为日美汽车贸易摩擦的受害者，反而从中受益。日本汽车厂商采取的小型高效汽车的策略，即把汽车产品性价比做到极致，反而不容易受到贸易摩擦的伤害，相对包括美国汽车厂商在内的竞争者都可能是不可替代的竞争优势。

4. 半导体等高端制造贸易争端

20 世纪 70 年代后期，日本通过调整产业政策，引导日本企业向半导体等高科技行业加大投入。1986 年日本签订了《日美半导体协议》，其在全球动态随机存取存储器（DRAM）市场占有率已高达 80%。在美国施压下，日本被迫开放国内较封闭的芯片市场，造成其竞争力有所减弱。此时，日元升值和《日美半导体协议》的签订导致日本公司不能再通过价格与对手竞争，为此日本通产省及时调整政策引导日本企业转向系统芯片领域。在高端智能制造领域，日本当前仍在世界上占有重要地位，如日本安川电机、发那科、川崎重工等企业在世界机器人市场占据 60% 以上的市场份额。

（二）泡沫破裂下长期偿债之路

日本企业在转型过程中并不轻松，既面临外部压力和危机挑战，也面临着自身政策失误带来的困境，每一次经济结构转型之际，日本企业都面临着相当窘迫的环境，被迫加力寻求转型。

1. “列岛改造计划”失败与石油危机

1972 年，日本推出“列岛改造计划”，即进行大规模的国土开发，建设新的地方城市，这一规划却使银行放贷失去控制，造成第一轮的股市和土地价格高涨。1973 年当第一次石油危机来临时，日本国内通胀压力加大，消费需求出现大幅下降，出现严重的商品滞销现象，日本企业不得不寻求去产能、去库存、去杠杆的转型升级之路。此后几年，日本政府开始调整货币和财政政策，为企业转型发展提供有利的宏观环境，而日本企业采取了“减量经营”策略，即减少利息负担、增加自有资本的比率，降低商品库存和减少雇佣，抑制新的产能扩张。第一次石油危机倒逼日本开启降低能耗的策略。1978 年日本制定了《特定产业安定临时措施法》，认定合成纤维、造船、化肥等 14 种产业为结构萧条产业，而政府为此设立特定萧条产业信用基金，为企业处理过剩设备提供必要融资。同时，日本颁布《特定机械情报产业振兴临时措施法》，将机械、电子、软件开发等三个行业列为政策扶持的重点。1975 年之后，日本经济增速虽未有起色，但日本企业利润呈增长趋势，企业净资产收益率（ROE）呈上行态势。

2. 资产泡沫化与债务负担

1985 年《广场协议》[①] 后，日本内部实际汇率升值，抑制了出口竞争力，拖累了经济增长，导致资源从可贸易部门流向不可贸易部门，但多项研究表明《广场协议》并不是日本泡沫经济破灭的罪魁祸首。迫于美国减少对日贸易顺差和敦促日本开放国内市场的压力，日本扩大财政支出、放宽金融和利率，进行大量资本投资，最终产生的结果是土地价格暴涨、股市暴涨，促成国内炒地炒房的强烈投机预期。当时日本企业普遍认为与其投资开发制造技术，不如投资地产收益更高。土地价格暴涨造成物价暴涨，一段时期陷入“土地价格上涨”神话。日本政府金融财政政策失误是泡沫经济崩溃的根本原因。

直到 1990 年后，日本政府不得不采取措施戳破泡沫，股市、楼市泡沫破裂后，很多企业陷入持久的资产负债衰退之中，导致日本陷入长

---

① 《广场协议》会议是为防止当时美国贸易赤字扩大所导致的经济破产和美元危机，1985 年 9 月 22 日由美国、西德、法国、英国和日本在美国纽约广场酒店召开国际汇率协调调整的秘密会议。当时，日本对美国顺差最大，约占美国赤字的 1/3。

期通缩状态。随着土地价格暴跌至以前正常状态，银行担保信用受损，引发银行证券公司破产，经济景气变差。为维持经济景气，日本政府采取发行国债办法增加财政支出，主要用于抵抗通缩和不景气，对产业技术开发和国民生活质量关注降低。在此情形下，日本企业不得不缩减贷款而实施长期偿债计划。

1990 年泡沫经济破灭后，日本经济当时虽仍处于通胀状态，但日本企业降低借贷规模的倾向就已经显现。1995 年起，尽管日本将短期利率降至几乎为零，日本企业基本开始停滞申请新的贷款，开始偿还既有债务，而到 2002 年和 2003 年，净债务偿还额已经上升到每年 30 万亿日元以上的空前规模。当一家企业的负债超过其资产时，技术上意味着进入破产境地，但日本企业的情况却并非一般意义上的破产，日本企业资产缩水或负债增多，并不是产品竞争力下降，当时日本企业仍拥有优秀的技术和开发畅销产品的能力。在此情形下，日本企业依然依靠产品开发和市场拓展不断地积累利润，并将企业盈利进行还债，即当时日本企业的经营策略是负债最小化而不是利润最大化，目的在于利用盈利清偿债务，及早地走出泡沫破灭带来的创伤。直到 2005 年日本企业整体上停止了削减债务，但其十几年养成积累金融资产的习惯并未改变，仍将部分企业收益用于企业金融资产储备。日本企业的债务抵触综合征引发私营部门资金需求增长缓慢，从而阻碍利率的上升。

3. **存钱还债与艰难转型**

近二三十年时间日本经济处于通缩状态，但日本人的生活质量没有明显下降，究竟是什么样的动力支撑着日本人均收入水平不下降呢？而日本企业长年累月的研发投入和改进经营，令日元没有出现大幅贬值，日本人生活水平并未大幅下降。由于泡沫经济崩溃和经济危机造成日本企业遭遇较大的资产缩水，债务负担加重。在这种偿债压力下，日本企业必须不断积累自有资金，备战备荒，主动寻求转型，加快向价值链高端攀爬，以获取更高的利润回报，支撑企业后续发展。日本金融厅数据显示，2018年年底日本企业内部留存的现金储备总额高达506万亿日元（约为33万亿元人民币），相当于日本每年500万亿日元的GDP总额。在技术研发方面，日本研发经费占GDP的比重位列世界第一位，由企业主导的研发经纪费占总研发经费的比例位居世界第一位，核心科技专利数量位居世界第一位。一个明显的例子是日本丰田公司，2018年丰田公司的利润是225亿美元（相当于我国车企利润总和的2倍），而现金储备更是高达840亿美元。这一厚实的家底能让其从1992年就着手氢能源技术的研发，到2014年才生产出第一批试验车，2016年投入第一代氢能源汽车正式投放市场，其间获得专利数高达5000余项。

（三）老龄化压力下生产率下降

日本经济泡沫破灭后，日本加速进入老龄化社会，进而拖累日本经济增长，令其陷入较为平庸的发展时期。老龄化带来生产率下降的同时，日本企业必须寻求新的增长动力，摆脱传统中低端制造环节，更多依靠科技创新，并向高精尖的先进制造领域迈进。为应对人口老龄化问题，日本企业致力于推动生产生活智能化，在生产和生活应用场景中广泛使用智能机器人，以替代稀缺的劳动力。日本企业向产业链中上游渗透的做法是，通过加大先进材料和先进制造设备研发投入，掌控先进制造上游环节，通过加大研制关键零部件，拓展中游的中间品市场；持续加大对新材料、新能源、人工智能、生物医疗、物联网、机器人、高科技硬件、节能环保、资源再利用等新兴行业研发投入，不断占据技术制高点和增强产业链掌控力。在“人无我有、人有我优、人优我精、人精我转”的持续升级策略下，日本在关键材料、零部件和智能装备等领域牢牢占据主导地位，甚至不少日本中小企业已成为很多行业里不可忽视的“隐形冠军”。一个较为典型的例子是2019年7月日本与韩国爆发的贸易争端，即日本对三种半导体材料实施对韩国出口限制（见案例9-1），以凸显日本的科技实力。

案例 9－1：日韩半导体材料贸易摩擦的启示

2019 年 7 月，日本政府限制三种半导体材料对韩国出口。半导体产业占据韩国出口额的 20% 以上，而日本控制高纯度氟化氢（用于切割半导体基板）、氟化聚酰亚胺（用于电视、智能手机中 LED 显示器薄膜）和光刻胶（用于显示屏上的彩色薄膜）全球 70%～90% 的市场份额。由此得出的启示是，日本虽不是智能终端产品的品牌生产商，但其科技实力并未消失，而是隐藏在上游高端环节。实际上，在半导体领域的 19 种关键材料中，有 14 种日本的产能占全球的 50% 以上，在全球 15 大半导体设备厂商中日本有 7 家，占据全球 30% 左右的份额。如华为智能手机 P30 有 1631 个零部件，其中日本提供的零部件达到 869 个（占到 53.2%），包括摄像头传感器、闪存颗粒等。

二、日本推动产业转型升级的经验做法

面对内外环境压力，日本是如何做到产业结构不断升级，持续培育发展新动力的呢？从日本政策和企业实践看，日本企业与生俱来的危机感、紧迫感，驱使日本在技术、产品、工艺、商业模式等创新方面持续追求卓越，不断提升国际竞争力。

（一）变压力为动力促进产业升级

当遭受美国施压时，日本虽曾做出过抗争，但最终还是选择现实，不正面与美国对抗，而是妥协选择自主出口限制，争取喘息时间，苦练内功，积极提升产品附加值，即便在出口数量受限的情况下，通过优质优价获取对美出口利润。日本在纺织品领域出口虽有所下降，但并未放弃这一行业，而是继续研制纤维新材料，推出碳纤维等新产品，使得日本仍在新材料领域领先全球。

值得一提的是，为了处理产能过剩问题，日本曾付出沉重代价，常年对萧条产业进行补贴，直到2000年才调整到位。1978年，日本还推出了《特定机械信息产业振兴临时措施法》，聚焦电子计算机、高精度装备、知识产业发展，投入大笔政府专项资金进行补贴、资助，并给予税收和金融方面优惠，着力启发民营企业加大创新，有效推动了日本产业沿着技术创新方向转型。

日本政府在发放政策性补贴时，不是直接补贴给企业，更多的是从环境和设备投资等强化约束和城市规划、产业蓝图等周边领域作用与对象产业的引导性政策，如通过补贴给产品消费者引导企业为获取补贴适应市场需要。这一做法提高了企业创新获取补贴的“门槛”，迫使企业不得不先做好产品，而且卖出去才能领到政府补贴。为推动中小企业数字化、智能化转型，日本政府推行智能化产业推进指导员制度，通过聘请一批互联网和人工智能专业人士担任指导员，帮助中小企业实施数字化改造，企业协会也开设指导窗口，为企业提供智能化改造咨询服务，最大限度地减少企业盲目投资行为。

当外部危机来临时，日本企业拥有的危机感会促使其加快产业转型。当美国对日本棉纤维做出限制后，日本并不是放弃纤维纺织品出口，而是变压力为动力持续向更高附加值产品转型。如日本东丽公司在世界碳素纤维市场中的份额位居第一，已成为波音公司最稳定、最主要的供货商。2015年该公司碳纤维营收占比只有8.85%，但却贡献了高达23.38%的营业利润。这一点在日本汽车行业也表现较为突出。在实施汽车自主出口限制后，日本汽车制造商主攻提高出口汽车的附加值，使得对美国出口汽车数量受限后平均单价有所提升。日本索尼公司放弃电脑等电子产品研制后，重点拓展电子零部件行业，现已占据全球50%以上的传感器市场，同时还积极拓展与教育、音乐、烹饪机器人、陪伴者等相关产品开发。日本电气股份有限公司（NEC公司）在放弃商业电脑事业后，转型到全自动驾驶系统和开拓太空空间通信系统，注重人脸识别技术研发并开展飞行汽车管理系统研究。

在面临市场风险时，有些日本企业转型比较成功，而有的日本企业转型并不那么成功。从成功案例中，我们看到了日本企业危机感下的求生欲，看到它们如何为现有的技术寻求新的产业和拓展市场，从而实现企业的涅槃重生。较为典型的例子是日本富士胶卷公司和佳能公司（见案例9－2）。

案例9－2：峰回路转的富士胶卷和佳能公司

受到数码相机的挑战，柯达公司破产重组了，而富士胶卷却成功转型了。在摄影胶卷市场急剧萎缩的情况下，富士胶卷困境中发动全体员工思考产业转型问题，于是该公司运用其传统的胶卷膜和水解技术成功开发了红色系列化妆品，随后运用人工智能技术与胶片图像处理技术结合，开发出了识别和提取器官区域的人工智能识别技术（即称为 REiLI 的医疗技术）、用于低剂量的计算机断层显像技术（FCT PixelShine）以及在人体主要脏器、肺癌计算机断层扫描技术（CT）、脑梗检测的计算机辅助设计系统（CAD）开发，并收购美国诱导多能干细胞（iPS）的提炼设备技术，成为万能细胞培植制造设备的专利供应商。通过以上操作，富士胶卷逐步成功转型为以医疗健康产业为主的多元化创新型企业。

在数码相机受到智能手机挑战出现市场萎缩的背景下，佳能公司利用自身拥有的摄像成像技术向医疗仪器和监控摄像设备等领域转型。2013 年佳能收购荷兰奥西纳公司拓展到商务印刷领域，2014 年收购丹麦的麦世通公司拓展到视频管理软件领域，2015 年收购瑞典的安讯士公司拓展到监控摄像设备领域，2016 年收购东芝医疗设备公司，跻身于世界第四大医疗设备制造商，还利用摄像成像技术完成小型卫星制造与发射，建设火箭研发和卫星发射场，挤进航天工业领域。

（二）拓展多元化市场反哺创新投入

企业创新保持持续投入，离不开市场利润的反哺，倘若离开必要的市场支撑，研制出的新产品就难以转化为企业持续发展的动力。在美国市场受到出口管制后，日本仍坚持“贸易立国”的政策，重视非美新兴市场，实施多元化出口。当日本拥有强大的生产能力时，为避免选择产能过剩，需要扩大国内市场和开拓国际市场。当贸易不经济时会选择大规模向海外直接投资。1986 年发布的《前川报告》引导日本转型国际协调性的立国政策，即摆脱贸易保护问题造成的出口受阻，而转向加大对外直接投资，引领雁行模式的产业转移，不仅在韩国、中国、东盟等亚洲其他经济体进行加工出口，而且还直接在美欧等发达经济体市场投资建厂，带动国内中间品（关键零部件和成套设备）的出口，这一举措虽投资成效并不反映在日本国内经济数据之中，但确实给日本企业带来了丰厚的利润，进而支持其继续向产业链中高端迈进。除了海外大市场外，日本还非常重视依靠内需市场，期望依托内需市场推动产业优化和供给革新。日本通过刺激内需来结束对美国市场的过度依赖，并以此驱动产业升级。早在 20 世纪 60 年代日本就宣布实施“国民收入十年倍增计划”，到 1967 年日本就提前完成国民收入倍增的目标，而到 1973 年国民收入实现了 1960 年双倍增，这样日本就形成了一个庞大的中产阶层，即所谓的“一亿总中流”。

（三）坚守自主创新驱动的制造业根基

从产业升级方向看，日本始终围绕制造业进行技术、工艺和生产管理等方面的改造升级，不断夯实产业发展的工业基础。即便在泡沫经济时期，日本制造业占比仍保持在 30% 左右。日本每次制造业升级并取得更强的国际竞争优势，主要得益于其独特的自主创新体系。日本在发达国家中研发强度是相当高的，近 10 年和近 20 年均值都超过 3%（见图 9－1）；且在研发经费构成中来自产业部门的比例高达七成左右。

1973 年之前，日本都被视为战后发挥“后发优势”采用进口替代战略并取得成功的典型代表。在完成工业化之后，日本技术创新更多地呈现的是企业自主创新而非技术引进。这并不是说日本不追求先进技术的引进，而是与日本战后经济高度成长期的内需主导型发展模式有关。日本内需主导型成长是在限制外资进入的情况下出现的，政策制定者可自主对产业发展方向发挥战略性引导作用，而且创新活动主体只能是国内企业，即依托本土需求推动本土企业开展创新。鉴于有限的资金能力、较低的国内购买力和特殊的道路条件，日本丰田公司采取了与美国福特公司生产方式完全不同的精益生产方式，以多品种、小批量、零库存的方式生产日式轿车，从而重获产品竞争优势，并以此打开美国市场。

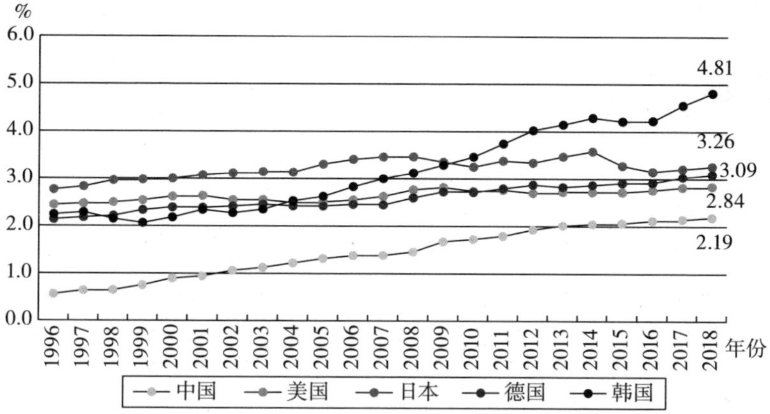

图 9-1　1996—2018 年主要国家研发强度情况

资料来源：世界银行。

（四）强化细节管理上的持续创新

日本企业的竞争优势不是靠自然垄断得来的，而是持续不断的科技提升和效率改进获得的，尤其是在组织管理和效率提升上有着相当大的毅力。日本企业把管理创新视作一种资源配置的能力，是持续提高效率和利润的重要工具。日本企业非常注重细节上的管理创新。因此，在日本企业中出现了准时制生产、全生命周期质量管理、精益制造、敏捷制造、柔性制造等经营管理模式。日本企业这种持续提高人均产出的努力使其抵消了老龄化带来的生产率下降负担。特别是日本发展后期，日本劳动力等要素成本虽然不再低廉，但日本企业能在很多行业维持成本优势，很大程度上源自生产组织和管理效率，凭借高效的生产组织在很多领域为世界提供高性价比的制成品。日本的“万众创新”不仅是指企业注重科技上的创新，而更多是生产管理、物流服务、品牌管理等方面的全员参与的流程、机制或管理创新，不仅是单个人的创新，更多是团队协作的创新，而且日本企业在产品质量上创新追求是极致的。日本虽不是每项技术的原创方，但其通过与技术原创方的合作，在技术革新应用方面取得了很好的成效，如 PCT 专利申请量，日本始终保持在高水平状态（见图 9－2）。

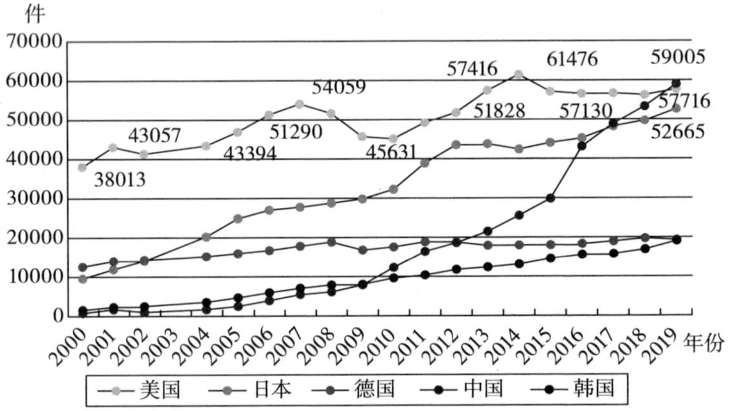

图 9－2　2000—2019 年主要国家 PCT 专利申请量

资料来源：世界银行。

三、日本培育新动力成长带来的启示

当前，中国面临的处境与日本 20 世纪 80 年代末类似，高效的生产能力展现出制成品的国际竞争力，而 5G、大数据、云计算、人工智能等领域的快速发展，同样给美欧等经济体带来压力。从日本的经验教训看，中美经贸摩擦可能会长期持续下去，中美战略博弈会是个持久的拉锯战。在此背景下，我国出口增长动力衰竭，制造业面临转型升级压力，既有外压也有内压，亟须培育其他经济增长点，艰苦努力地推动自主创新，获得发展新动力。

（一）增强企业危机感，持续加大研发创新

当市场不再持续扩大时，企业将陷入激烈的竞争，获利空间也会缩小。无论外部环境如何变化，日本企业之所以能长期存活下来，主要在于持续不断的研发创新投入和技术积累，使其在国际产业链中始终占据一席之地。当前，中国企业就面临着外需逐步萎缩，出口导向难度加大的情形。对任何要想生存下去的中国企业来说，不进则退，必须走出舒适区，增强危机感，走持续研发创新之路。日美贸易摩擦的经验启示是，贸易约束并不能完全阻挡拥有竞争优势的产业增长。我国应以国家为主体进行长期性的基础研究、应用基础研究，企业负责产品及相关技术的改良和革新，持续提高效率和产品竞争力，增强经济发展后劲。

（二）深入挖掘内需潜力，形成内外双促的循环

市场从来都不是自然存在的，消费意愿并不等于有效需求。没有稳定的社会秩序和信用体系，市场交换很难奏效，自然就很难形成统一、安全、可靠、有序的大市场。实际上，供给本身并不会自动创造出对其自身的需求市场。任何需求市场都要花费巨大的社会成本才能得以创造。日本企业深知市场创造的重要性，在其依赖的美国市场受到抑制时，日本企业被迫转向国内市场，然而毕竟日本的国内市场并不大，在充分开拓内需市场后，日本企业不得不追求更加多元化的海外市场，因而较早地布局包括中国在内的非美海外市场。日本转型经验表明，当外需面临较大的不稳定、不确定时，有必要启动一部分内需市场，以内需引导企业加快转型升级，并支撑经济稳定健康增长。当前中国的工业化和城镇化进程远未结束，仍然拥有较大的内生增长动力。中国消费和投

资仍有进一步挖掘的空间，应充分利用好这一空间，加大全面深化改革开放，为产业转型升级和企业研发创新营造良好的市场环境，进一步畅通国民经济循环，加快形成以国内大循环为主体、国际国内双循环相互促进的新发展格局。

（三）以环保外压为突破口，促进产业结构绿色化

中国应坚持以用环保的理由推动国内经济结构改革，特别是以清晰的环保标准，引导企业以适应环境压力而寻求转型发展的新动力。着手控制污染的同时，要积极引导产业或企业转向节能型产业结构调整，即转向循环利用和应对全球气候变化影响。当前全球面临严峻的环境污染和气候变化问题，我国在发展循环经济、绿色经济和生态经济等方面还要下大功夫，通过行之有效的社会责任、生产安全、产品质量和节能减排等标准，引导企业对环境的负外部性内部化，通过立法对牺牲环境追求利润的行为实施严厉制裁，降低企业“损人利己”的市场行为所发生的概率，倒逼传统产业结构清洁化、低碳化、合理化和高度化。我国政府还可出台相关政策措施，明确向全社会传达扭转高污染、高耗能、低效率投资的意愿，通过绿色财税调整，引导社会资金较容易地流入绿色环保和科技创新领域，并设置一定政策障碍使得资本流入不动产等虚拟经济领域变得困难。

（四）强化产业集群发展，夯实供应链安全基础

为避免传统产业园区出现产业空洞化危机，鼓励现有产业园区积极把培育高新技术产业集群作为立足点，持续推进传统产业升级改造、数字化、集群化发展，通过产业链招商和营造协同创新的氛围，固链补链强链延链，加强共性技术攻关，完善资源共享利用机制，打造集研发设计、生产制造、品牌营销等环节于一体的现代产业集群，推动产业基础高级化和产业链现代化。为提升产业竞争力，还需通过富有创新性和科学性的管理，把任何市场力量中的正能量发挥到极致，包括引导产业园

区和企业构建良好的官产学研合作网络和渠道，提高科技成果转化和产业创新能力，引导产业园区向精细化生产、研发试制基地转型，而传统工厂可作为“母工厂”为企业海外投资设厂提供生产线原型和技术指导，新设工厂将由流水线转向柔性尖端制造，全面实现集群式的产业链升级。

（五）促进官产学研一体化，促进创新成果及时转化

促进和引领产业集群创新发展，离不开官产学研一体化合作。借鉴日本产学研一体化的经验，应在产业园区或政府层面建立产学园合作的协调机构或顶层设计机制，重点围绕强化和推进官产学研合作进行头脑风暴或专项推进会议，并将这些意见反映在政府的具体政策制定上来，可以建立开放共享的共同研究中心，提供官产学研工农研究场所和条件，开展技术研修、技术咨询、研究信息发布等活动，推进企业与大学、研究机构的深入联合研究，包括共同研究、委托研究等多种方式；还可以鼓励研究型大学设立知识资产部门，专门作为开展官产学研合作研究的对外窗口，包括举办大学科研成果展览会等方式向产业界推介各自拥有的尖端科技，健全和强化产学研合作体系，将大学研究成果更多、更好地转化为应用技术和产品。

第十章

韩国产业转型的经验做法及启示

韩国是二战之后典型的追赶型经济体。自 20 世纪 60—70 年代起，韩国把握住历史发展的契机，因地制宜地制定产业政策，适时稳健地推行产业结构调整并优化升级，在工业化起步阶段采取了优先发展轻纺工业和重化工业的发展思路，在面对国内外资源要素和环境变化以及新一轮技术革命的兴起，在政府强有力的政策引导下成功摆脱“低端锁定”，发展起汽车、电子和半导体制造业等一批具有全球竞争力的高新技术产业。

韩国在经历二战和朝鲜战争之后破败、羸弱的基础上，成为少数几个顺利跨越“中等收入陷阱”的经济体之一①，成功跻身世界上具有相当经济规模的重要工业化国家之一，其发展经历对于我国当前在新发展阶段实现新旧动能转换具有突出的借鉴和启示意义。

一、新旧动能转换的升级历程

（一）韩国的经济增长历程

韩国国土面积狭小、人口较多，自然资源贫乏，经济发展的基础并不突出。第二次世界大战结束后，日本长达 35 年的殖民统治结束以及美苏两国的分割占领导致朝鲜半岛经济陷入混乱甚至瘫痪②。1950 年朝鲜战争的爆发使得二战之后仍处在恢复阶段的韩国经济再次遭到严重破

① 高世楫，卓贤．发展中国家落入“中等收入陷阱”的原因分析和启示[J]．理论学刊，2011.

② 崔志鹰，朴昌根．当代韩国经济[M]．上海：同济大学出版社，2010.

坏。1953 年朝鲜战争结束后，韩国产业发展基础更为薄弱，经济秩序亟待恢复。

在此之后近半个世纪的发展过程中，韩国成为战后少数几个成功跨越中等收入陷阱，步入中高收入发达经济体国家行列的经济体之一①。1977 年韩国按现价计算的人均国民总收入（GNI）为 1052 美元，参照世界银行中等收入标准（人均收入 1000 美元左右），韩国迈入中等收入国家的门槛。因此，20 世纪 80 年代开始，韩国差不多进入了所谓的中等收入陷阱阶段。但在此之后除了受到第二次石油危机和国内军事政变的不利影响，韩国人均国民收入在 1980 年出现过短期停滞（见图 10－1），其他时期内都保持了较高的增长。韩国不仅没有落入该陷阱，相对收入反而持续增长，基于购买力平价计算的韩国人均国民总收入分别于 1982 年和 1992 年达到美国同期水平的 20% 和 40%（见图 10－2、图 10－3）。

根据经济合作与发展组织（OECD）的数据，2019 年韩国名义国内生产总值（GDP）为 1.64 万亿美元，位列世界第十大经济体。2018 年，韩国人均国民总收入首次突破 3 万美元大关，达到 31349 美元，正式成为人口超过 5000 万、人均 GNI 超过 3 万美元的经济体，即所谓“5030 俱乐部”中的一员，而在此之前该“俱乐部”只有美国、德国、法国、英国、日本、意大利等六国。

① 从 1988 年开始，世界银行依据采用图表集法（Atlas Method，又称阿特拉斯方法）汇率计算的上年美元现值人均国民总收入（GNI）将所有成员国家和地区分成低收入、中等收入（包括中等偏下与中等偏上）和高收入四个组别，其具体划分标准每年 7 月进行更新。而“中等收入陷阱”是世界银行《东亚经济发展报告（2006）》提出的一个概念，指发展中国家在成功实现从低收入国家向中等收入国家的跨越之后，长期位居中等收入国家行列，未能进一步发展为发达国家的现象，本身并没有统一、具体的收入区间的标准。

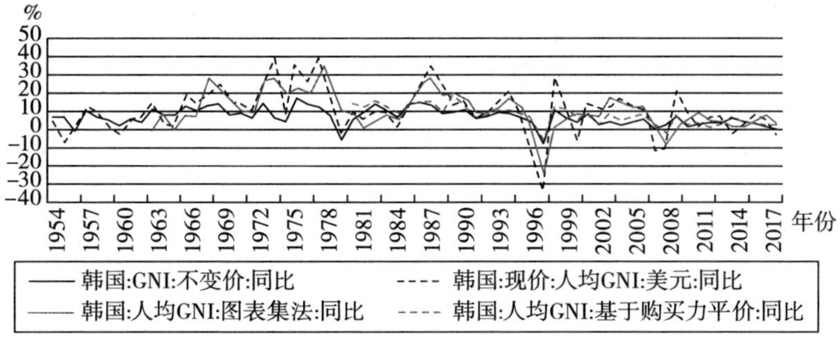

图 10－1　1954—2017 年韩国人均国民总收入的增长率变化

资料来源：Wind。

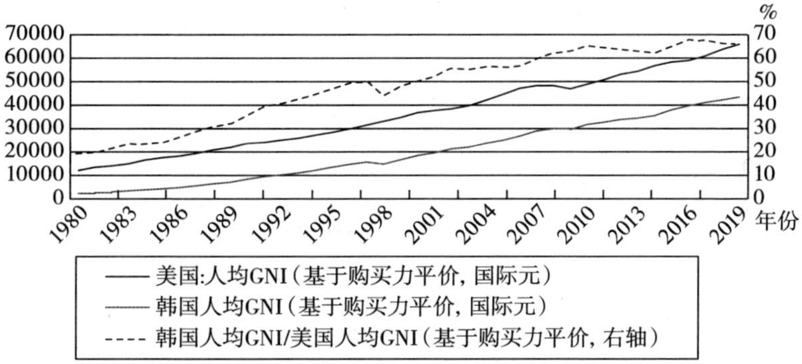

图 10－2　1980—2019 年韩国与美国人均国民总收入的比较

资料来源：Wind。

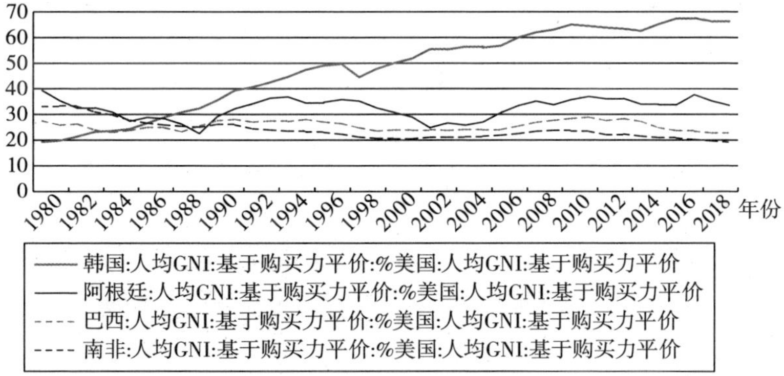

图 10－3　1980—2018 年韩国与其他类似经济体人均国民总收入的比较

资料来源：Wind。

（二）韩国经济增速换挡

1. 经济增长的阶段

二战后韩国的经济增长根据不同的增速调整可大致分为四个阶段（见图 10－4、图 10－5）。

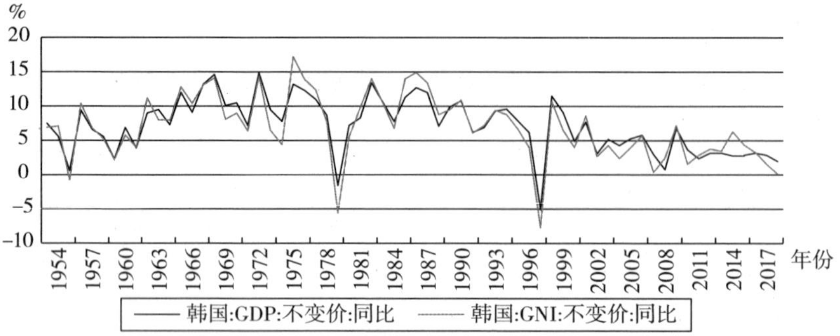

图 10－4　1954—2017 年韩国经济增长

资料来源：Wind。

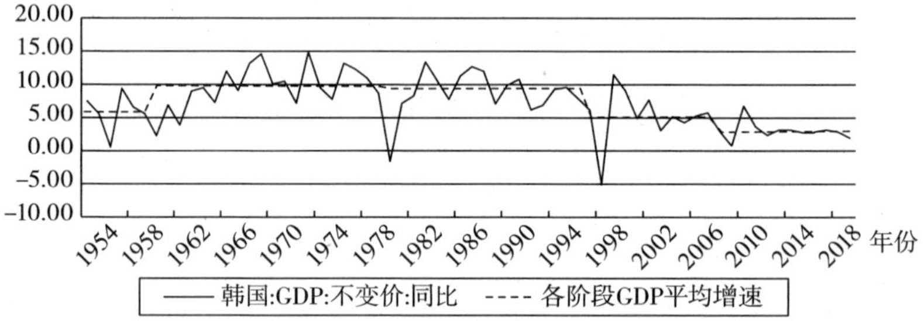

图 10－5　不同阶段韩国的经济增长

资料来源：Wind。

（1）恢复起步阶段

20 世纪 50 年代中后期是韩国战后经济的重建恢复期。在这一阶段，韩国政府先是主导推进内向型的经济发展道路，后来逐渐从“进口替代”转向“出口替代”，积极引进外资和技术，扩大出口贸易，及时实现了经济从内向型向外向型的转变。

（2）初期工业化阶段

20 世纪 60 年代初开始到 70 年代末，是韩国工业化的初级阶段，经济逐步入快速发展阶段，成为持续 30 多年的“汉江奇迹”的开端，建立了出口导向为基础的经济发展模式。在这一时期，为减少生产资料的进口，韩国开始推行工业化政策，产业结构的重心转向劳动密集型的轻纺工业，并于 1961 年制定了第一个“经济开发五年计划”。政府参与主导以及以家族经营为代表的大企业集团作为韩国经济的重要特点就是在这一时期奠定的。20 世纪 60 年代后半期到整个 70 年代，韩国不仅实现了以劳动密集型产品出口（如轻工产品）推动经济增长，同时完成了资本密集型的原材料工业产品的进口替代，也从日本、美国等国大量引进外资，大力发展资本密集型重化工业，逐渐取代劳动密集型产品的出口地位，实现产业结构的提升和高级化。

（3）平稳发展阶段

韩国经济在 20 世纪 80 年代步入平稳发展的轨道，经济发展开始由劳动密集型产业向资本密集型产业升级。受益于产业结构升级相对较好的国际环境，相比于上一阶段，韩国的经济增长并未减缓。1977—1990 年，韩国经济保持了平均 9.34% 的高速增长。20 世纪 80 年代后期也是韩国经济发展的外部环境“三大红利”时期，石油危机结束之后的低油价、美国放弃紧缩政策之后的低利率和相比于“广岛协议”后升值的日元的韩元的相对低汇率三大红利支撑了韩国维持相对较快的经济增速，外贸也保持了较快的增长，同时经常账户持续顺差。

1961—1997 年，韩国经济保持了长达 37 年的高速增长，年平均增速 9.4%，到亚洲金融危机爆发前 1996 年，韩国人均国民收入达到 10548 美元。但在经济飞速发展的同时，韩国私有部门巨大的经常账户赤字，同时相对稳定的低利率鼓励企业向外借款，导致金融和实业企业暴露在额外的外汇风险之下，并在 1997 年亚洲金融危机中遭受重大冲击。

（4）加快转型阶段

1997年亚洲金融危机之后，韩国经济增速下滑较为明显。金融危机的冲击推动了韩国政府进行大刀阔斧的改革，韩国经济也因此得以迅速恢复。韩国进一步将发展高科技提升到国家战略的高度。这一时期，韩国不仅在传统的造船、汽车、钢铁等产业实现了新的飞跃，电子、半导体、液晶显示等产业也取得了快速发展。随着经济体量的增长、企业规模的壮大以及企业经营的成熟，韩国企业经营更加国际化，新兴科技企业逐渐崛起，韩国经济逐渐巩固其中高收入经济体地位，科技推动经济发展的模式更加成熟，进入高质量的中低速增长阶段。

2. 经济结构的变化

韩国在其经济高速发展阶段，经济增长、技术创新的累积以及政府主导政策支持共同推动了韩国主导产业的形成、变迁。制造业的快速发展在韩国经济增长中扮演了重要角色，相比其他主要经济体，韩国的制造业在其国内生产总值的占比始终保持相对较高的水平（见图10-6），形成了以制造业和技术创新为基础的产业结构。经过多年发展，韩国形成了造船、汽车、电子、化工、钢铁等在全球占重要地位的制造业门类，且保持了较高的技术领先水平。

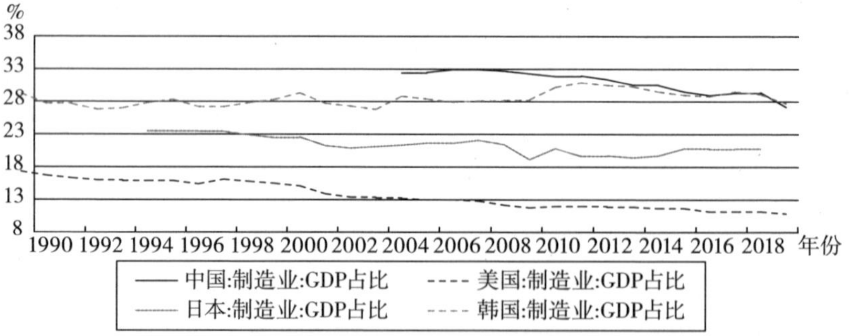

图10-6　1990—2018年韩国与其他国家制造业在国内生产总值中的占比比较

从20世纪60年代中期开始，韩国的汽车产业取得快速发展，进入国产化阶段。到1975年其汽车销售的国产化率已经达到95%，而到80

年代后期，韩国已经发展成为世界主要的汽车生产国之一，以及全球为数不多的拥有汽车自主创新能力的国家之一。到2019年韩国乘用车产量占全球乘用车产量的5.4%，是全球第七大汽车生产国。

随着韩国经济从20世纪70年代初开始重工业进程，其重要内容就是钢铁产业在这一时期的起步和发展。自90年代中期开始便成为全球第六大钢铁制造国①，目前每年粗钢产量达7.1亿吨。韩国的电子设备制造产业最早从20世纪70年代生产技术含量低的电源、键盘、监视器生产以及引进半导体封装生产线开始。目前，韩国半导体产业多项产品在全球市场份额中位居前列，成为全球半导体产业中举足轻重的竞争者。

20世纪80年代，随着出口导向型经济面临的内外部压力增加，为避免出口竞争力下滑，韩国政府将产业技术提升和开发作为其产业政策调整的重要内容，加快推动产业升级，引导企业在市场竞争条件下开展创新活动。为此，韩国废除针对特定产业的法案，采取更为促进创新竞争的扶持政策，引导企业投资从轻工业和成熟产业转向技术密集型的重工业。1986年，韩国制定了《面向21世纪的科学技术发展长期计划》，加大技术开发投资力度，研究开发费占GDP的比重达到2%左右。同年出台《科技发展15年规划》，明确提出将技术开发的主体由政府逐步转到企业，同时政府提供税收、金融等优惠政策，分担企业技术开发风险；制定颁布《提高产业技术五年计划（1989—1993年）》，而且还设立了由总统直接管理的科技开发最高审议机构“技术振兴审议会”，促进产业技术开发具体措施的落实。

20世纪90年代后期，为了尽快摆脱亚洲金融危机的阴影，韩国进一步推进“科技立国”战略，加大了对高等教育和高技术产业的投资力度，鼓励企业提升研发强度，通过构建公共科技研发平台，推动产学研在关键领域的协同合作，在消化、吸收基础上实现创新获取技术领先

---

① 资料来源：世界钢铁协会（International Iron and Steel Institute），世界钢铁统计数据（Wrold Steel in Figures），2020年。

优势，带动产业结构高级化，将高科技产业投资占GDP比重提升至5%～6%，赶上并超过发达国家水平，使知识、信息技术密集型产业如半导体、电子器件等成为韩国在21世纪的主导产业。

二、主要做法

韩国在保持经济持续增长的过程中，始终以国家发展战略为定位制定其产业政策，在面临挑战和困境时，通过改革破除既有的结构性矛盾。同时，在产业结构转型升级动力机制中，韩国产业政策和扶持大企业集团的做法发挥了极其重要的作用。韩国政府通过强有力的政策引导，支持企业集团提升研发强度，不断提高劳动者素质和劳动生产率。

（一）把推动产业升级视为国家重大战略

20世纪80年代之前，韩国经济发展具有鲜明的政府政策主导的特征，其早期追赶主要依靠国家指导性计划主导市场经济发展，产业政策直接由政府部门做出并执行，而且有明确的国家计划和优惠政策。

韩国在朴正熙政府时期（1962—1979年）为快速实现经济自立制定了多个“经济开发五年计划”“长期计划”以及工业振兴相关的法律和促进政策，成为韩国产业政策的正式发端。20世纪80年代之后，韩国仍把强化政府引导和调控作为推动产业升级的关键环节，制定了“韩国科技发展长期计划”等促进产业升级的相关规划或行动计划，重点支持相关企业顺应产业发展趋势要求，积极从美、欧、日等国家引进先进生产技术和经营管理，并采取各种奖励措施支持产业发展，包括设立投资基金，以优惠利率提供大型投资所需资金，使其相关产业的产品快速在国际市场的竞争中占据领先地位。

20世纪80年代以后，韩国提出“科技立国”口号，大幅度增加科技投资，重点发展知识技术密集型产业，其产品的出口份额不断得到提升，同时重点扶持优势产业、战略产业、新兴产业并扩大海外直接投资，实现了经济增长方式从粗放型向集约型的转变。

（二）集中资源，在重点领域扶持大型企业集团

为了克服国内市场规模较小问题，在相对较弱的基础上快速推进其产业发展的政策，并在国际市场中获取较为有利的竞争优势，20 世纪 70 年代起，韩国政府重点扶持大型企业集团，主导推行大企业集团化战略，提供包括财政、信贷、贸易等多方面的优惠支持和政策倾斜，甚至包括允许一些企业实施垄断经营，促使韩国消费品工业、汽车制造业、造船业、电子信息产业等行业短时期内成为世界领先，促使韩国制造渐渐成为“性价比”的标志。

20 世纪 70 年代中后期，韩国有一半以上的政府贷款以政策贷款方式用于扶持大企业集团的做大做强。这一做法的好处是减少了资本分散性和不节约性，提高了资本集中度和产品出口竞争力，使得企业在承接产业转移过程中能有效自创品牌、突破技术瓶颈，以更快的速度推动产业升级。韩国三星、现代、SK、LG 和 KT（韩国电信）等大企业集团创造的产值在韩国国民经济中所占比重超过 60%。

但同时，在其经济高速增长阶段，韩国资源和政策向大企业倾斜的发展模式长期持续，既导致了其大企业的数量较少，也造成了大企业和中小企业之间差距的扩大，形成垄断财阀，遏制市场经济健康发展，导致发展后期效率和动力下降。产业能力的扩大更多是通过现有企业的扩大，而不是主要依赖新企业的创立来实现的。相比日本，韩国的市场集中率高得多。韩国政府过多将国家资源集中投向大企业，影响了韩国中小企业的顺利发展，造成了产业结构的不平衡和不合理。

尽管客观上韩国的经济增长总拨不开大企业集团身影的笼罩，甚至韩国经济被称作“财阀经济”，但韩国自 60 年代开始就针对中小企业制定了一系列扶持措施，特别是 1998 年金融危机之后的企业改革也对大企业的经营活动进行了规范和限制，力图限制大企业集团过度发展对于经济发展造成的负面影响。

（三）重视研发投入，充分发挥后发国家“技术跃迁”的优势

1. 高投入推动“科技立国”

韩国“科技立国”战略是在其经历不同经济发展阶段的过程中逐渐确立的。20 世纪 60 年代是韩国科技的基础建设和发育时期，主要为直接引进部分急需的技术以满足面向出口的中小企业开展生产。进入 70 年代韩国经济发展的重工业化时期，技术以引进和消化并举，国民经济科技水平迅速提升。80 年代电子信息技术蓬勃发展，与信息技术相关的新的科技革命逐渐兴起，世界范围内新一轮产业升级随之而来。韩国已经进入中等收入国家行列，技术引进和研发已经具备较好的基础，资源、劳动力等要素成本上升。

韩国在实施科技强国战略过程中，强调提高自主创新能力，建立以企业为主体、以生产效益为目标的创新体系，提高研发投资的商业化导向，培育中小企业和风险投资。韩国的研发投入强度（R&D 投入占 GDP 比例）由 1996 年的 2.24% 上升到 2018 年的 4.81%（见图 10 - 7），成为全球研发强度最高的国家。经过多年的技术积累，韩国企业在汽车、半导体、电子设备、特种船舶等一大批新兴产业中均获得了快速的成长，产业结构不断优化升级。

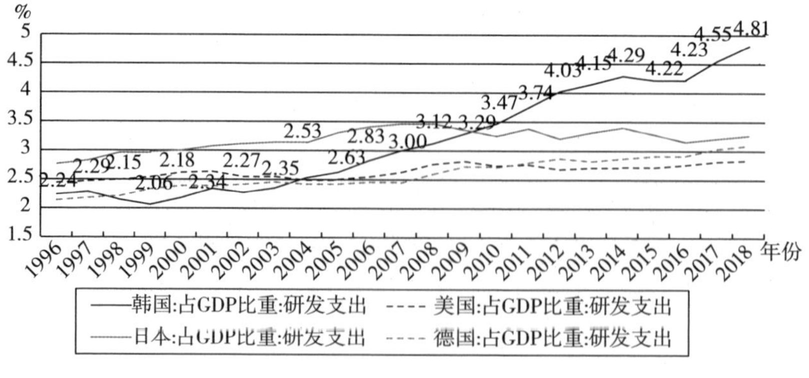

图 10 - 7　1996—2018 年韩国与其他主要发达国家研发投入强度比较

2. 以引进、消化、创新方式实现技术追赶

在技术追赶上，韩国获取先发国家先进技术或前端工艺，通过依靠扶持大企业集团开展技术引进、消化吸收和再创新，从而加快实现“技术跃迁”，其中韩国半导体产业在动态随机存取存储器（DRAM）技术领域的追赶和突破被公认为其成功实现技术赶超或跨越的经典案例。

韩国在半导体关键技术领域的赶超以官、产、学、研之间的通力合作为主要特征。由于半导体产业需要高密度的研发投入和规模制造，为帮助韩国企业充分利用“技术跃迁”的后发优势，成功追赶进入国际芯片市场，韩国政府全力引导企业和研究机构专攻半导体产业的计算机存储技术。20 世纪 80 年代中期和 90 年代初期，韩国政府制订了“超大规模集成电路技术共同开发计划”，以政府所属的国家电子研究所为主，三星、现代、LG 等大企业参加组成半导体研究开发组合。韩国半导体的发展是从作为美日半导体厂商的组装基地开始的，LG 公司的前身“金星社”于 1959 年生产韩国的第一台真空管收音机，被视为韩国在半导体产业的最早实践。经过 20 年的后步封装、代工生产（OEM）及全工序生产实践，韩国于 1986 年开始进入了存储器的自主开发阶段，于 1992 年末与美日等先进国家同期开拓 64M 兆 DRAM，并拥有了世界上第一块 64 兆 DRAM 芯片，完成了对美日的追赶，到 1994 年以 256 兆 DRAM 为标志实现跨越。

（四）改革调整经济发展战略，解决结构性矛盾

实现经济增长动力的转换，推动经济由低速向高速提升，再保持中高速增长必然需要通过不断改革解决经济发展过程中存在的结构性问题。韩国在其经济发展过程中同样也并不是一路高歌猛进地顺利跨过中等收入陷阱，而是经历了几次重要的转型，甚至是危机处理。

20 世纪 80 年代初至 90 年代后期由于国内成本上升以及外部竞争环境收紧，经济增速放缓，促使韩国放松由政府主导型经济发展模式，

逐步推动经济自由化，实现韩国经济的第一次转型。具体包括，放松了国内银行和大型企业集团获得国外廉价资本的管制，鼓励大型企业集团进一步提高投资率，同时推行了取消价格管制、取消内外贸差别政策、国有银行实现民营化、利率市场化得以完成、推动进口自由化等一系列政策。

在1997年亚洲金融危机之后的改革是韩国经济的第二次重要转型，危机的爆发一度重挫韩国经济，借着这次转型，韩国在金融、企业和劳动市场等领域中鼓励改革，继续改变政府主导经济发展模式，实行国有企业的私有化和减少政府干预。同时接受国际货币基金组织的要求，加强了金融市场的监管，并采取了一系列开放市场以及促进国内消费增长的措施。此外，韩国开始针对一系列企业改革措施，对大企业集团的经济行为进行更多的监管和限制，包括要求大企业专注于核心业务，加强企业大股东与经营者的监督权责。

三、重要启示

由于国内市场较为狭小、自然资源稀缺，韩国政府充分利用赶超阶段的后发优势，集中有限资源依托大型企业集团实施产业升级战略。在这一过程中，韩国政府产业政策发挥着极其重要的作用，不断创造包括基础设施和开放环境在内的有利条件，为企业发展提供良好的资源和环境，有效地引导大型企业集团不断引进先进技术，走消化吸收再创新的产业升级之路。经验表明，正确适时的产业政策、科技发展战略等方面的措施有助于经济体在增速放缓的过程中顺利实现产业结构调整，重新激发经济发展动力，找到适合自身条件的经济发展道路。

（一）加大对重点产业升级政策引导和设施支撑

在促进特定产业升级过程中，韩国不仅制定了相关产业发展规划，如《造船工业长期发展计划》《钢铁工业育成法》《汽车工业育成计划》《半导体芯片保护法》《电子产业技术发展战略》《21 世纪电子发展规划》等，引导产业发展的方向，还制定了产业扶持政策，如财税、金融、用地、技术投资等优惠政策，重点引导优势产业做大做强，提升产品出口竞争力。

20 世纪 60 年代初，韩国就开始大力改善交通、港口、通信、仓储等“软硬件设施”，优先发展理工科教育和职业教育，培养合格的高素质劳动者，搭建引导企业创新发展的公共服务平台，包括着力构建以企业为主体、产学研互动的技术支撑平台，营造支持企业发展的软硬件环境，对检验检测、公共技术研发等公共服务平台在资金、场地、装备等方面给予配套支持。由此带来的启示是，中国应继续创造条件积极承接国际产业转移，加大对重点优势产业的政策支持，加强创新型基础设施投入，合规按需制定有利于投资、创业和创新的用地、税收和融资等政策措施，营造良好的产业发展环境。

（二）制定技术创新战略，促进技术转型

韩国推动经济发展、实现动力转换的经验表明，韩国发展大企业集团化战略离不开对科技创新的支持，特别是在工业基础较为薄弱的情况下，更需从国家层面制定法规政策引导企业自主创新。

如从 20 世纪 60 年代开始，韩国就颁布了《韩国科学技术研究所扶持法》《技术开发促进法》《科学家教育法》《技术评估法》《科学技术振兴法》《科学技术革新特别法》《科学技术基本法》等多部法律法规，以此振兴科技，帮助企业加快科技创新。而且，韩国非常注重制定技术发展战略，并对企业技术研发行为提供激励，引导有限的资金、技术和人力等创新资源向特定企业集聚，鼓励其选择以市场为导向的技术路线，如对于企业的研发费用给予 50% ~90% 的无偿援助，以低息政策贷款为企业开发项目提供资金保障。

韩国通过系列技术追赶和产业扶持计划，加快培育一批具有创新能力和国际竞争力的产业集群和龙头企业群体，缩小与世界领先企业的技

术差距，引导企业快速迈入世界一流创新企业行列，发挥它们在产业升级中的示范引领作用。由此带来的启示是，根据实际情况建立以突破核心技术为导向的政策体系，适当实施产业组织政策提高行业集中度，通过制定技术创新发展计划和实施国家品牌计划，鼓励和引导更多大中小企业参与研发创新和培育自主品牌，培养大批量的科技人才、营销人才和管理人才等。

（三）持续走技术引进消化吸收再创新之路

承接日本、美国等国家产业转移时，韩国非常注重学习先进技术，在与跨国企业合作中积累产业经验，获得成熟的生产技术和设备等物化技术，通过对先进技术引进和消化吸收，特别是引导企业通过逆向工程对国外产品进行分析，然后进行模仿和再创新，逐步掌握更多根植于大脑和身体中难以系统编辑的非物化技术诀窍，从而为提升自主化技术水平提供坚实支撑，逐步推动国内产业从代工制造（OEM）到代工设计（ODM）再到原创性制造的转型升级。

因此，在经济发展过程中，在加强知识产权保护的同时，更应采取有效措施支持企业走“引进—消化吸收—再创新”之路，在国际市场上购买成熟的技术和品牌，积极发展工业设计等生产性服务业，积极承接生产性服务外包，依靠开拓国内外市场不断推动技术进步，引导产业加速升级。

第十一章

防风险前提下促进经济社会持续健康发展的思路与对策

2018年以来，受保护主义、单边主义等恶化外部环境的影响，国内外风险挑战明显上升，中国经济运行“稳中有变”“变中有忧”。“变”的是中美经贸摩擦加剧带来的不确定性增加，外部经济环境总体趋紧；“忧”的是在中美经贸摩擦和结构性改革等内外因素叠加影响下，中国经济发展仍然存在不少困难和问题，既面临短期失速风险，也面临中长期调整的阵痛。短期内，应对经济下行压力加大，需要灵活地成熟运用宏观调控工具①，促使经济回到持续健康发展的正常轨道上来，而且确保2020年全面建成小康社会目标实现，仍需要经济增长保持一定的增速，强化宏观政策逆周期调节就显得相当重要。长远来看，引导经济长期平稳健康发展，还要采取强有力的结构性改革措施，提高中国经济的增长潜力和发展韧性。在内外形势复杂多变的背景下，实现经济社会的平稳健康发展，必须科学有效有度地实施宏观调控；促进经济社会更高质量、更有效率、更加公平、更可持续的发展，更需要创新和完善宏观调控手段和政策组合。

① 宏观调控政策，狭义上主要是财政政策、货币政策和宏观审慎政策，如“十三五”规划明确提出要完善“以财政政策和货币政策为主”的宏观政策体系，党的十九大报告提出要“健全货币政策和宏观审慎政策双支柱调控框架”。这里所指的狭义宏观政策主要是货币政策和财政政策。财政政策主要是通过增减收（税费）和支（转投）来调节；货币政策主要是通过增减货币供给和利率来调节。财政政策和货币政策都是在市场主体自负盈亏和对价格机制敏感的前提下才能真正起作用。

一、创新和完善宏观调控的紧迫性与客观要求

中国经济进入新常态后，经济运行面临“三期叠加”[①] 的风险。2018 年以来，外部环境发生明显变化，特别是面临来自中美经贸摩擦带来的外部风险冲击。外部形势的复杂变化，使得经济运行稳中有变，面临一些新问题、新挑战。2019 年年底中央经济工作会议指出，中国正处在转变发展方式、优化经济结构、转换增长动力的攻关期，结构性、体制性、周期性问题相互交织，“三期叠加”影响持续深化，经济下行压力加大。在中美经济博弈长期化的情境下，房地产、汽车、基础设施、重化工等总量需求相继出现峰值，供给结构调整和金融风险出清都需要一个过程，宏观调控时既要防范各种“黑天鹅”“灰犀牛”风险，还要通过深化改革开放提高潜在产出能力。中国经济发展处在亟须统筹处理好内外压力影响下两难多难问题的关键时期。为减小各种叠加因素和复杂情况影响，亟待加快创新宏观调控方式方法和优化宏观调控政策组合，完善宏观调控的目标体系、政策体系、决策协调体系、监督考评体系和保障体系，促进经济持续健康发展和社会大局稳定，积极营造和延长发展的重要战略机遇期。

（一）中美经贸摩擦风险压力加大了宏观调控难度

在开放条件下，中国经济与世界经济的联系更加紧密，受到外部经济波动的冲击也更加直接敏感。经历 1997 年亚洲金融危机后，我国在应对国际金融危机传染方面有一定的经验做法。2008 年国际金融危机从美国蔓延至中国，引发中国宏观调控快速从“防经济过热和抗通胀”快速转向为“防经济过快下滑和抗通缩”，主要采取了强有力的“四万

① 2013 年上半年政治局讨论经济形势会上，中国当前经济正处于“三期叠加”阶段的重要判断被首次提出。增长速度换挡期，是由经济发展的客观规律所决定的；结构调整阵痛期，是加快经济发展方式转变的主动选择；前期刺激政策消化期，是化解多年来积累的深层次矛盾的必经阶段。

亿投资”一揽子刺激计划，有效稳住了经济快速下滑态势。2018 年以来，中美贸易摩擦逐渐升级，迫使中美经济“脱钩”，极大地恶化了中国经济发展的外部环境，增加了宏观调控的难度。中美大国博弈对抗导致中国经济发展产生下行压力，但中国经济运行面临的难题不仅是周期性的，而且是结构性的、体制性的。应对策略已不能单纯使用稳定总需求的调控办法拖住经济波动的底线，而且迫切需要拿出一整套综合平衡的调控办法，在谨防短期发生系统性风险的前提下，深刻把握发展重要战略机遇新的内涵，探索保持经济长期健康可持续发展的施策新思路。

（二）经济转向高质量发展亟须提高宏观调控能力

当前，我国经济已由高速增长阶段转向高质量发展阶段，社会主要矛盾已转化为人民日益增长的美好生活需要和不平衡不充分的发展之间的矛盾。适应这一转变，要紧扣社会主要矛盾的变化，着眼于现代化经济体系建设，亟须建立相适应的宏观调控体系，动态调整优化宏观调控目标，创新和完善宏观调整政策和方式，提高宏观调控能力和水平。坚持推动转向高质量发展，既要强化逆周期调节，把握好调控的方向、重点、力度、节奏和时机，谨防经济增速下滑偏离托底区间，引发系统性经济危机，也要做好跨周期设计，强化预期管理，推进国际政策协调，不断调适政策组合，使宏观调控发挥出最佳效果，及早实现高质量发展目标。

（三）加快推进国家治理体系和治理能力现代化的需要

作为习近平新时代中国特色社会主义经济思想的重要组成部分，科学有效有度的宏观调控将是推进国家治理体系和治理能力现代化的客观要求，这意味着党和国家领导在经济工作的理念、思想、战略上做出了新的变化。为应对这些变化，要全面提升党和国家机构的工作效能和服务水平，集中各方面力量解决发展不平衡不充分问题，把全心全意为人民服务的根本宗旨贯彻到治国理政全部活动之中，着力构建市场机制有效、微观主体有活力、宏观调控有度的经济体制。为此，有必要进一步创新宏观调控方式手段，把有效市场和有为政府更好地结合起来，使国家管理能力达到现代先进水平。既要遵循市场规律，依法依规最大限度减少政府对微观事务干预，更多运用价格、税收、利率等市场化法治化手段提高资源配置效率，也要积极主动作为，充分发挥国家发展规划的战略导向作用，围绕加快建设现代化经济体系，转变发展方式、优化经济结构、转换增长动力，提高全要素生产率。

（四）传统的宏观调控政策工具正在对经济运行失去效力

当前，世界经济陷入低迷状态，出现低利率、低通胀、低速度、高负债等特征，结构问题和银行问题已无法解释全球经济集体低迷的现象。无论是发达国家还是发展中国家，继续使用传统刺激经济增长政策工具已失去太大作用，即便采取量化宽松货币政策，继续扩大财政赤字的做法，仍难以修复政府、企业和家庭的资产负债表。当前及今后一段时期，中国面临的棘手问题是地方政府、非金融企业、房地产部门的去杠杆压力仍在，需要谨慎对待超发货币的问题，谨防价格泡沫和债务泡沫最终的破裂，对此倘若处理不当，可能引发资产负债表衰退。面对可能出现的资产负债表衰退风险，亟须加快创新宏观调控步伐，争取在事态尚未失控之前，找到更加奏效的政策组合，促使资产负债表回到正常增长轨道上来。另一个重要问题是产能过剩，当出口美国市场不能再持续时，任何国内刺激政策都不会扩大外部总需求，有必要转向依靠扩大内需的内生增长模式上来，也有必要采取更加优质策略提升生产效率和竞争力，引导拓展多元化国际市场。为此，需要政府采取更加积极的行动，持续优化宏观调控方式，引导经济发展方式转变，逐步改变出口导向和房地产驱动的增长模式，找到更加依赖内需市场的发展模式，实现开放条件下的经济再平衡。

二、从单一经济增长调控目标转向多重目标统筹调控取向

周期性因素和结构性矛盾交织增加了宏观调控政策实施难度。在此情形下，2018 年年底召开的中央经济工作会议提出，宏观政策要加强逆周期调节，稳定总需求①，同时还加快供给侧结构性改革，以更大的改革开放力度应对各种风险挑战。2019 年 12 月中旬召开的中央经济工作会议提出，必须科学稳健把握宏观政策逆周期调节力度，增强微观主体活力，把供给侧结构性改革主线贯穿于宏观调控全过程。可见，今后宏观调控要突出统筹兼顾、综合平衡，既要稳定增长和促进充分就业，也要防止通胀和国际收支失衡，统筹稳增长、促改革、调结构、惠民生、防风险、保稳定等多重目标动态平衡，短期要保持经济运行在合理区间，长期要确保经济实现量的合理增长和质的稳步提升。从调控政策看，宏观调控政策可随需而变，但要总体坚持稳字当头，稳健把握逆周期调节力度，科学做好跨周期设计，发挥国家发展规划的战略导向作用，健全财政、货币、就业、产业、区域、贸易等经济政策协调机制，注重提高调控的前瞻性、针对性、有效性。从调控方向看，新时代的宏观调控要更加突出新发展理念，推动转向高质量发展，注重处理好政府与市场、短期与长期、国内和国际、安全和发展的关系，把握好宏观调控的方向、重点、节奏和时机，强化区间调控和预调微调，努力实现最优政策组合和最大整体效果，推进国际宏观经济政策协调的同时，不断提高宏观调控能力和水平，切实把党领导经济工作的制度优势转化为治理效能。

---

①　总需求可分为实体经济中的有效需求，以及货币和金融资产所代表的名义需求。有效需求不足关键在于社会投资意愿低迷、消费的低迷（收入增速下降所致）和对外贸易衰退（贸易保护主义泛起）等。凯恩斯主义者认为，弥补社会有效需求不足就需要依靠逆周期的扩大基建投资等扩张性政策措施。货币主义者认为，名义需求不足或经济停滞产生于货币紧缩（Monetary Contraction），而货币紧缩则产生于货币政策的失误或金融市场的失灵。

（一）统筹总需求的周期性波动与总供给的结构性变革

从历史经验看，过去我国政府对经济增速下行压力加大基本判断为总需求不足，需要采取刺激措施创造新的需求。如今中国经济转向高质量发展阶段，社会主要矛盾发生改变，人们日益增长的美好生活需求没有得到充分满足，主要应通过提高供给质量和效率来满足当前没有得到的需求。为此，宏观调控需要区分供给侧还是需求侧，即究竟是潜在增长率下降导致的自然增速下行，还是需求侧冲击导致的周期性经济减速。宏观调控的目标不仅注重需求侧的周期性波动，而且更要强调供给侧的结构性调整，全面统筹考虑社会主要矛盾阶段性特征、国家发展规划明确的方向目标和经济周期运行变化等多重因素，进一步强化短期和中长期宏观调控目标之间的综合平衡。

短期内，实现经济平稳健康发展，需要坚持稳中求进总基调，采取逆周期调节的宏观政策，稳定和扩大总需求，守住稳增长、保就业的下限和防通胀的上限，守住不发生系统性风险的底线，确保经济运行在合理区间。例如，当经济下行压力较大时，在推进结构性改革前提下，要敢于采取积极的扩张性财政政策，只有实施更加积极的财政政策才有可能重启国民经济良性循环，带动财政收入增加，推动经济增长。货币政策目标不只是防通胀，还要制止经济进一步下滑，即通过实施较为宽松的货币政策，降低实际利率水平，再配合发行基础设施融资所需的国债，通过扩大基建投资拖住经济增长底线。

长远看，实现经济长期健康可持续发展，在保持宏观政策的连续性和稳定性同时，还要集中力量促改革、调结构、添动力，提高发展的质量和效益。2015 年年底以来，中央提出并实施供给侧结构性改革，并将其作为经济工作的主线，旨在通过结构性调控和改革手段化解经济深度调整期不平衡、不协调、不可持续因素，推动劳动、资本、科技、环境、组织方式等生产要素集约化，提高经济潜在增速或放缓其下降速度。为此，有必要把供给侧结构性改革相关政策措施视为中长期层面的宏观调控政策体系，即要统筹宏观政策要稳、微观政策要活和社会政策要托底的政策框架，在遵循经济社会发展规律的基础上，紧紧扭住新发展理念，推动高质量发展，把工作重点集中在解决各种不平衡不充分发展问题上，以创新驱动和改革开放两个轮子，更加注重经济结构调整和质量提升，加快建设现代化经济体系。

（二）统筹防范系统性风险与保持经济健康可持续发展

经济运行的周期性波动总会伴随着不可预知的潜在风险。总需求与总供给的不平衡发展，将会导致总量与结构、数量与价格、安全与发展等之间矛盾凸显，进而引发局部或系统性风险出现。如造成经济结构失衡的一个原因是，需求波动变化较快，而供给结构调整滞后，就会表现出过剩产能尚未出清，新兴产能未能快速成长等风险。应对中美贸易摩擦带来的周期性冲击，深入推进供给侧结构性改革，都不免会带来风险，在处置风险过程中也可能会带来新的风险。因此，当前宏观政策重心转向“防范处置风险的风险”的意图明确。与以往不同，本轮宏观政策强调逆周期调节是在引导出清、调整结构背景下的对冲举措，坚决不搞“大水漫灌式”强刺激，就是把防范重大风险放在此轮逆周期调节首位的，就是要牢牢守住不发生系统性风险的底线。

平衡好稳增长和防风险的关系，需要精准有效处置重点领域风险。例如，实施金融政策就包含多重目标，既要支持实体经济融资需求、降低企业融资成本、改进金融体系结构，也要推进金融结构性改革，防范化解经济扩张刺激时期的遗留问题，以及避免政策用力过猛引发的新风险，以便长期确保金融和经济稳定。再如，当前实施稳健的货币政策，主要是要适应外汇占款下降造成货币发行环境阶段性变化，中国央行只得通过采用常备借贷便利（SLF）、中期借贷便利（MLF）、抵押补充贷款（PSL）等政策工具实施基础货币投放，利用传统货币政策工具择机降准降息，力求兼顾为经济运行保持充足流动性与降低宏观杠杆率以控制金融风险的多重目标。又如，配合略有紧缩的金融政策，实施更加积极的财政政策，旨在稳定总需求同时兼顾化解地方债务风险。2015 年国务院决定用 3 年左右时间置换 14. 34 万亿元的地方政府存量债务；2015—2017 年发行 10. 9 万亿元置换债券与约 4 万亿元地方政府新债；2018 年以来，又发行上万亿元的地方专项债券，并强调提高财政资金的使用效率。这些举措就意味着要采取积极扩张性政策保持经济运行在合理区间，也要时刻提防发生任何系统性风险。此外，央行等金融部门继续完善宏观审慎评估框架（MPA），发挥好宏观审慎评估的逆周期调节作用，鼓励金融机构创新产品服务民营企业，如通过改进宏观审慎评估考核机制，增加小微企业贷款考核权重，引导金融机构加大对小微企业贷款投放，合理确定并有效降低融资成本。

（三）统筹应对外部输入性压力与形成强大内需市场

中美经贸摩擦是当前中国经济面临的最大外部风险，对中国的可持续发展构成了威胁。美国实施的贸易保护主义和单边主义政策，恶化了中国的对外贸易条件。化解中美贸易战带来的重大风险，要做好两手准备，既要积极应对主动化解，建立外部风险冲击的登记预警制度，着力提高外部输入性压力的防控应对能力，更为重要的是做好自己的事情，通过全面深化改革开放克服贸易保护主义带来的挑战，通过培育形成强大的内需市场，引导中国经济由外需依赖转向内需驱动，抵御中美贸易战造成的负面冲击。在外需驱动的出口导向行业产出下行背景下，地产 + 基建的传统需求侧动能对经济边际刺激效应呈现出顺周期的下滑，有必要转变宏观调控的思路和方式，激发超大规模的全新内需市场潜力，培育新技术、新业态、新模式变革引领升级的消费市场，刺激扩大投资和消费来对冲经济下行压力。

（四）统筹资源配置中市场的决定性作用和更好发挥政府作用

作为政府的一项重要职能，宏观调控的方式手段既有市场手段也有行政手段。随着中国社会主义市场经济制度逐步成熟完善，宏观调控也应更多使用市场化、法治化的手段，引导各行业市场逐步出清，有效化解过剩产能和需求不足之间的矛盾，建成实体经济、科技创新、现代金融、人力资源协同发展的产业体系，实现总需求和总供给的动态平衡。当市场失灵时，有必要采取行政手段，发挥兜底功能，如解决好“三农”等补短板问题，有必要发挥政府这一“有形的手”，促使经济发展在体现效率的同时兼顾公平。做好重点领域保障，就不得不利用些许行政手段；继续抓重点、补短板、强弱项，需要发挥财政资金的乘数效应，引导资金投向供需共同受益、具有乘数效应的先进制造、民生建设、基础设施短板等领域，促进产业和消费“双升级”。

（五）统筹财政、货币、就业、产业、区域宏观政策协调

在中长期规划引导下，处理好经济周期性波动和结构性矛盾，尚需统筹协调财政、货币、就业、产业、区域等政策组合，合理确定各项政策施策方向及松紧搭配程度，在区间调控基础上强化定向调控、相机调控和精准调控，形成政策合力。财政政策要更好发挥推进结构调整的优势和作用，货币政策要营造稳健适宜的货币金融环境，同时保证货币政策的自主灵活适度，确保社会融资规模增长同经济发展相适应。创新财政、货币等政策调控手段，对消费、投资、就业、产业、区域、民生、贸易等政策提供支持保障，共同引导资金流向高收益或补短板领域，而且财政和货币政策两者要协同发力更有效服务实体经济和国家发展大局。

（六）构建新时代涵盖五个“统筹”的宏观调控政策体系

根据国内国外新形势变化和中国经济发展的高质量要求，深入贯彻《关于创新和完善宏观调控的指导意见》（中深改办〔2019〕28 号）总体要求，着手构建新时代中国宏观调控政策框架体系，涵盖“稳发展、促改革”的政策目标体系，稳定内外需求逆周期调节政策组合，统筹推进供给侧结构性改革，统筹财政与货币政策与就业、产业、区域、民

生、安全等政策相协调（见图 11－1）。其中，把涉及劳动者的就业优先政策摆在突出位置，更好利用财政和货币两大基础政策手段，有效加大对消费、投资、产业、区域、贸易、金融、安全、民生等政策的引导支持力度，并形成政策合力，努力实现“稳中求进”的总目标。

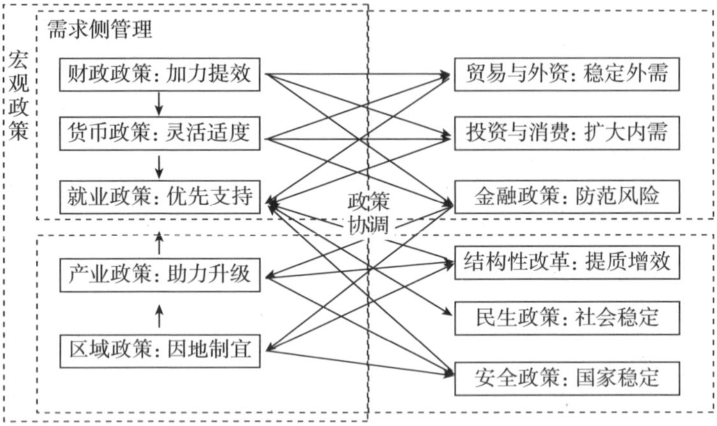

图 11－1　新时代我国宏观调控政策框架示意

当前及今后一段时期宏观调控的基本思路是以满足人民日益增长的美好生活需要为终极目标，立足宏观政策要稳、微观政策要活、社会政策要托底的总体思路，在保持基本宏观政策联系性和稳定性的同时，突出供给侧结构性改革的主题主线，统筹处理好短期与长期、风险与发展、国内与国际、政府与市场以及各项政策与国际政策协调之间的关系，确保形成科学有效有序的政策合力，使其发挥应有效力引导中国经济朝着高质量发展要求迈进。

（1）财政政策要强调“加力提效”。“加力”意味着更加积极有所作为，更加注重结构调整，聚焦实体经济发展，做好重点领域保障，继续实施结构性减税降费，坚决压缩一般性支出，优化支出结构，做好重点领域保障，支持基层保工资、保运转、保基本民生。“提效”意味着将有效的资金用在刀刃上，积极发挥财政资金四两拨千斤的作用，提高资金使用效率。

（2）货币政策要强调“灵活适度”。“灵活”意味着货币政策边际操作更加灵活，与财政政策的配合更加重要，货币政策调控更倾向于总量平稳和结构性倾斜，灵活调控的目的在于增强服务实体经济能力，保持货币信贷和社会融资规模合理增长，完善中央银行利率调控和传导机制，切实降低实际利率水平和社会融资成本。“适度”意味着宏观审慎政策的重要性逐步提升，要开展货币政策和宏观审慎政策双支柱调控框架，推动货币政策从数量型调控为主向价格型调控为主转型，确保货币信贷、社会融资规模增长同经济发展相适应，既要有效防范系统性金融风险，增加制造业中长期融资，也要有效发挥逆周期调节功能，实施差别化调控有保有压，更好缓解民营和中小微企业融资难、融资贵问题。

（3）就业政策强调“优先支持”。“优先”意味着要把稳定和扩大就业作为经济社会发展的优先目标，重点解决好高校毕业生、农民工、退役军人、下岗转岗职工等重点群体就业增收问题，确保零就业家庭动态清零。“支持”意味着要多措并举支持创新创业对扩大就业的支撑作用，促进吸纳就业能力强的服务业和部分劳动密集型产业发展，支持灵活就业、新就业形态发展。

（4）产业政策强调“助力升级”。“助力”意味着要有效增强对技术创新和结构升级的扶持作用，支持对“卡脖子”关键技术研发及推广应用，健全支持基础研究、原始创新的体制机制，完善科技人才发现、培养、激励机制，支持培育一批具有影响力的战略性新兴产业。“升级”意味着产业政策要转向普惠化和功能性，致力于提升市场功能，确保与市场化改革的大方向相一致；同时要转向与竞争政策协同使用，强调竞争政策的基础性地位，把竞争政策理念贯穿到监管全链条，建设高标准市场体系，健全支持民营经济发展的法治环境，完善中小企业发展的政策体系。

（5）区域政策强调“因地制宜”。“因地”意味着根据重点地区、重点城市的现实基础和发展禀赋，完善区域政策和空间布局，发挥各地比较优势，推进京津冀协同发展、长三角一体化发展、粤港澳大湾区建设，采取相适应的一揽子支持性政策，打造世界级创新平台和增长极，构建全国高质量发展的新动力源。“制宜”意味着要统筹协调地区间发展差异，鼓励其发展具有地域特色的经济新增长极，协调联动区域间跨区域发展，统筹区域分类指导和高标准统一大市场体系建设，差异化推进地方土地计划管理改革和跨区域合作模式创新，提高中心城市和城市群综合承载能力。

三、中国宏观经济调控面临的目标趋向

2019 年以来，中国政府及时进行宏观政策调控，采取更加积极的财政政策和稳健的货币政策，经受住严峻的风险考验，经济保持了健康稳定的发展，体现了发展的内在韧性，符合中央提出的“六稳”的目标要求。制定合理的宏观政策之前，合理设定经济增速等政策目标是非常关键的，因为合理的指标设定有助于制定适度的宏观政策，统筹协调经济运行的周期性波动和结构性变化，避免顾此失彼，留有遗患。

（一）经济增速保持在 6.0% 左右的合理区间

2018 年中国实际 GDP 增速为 6.6%，较 2017 年略降 0.2 个百分点，2018 年第四季度和 2019 年第一季度经济增速下降至 6.4%，与国际金融危机爆发时最低点——2009 年第一季度的增速持平，2019 年第二季度经济增速下降至 6.2%，较 2010 年第一季度 12.2% 的增速下跌了近半，第三、第四季度进一步下降至 6.0%。应当看到，即便受到中美经贸摩擦的严峻冲击，2018 年以来经济增速的下降是比较缓慢的，与 2008 年国际金融危机爆发时的情形不同（见图 11－2）。2020 年中国实际 GDP 增速为 2.3%，受疫情影响，四个季度呈现出前低后高的走势，在低基数效应作用下，2021 年四个季度呈现出前高后低的走势，其中第一季度经济增速高达 18.3%，第二季度回落至 7.9%，第三、第四季

度有望继续回落至潜在产出缺口附近，低于国际金融危机爆发时经济增速的最低点——2009 年第一季度 6.4% 的经济增速。从经济周期理论看，这种走势并不是明显的“萧条、复苏、繁荣”的经济循环。显然，这不能简单地认为中国经济没有发生过任何危机，而应当认为中国经济正在经历“三期叠加”阶段。随着中国经济开放度越来越高，中国经济受到外部危机的冲击也越发明显。

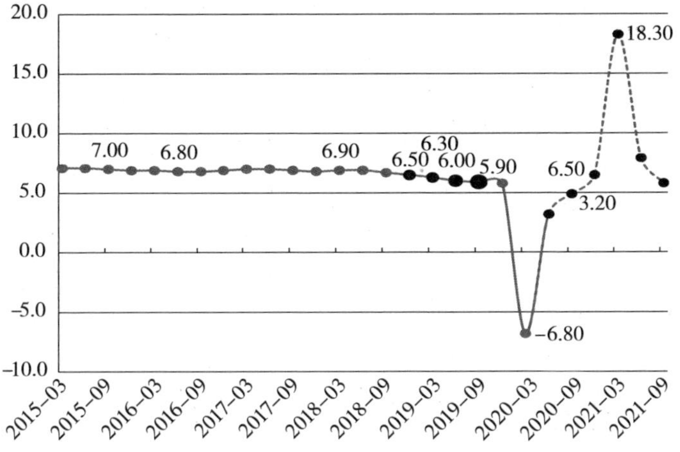

图 11-2　中国实际 GDP 当季同比增速

2019 年政府工作报告中提出将经济增速维持在 6.0% ~6.5% 的合理区间，2021 年政府工作报中告提出将经济增速维持在 6.0% 以上的目标，说明在疫情等不确定性因素影响下中国政府允许经济增长目标维持住 6.0% 的底线。一方面，说明中国政府提高了对经济增速下行的容忍度，允许经济增长目标最低可下调至 6.0% 的底线；另一方面，保持在较宽幅的合理区间，使经济增长目标更具有弹性，更加顺应内外客观形势的变化，特别是中美经贸摩擦等不确定性风险加大，对此外部风险难以做到有效预判和控制，只能采取有效的逆周期调节政策缓冲对经济增速的负面冲击。相比以往年份，设定 6.5% 的增速上限甚至还低于 2018 年 6.6% 的增速。一方面，这意味着 6.5% 的经济增速与中国经济的潜在增长率大致相仿，超出潜在增长率的增长虽仍能达到，但需要更多的刺激计划才行。另一方面，2019 年将经济增速保持在 6.0% ~6.5% 的合理区间意味着中央主动调整的需要，接下来两年要实现全面建成小康和“十三五”期间实际 GDP 年均增长 6.5% 左右，2019 年和 2020 年经济增速只需保持在 6.2% 左右即可完成既定目标，因此就没有必要必须保证经济增速维持在 6.5% 的上限。当前，经济增长不能只看数字变化，还要看结构和质量变化，中国经济增速放缓的另一层含义意味着更高质量的增长，即经济结构发生着优化调整，增长的含金量有所提高。面对国内外风险挑战明显上升的复杂局面，2022 年仍要确保经济运行在合理区间。经济学界对这一合理区间有不同解读，甚至引发是否采取措施“保六”的争论。2019 年 12 月 1 日，中国社会科学院学部委员余永定教授在《财经》杂志发表题为“经济增速已滑至6%，该刹车了”的文章。他主要从通胀和财政状况角度确定经济增速目标，短期采取逆周期调节的刺激总需求政策实属有必要，但并不意味着机械地把 6% 作为绝对下限，宏观政策调控的目标多元化使得 6% 增速并不那么重要，而长期增长目标要实现经济再平衡，即在量的合理增长的基础上实现质的提升。

（二）将居民消费价格指数目标控制在 3% 左右

2012 年以来，全国 CPI 当月同比曾连续 7 年多时间维持在1.4% ~3.0%，即便近期出现一定上升，但仍维持在这一合理区间内（见图 11 -3）。2019 年 CPI 的累计同比维持在 2.9%，尽管 11 月和 12 月连续两个月当月同比攀升至 4.5%，但并不具有可持续性，因为不含食品和能源的 CPI 累计同比只有 1.6%，不含鲜菜和鲜果的 CPI 累计同比只有 2.7%。CPI 保持平稳态势给应对经济下行提供了较大的政策操作空间。随着国际商品价格维持震荡下行，2019 年工业生产者出厂价格指数（PPI）累计同比降至 0.3%，而 12 月当月同比下降 0.5 个百分点，较上个月降幅收缩 0.9 个百分点，意味着工业通缩的风险已有所收窄。随后，CPI 持续下降并在2021年年初转为负值，CPI保持平稳态势为应对疫情冲击提供了较大政策操作空间。受供需恢复错配等因素影响，2021年以来，工业生产者出厂价格指数（PPI）同比增速转正后持续上涨，并于8月累计同比升至9.5%，创国际金融危机以来的新高，这意味着工业品输入性通胀的风险加大。

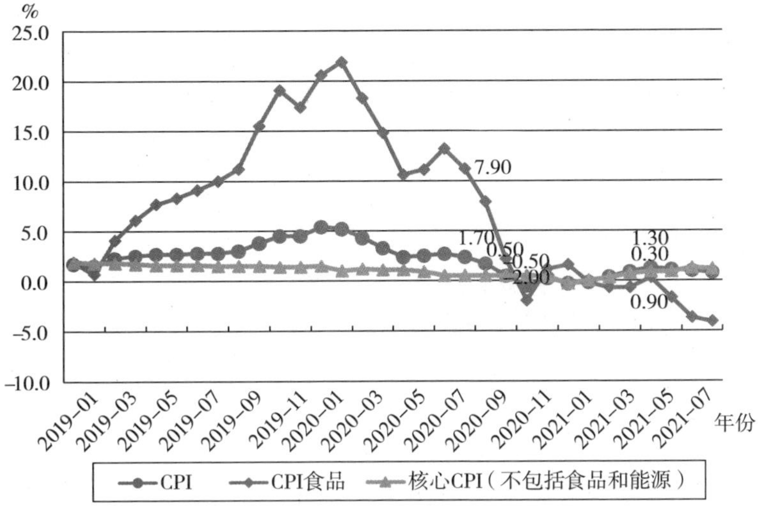

图 11-3　中国 CPI 当月同比增速

（三）把就业优先摆在宏观政策的突出位置

2018年全国城镇新增就业1361万人，连续6年保持在1300万人以上。2018年城镇调查失业率稳定在5%左右，城镇登记失业率只有3.8%，更是2002年以来的最低点。由于就业具有顺周期性，经济增速下滑意味着就业总量压力较大。鉴于此，政府工作报告提出2019年的就业目标设定为城镇新增就业1100万人以上，城镇调查失业率5.5%左右，城镇登记失业率4.5%以内。2021年以来，全国就业形势保持总体稳定。1—8月份，全国城镇调查失业率平均为5.2%，低于全年宏观调控预期目标。2021年政府工作报告提出了城镇调查失业率5.5%左右的目标。由于就业具有顺周期性，经济增速下滑意味着就业总量压力较大，亟须强化就业优先政策导向。9 月份，PMI 从业人员指数为 49.0%，较上月下降 0.6 个百分点，连续 6 个月处于荣枯线之下，表明制造业企业用工景气度持续下降。非制造业商务活动指数中服务业从业人员指数为46.9%，比上月回升0.5 个百分点，表明服务业企业用工景气度略有改善（见图 11－4）。鉴于此，2019 年《政府工作报告》提高了城镇失业率的目标值，而且首次将就业优先政策置于宏观政策层面，旨在强化各方面重视就业创业、就业优先政策导向。预计 2022 年政府仍将高度重视就业目标，预计新增就业人数仍维持在 1100 万人以上，城镇调查失业率维持在 5.5% 左右。

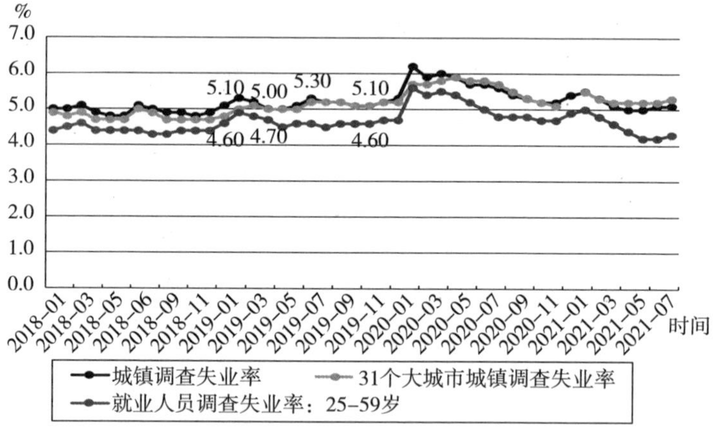

图 11－4　全国城镇调查失业率

（四）引导进出口稳中提质和实现国际收支平衡

2018 年以来，全国进出口虽然受到中美经贸摩擦的冲击，但进出口保持稳定增长，经常账户盈余缩小。中国海关数据显示，受中美经贸摩擦带来的不利预期影响，2019 年以美元计价的中国进出口总额增速下降 1.0%，其中出口增长 0.5%，进口下降 2.7%，均较上年同期大幅下降 18.5 个百分点（见图 11－5）。中国对美进出口总额增速下降至－14.5%，拖累对日进出口增速下降 3.9%，而中国对欧盟和东盟的进出口增速仍保持稳定增长，增速分别为 3.4% 和 9.2%；其中对美出口增速大幅下降 12.5%，对日本出口增速下滑 2.6%，但对欧盟和东盟出口增速保持相对较高水平，分别为 4.9% 和 12.7%；自美进口增速大幅下降 20.9%，但降幅已逐步收窄，自日本进口增速下降 4.9%，自欧盟进口增速稍微有所放缓至 1.1%，而自东盟的进口则攀升至 5.0%。受疫情影响，2020 年我国进出口总额同比下降至 1.6%，其中出口增长 3.6%，进口下降 0.7%。2021 年以来，外贸延续 2020 年下半年的增长势头，继续恢复性反弹。2021 年前 8 个月，我国货物进出口总额（人民币计价）同比增长 23.7%，其中出口同比增长 23.2%，进口同比增长 24.4%，总体呈前高后低的回落走势，以美元计价的进出口额累计同比增长 34.2%，其中出口同比增长 33.7%，进口同比增长 34.8%。从中可以看出，人民币汇率对外贸有一定的影响，人民币对美元的升值在一定程度上抑制了出口增速，反而有利于促进进口恢复。除了全球经济总体恢复带来的扩张效应外，我国稳外贸的政策效应逐步落地见效，有力地支撑了外贸的强劲增长，持续扩大贸易顺差。外贸形势向好也带动生产恢复向好，工业出口增长加快。跨境电商、海外仓等新业态保持较快发展，对我国稳外贸发挥着助力作用。

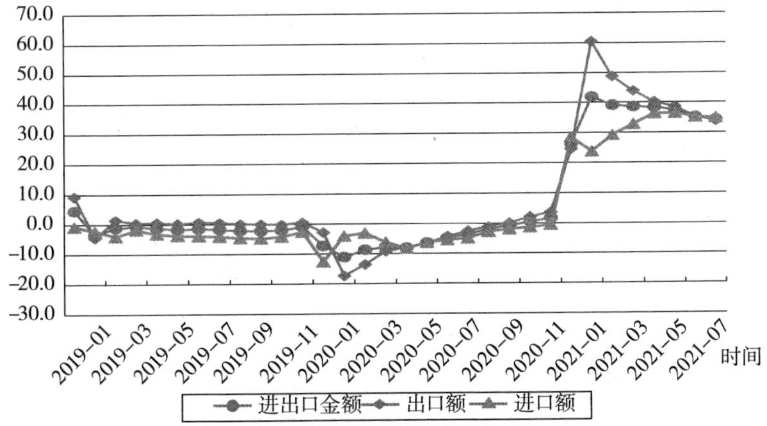

图 11-5　中国进出口增速变化

2019 年以来，中国实际利用外资仍稳步增长，全国实际利用外资额（美元计价）1381.4 亿美元，累计同比增长 2.4%（人民币计价 9415.2 亿元，同比增长 5.8%）；2020 年，中国实际利用外资额仍稳步增长，达到 1443.7 亿美元，同比增长 4.5%。2021 年 1—8 月份，全国实际利用外资额（美元计价）累计同比增长 27.8%（人民币计价同比增长 22.3%）；其中服务业实际利用外资额保持较高水平，同比增长 25.8%，高技术产业实际利用外资增速保持 30.2%，其中高技术服务业增长 35.2%，高技术制造业增长 14.9%（见图 11－6）。随着中国对外开放大门越开越大，实际利用外资增速仍会保持较高增长，并未出现外商大幅撤资现象。鉴于此，政府工作报告中屡次提出要确保外贸稳中提质，稳住是基础，提质是要求。外资持续看好中国市场，并愿意继续扩大在华业务规模。中国美国商会调查显示，66% 的美资企业计划在中国增加投资；中国欧盟商会调查显示，60% 的欧资企业将扩大在华业务规模。由此看来，外资企业在华投资将在我国构建新发展格局中仍发挥着独特而重要的作用。今后我国将会进一步创造良好的营商环境，加大吸引外商投资的力度。

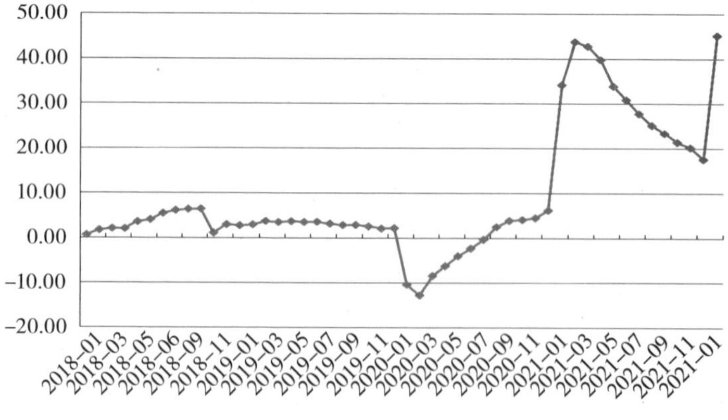

图 11－6　中国实际使用外资金额同比

（五）坚定推进供给侧结构性改革和经济高质量发展

通过"三去一降一补"等供给侧结构性改革，经济发展质量和效益继续提升。2018 年，消费连续五年成为经济增长第一动力，服务业对经济增长贡献率接近 60%，高技术产业、装备制造业增速明显快于一般工业；同期全社会 R&D 支出占 GDP 比重达到 2.19%，科技进步贡献率达到了 58.5%，单位国内生产总值能耗下降 3.1%。2019 年政府工作报告提出坚持推动高质量发展和坚持以供给侧结构性改革为主线的总体要求，提出相应经济社会发展质量目标，包括确保宏观杠杆率基本稳定，金融财政风险有效防控；农村贫困人口减少 1000 万以上，居民收入增长与经济增长基本同步；生态环境进一步改善，单位国内生产总值能耗下降 3% 左右，主要污染物排放量继续下降。2018 年以来，全面推进扩大开放。中国出台稳外贸和稳外资政策，货物通关时间压缩一半以上。下调部分商品进口关税，关税总水平由 9.8% 降至 7.5%。新设一批跨境电商综合试验区，复制推广自贸试验区改革经验。大幅压缩外资准入负面清单，扩大金融、汽车等行业开放，沈阳华晨宝马、上海特斯拉、惠州巴斯夫等一批重大外资项目落地，新设外资企业增长近 70%。2020 年 1 月 1 日，全国实施《中华人民共和国外商投资法》及其实施细则，切实为全方位开放护航。《中华人民共和国外商投资法》是对中国外商投资管理体制的根本性变革，是新时代利用外资的基础性法律制度。与以往不同的是，新法对外商投资实行准入前国民待遇加负面清单的管理制度，清单之外充分开放，中外投资享有同等待遇。这让外国投资者吃下"定心丸"，解决外商对投资的不安全感，为外商在华投资经营提供更加有力的法治保障。

（六）确保股市、债市和汇市的平稳向好

2019 年以来，中国金融市场总体运行相对平稳。受中美经贸摩擦不确定性影响，中国股市在经历震荡下跌后出现企稳回升迹象，在消化

完不利预期的影响后，科创板注册制等改革利好涌现，9 月初上证综指重新反弹至 3000 点以上。中美经贸摩擦对企业出口造成负面冲击，人民币对美元月平均汇率累计贬值了 3% 以上。受美国对剩余 3000 多亿美元商品加征关税的影响，2019 年 12 月人民币对美元平均汇率为 7.02 左右，较 2019 年年初贬值了约 3.3%。随着经常账户盈余维持正增长，外汇储备始终保持在 3 万亿美元以上，有效支撑人民币汇率保持基本稳定（见图 11－7）。2020 年以来，受疫情影响，金融市场有所波动，但总体运行相对平稳。受疫情冲击，中国股市在经历震荡下跌后出现企稳回升迹象，在消化完不利预期的影响后，科创板和创业板注册制、设立北京交易所等改革利好涌现，2021 年 10 月初，上证综指现重新反弹至 3500 点以上。疫情反复对企业出口造成正向影响，人民币对美元月平均汇率累计略有升值。2021 年 9 月，人民币对美元平均汇率为 6.46 左右，较年初升值了约 0.3%。随着经常账户盈余维持正增长，外汇储备始终保持在 3.2 万亿美元以上，有效支撑人民币汇率保持基本稳定。我国债券市场规模快速扩大。2021 年前三季度，全国各类债券发行约为 45.23 万亿元，同比增长 6%，其中利率债发行总额 14.85 万亿元，国债发行 4.71 万亿元，地方政府债发行 5.62 万亿元，两者同比略有 1% 的下降。信用债发行约为 14.49 万亿元，其中资产支持证券与可转债发行量增幅明显增加，分别达到 22044.4 亿元和 1930.3 亿元，同比增长 29% 和 21%。其中信用债发行出现结构性问题，以恒大为首的头部房地产企业风险事件频发，引发市场担忧，而土地出让收入划归税收征收将考验城投债的信用，相关协会品种和交易所品种发行将面临困难。近期，我国部分债券虽出现违约行为，但债券市场异常波动得到了及时应对，表现得相对健康平稳。

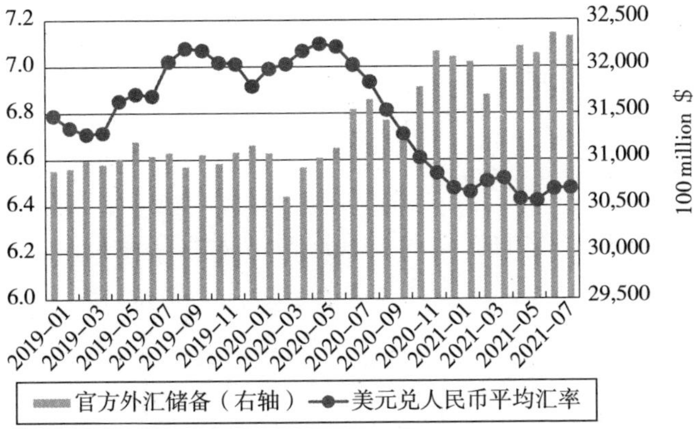

图 11－7　人民币汇率和官方外汇储备变化

（七）宏观调控政策更加强调科学发挥逆周期调节作用

1. 积极财政政策更加积极

2018 年以来，中国实施了积极的财政政策，在 2018 年减税降费 1.3 万亿元的基础上，2019 年再次减税降费近 2 万亿元，包括再次下调增值税税率 3 个点，实施小微企业 2000 亿元减税降费政策，下调城镇职工基本养老保险单位缴费比例至 16%，落实好新修订的个人所得税法，使符合减税政策的约 8000 万纳税人应享尽享；而且适当扩大财政赤字，将赤字率由上年的 2.6% 提高至 2.8%。2019 年以来，中国有关部门密集批复了多个轨道交通建设规划和高铁建设项目，涉及投资总额超过 9300 亿元。而且，还将加大城际交通、物流、市政、灾害防治、民用和通用航空等基础设施投资力度；吸引更多民间资本参与重点领域项目建设。为了稳定国内消费需求，中国政府还出台了稳定消费增长的系列政策措施，多措并举扩大重点领域消费，包括推动老旧汽车报废更新，继续执行新能源汽车购置政策，加快推进第五代移动通信（5G）技术商用，推进老旧小区和老年家庭适老化改造，实施扶持养老照护服务、婴幼儿照护服务的政策措施，支持电商快递和优质产品下乡，等等。受疫情影响，2020 年以来，中国采取更加积极的财政政策，如扩大财政赤字、发行特别国债、扩大地方专项债规模等，有效引导经济稳步复苏，为中小微企业纾困解难。

2. 稳健货币政策灵活适度

中国继续实施稳健的货币政策，保持流动性合理充裕，引导金融支持实体经济。2019 年 12 月末，广义货币 M2 同比增长 8.7%，比 2018 年 12 月末增加 0.6 个百分点；全年社会融资规模增速 10.7%，货币流动性有所改善。2018 年至 2019 年底，中国央行先后 5 次降低存款准备金率和实施 2 次变相“降息”操作，包括调降 1 年期中期借贷便利（MLF）利率和 7 天逆回购利率，共释放约 5 万亿元资金，2019 年内实施三次降准，共释放 2.7 万亿元资金，大幅缓解民营和小微企业资金紧张状况，使其融资成本上升势头得到初步遏制。疫情暴发后，中国采取更加积极的货币政策，释放了更多流动性以刺激经济复苏和缓解企业融资困难，配合更积极的财政政策可以有效促进经济快速反弹和民生保障。

四、防风险前提下今后应采取更合理的宏观调控政策组合

当今世界仍处在国际金融危机后的深度调整期，百年未有之大变局加速演变的特征更趋明显，全球动荡源和风险点显著增多。中国当前经济形势应当是“稳的态势在承压，变的因素在增多”。特别是在“三期叠加”影响持续深化背景下，中美关系出现大的变化，经贸摩擦造成外部环境趋紧，经济下行压力加大，两难多难问题增多，宏观调控面临的约束条件呈现复杂化、多样化和易变性。侧重于需求调节的宏观经济政策本身不能改变潜在增长率，但实施得当，这些政策能有效提高经济增长的效率，倘若将结构性改革和体制机制改革纳入宏观调控框架，就能有效突破约束条件趋紧的复杂情景，处理历史需求接近峰值、人口结构变

化、技术进步递减、资源环境承受能力临界等诸多诱导经济下行的变量。

（一）外部输入风险与内部转型风险叠加

随着全球保护主义、单边主义加剧，世界经济增速放缓，而中美经贸摩擦增加了国内经济下行压力，给经济结构优化和产业转型升级构成挑战。受保护主义和生产率下降影响，全球经济发展减速已成不争的事实，特朗普政府实施的单边主义和退群行动引发国际规则体系发生变化，美国对外战略转向引发世界的不确定性和不稳定性增加，意味着现有世界秩序面临崩塌风险。在此背景下，中美经贸摩擦已是当下宏观经济层面最大的不确定性因素之一。美国对华出口商品加征高额关税不仅造成中美经贸关系地位发生改变，自 1993 年以来美国作为中国第二大贸易伙伴的地位让位给东盟，而 2015 年以来中国作为美国最大贸易合作伙伴的地位被加拿大和墨西哥超越。美国开始对越南征收高额的惩罚性关税以杜绝中国商品经越南的转口贸易。即便中美达成第一阶段协议，但中美经贸“脱钩”的趋势依然越发明显。2019 年以来，出口下滑造成制造业投资下降，加剧经济下行压力。中国经济增速由 2018 年第四季度的 6.4% 下降至 2019 年第三、第四季度的 6.0%，下降的这 0.4 个百分点至少有 0.26 个百分点是中美经贸摩擦带来的。据国际货币基金组织（IMF）测算，如果中美贸易摩擦持续升级，累计 2020 年全球经济增长约下降 0.8 个百分点，拉低中国国内生产总值（GDP）增长约 2 个百分点。

美国对中国高技术企业打压和遏制成为中国可持续发展面临的外部风险。在国内资源环境约束趋紧及土地、劳动力等要素成本走高的背景下，中国企业亟待加快依靠创新驱动转型发展，不断提升国际市场的竞争力。如今，美国对华高科技产业的长臂封锁让中国技术追赶的难度加大，跨国并购技术会遇到更严格的国家安全审查，科研人员研修面临往返交流阻碍，企业联合创新也面临产权保护困境。课题组对美的集团调研获悉，在收购德国库卡机器人后，美的集团希望在华设立研发中心获得机器人研制技术，但库卡公司只把六轴以下机器人生产工厂放在中国，而七轴机器人研制仍都留在德国。碧桂园集团通过建设博智林机器人谷希望研制出建筑机器人提升住房建造效率，但面临难以吸引到优秀研发人才的问题。这些例子说明，即便国内企业有加快转型升级的诉求，但外部输入限制已阻碍到产业升级的进程，而关起门来自主研发的周期比较长、代价比较高，且失败风险很大。

（二）有效需求不足与低端供给过剩并存

2018 年以来，受全球贸易保护主义影响，外需萎缩造成稳出口压力加大，特别是中国对美出口大幅下降，出口导向企业遭遇订单转移（见图 11－8）。2019 年以来，以美元计价的中国进出口总额增速有一定下降，其中对美贸易额已被东盟超越。由于进口增速下降幅度更大，经常账户仍保持一定顺差，而净进口对经济增长的贡献为正。2019 年，最终消费对 GDP 的累计贡献率达到 57.8%，低于 2018 年的 65.9%，货物和服务净出口对 GDP 的贡献率由 2018 年的 -7.4% 转为 11.0%，资本形成总额对 GDP 的贡献率则由上年的 41.5% 下降至 31.2%。受全球经济同步放缓拖累，中国经济下行压力增加。国际货币基金组织 2019 年 5 月发布的报告《中美贸易紧张局势造成的影响》指出，中美经贸摩擦可能会严重挫伤商业和金融市场情绪，破坏全球供应链，并影响新技术传播的速度，最终导致全球生产率和福利下降。中美签署第一阶段经贸协议，全球经济遭遇的不确定性和负面影响下降，但并未彻底消除。若因外部需求不足造成内需不振，可能会进一步引导地方财政状况恶化，进而造成经济增速被动惯性下滑。从现实情况看，2019 年受中美经贸摩擦不利影响，中国经济较 2018 年下降了 0.5 个百分点，若没有采取减税降费等刺激性政策进行对冲，预计中美经贸摩擦风险对中国经济增长的影响可能会达到 0.8～1.0 个百分点（见图 11－8）。受疫情冲击，我国对东盟、欧盟、美国、日本等主要贸易伙伴的贸易虽受影响，但总体比中美经贸摩擦之前要好一些，特别是 2021 年后对主要经济体的贸易呈现出快速反弹趋势。

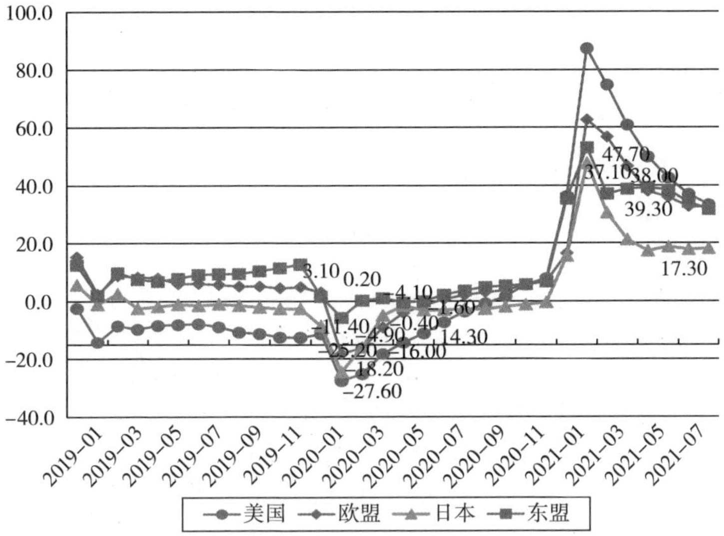

图 11－8　中国对美欧日和东盟的进出口总额增速变化

与此同时，国内消费增速有所减慢，有效投资增长乏力，总体表现为有效需求不足，这些变化趋势不仅带来价格回落，而且给企业生产带来不利影响。2019 年，社会消费品零售总额增速为 8.0%，较上年同期下降 1.0 个百分点，而汽车类零售额增速下降了 0.8%，较上年同期收窄 1.6 个百分点。2019 年，固定资产投资累计同比有所走低，其中制造业投资和民间投资增速出现一定放缓迹象，基础设施投资增速保持较低水平，只有房地产投资增速保持在近两位数水平，但增速也进入下降通道。2018 年年底以来，基建投资增速虽逐步企稳回升至 3.3%，但受制于资本金的约束，基建投资增速改善程度并不明显。2019 年，制造业投资累计同比增速为 3.1%，低于上年同期水平 6.4 个百分点，民间制造业投资增速仅有 2.8%，较上年同期水平放缓 7.5 个百分点，其中汽车制造业投资增速下降 1.5%，民间汽车制造业投资增速下降达到 8.8%（见图 11－9）。随着经济形势趋于稳定，内需潜力将逐步释放出来，投资和消费都将恢复至正常水平，特别是投资将发挥更重要的稳增长作用。由于工业企业利润仍然保持较快增长，制造业投资将会保持较高增速。预期经济增速下行压力加大，预计宏观政策偏向宽松，特别是积极的财政政策将托底基建投资，基建投资增速有望比2021年有所抬升，从而支撑固定资产投资增速不至于受房地产投资增速下行的拖累。受疫情反复和汛期等影响，消费恢复不及预期。

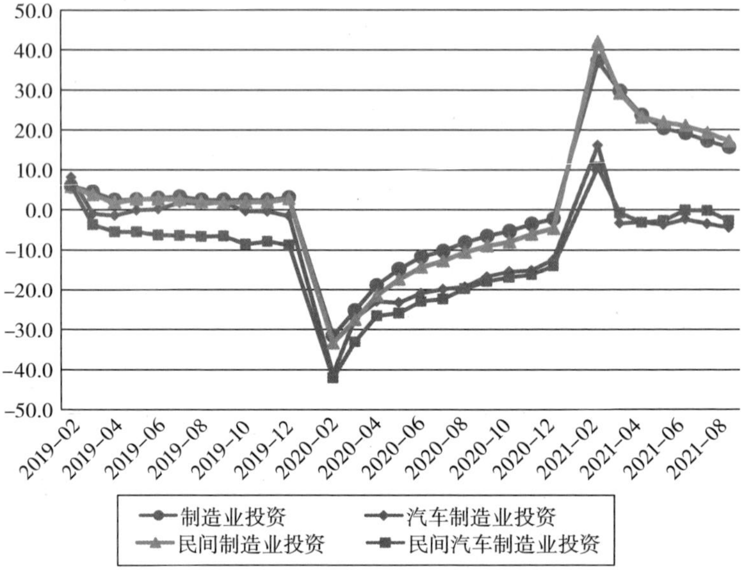

图11-9　制造业投资增速变化

2016年以来，在去产能、去杠杆、去库存、降成本、补短板（“三去一降一补”）的结构性改革推动下，包括落后产能、“僵尸企业”等已基本得到出清，但面向内需的低端产能依然过剩。2019年全国工业产能利用率为76.6%，比前几年有所攀升，但按照国际平均产能利用率标准，81%~82%表明产能利用率基本正常，低于75%则意味着存在严重过剩。目前，部分产能过剩的情况并未完全改观。在贸易壁垒造成的内需不振的情况下，汽车、钢铁等行业再现新一轮产能过剩迹象。2019年全国汽车产销量分别完成2572.1万辆和2576.9万辆，同比分别下滑7.5%和8.2%，而全国汽车总产能已有3500万辆左右，除了过剩的1000万辆产能外，仍有上千万辆产能处于规划或建设中。全国粗钢产量连续4年呈现攀升态势，2019年接近10亿吨，近4年累计增长了24.0%，倘若大规模基建和房地产投资跟不上，钢铁产能过剩情况将会再现。《2018年国内外油气行业发展报告》显示，随着地方民营大型炼化项目相继投产，2019年全国炼油总能力将达到8.63亿吨/年；过剩产能将升至每年约1.2亿吨。不可否认，当前我国许多面向区域市场为主的中小企业生产力依然落后，在原材料、资金、劳动力、环保等成本逐步抬升情形下，国内很多中小企业面临生产经营的困难，尽管短期仍可依托国内庞大市场进行"薄利多销"的生产经营，但既有的生产方式已不适应快速升级的高质量消费需求，亟须加大技术改造力度，提高供给体系质量，促进产业链现代化，适应消费需求升级的需要。

（三）实体经济融资困境与资产泡沫发酵犹存

当潮水退去时，谁在裸泳就显而易见。经济下行压力下，各行业盈利水平明显下降，实体经济发展难题再次凸显，民营和小微企业融资难、融资贵问题也更难有效解决。

高杠杆是金融体系脆弱的总根源，其加剧金融风险积累，提高危机爆发可能性。社会科学院国家金融与发展实验室的季度金融报告显示，2021年第二季度，包括居民、非金融企业和政府部门的实体经济杠杆率由2019年年末的246.5%上升至265.4%，增长了18.9个百分点。其中，非金融企业部门杠杆率从2019年年末的151.9%上升至2021年第二季度的158.8%，上升了6.9个百分点。这主要归因于应对疫情危机后的信贷上升。地方政府杠杆率由2019年年末的21.6%上升至2021年第二季度的25.2%，上升了3.6个百分点。居民部门杠杆率由2019年年末的56.10%升至2021年第二季度的62.0%，累计上升了5.9个百分点，其中个人购房贷款余额由2019年年末的30.07万亿元攀升至2021年第二季度末的36.58万亿元。

为解除资产泡沫化风险的去杠杆政策近期面临调整压力，短期不能只是金融部门的整顿降低杠杆，而是在防范金融部门杠杆风险的同时，优先稳定非金融部门风险，防风险不是捂住风险，而是用市场化办法增强风险防范能力，区分好的债务和坏的债务。不论如何，降杠杆都是个长期过程。长期要实现降低杠杆率还必须依赖于金融体制机制改革，引导社会融资结构优化，提高直接融资比重。倘若去杠杆政策实施不到位，房地产泡沫可能会再次膨胀，金融领域的风险隐患可能会被引爆，如地方和企业债券违约、股权质押风险释放等。

（四）就业、粮食、能源等安全问题或许并发

2018 年以来，在内外需求减弱背景下，互联网行业已出现成规模裁员现象，也有些企业开始压缩招聘和降低薪金，经济增速放缓将逐步对充分就业的稳定性造成冲击。在外部经贸摩擦冲击下，进出口企业订单减少，可能引发新一轮关停倒闭或工厂外迁，进而引发一轮下岗失业潮，给社会稳定带来一定压力。2019 年以来，全国城镇调查失业率有所攀升，尽管只上升了 0. 1 个或 0. 2 个百分点，但是与庞大的就业基数联系起来，那么失业人口数量就不容小觑。中国制造业采购经理人指数（PMI）从业人员分项指数由 2018 年 12 月的 48. 0 一度下降至 2019 年 6 月和 8 月的 46. 9，甚至比 7 月下降 0. 2 个百分点，12 月虽恢复至 47. 3，但仍位于临界点之下，表明制造业企业用工量有所回落，进入不景气循环中。2019 年以来，新出口订单指数始终保持在荣枯线之下，其中 2 月更是创下 2015 年末以来 45. 2 的新低，2020 年 1 月维持在 48. 7 的较低水平；而在手订单指数更是在 2 月创造 43. 6 的新低，此后有所回升，但 12 月仍保持 45. 0 的低迷状态。

反制美国加征关税的情况下，中国自美国进口的大豆、油气等数量会受到抑制，增加粮食和能源供应安全风险。2019 年我国大豆进口量为 8851. 1 万吨，同比上涨 0. 5%，但依旧是国产大豆出口量的 800 多倍。我国进口大豆主要为转基因大豆，其用途以榨油为主（俗称油用大豆），当前因贸易战我国进口美国较低价大豆受限，造成大豆库存持

续吃紧，补库存需要却受到近来巴西大豆进口成本激增的制约，大豆进口安全风险在加大。中国海关总署数据显示，2019 年，我国进口铁矿砂 10.69 亿吨，同比增长 0.5%，进口均价为每吨 654.4 元，同比上涨 39.8%；进口原油 5.06 亿吨，增加 9.5%，进口均价为每吨 3287.7 元，同比下跌 4.4%；天然气 9656 万吨，同比增加 6.9%，进口均价为每吨 2977.5 元，同比上涨 5.5%。随着铁矿石、油气等能源资源进口依存度持续增加，贸易战阴影下国家能源供应安全将会受到威胁，而购进油气价格上涨终将会反映到经济运行中推高通胀率，进一步增加宏调调控的难度。

疫情暴发后，部分国家采取了限制粮食出口的暂时性政策，引发多种国际粮食价格的快速上涨，加剧了全球粮食安全担忧。而国内汛情灾害给局部地区粮食生产带来了较大困难。我国粮食产量连年保持增产，口粮自给率较高，大米、小麦、玉米等三大谷物自给率高于 97%，库存消费比均远高于联合国粮农组织规定的安全水平，国际粮食供给和价格上涨不会对国内粮食供给产生较大影响。但是，国内大豆价格长期与国际水平保持较高的正相关性，我国大豆进口量较大，进口额占到表观消费量比例的 80% 以上，国际大豆价格的上涨自然推升了国内大豆价格。

能源资源危机是应予以高度重视的另一问题。随着铁矿石、油气等能源资源进口依存度的持续增加，国家能源资源供应安全将会受到威胁，而且进口能源资源价格上涨终将会反映到经济运行中推高通胀率，进一步增加宏调调控的难度。2021 年 4 月以来，国际大宗商品价格快速上涨，企业特别是中小微企业面临较高的上游原料成本，其购置原材料“囤货”的动机有所增强。这一点在铁矿石、煤炭、天然气等领域表现得极为明显，由此引发近期热议的新一轮煤电矛盾问题。2021 年以来，中国进口铁矿石月均价格连续上涨，总体已由 1 月的每吨 136.1 美元攀升至 8 月的每吨 207.6 美元，涨幅超过 50%（52.6%）。受疫情、天气、运输困难等因素影响，全球煤炭供应能力存在瓶颈制约，国际煤价节节攀升，已逼近2008年的历史高点，全球海运价格居高不下、国际气价急剧攀升，以煤代气速度加快，多种因素推升国际煤价。

疫情暴发后，我国率先控制住疫情实现复工复产，钢铁、建材、化工等行业企业增产需求迫切，国内煤炭供不应求，动力煤缺口较大，煤价屡创新高。叠加澳煤进口受限，我国煤炭进口有所下降，加剧了国内煤炭供应紧张的局面。2021年前8个月，我国原煤产量为25.97亿吨，同比增长只有4.4%，进口煤炭1.98亿吨，却同比下降了10.3%。当前，我国煤炭产量和消耗量占到世界的一半以上，但探明储量仅占世界的13.3%，仅供开采37年。在电力供需趋紧以及燃料成本攀升的情况下，煤电行业经营困难、保供压力大，导致企业发电意愿不高。

（五）人民币汇率跳贬和外资规模撤离容易引发连锁反应

中美贸易摩擦最直观的反映就是人民币对美元汇率的变化，局势紧张升级抑或缓和，人民币汇率随即就会有涨跌反映。自中美贸易摩擦升级以来，人民币汇率波动加剧，贬值预期增强，人民币兑美元汇率已贬值超过10%，而且中国政府也容忍有更大的波动区间。短期看，国际收支结构、外汇储备、黄金储备等变化对国际投资者情绪产生了一定影响。2019年8月以来，当特朗普政府宣布对华剩余所有商品加征10%关税后，人民币兑美元汇率出现应激反应，连续贬值并突破7.0的心理关口。从趋势来看，中国经济的基本面并不支持人民币的大幅贬值，但不排除存在恐慌预期产生单边贬值风险，特别是稳出口预期下人民币贬值压力短期很难消除。企业投资经营决策都更希望有相对稳定的汇率环境。在开放市场和优化营商环境方面，中国政府已经做了较大的努力，但外商投资信心却在连续下滑。科尔尼外商直接投资（FDI）信心指数显示，中国FDI的信心指数已连续三年下滑，由2017年的第3位下降至2018年的第5位和2019年的第7位。倘若人民币汇率不能保持稳定，外资也存在大幅撤离的可能性，而美元兑人民币贬值至近年新低并不必然意味着外资会大幅度流出，如果人民币贬值预期（可观察离岸人民币一年期掉期变化）稳定，不排除外资逆市买入的情景。当然，外资是否决定继续在华投资经营很重要的一点是产业链和供应链的变化。如果中美贸易摩擦迫使重构形成中美两套产业链和供应链，此时外资企业就可能不得不重新优化投资经营布局。目前，外资对中美贸易战的预期影响尚处在观望状态，并不想因短期经贸摩擦而贸然撤离中国，但这种观望的窗口期有多长尚有待观察。一旦外资出现大幅度撤离，也可能会引发人民币出现快速贬值现象。

新冠肺炎疫情使得全球贸易和投资活动按下暂停键，也在一定程度上遏制了贸易保护主义、单边主义加剧倾向。当全球疫情得到有效控制后，世界各国仍将纷纷转向追求国内经济恢复，有可能重新祭出保护主义措施。比如，近来美国经济恢复向好后又重提中美经贸关系问题，通过施压中国输出其国内的不确定性风险。在此背景下，中美经贸摩擦仍有可能再次成为全球经济复苏道路上最不确定的因素之一。当前，即便中美两国积极维护第一阶段协议实施效果，但中美经贸“脱钩”的趋势依然越发明显。在疫后复苏正常化过程中，外需转移可能造成我国稳出口压力加大，特别是中国对美出口可能会下降，出口导向企业将遭遇订单转移。2021 年前 8 个月，我国出口增速虽仍保持高位，但对美国的出口已出现疲态，当月同比下降至 15.52% 左右。拜登政府虽然不同于特朗普政府的极限施压政策，抑或出于通胀压力寻求对华经贸关系的缓和，但美国优先的政策并不会取消，反而会对华更加强硬。

（六）减税降费等政策与市场预期协调难度较大

2019 年以来，政府采取更加积极的财政政策，实施大规模和结构性减税降费政策，以增强微观主体的市场活力，但企业并未感到相应的获得感，相反在行业盈利能力整体下降的趋势下，甚至可能感到成本上升压力更大。例如，有些地方税务机关可能为了尽力完成税收目标，加大税收征管力度，或使得某些企业的减税降费的获得感不如名义税费下降的幅度那么多。从上市企业实际税费负担看，相比于大部分行业和地区，2018 年钢铁、房地产、综合、煤炭等行业的税费负担轻微上升，甘肃、宁夏、云南等地区小幅上升。与 A 股上市公司相比，新三板公司税费负担下降幅度较小，可能意味着小公司的减税降费获得感偏低。虽然小微企业税收的征管力度下降较多，小微企业税费减免获得感不强可能集中在行政事业性收费。审计署发布的 2019 年第二季度国家重大政策措施落实情况跟踪审计结果公告显示，部分地方和单位还存在清理中介服务不到位等问题。例如，一些地区和部门依托管理职能或利用行业资源、行政权力等违规收费、转嫁费用等，涉及金额 3. 82 亿元。部分地区行政审批中介服务清理规范不到位。7 个省的 8 家单位依托主管部门的行政审批事项开展中介服务并收取费用 6778. 69 万元。此外，还有 8 个省和 3 户央企的 21 家单位违规收取保证金 15. 18 亿元；15 个省和 6 户央企的 61 家单位未及时清退保证金 33. 67 亿元。各级政府都在持续优化营商环境，但与市场主体期待还有较大差距。货币政策要保持流动性充裕，但中小企业仍感到融资偏难偏贵。

（七）短期宏观调控政策与中长期改革目标步调不一致

注重短期（流动性松紧适度和稳定总需求）、中期（推进财政、金融、行政管理改革）和长期（供给侧结构性改革以重塑经济增长动力）政策协调一致是有效规避大规模刺激积累成疾和演变成为结构性失衡的良方。短期从稳定总需求出发，需注重采取财政货币政策预调微调投资、需求和出口增速，减少短期出现经济的大幅度波动。中长期看，要着力推动供给侧结构性改革，不断提高经济潜在增长率，以确保经济顺周期的中高速运行。通常，稳定总需求时，采取的刺激性政策往往会制约结构性改革的目标实现。例如，采取强刺激政策扩大投资和消费，容易做大资产价格泡沫，进而拖累消费需求；严格的去杠杆政策易引发中小企业融资难融资贵问题集中凸显，引发金融市场波动较大；严格的环保督查，可能导致很多生产工厂或养殖场关停，人为造成供给缺口，给经济带来下行压力。倘若宏观政策目标与市场均衡不一致，中央和地方的目标不一致，行政手段也无法确保政策奏效。可见，统筹兼顾短期的调控政策和中长期改革举措，需要宏观调控各项政策及其组合把握好“度”的问题。

五、防风险前提下今后应采取的宏观调控政策思路与对策

面对国内外风险挑战明显增多的复杂局面，宏观调控政策的空间面临诸多两难多难压力，调控目标已由以稳增长为主转向稳增长、防风险和应对贸易战并重。从形势上看，中美贸易摩擦已进入僵持阶段，而这一阶段可能会持续下去，而要做好这方面的准备，需要保持战略定力和实现健康稳定发展。当前，经济增速逼近目标底线，宏观政策需要适时微调，财政政策进一步加力提效，继续降低实际贷款利率，采取更加灵活的汇率政策，对冲外需趋缓的负面影响，减轻国内总需求政策的压力。2019 年 7 月 30 日中央政治局会议分析研究当前经济形势时定调，要“适时适度实施宏观政策逆周期调节，有力推动高质量发展”。坚持宏观政策要稳方面，会议提出“要实施好积极的财政政策和稳健的货币政策。财政政策要加力提效，继续落实落细减税降费政策。货币政策要松紧适度，保持流动性合理充裕”。

（一）采取“以内稳来预防外变”的宏观调控思路

中国经济发展最大的底气在于自身的中长期基本面。受外部冲击较大，短期出口、投资、消费和工业生产增速均出现一定下滑，但中国经济稳中向好、长期向好的基本趋势没有改变，趋势上的潜在增长率仍维持较高水平。中国拥有近 14 亿人口的消费潜力有待充分释放，也拥有完整的工业体系有待加快升级，只要做好自己的事情，不用过于担心外部挑战带来的冲击。如 2019 年 7 月底中央政治局会议指出，“必须增强忧患意识，把握长期大势，抓住主要矛盾，善于化危为机，办好自己的事”。2019 年 12 月中旬中央经济工作会议强调，“我们有党的坚强领导

和中国特色社会主义制度的显著优势，有改革开放以来积累的雄厚物质技术基础，有超大规模的市场优势和内需潜力，有庞大的人力资本和人才资源”。

基于此，对当前及今后一段时期宏观经济调控政策取向的总体判断是，要深刻认识到中美经贸摩擦这个变数的存在，在全球化红利窗口逐步关闭的背景下，继续维持中长期经济稳定增长，坚持“巩固、增强、提升、畅通”八字方针，即巩固“三去一降一补”成果，增强微观主体活力，提升产业链水平，畅通国民经济循环，全面做好稳就业、稳金融、稳外贸、稳外资、稳投资和稳预期等“六稳”工作。经济运行逆周期调节和顺周期运行趋势并行不悖，宏观政策表现在短期就是“守”为主，而中长期就是“进”为主，“守”代表着可以人为调节熨平经济波动，确保短期经济平稳发展；而“进”意味着应顺从发展规律变化把握趋势，确保全部释放发展潜力。短期就是要守住增长底线和就业底线，而中长期就是要转换动能和增强活力。稳定增长和就业底线的背景下，防风险的定位是“把握好风险处置节奏和力度”。

为了促进经济长期健康平稳发展，需要继续以经济建设为中心，需要对调控对象精准施策，需要发挥市场主体和利益相关者的发展积极性，促使调控政策落到实处，发挥效力。“内稳”的政策要聚焦投资者和消费者身上来，采取扩消费政策引导消费升级方向，完善产权制度保障投资者合法权益，深化“放管服”改革释放中央和地方的积极性，实施对国有企业、民营企业和外资企业一视同仁的激励相容政策，鼓励金融机构服务实体经济。经济面临较大下行压力下，努力避免走“大水漫灌”强刺激总需求的老路，需要找到适应发展新阶段和引领资产增值发生器的新引擎，需要摆脱对银行信贷驱动的房地产等固定资本形成的路径依赖，紧紧扭住新发展理念推动高质量发展，意味着要加快转向更多依赖人力资本、教育资本和知识资本上来，即提升全要素生产率。经济新动能的培育有赖于怎样实施好创新驱动发展战略，发挥好创新驱动和改革开放两个轮子，要积极进取，坚持问题导向、目标导向、结果导向，在深化供给侧结构性改革上持续用力，加快建设现代化经济体系，提高经济整体竞争力和发展韧性。目前，中央提出的资产发生路径是创新和发展资本市场，即尽快完善资本市场基础制度，提高上市公司治理，健全退出机制，稳步推进创业板和新三板改革，更好地发展好科创板，利用科创板等直接融资平台，培育若干具有国际竞争力的新型企业，提升产业基础能力和产业链现代化水平，构建具有竞争力的供应链网络。

（二）把稳就业摆在宏观政策逆周期调节的优先位置

相对于投资消费的变化，劳动力就业是个慢变量，受影响后很难短期刺激起来。不可否认，中美贸易摩擦会对很多出口企业带来不利影响，影响到部分群体的就业问题。如上所述，与美国维持在3.7%的失业率相比，全国城镇调查失业率升高到5.0%～5.3%的较高水平。因中国就业群体基数较大，失业率上升0.1个百分点就意味着有上万名人员失去就业岗位，而且2019年高校毕业生人数高达834万人，比2018年多出14万人，新增的大学毕业生也要进入就业市场，意味着社会需要新增14万个就业岗位。在失业率持续上升的情境下应当把稳就业摆在宏观政策逆周期调节的优先位置，采取切实措施增加就业岗位和解决重点群体就业。

（1）稳妥落实已出台的各项“稳就业”政策措施。加快落实国务院《关于做好当前和今后一个时期促进就业工作的若干意见》等系列稳就业促就业政策，持续扩大有效需求，尊重市场调节的自主性，在结构调整中优化就业结构，加大稳企稳岗力度，尤其是要支持劳动密集型企业和暂时困难的企业；综合评价对创业就业的传导影响，防范和化解因企业规模性裁员出现的社会风险；加快发展现代服务业，壮大新动能，释放就业潜力；围绕支持企业稳定发展、促进高质量就业、鼓励创业创新、提升劳动者素质等方面引导就业；积极组织开展职业培训，扩大中高职院校招生规模。

（2）积极支持创新创业创造更多就业岗位。在稳定就业岗位的基础上，更重要的是采取各种措施支持社会创造更多新的就业岗位，比如针对当前创新创业领域不断优化政策措施，切实支持创新创业活动，帮助解决民生痛点，引导人们日益增长的健康养老、家政托幼、法律咨询等社会化服务，扩大就业蛋糕的同时，优化就业结构，完善收入分配制度，保障充分就业和居民增收的双重目标。引导更多高校毕业大学生创业，以此带动就业岗位增加。进一步落实农民工返乡创业扶持政策，促进滞留在农村的农民工就地创业就业，结合乡村振兴战略，增加农村农业就业“蓄水池”的作用。

（3）完善就业形势监测部际协调机制。建议将就业形势监测纳入深化收入分配制度改革部际联席会议，由国家发展改革委牵头会同人社部、教育部、国家统计局等部委，共同构建高质量发展统计体系以及相关的就业指标体系和相关数据库平台，充分利用大数据、云计算等技术手段，联合开展就业形势统计监测评估工作，并以此实时跟踪就业形势变化，为制定产业政策、财政政策、货币政策，培育经济新动能提供依据，能优先考虑到各项政策实施对就业的影响效果。

（4）针对劳动密集型服务业出台更多支持性政策。全面落实对中小微企业特别是服务性企业的稳岗就业政策，优化营商环境，稳定市场预期，加大减税降费等政策落地力度，拓宽中低收入群体就业渠道，引导其逐步恢复正常营业，持续增加就业岗位。

（5）加大对灵活性就业的扶持力度。进一步完善针对灵活就业者的失业救济补贴、社保补贴、技能培训补贴等保障制度，健全“非合同制”从业人员的社保政策，稳定企事业单位、基层服务项目招录规模，充分发挥失业保险和商业保险的兜底保障作用，推出高性价比的补充保险制度，在收入预期不稳定的情况下，保障农民工生活补贴的获得性和社保保障的连续性。

（6）围绕“一老一小”需求增加就业岗位。出台实质性和接地气的教育培训补贴政策，在实施鼓励生育政策和应对人口老龄化政策的前提下，积极培育服务于“一老一小”的市场主体，引导更多劳动者转型从事托幼保育、护理养老等行业，持续提高从业者的工资福利水平，为其提供减税、补贴、假期等支持性政策。

（7）加快推进慈善机构等非政府组织发展。发挥慈善机构等组织在创造就业方面的积极作用，鼓励社会和慈善机构参与创业就业，采用以工代训、以工代赈等方式，主动参与乡村支教、弱势群体援助、下岗职工培训以及关心和爱护下一代成长等公益活动。

（三）积极的财政政策要注重在“提质增效”上下功夫

理论上应对经济下行，可发挥更加积极的财政政策，包括大规模减税降费和增加赤字率，即在财政“加力”上下功夫。我们知道，2008年应对国际金融危机时，采取的更加积极的财政刺激政策带来产能过剩和债务高企的后遗症，因而积极财政政策不能只在“加力”上做文章，而更应在“提效”上下功夫。“提效”是指提高资金使用效率和使用效益，为此要发挥财政资金四两拨千斤的效用。

（1）强化落实落细减税降费政策措施。督促各部门各单位要认真落实落细减税降费政策，对各类企业不打折扣、不折腾，确实让其享受到减税降费带来的利好，对冲成本上升和外需减弱造成的不利影响。

（2）制定出台降低企业所得税政策措施。在现有减税降费的基础上，进一步优化企业所得税结构由三档（25%、20%和15%）变两档（20%和10%），切实降低企业所得税税率，增强企业获得感。

（3）扩大财政增支所涵盖的有效投资范围。要保证资金使用效率，除了在资金使用的制度上严格执行预算管理制度外，还要完善财政支出方式，提高财政支出的乘数效应，严格筛选财政资金意向投资的重点项目，对预期有较大投资收益的项目，积极吸引社会资金参与进来，提高项目盈利的可持续性，而对缺少盈利点公益性项目，要加快推进政府购买服务支出方式全面落地，确保所有财政资金都能花在刀刃上。

（4）完善地方专项债管理机制。在加快地方专项债发行提速的基础上，要有效实行地方债务限额管理制度，统筹好专项债债务期限与专项债投资项目回收周期，用于基建项目的专项债要确保提前顺利发行确保可持续投入，进一步增加专项债的地区间调配，发挥专项债支持基建投资拉动经济增长的作用。

（四）货币政策需疏导解决降低实际利率问题

货币政策实施的效果不仅要看规模和力度，还要看传导效率和效果。两者不能偏废，否则都会造成政策实施效果欠佳。当前，相对充裕的外汇储备和偏紧的资本管制政策使得中国的货币政策可以保持较高的独立性，因此即便面临两难和多难问题，货币政策仍有操作的空间。

（1）保持货币政策的连续性和适度灵活性。既要保持流动性合理充裕，又要保持货币供应量和社会融资规模与名义经济增速基本匹配，实施稳健灵活的货币政策，同时做到确保金融市场稳定。

（2）进一步降低实体经济融资成本。进一步深化利率市场改革，加快实施完善新的贷款市场报价利率（LPR）形成机制。降低融资成本的核心是“结构性宽信用”，即引导信贷投放量稳价降。在资管新规框架下，进一步引导商业银行表内表外负债端成本有序回落，多策并举降低实际贷款利率。

（3）疏通货币政策传导渠道。运用差别化准备金、差异化信贷等政策引导资金重点支持“补短板”领域，重点支持民营企业和中小企业获得较低成本信贷资金。针对中小微企业的信贷政策要更精准，实施好对中小微企业的3000亿元再贷款政策。

（4）增加对实体经济中长期信贷支持。引导商业金融机构合理安排贷款期限和还款方式，增加制造业中长期贷款支持，降低制造业实际融资成本。加大信贷对实体经济特别是中小微企业的支持力度，增强信贷总量增长的稳定性。

（五）多策并举应对大宗商品价格上涨对企业的冲击

当前及今后一段时期，应采取有力措施持续做好大宗商品的保供稳价工作，对供需矛盾比较大的煤炭、有色等物资加大储备投放和进口力度。当务之急是缓解煤炭和电力供应紧张局面，做好东北、华北、西北等供暖地区迎峰度冬保供工作，优先保障电力供应安全和居民用电。短期内要采取有力措施引导煤炭增产增供、稳定煤电生产、抑制需求扩张，限制高耗能项目用能需求，指导各地取消不当干预，疏导电煤市场预期。

（1）尽快增加煤炭产能及市场有效供应。在保障安全生产等情况下，取缔或放宽煤管票等地方政策限制，引导现有产能充分释放，推动在建煤矿尽快投产，协调推动符合条件新增和核增煤矿及早投产，切实增加煤炭供应。加强对地方煤矿的监督指导，提高电煤中长期合同履约率，保障煤电企业长协供应量，切实发挥电煤中长期合同“稳定器”的作用。建立煤炭应急保供机制，在煤炭供应紧张时优先保障电煤供应安全，给予电煤库存低于 7 天的发电厂优先供应和运力支持。进一步用好国际煤炭资源，适当增加进口煤炭采购配额，协调海关做好通关服务，支持企业多渠道加大煤炭进口，弥补国内重点地区供应缺口。

（2）合理控制“两高”行业用煤用电需求。依据国家对“两高”项目的界定，全面审查排查存量、在建和拟建“两高”项目，严格遏制“两高”项目盲目发展，重点抑制高耗能行业不合理用电需求。分类处置产业项目用能需求，协调煤化工、钢铁、电解铝、水泥、建材等高耗能产业有序生产，实行有保有压，避免与电力、民生用煤争抢资源。发挥好煤电的托底保供作用，加大迎峰度冬电煤保供协调力度，畅通产运储需衔接，适时运用煤炭储备定向投放，优先保障民生及先进产业用能。

（3）加大电煤成本疏导力度，缓解煤电企业经营压力。加快落实“基准电价 + 上下浮动”市场化机制，允许市场交易电价上浮 10% 的调价；优先开展今冬明春中长期市场交易，可适当上调上网基准价或交易电价，及时疏导煤价上涨压力；加快落实分时峰谷电价政策，合理扩大峰谷价差，运用价格手段调节尖峰电价；适度提高居民用电和供热价格，临时向燃煤电厂提供一定补贴，抵补燃料、运费、供热等价差，保障迎峰度冬煤电企业稳定生产。鼓励政策性、开发性银行对承担保供任务煤电企业提供低息融资支持，引导金融机构对煤电企业合理调整贷款结构、还款进度、期限安排，研究提供税收优惠、财政贴息、专项补贴等财税金融等手段，缓解当前煤电企业经营压力。

（4）加快研究制定粮食安全长效机制。摸清粮食供需缺口和口粮储备家底，加快实施藏粮于技战略，提高农业生产率和竞争力，制定粮食供需平衡的长效机制，如玉米2000万吨缺口将成为常态，相关进口政策需长期化，给国际市场形成稳定预期；应增加对农业的财政资金投资，尽量减少用指令性计划干预农民种植，谨防陷入浮夸的数字造假怪圈。

（5）利用市场力量保障能源资源供应安全。保障能源资源安全，要完善企业海外找矿的政策支持体系，鼓励企业“走出去”，利用市场机制获取战略资源，增加原油、铁矿石、锂矿、有色金属、农产品等海外权益资产。譬如，可主动加强与几内亚、巴西等非洲、拉美地区开展矿山贸易投资合作，通过资本并购获取权益矿或签订长期协议等做法，提前锁定供应量价，建立长期高效稳定供应的铁矿石基地。积极探讨使用跨境电商平台等小规模进口替代大规模进口，促进出口与进口贸易一体化，缓解“买什么涨什么”的尴尬局面。

（六）加快培育和激发扩大内需中长期潜力

当遭受外部危机、经济陷入低迷时，扩大内需往往成为提振经济的主要政策选项。当前面临新冠肺炎疫情和中美经贸摩擦等外部冲击，我国要坚持扩大内需这一战略基点，构建扩大内需的长效机制，调整优化扩大投资和促进消费的政策措施，发挥好积极的财政政策和灵活的货币政策的作用，加快形成强大内需市场，培育完整的内需体系。

（1）进一步释放居民服务性消费潜力。加快推动消费场景升级，加快服务业数字化转型，在利用数字技术做好疫情防控工作的同时，加快数字化赋能餐饮、文旅等多场景服务，扩大高接触服务业的有效供给，为扩大服务性消费创造有利条件。

（2）持续扩大居民增收渠道。鼓励党政机关和企事业单位采取奖金补贴、股权激励、节假日福利等措施增加居民收入及薪酬福利，并拓展财产性收入、经营性收入和转移支付收入的渠道，持续改善一、二次收入分配，提高低收入群体收入水平，完善三次分配制度体系，支持企业事业单位集资合作建房，提高职工住房无息贷款和房租补贴，实行企业税费减免和延期还款政策。

（3）遏制居民家庭杠杆率持续上升。坚持“房住不炒”的原则，持续稳房价、稳地价、稳预期，因城施策，采取强有力措施抑制房地产市场投机投资需求，引导刚性需求正常释放，借鉴北京西城区学区房制度，试点取消学籍与住房挂钩的教育模式，完善租售并举制度，确保义务教育就近入学和公平公正。

（4）持续激发民间投资活力。加快“十四五”重大工程项目建设进度，在政府重点建设项目中做好市场需求论证，创新投融资机制，积极挖掘民间投资潜力，盘活民间资本，引导有效投资，确保项目能获得可预期回报。特别是引导民营企业加大技术改造投资来激发有效投资需求，这将有利于强化竞争机制、提高投资效率。

（七）稳住股市债市汇市和房市的市场预期

受中美贸易摩擦影响，国内股债汇及房地产市场波动加大，股市债市陷入低迷，人民币汇率贬值压力加大，房地产调控面临压力。在稳定增长的情况下，要谨防各个市场风险集中爆发，并产生连锁反应。

（1）在适当贬值压力下保持汇率双向波动。在贸易摩擦影响下，人民币对美元汇率适当贬值有利于缓解外贸压力，意味着央行增加了对人民币汇率更加灵活的容忍度，但这并不意味着人民币汇率有大幅贬值的基础。为吸引和稳定外资，需要保持汇率的基本稳定，因此在汇率适当贬值的基础上要保持双向波动，即按照市场变化情况随行就市，当贸易紧张局势趋紧时适当贬值一些，当贸易紧张形势缓和时适当升值一些，始终确保人民币汇率维持在均衡水平之上。

（2）把“稳外资”作为延长重要战略机遇期的重要举措。营造稳定的市场预期，采取有效措施保持人民币汇率稳定，通过放松资本市场外资进入管制等实质性开放措施，确保资本项资本持续流入加仓人民币资产，以对贸易项结售汇逆差扩大进行有效对冲。亟待加快出台《中华人民共和国外商投资法》的实施细则或事先出台国务院条例，并吸引外商参与细则或条例的制定，依法及时回应和解决外商反映的投诉、撤资处理等各类问题，尽早让更多外商享受新政红利，增强他们在华持续投资的信心，增强中国发展对全球投资的“磁吸力”。

（3）加快完善股市进入退出机制，形成良性淘汰机制。以完善科创板注册制为突破口，健全资本市场的信息披露和进入退出制度（防火墙），让资本市场真正发挥淘汰劣币和价值发现的功能，引导形成具有良性循环的淘汰机制。

（4）完善打破刚性兑付后的债市风险管理制度。随着债券适度违约成为常态，在打破刚性兑付后，债券市场要纠正信用定价扭曲、促进信用债市场长期健康发展。有必要完善企业违约债券的二级市场交易，发挥民企债券融资支持工具的积极作用，多渠道为企业增信，健全信用违约处置的风险缓释机制。

（5）健全因城施策的房地产调控长效机制。继续实施“因城施策”的调控思路，严控资金向住房项目流入的渠道，支持地方因地制宜完善公共住房或租赁保障制度，采取市场化办法抑制住房价格过快上涨。

（八）增强宏观政策之间及国际宏观政策的协调性

任何单一的宏观政策难以同时做到防风险和稳增长目标兼顾，而应对外部输入风险，还需要加强国际间政策协调，使得多种宏观政策及国际政策共同发挥作用，以实现防风险、稳增长和抵御外部挑战的多重目标。

（1）宏观审慎政策防风险要兼顾稳增长的需要。在资管新规和去杠杆的作用下，谨防市场流动性萎缩影响稳增长所需的充裕流动性，为此货币政策要保持适度，同时去杠杆等宏观审慎政策要有的放矢，两者相配合同时稳定经济运行和金融市场，避免陷入防风险的过程中“防”出新的风险。

（2）统筹协调货币政策和财政政策实施力度和节奏。制定货币政策和财政政策的最佳政策组合，适当把握更加积极财政政策和稳健略偏松的货币政策的力度和节奏，确保为彼此创造更便利的操作空间，使政策组合在维持连续性的同时实现最优化。

（3）强化国家间政策协调以化解外部风险冲击。当美国实施加征高额关税的贸易保护政策时，需要在货币政策、财政政策、产业政策等方面加强与其的对应调整，以便能选择化解外部冲击损失最小的政策组合，同时开展与其他经济体政策的协调，以形成强大的政策合力，共同抵御美国贸易保护政策的外溢影响。

第十二章

把“稳就业”作为强化逆周期调节的优先目标

就业是最大的民生，也是经济发展最基本的支撑，还是人民群众最关心、最直接、最现实的利益问题。近年来，我国经济呈现一定放缓迹象，但全国就业形势整体稳定，并未出现企业大规模裁员，就业市场依然供需两旺，似乎未受中美贸易摩擦负面影响。2018 年年底中央经济工作会议定调把稳就业摆在突出位置，意在加大逆周期调节力度，畅通国民经济循环，缓解经济下行压力，实现更高质量和更充分就业。保障就业市场平稳，是宏观调控的重要“底线”。2019 年政府工作报告中，首次将就业优先政策置于宏观政策层面。2019 年年底中央经济工作会议提出，要稳定就业总量，改善就业结构，提升就业质量，突出抓好重点群体就业工作，确保零就业家庭动态清零。国际经验表明，就业具有较强的顺周期特点，即当经济下行压力加大时，企业往往会收缩业务，缩减招聘或适当裁员，自然就会推高失业率。2019 年以来，受中美经贸摩擦风险影响，我国经济面临下行压力，生产经营活动放缓，理应冲击到就业市场，导致失业率持续攀升。现实情况是，经济下行压力不减的同时，全国城镇调查失业率曾两次攀上 5.3%，但又很快转头回落，新增就业形势稳定向好，就业质量维持良好态势。就业数据与宏观经济波动呈现相关性较弱的特征。

一、就业与经济增长出现周期性“背离”现象

按照西方经济学理论，就业具有经济波动的顺周期特点。2019 年以来，我国经济虽面临失速风险，但就业形势并未出现恶化迹象，新增

就业数量稳中向好，失业率对经济增速的反映变得更为平和，菲利普斯曲线变得更加平缓，就业和经济波动表现出一定的“背离”状况。

（一）经济下行压力不减

受美国对中国出口商品加征关税拖累，中国经济增速出现放缓，已由2018年第一季度的6.8%下降至2019年第三季度的6.0%，一年多时间下降了0.8个百分点。随着中美经贸摩擦持续升级，我国经济下行压力不减，主要表现为总需求明显不足，净出口、投资、消费“三驾马车”均出现疲软，工业生产增长持续放缓。2019年1—11月，全国规模以上工业增加值增长5.6%。在美国连续提高加征关税税率的预期影响下，多家机构下调了中国经济增速，分别将2019年、2020年的经济增速下调至6.0%和5.6%。例如，瑞银将2019年和2020年的GDP增速基准预测分别从之前的6.1%和5.8%下调至6.0%和5.5%。牛津经济研究院一项研究认为，2019年第四季度中国经济增长将放缓至5.7%，并在2020年维持这一水平，其中美国对华商品加征关税（不算2019年12月15日生效的关税）将会使GDP增速在2019年减少0.1个百分点，在2020年减少0.5个百分点。疫情暴发后，中国经济受到较大冲击，2020年中国经济增速下降至2.3%，随后出现快速反弹，但2021年以来我国经济已逐季度回落并逐步向潜在增长附近回落，需谨防经济增速惯性下滑。

（二）就业质量保持良好态势

2019年以来，全国就业形势延续良好态势，未出现顺周期的急剧恶化迹象。2019年，全国城镇新增就业1352万人，超额完成全年目标任务。全国城镇调查失业率经历略微抬升后呈回落迹象。2019年城镇调查失业率大致在5.0%～5.3%的区间窄幅波动，其中31个大城市城镇调查失业率为4.8%～5.2%。受疫情影响，我国新增就业人数受到影响，失业人数有所增加，但在就业优先的政策支持下，我国新增就业数量仍维持在1100万人以上，2020年全年新增就业数量达到1186万人，城镇调查失业率在2020年2月攀升至6.2%后逐步回落至2020年12月的5.2%，即恢复至2019年时期的常态。2021年年初城镇调查失业率虽有所反弹，但随后逐步维持在5.0%~5.2%区间，这些状况表明全国整体就业形势相对稳定，就业质量仍保持良好态势。全国城镇新增就业数量更加接近于新成长劳动力规模，在一定程度上体现了更加充分就业目标的要求。

（三）劳动力市场仍维持供不应求态势

人力资源市场的活跃度仍保持较高水平。2019年第三季度100个城市公共就业服务机构市场求人倍率为1.24，岗位需求大于求职人数，即平均每位求职者对应1.24个工作岗位。劳动力供需持续扩张，岗位数量和求职人数呈现较快增长，社会就业机会仍然很多，就业市场处于景气区间，市场仍有回旋余地。民营企业岗位供需情况初步改善。劳动岗位供给和需求出现了由东部地区、一二线城市向中西部地区、三线城市回流。2019年第三季度，由中国人民大学中国就业研究所与智联招聘联合编制的《中国就业市场景气报告》显示，国内就业市场景气度与上年同期基本持平，且呈季节性微升；随着用工需求明显增长和求职供给增长放缓，CIER指数由第一季度的1.68上升至第三季度的1.92，与上年同期的1.97相比略有下降，但招聘需求人数及求职申请人数均同比上升，就业市场更趋活跃，其中民营企业和合资企业就业形势仍然相对较好。清华大学金融科技研究院2019年8月20日发布的《2019年“招聘大数据就业市场景气度”研究报告》指出，进行线上招聘的小微企业数量在进入2019年后迅速增加，2019年前4个月累计同比增长18.1%，其中小微企业在2018年和2019年就业需求上升，同比增速分别为5.5%和11.9%。

（四）就业顺周期特征并不显著

从历史长周期看，中国城镇新增就业人数也未表现出与经济波动顺周期的特点。2009—2018 年，中国实际 GDP 增速与每年新增就业人数的相关系数为 -0.884，意味着经济增速放缓的同时新增就业人数反而增多。从短期失业率看，中国失业率与经济增长有一定顺周期的关系，但并不显著。过去 16 年，城镇登记失业率始终保持在 4% 左右，并不能充分反映真实的失业状况，而同期宏观经济运行却出现明显的波动。城镇调查失业率正成为宏观政策的主要调控目标之一。2018 年起，国家统计局开始发布月度城镇调查失业率，发布频率和数据波动均有所增加。依据最近 20 个月数据样本，全国城镇调查失业率与工业增加值月度同比之间的相关系数为 -0.102，两者相关度并不高，说明就业与工业增长之间有一定的顺周期性，但这一特征并不显著。这表明就业形势变化与经济周期并不吻合一致，有时甚至出现一定程度的背离。例如，即便 2019 年 8 月规模以上工业增加值同比增长跌至 4.4% 的低点，但城镇登记失业率则较上月下降至 5.2%，两者却表现出逆周期的同步效应，这一现象值得思考。

二、就业与经济增长周期性“背离”的原因

为什么我国现阶段会出现经济增速持续下滑而就业质量仍保持良好态势的现象呢？客观上讲，这种现象既有经济结构调整优化的使然，也有就业优先政策逆周期调节的结果，也可能出于人口结构变化、城乡二元结构和传统文化影响等深层次原因。

（一）经济发展吸纳就业能力增强

近年来，我国经济增长保持了总体平稳、稳中有进的发展态势，结构不断优化，逐步向后工业化转型，服务业比重逐步提高，质量效益稳步提升，吸纳就业能力持续增强。这些对扩大就业、稳定就业、提高就业质量形成了有力拉动。由于服务业创造就业能力比制造业更强，经济增长对就业的吸纳能力相比以往有较大的提高，即便近期经济增速有所

放缓，但新增就业人数仍保持高位。对此合理的解释是，服务业单位经济增速创造新增就业岗位能力较强，“调结构”政策助力产业加速转型有力地支撑就业稳定。1979—2018 年服务业对经济增长贡献率同服务业就业比例的相关系数接近 0. 8。2019 年前三季度第三产业对国内生产总值的累计贡献率达到 60. 6%，由此带动的就业人数也增长较快，吸纳了 45% 以上的就业人口。2010 年 GDP 增速为 10. 6%，但单位 GDP 增速新增就业人数约为 110 万人，而到 2018 年 GDP 增速下降至 6. 6%，而单位 GDP 增速新增就业人数高达约 206 万人。由此看来，2019 年经济增速只需达到 5. 3%，就可完成全年 1100 万的城镇新增就业目标。2013—2018 年，服务业增加值年均增速 7. 9%（第一、第二产业分别为 3. 8% 和 6. 6%），就业人员数量年均增长 4. 5%（第一、第二产业分别为 -3. 9% 和 -1. 4%）。相较于发达经济体来看，我国服务业增加值占 GDP 比率达到 52%，高于吸纳就业占比 48%，在吸纳就业方面仍存在较大提升空间。这说明经济增速下降并不意味着就业岗位减少，只要经济结构调整到位，经济吸纳就业的能力就会有所增强，即经济结构转变的同时，就业弹性在加大。只要服务业仍维持一定速度的增长，就业压力就不明显。

（二）消费升级创造更多岗位需求

近年来，我国居民消费能力在不断增强，加上全面二孩政策推进实施，老龄化程度不断加深，社会分工日益细化，新型城镇化推进，居家养老、康复护理、育婴育幼、烹饪保洁等多样化的生活性服务需求呈现刚性增长。例如，《中国家政服务业发展报告（2018）》显示，全国的家政从业人员为 2800 万左右，需求量高达 4500 万人，缺口 1700 万人，且存在年龄偏大、文化水平偏低、技能水平较弱，流动性高、稳定性差等问题。另据中国家庭服务行业协会三年数据，目前我国家政从业人员超过 2000 万人，而需求量超过 7000 万户。按照每位家政人员每天服务 2 ~ 3 户家庭计算，家政服务市场的供需缺口仍达到 1000 万 ~ 3000 万人。再如，随着人口老龄化形势日益突出，庞大的老年群体催生更多的养老服务岗位和就业机会。据中国老龄协会的统计数据，截至 2018 年年底，我国 60 周岁及以上人口 2.49 亿人，占总人口的 17.9%，失能和半失能老人已超过 4063 万人。如果对失能老人按 1∶1.5、半失能老人按 1∶4、健康老人按 1∶6 ~ 1∶10 配备服务人员，养老服务业从业人员需求超过千万人。又如，随着城镇化率持续提升，城市居民对大型商贸广场的服务需求持续增多，由此还会增加大量生活性服务就业机会。截至 2018 年底，中国 280 家万达广场共创造就业岗位 117 万个，其中大专以上毕业生 52.1 万人，应届毕业生 4.4 万人。

（三）数字化转型增加灵活就业机会

经验表明，技术进步对就业的影响有扩大和抑制正反两个效应，通常正面效应大于负面效应，即技术革命造成的对劳动力的替代影响弱于创造的新就业岗位的影响。当前，中国数字经济吸纳就业能力显著提升。《中国数字经济发展和就业白皮书（2019 年）》显示，2018 年我国数字经济领域就业岗位为 1.91 亿个，占当年总就业人数的 24.6%，同比增长 11.5%，显著高于同期全国总就业规模增速。推动制造业数字化、智能化发展，将推动科技研发类就业岗位增多。截至 2017 年年末，华为全球员工总数达到了 18 万人，其中研发员工约 8 万人。而且，数字化转型还会导致灵活就业方式更加普遍。例如，当前互联网 + 生活服务的网约车业务、快递业务、主播业务等。劳务提供者依据网络平台选择灵活的就业方式，可以自行决定工作时间长短，自行选择专职或兼职工作，劳务需求方可以在线点评反馈，而网络平台根据反馈情况对劳务提供者进行信用评价，并据此自动派单。2017 年联合国发布的《新技术革命对劳动力市场和收入分配的影响》报告指出，互联网等新技术推动传统工作安排向“零工经济”转变，催生新就业业态涌现，非正式工作岗位陆续增多，既增加了就业的自主性和灵活性，也挖掘了不同细分市场的就业机会。当前，新就业形态已成为一股促创业、稳就业的新力量。例如，互联网 + 生活服务平台（滴滴、微信、闪送、满帮、58、猪八戒、贝店、抖音等）创造了许多灵活就业岗位和新就业形态。据《中国共享经济发展报告 2019》的数据，2016—2018 年，共享经济分别提供了 6000 万个、7000 万个、7500 万个就业岗位，其中 2018 年为共享经济提供服务的人数占全国就业人数的 9.7%，平台员工数为 598 万人，同比增长 7.5%。据中国人民大学劳动人事学院的《生活服务平台就业生态体系与美团点评就业机会测算报告》，2018 年美团外卖有单骑手数量达到 270 多万，同比增长 22.7%，其中有 35% 的美团骑手兼做多份工作，有多种收入来源。另据中国互联网数据中心数据，2018 年网络主播数量已超过 2000 万人，其中多数网络主播以兼职为主，网络直播用户规模近 4 亿人，几乎占全体网民数的一半。此外，数字经济和人工智能技术的快速发展可能极大地削弱后发国家低成本劳动力的比较优势，降低领先国家的跨国公司转向后发国家提供资本品和技术的动力，造成劳动力驱动的产业转移放缓。

（四）创业带动就业的成效相当显著

就业与创业具有紧密的天然联系，通过支持创业增加就业岗位，可以有效把劳动力供给和结构调整结合起来。当前，我国支持就业扶贫、鼓励创新创业等就业扶持政策或将起到重要作用。例如，鼓励开展“双创”活动可以为中国青年打开广阔的就业空间，有利于缓解青年就业困难问题，促进比较充分的就业，让每个家庭有安身立命之本。“双创”聚众智、汇众力，利用“互联网 +”平台，促进了新动能加快成长。在此形势下，快速发展起来的中小企业和民营企业发挥着吸纳就业的主力军作用。截至 2018 年年末，全国中小企业超过 3900 万户，微型企业超过 7000 万户，合计占全部市场主体的比重为 99.6%，贡献了 60% 以上的国内生产总值（GDP），贡献了 80% 以上的城镇劳动就业，吸纳了 70% 以上的农村转移劳动力，容纳了 90% 的新增就业。2018 年末，民营企业城镇就业岗位超过 80%，对新增就业贡献率达到了 90%。

新增市场主体带动就业作用突出。近年来，各级政府持续推进“放管服”改革、不断优化营商环境、促进创新创业政策发挥了关键支撑作用。私营企业、个体工商户的就业比例显著提升，2018 年两者共同贡献了超过一半的城镇新增就业岗位。2019 年前 10 个月我国日均新登记企业数达到 1.97 万家，创造了大量新增就业机会。《2017 年中国大众创业万众创新发展报告》显示，2017 年新设企业平均从业人员由开业时的 6.1 人增加到 7.3 人，增长 19.7%。按 2017 年年末单位市场主体从业人员数平均约为 8 人计算，2017 年新增市场主体带来的就业岗位高达 1.53 亿个，是新增就业人数的 11 倍左右。2018 年新设企业与注销企业的数量比为 3.69:1，意味着新增企业数量仍然远超注销企业的数量，即便扣除部分“僵尸企业”，新设企业每年带来的就业岗位增量也不容小觑，反映在全国的求人倍率仍维持在 1.2 以上的较高水平。

（五）促进就业优先政策逐步见效

就业形势保持总体稳定，既有就业优先政策持续见效的作用，也是经济增长质量不断提高的结果。全国各地积极创造就业机会和开展就业培训帮扶，有效化解就业困难群体的就业问题。城镇失业人员再就业和就业困难人员就业人数总体保持稳定。在经济下行压力大、外部挑战严峻的复杂形势下，就业人数仍保持稳步增长，重点群体就业保持稳定。这是因为党中央、国务院把稳就业放在“六稳”的首位，提出实施就业优先政策并将其置于宏观政策层面，出台各项促就业和就业扶贫政策发挥了重要作用，让包括下岗职工在内的重点群体得到妥善安置，就业困难人员得到有效帮扶，零就业家庭实现动态清零，为稳定就业形势提供了有力支撑。近年来，全国各地区各部门积极推进公共就业服务体系建设，实行“互联网+公共服务”，整合人力资源市场，加快发展人力资源服务业，组织实施职业培训行动计划，实施离校未就业高校毕业生技能就业行动和失业保险支持参保职工提升职业技能等政策，开展多种形式的职业培训和企业新型学徒制培训试点，提升公共就业服务能力。

2012年以来，全国累计约1亿多人次接受政府补贴职业培训，劳动者素质进一步提高，就业稳定性逐步增强。国务院及有关部委推出了降低社会保险费率、加大失业保险费返还等一系列重要举措，制定《职业技能提升行动方案（2019—2021年）》，启动实施了大规模的职业技能培训，制定公共就业服务国家标准，制定推进公共就业服务专业化的意见，实施人力资源服务业发展行动计划和西部、东北地区人力资源市场建设援助计划，组织开展春风行动、就业援助月、民营企业招聘周、统筹发放稳岗和技能提升补贴等专项就业服务活动；加强信息监测平台和公共招聘网建设，探索建立市场供求信息监测制度，提升公共就业服务水平和劳动力市场供需匹配效率，做好扶贫就业帮扶工作。2019年前三季度，各地共举办招聘活动5100余场，提供就业岗位287万个，组织26万人参加就业见习，提升了劳动力市场的热度；同时向75万户企业发放稳岗返还275亿元，惠及职工3993万人，81万人次领取了职业提升技能补贴12.9亿元。2017年以来，组织建档立卡贫困劳动力参加补贴性职业技能培训516万余人次。截至2019年9月底，累计帮扶贫困劳动力实现就业1126万人，比上年年底增加138万人。全国各省市也在密集出台新政，从定额税收减免到创业带动就业等，打造积极就业政策“升级版”。例如，北京市推出定额税收减免、失业保险返还、技师和高级技师培训补贴等七项鼓励企业稳定和扩大就业政策。山东省出台《关于进一步稳定和扩大就业的若干意见》，围绕支持企业稳定就业、发展经济扩大就业、鼓励创业带动就业等六个方面，出台20条具体政策措施。河南省将支持实体经济作为稳就业的重要举措，聚焦企业关切，加大工作力度，确保减税降费政策不打折扣落地见效，加大“放管服”改革、优化营商环境力度，出台各种措施推动企业尤其是小微企业平稳发展，以此夯实稳就业的基础。

（六）传统人情文化有助于稳定就业

通常，中国（以及其他东亚国家）失业率的弹性小于美国等西方经济体，即东亚国家的失业率调整周期长、波幅小，并且劳动力市场的调整与经济周期不一定吻合。即便在经济下行压力较大时，许多企业即便出现经营困境也会尽量避免解雇员工，更多是通过停止招聘、降薪等其他方式来应对压力。中国传统的人情文化有助于降低失业随经济波动的频幅。此外，中国有一批国有企业，无论中央国企还是地方国企在经济下行时都会成为稳定就业的主要力量。国家统计局数据显示，2017年年末，国有单位提供城镇就业岗位6064万个，占到中国城镇就业岗位总数的14.3%，占到中国城乡从业人员总数的7.8%。在服务大局的政治文化基因里，国有企业即便盈利形势不好，也不会大规模实施裁员减岗，甚至还发挥“稳岗增员”的逆向调节作用。总体来看，民营企业经营效率较高，吸纳就业能力更突出，那么稳定就业的作用就更大。相比于外资企业的随风而动，即便在经营困难时，很多家族为主的本地中小企业也并不急于大规模裁员降薪，反而愿意以亲情、人情等关系稳定就业岗位，发挥我国稳就业的“主要阵地”的积极作用。

（七）就业人员总量减少引发供需转变

现在中国人口结构呈现出人口总量增速放缓、老龄化和低生育率程度增加、生育率和育龄人口下降等特点。自2012年起，我国劳动年龄人口的数量和比重连续7年出现双降，7年间共减少了2600余万人。2018年，全国16～59周岁的适龄劳动年龄人口为89729万人，占总人口的比重为64.3%，与2017年末相比，适龄劳动年龄人口减少470万人，比重下降0.6个百分点。适龄劳动人口逐年减少意味着劳动供求关系发生转变，即表现为劳动力的需求增加而供给减少。2018年年末，全国就业人员总量也首次出现下降，预计今后几年还将继续下降，适龄劳动力供给会进一步趋紧，而同时老龄人口数量逐年上升将产生更多服务就业岗位，从而在一定程度上缓冲经济下行带来的就业压力。据估算，随着农民工增速的放缓以及离退休人员规模的增长，离退休人员所空出的岗位，在数量上足以弥补大学毕业生和新增农民工的就业需求，总量上劳动力供给过剩的压力已并不突出。

（八）城乡二元经济仍发挥失业“缓冲带”作用

当前，我国城乡二元经济结构仍然存在，农村和农业仍然是农村劳动力就业和再就业的“稳定器”和“蓄水池”。现有 2.88 亿农民工群体就业形势灵活，流动性强，既可以进城打工，也可以返乡务农，两者之间仍能有效切换。2020 年农民工人数同比下降 1.8%，外出农民工人数同比下降 2.7%，农民工月均收入同比增长 2.8%，较 2019 年下降了 3.7 个百分点。城乡二元经济结构下农民工在城乡之间的往返就业发挥着城镇失业“缓冲带”的作用，使得我国新增城镇就业数据与经济波动关联度不大。而且，乡村就业的部分群体并未纳入城镇调查失业率统计，返乡创业就业就成为城镇失业群体的再就业“蓄水池”，而农村失业群体状况并未反映到城镇就业统计之中。随着我国城镇化率达到 60% 以上的高水平，今后非农就业数据就显得更为突出，而受到经济波动的影响会更加明显。值得注意的是，我国仍处在社会主义发展的初级阶段，经济发展的潜力仍然较大，产业转型升级仍处在关键时期，创造的就业机会只会更多，因而经济波动对就业的影响更多体现在劳动报酬上而不是劳动者数量上，提升就业质量应成为未来就业优先政策实施的着力点。

三、中美经贸摩擦背景下就业增长面临较大压力

就业市场保持总体稳定，既与劳动密集型服务业发展较快有关，也与劳动年龄人口减少有关，尽管短期不会出现恶化，但稳定性遭遇挑战。较长时期以来，随着劳动力、土地、环境等综合成本持续攀升，正引发中国产业结构优化调整，中低端产业加速外迁，制造业机器换人步伐加快，导致一定时期内存在结构性和摩擦性失业 。中国经济虽仍有较大的韧性，但外部风险加大的背景下仍需关注局部行业或地区失业扩

大问题，特别是部分周期性失业问题。2019 年以来，全国城镇新增就业同比减少，尽管能确保完成全年 1100 万人的目标，但达到近几年的同等新增就业规模难度较大，全年需要在城镇就业的新成长劳动力仍然保持在 1500 万人以上，特别是高校毕业生数量达到 834 万人。历史经验表明，周期性失业通常滞后于经济增长 1 ~2 个季度发生变化。2018 年以来，随着中美经贸摩擦带来的贸易转移和产业外迁效应，面向美国出口的内外资企业面临生产经营压力，短期内给稳定就业带来较大压力，即会出现周期性失业现象。同时，互联网和金融等行业裁员、缩招越发普遍，就业压力主要表现为人力资本密集型行业、龙头企业和非制造业行业，涉及面广，舆论关注度高。总体上看，中国经济增速放缓将逐步对充分就业的稳定性造成一定冲击。

（一）制造业就业景气度持续回落

经济下行压力下，制造业扩张活动放缓。2019 年以来，中国制造业 PMI 从业人员指数有所回落，特别是受疫情冲击制造业就业景气回落幅度较大，但随着经济复苏又有较大的反弹。多数时期，大中小型企业的从业人员 PMI 指数均低于 50 的荣枯线，而中小制造企业就业形势则更加不容乐观。制造业就业景气度走低，将会逐步传导到非制造业领域，甚至是服务业领域。制造业就业景气低迷，既有短期贸易摩擦的负面影响，也有中长期生产率提升的替代冲击。短期看，在中美经贸摩擦不确定性风险不减的背景下，就业压力主要集中在制造业领域，以电气机械、计算机电子等出口依赖度较高行业及对居民消费敏感的汽车制造业为主，与外需走弱、内生动能低迷关联较大。其中，制造业中的中小型企业抗风险能力较弱，市场萎缩压力下会遭遇经营困难，持续稳定就业的压力较大。受经济下行压力加大和复杂国际形势等因素影响，中国部分出口企业出现招聘“收紧”现象。因为企业对工作岗位的调整，存在“经济下行→盈利恶化→压缩支出→调整岗位”这样的微观传导过程，倘若当经济下行导致企业产出疲弱、亏损扩大，企业自然就会压缩经营性支出，不得不放缓招工，调岗裁员自然就在所难免。中长期看，制造业可能采用更多自动化或人工智能设备替代人工，使得纺织服装等传统劳动密集型产业演变为非劳动密集型产业，意味着技术进步使得资本投入替代了劳动投入，也使得制造业的生产率得到一定提升，传统的生产线劳动操作岗位转变为更高级复杂的机械设备操作岗位。企业推进机器换人期间，劳动者面临着下岗转岗的结构性失业风险。

（二）订单转移引发就业岗位边际调整

贸易相关的不确定性对企业资本开支和供应链的冲击可能难以逆转，而且加工贸易进口大幅下跌、内需和大宗商品价格走弱或拖累进口跌幅大于出口。瑞银的一份报告显示，美国对华加征关税措施将拖累2019年和2020年中国出口分别下跌2.2%和4.0%。受美国对自华进口商品加征高额关税影响，随着“抢出口”效应释放后，美国进口和中国出口呈现出了明显的贸易替代特点，即美国进口订单转移至墨西哥、越南、中国台湾、韩国和欧盟等国家或地区，特别是墨西哥和越南对美出口份额有所增长。随着美国等外部采购订单转移，国内企业资本开支会大幅减少，外向型加工企业因经营困难，造成就业风险增加，引发就业岗位的边际调整，企业招聘增速下滑明显，招聘岗位跟随订单转移到没有关税壁垒或更低成本的国家或地区。倘若企业订单持续转移，他们就会发现订单变化态势并预测其具有趋势性，往往就会做出调整雇佣人员数量的决策。很多企业提前“抢出口”后，出口订单大幅减少，不得不停工减产，进而减少招工和提前放假，不少企业存在员工返乡不复返的现象。此时也意味企业产能利用率下降，生产要素未能得到充分利用，出现周期性失业问题。据海通证券测算，美方将2000亿美元中国输美商品的关税税率从10%上调至25%，关税上调拖累2019年内就业规模120.9万人左右，占就业人口比重约0.16%，即便在全部对美出口产品均加征25%关税的极端假设下，拖累我国就业的规模约554.1万人，占到就业总人口的0.71%。

（三）生产线转移引发的就业结构转变

随着中国生产要素成本的抬升，国内企业加快结构调整和产业转移，此前已有不少劳动密集型产业转移到更低成本的国家和地区。此种趋势下再叠加中美贸易摩擦风险，可能加速助推以中国为生产基地的产业链转移或供应链重构。可以预见，在高额关税的压力下，美国在华跨国公司或面向美国出口的企业不得不将生产线转移出中国。很多时候企业很难单独分离出对美出口的生产线，有可能不得不将整条生产线转移出去，甚至面向中国本地市场的生产线也有可能转移出去。如富士康、伟创力等大型劳动密集型代工企业外迁，能引发与其配套企业的链式反应，会带来更大规模的短期就业风险。据一些机构对在华跨国公司的调查，生产线和供应链外迁的周期大约 12 个月。接下来，可能就会从外商投资或对外投资数据中觉察到生产线的外迁。这意味着国内从业工人面临转岗压力，原有就业岗位会流失到国外，墨西哥、越南、中国台湾等国家和地区有望增加相关就业岗位。

（四）产业转型升级迫使就业岗位转换

加快推动供给侧动力变革、质量变革、效率变革，不仅意味着要淘汰落后产能，实施技术改造和提质增效，还意味着传统就业岗位的流失和从业人员转岗的再就业。例如，在淘汰落后产能的过程中，部分下岗职工面临较大的失业风险，当企业内部安置空间越来越小时，就得需要当地其他产业吸纳就业，否则就会形成一批就业困难人群。又如，在实施技术改造过程中，很多企业着手实施机器换人计划，采用更自动化的机械设备取代人力操作，使得劳动密集型制造业对劳动力的吸纳有所降低。如麦肯锡估计到 2030 年在自动化发展迅速的情况下，中国约有 1.18 亿人将会被机器替代。这同时意味着岗位替代和转换速度加快，促使就业结构更趋于知识密集型或富有创造性的工作岗位。此时，就业结构性矛盾就会凸显，我国高技能人才仅占到全部就业人员的 6% 左右，大量普通高校毕业生和一般技术工人难以适应新岗位要求。受疫情扰动影响，餐饮等劳动密集型服务业就业岗位受到冲击，中低收入群体从业人员受影响较大；受 K12 课外教育、非法医美和房地产中介服务等行业整顿影响，相关从业人员面临下岗再就业的问题。外贸出口趋弱将逐步传导至劳动力市场，创造就业岗位能力大幅减弱。总体上经济景气回落迹象明显，吸纳就业量大面广的中小微企业受疫情反复和原材料成本上涨影响较大，依然面临较大的生存经营压力，创造就业的能力相对有限。

（五）中等收入群体开始面临就业压力

当市场需求和投资热度减弱，即便是知识密集型和资本密集型行业面临扩张减缓或盈利下降等问题，也不得不着手缩招、裁员、挨过冬天。2018 年以来，电商、网游、计算机软件等互联网行业的招聘需求开始大幅减少，银行、基金、证券、期货投资等金融行业的招聘需求也有所下降。受贸易环境恶化、金融严监管、社保纳入税务征缴等复杂形势影响，很多互联网创新创业企业面临成本上升、融资困难、市场萎缩等重重压力，不得不加紧裁员“瘦身”。对互联网行业，行业发展进入洗牌期，企业间竞争激烈，烧钱模式已不可持续，行业集中度逐步提升，就业岗位甚至大幅收缩。为了降低高额的人力成本支出，美团、京东、阿里、搜狐、知乎、斗鱼等大型互联网企业都曾传出大规模缩减招聘、裁退员工或降低薪资的不利消息。“互联网 +”等新兴服务业就业需求大幅缩减，不仅会影响到一批灵活就业群体的稳定收入，也会影响到一批新增劳动力的就业。2018 年以来，美团、摩拜、京东、知乎、新浪、58 到家等互联网公司不时爆出裁员的消息。近期，宜信 VIPKID 不仅没有年终奖，而且裁员 25%，瓜子二手车裁员 50%，马蜂窝裁员 40%，去哪儿花式裁员应届生，等等，互联网企业的冬天已经来临并蔓延到更多企业。有些企业可能遭遇转型瓶颈，有些可能进入创业失败高发期，有些是因为风险资金投资更加谨慎，已令很多创新创业企业遭遇

“资本寒冬”。特别是，行业龙头企业的裁员预期，容易造成就业恐慌，凸显就业结构矛盾。这部分中等收入家庭通常生活负担较重，上有老下有小，不少背负高额房贷，而且专业锁定度较高，转岗再就业难度偏大。

四、多措并举促进就业优先政策落实

我国已千方百计持续出台稳企业稳就业岗位的政策，并采取多项措施解决毕业生就业问题。2019 年《政府工作报告》首次将就业优先政策置于宏观政策层面，旨在强化重视就业、支持就业的导向。稳就业就是稳预期、稳市场、稳增长，归根结底要“放水养鱼”稳定企业发展，解决实体经济和中小微企业健康发展问题。把就业摆在更加突出的位置，需要从宏观政策的层面落实就业优先政策。2019 年 12 月中旬，中央经济工作会议提出，要稳定就业总量，改善就业结构，多措并举保持就业形势稳定，提升就业质量，突出抓好重点群体就业工作，确保零就业家庭动态清零。2019 年 12 月 24 日，国务院出台《关于进一步做好稳就业工作的意见》等 26 条具体措施，做实就业优先政策，坚持创造更多就业岗位和稳定现有就业岗位并重，突出重点、统筹推进、精准施策，全力防范化解规模性失业风险，全力确保就业形势总体稳定。

当前就业压力增大既有周期性因素，也有结构性因素，其中结构性是主因。中美贸易摩擦升级有可能从需求侧给实体经济带来冲击，受贸易摩擦影响较大的部分行业可能会减少就业岗位，即会出现一定的周期性失业，但并不严重。传统行业转型升级中也面临就业岗位替代压力，出现结构性失业现象，但新兴产业和服务业就业岗位保持稳定，且仍有创造更多新增就业岗位的潜力。保持经济增长处于合理区间，稳企业是稳就业的关键一环。今后仍需把实现充分就业目标及劳动力市场各类信号纳入宏观经济调控体系，把握新就业动态和趋势，多措并举促进就业优先政策落到实处，对重点群体就业及时给予引导和帮助。在贯彻落实好《关于进一步做好稳就业工作的意见》的基础上，未雨绸缪，进一步持续扩大和稳定内需，着力发挥服务业对就业的吸纳作用，着力激发微观主体活力。

（一）采取灵活偏松的货币政策满足实体经济资金需求

（1）保持满足实体经济需求的合理充裕流动性。瞄准实体经济稳定发展融资需要，适时采取降准、降息、公开市场操作等货币政策措施，适当释放一定的流动性，保持流动性合理充裕和市场利率水平合理稳定。

（2）进一步降低企业融资成本。加快疏通货币传导机制，优化企业融资结构，提高直接融资比重，降低融资成本，支持实体经济和中小微企业渡过融资难融资贵的难关并实现稳步发展。

（二）实施更积极的减税降费政策增强微观主体活力

（1）进一步实施更大规模的普惠性减税降费和结构性减税政策，重点继续下调增值税和企业所得税率，高度重视小微企业和民营企业的发展，加大对小微企业的支持，降低企业税费或制度性交易成本，降低小微企业创业担保贷款申请条件，对农民工回乡首次创业给予一次性资金支持；再叠加其他配套政策，如产业政策、税收政策等，增强民营企业和小微企业盈利能力，减轻其税负、社保等负担，增加民营企业融资信用等级，让创业创新者按照市场规则公平竞争、轻装上阵，为“双创”提供良好的成长空间。

（2）进一步开放市场，优化出口退税政策。持续提高出口退税率，推进间接税改直接税，进一步降低进出口的税率，使出口更加多元化，确保总体贸易保持相对平稳，增强出口企业竞争力，确保外贸企业就业稳定，支持新增就业岗位。

（3）发挥财政资金补短板的作用，增加就业岗位。适度扩大财政赤字率至3%甚至以上，增加地方政府专项债券规模至2万亿元以上，将财政资金主要用于保障就业和改善民生方面；支持开展职业技能培训和扶贫帮扶，鼓励“僵尸企业”转产转业，带动下岗分流职工从事新产业，适当增加企业吸纳就业补贴；强化培训提高劳动者职业技能和保障劳动者权益兜牢底线思维，解决好重点群体就业问题，完善失业救济和低保托底安置制度；加大学前教育、养老护理、医疗住房保障等领域资金投入。

（三）加大受影响企业稳岗支持力度

（1）鼓励受影响企业谨慎裁员或少裁员。对受影响较大的部分行业和局部地区，应协调行动，结合产业政策、消费政策、税收政策、交通政策等，综合运用财政、税收等多种政策手段，如将企业实际缴纳的失业保险费给予部分返还；采取有针对性的干预措施或引导措施，如引导汽车、智能手机等受影响较大产业降本增效、协助开拓多元化市场等。要综合运用财政、税收等多种政策手段，满足民营企业、中小微企业发展的用人需求，持续关注重点群体的就业需求，优化投融资环境，给融资难、经营难的民营经济和中小微企业纾困。

（2）适当鼓励发展夜间经济和马路经济。结合就业优先目标，重视企业特别是中小民营企业的经营困境，采取更有力的减税降费和扶持政策稳住正常经营，扩大兼职兼业等灵活就业空间。

（3）倡导感情留人的传统文化。支持企业采取协商薪酬、在岗培训等措施，保留就业岗位，稳定劳动关系，支持发挥传统中华亲情文化的纽带作用，鼓励企业对忠诚担当的员工给予稳岗承诺和补贴，做到感情稳岗和人情留人。

（四）引导企业转型与就业提升协同

（1）支持企业“转型＋转岗”。运用好政府和市场“两只手”，采取市场激励、技能补贴、专项技改债券等多种政策工具推动企业转型发展的同时，实施下岗转岗职工再培训计划，创造更多技术管理和服务就业机会，为内部转岗人员创造更多高质量就业岗位。

（2）深化制造和服务融合创造新岗位。推动先进制造业和现代服务业深度融合，围绕机器人的设计、制造、培训、融资、自动化解决方案等创造大量就业新岗位；围绕电商平台的网店设计装饰、网络模特、购物保险、网店客服等替代现有就业岗位。

（3）鼓励和支持灵活就业。充分释放数字转型在激发创新和创造就业方面的潜力，将各类就业形态和灵活就业纳入国家就业优先扶持政策，为其提供有效的法律法规和政策保障。

（五）强化再就业技能职业培训

（1）进一步强化企业转岗技能培训。建立适应数字化转型的教育培训制度，推进岗前培训系统化，服务岗位职业化，让数字技术成为教育的必修课，支持各类院校和社会化机构等开设针对性的课程，开展数字知识和技能教育，满足数字化转型对高技能数字化人才的需要。

（2）培育发展市场化学习培训机构。深化职业教育体制机制改革，支持鼓励企业创办职业院校和高技能人才培训基地，深化产教融合，支持发展各种员工制技能培训企业或机构，加快学历证书和职业技能等级证书互通衔接，建设开放学习的平台，满足劳动者终身学习的需求，持续增强其对技术变革的适应能力。扩大高职院校奖助学金覆盖面，提高补助标准，鼓励企业订单培养和建设顶岗实习基地，推动实现中高职院校扩招 100 万的目标。

（3）强化重点群体再就业培训。加快实施职工技能提升和转岗转业培训，采取技能培训、就业见习补贴、在岗培训、失业培训等，满足下岗职工、新毕业大学生、农民工等群体再就业需求，启动退伍军人、残障群体以及大龄低技能群体再就业培训计划，增强实际操作培训与就业链条的衔接。强化失业保险基金的促进再就业功能，包括用于强化职业培训和职业介绍，对经营困难企业提供薪酬补助，对失业保险到期之前再就业人员提供现金股利，支持创业启动资金。转变就业技能培训理念，改善再就业的环境，营造尊劳重训的良好氛围，提升重点群体再就业信心和能力。

（4）深入贯彻落实好《关于促进劳动力和人才社会性流动体制机制改革的意见》。按照党的十九大报告要求，加快破除妨碍劳动力、人才社会性流动的体制机制弊端，落实好16条指导意见，营造尊重劳动、尊重知识、尊重人才、尊重创造的浓厚氛围，切实保证使人人都有通过辛勤劳动实现自身发展的机会。

（六）做好重点群体就业保障工作

（1）做好农民工就业服务衔接。在输出地加强劳动力返乡监测，针对性开展服务培训，采取更优惠的政策鼓励支持农民工返乡创业就业。建立用工调剂制度，按照常住地原则提供就业创业服务和政策扶持。深化以农民工落户为核心的户籍制度改革，促进劳动力更充分流动的要素市场发育。

（2）完善高校毕业生就业服务。加快实施高职院校扩招，强化大学毕业生公共服务体系，提高人才供应和市场需求匹配度，减少大学毕业生求职和转岗搜寻成本。

（3）强化重点群体的社保兜底。提高公共就业服务提供能力，特别强化针对就业困难人员、失业人员的职业指导、职业介绍、政策帮扶；对就业困难人员实行托底帮扶，确保实现“零就业”家庭清零。

（4）开展“以工代赈”活动。用好专项债券等积极财政政策工具，适度扩大赤字财政支出，针对重点就业群体，开展“以工代赈”活动，创造更多公益活动等就业岗位，缓解重点失业群体就业压力。

（七）制定适应就业结构变化的政策

（1）完善促进新就业形态的扶持政策体系。转变以标准就业为主的就业促进理念，研究制定符合灵活就业新形态特征的非标劳动关系体系，支持就业各类政策延伸覆盖到灵活就业形态的人员，完善《劳动合同法》在灵活就业方面的政策措施，明确非标准劳动关系的相关方的权利和责任，规范网约车、网络主播等网络平台的社保、劳动基准等关系。

（2）完善灵活就业相关的监管、保障制度及政策措施。创新劳动者保险保障机制和模式，完善灵活就业人员的保障措施，完善行业监管保障劳动者权利，逐步消除部分灵活就业者的户籍方面的限制，确保劳动者平等就业权利。

（3）健全灵活就业的监测预警机制。完善灵活就业监测监管服务体系，将灵活就业纳入常规就业监测体系，拓展失业保险覆盖到灵活就业群体。

（八）完善就业形势监测体系及就业优先政策部际协调机制

（1）跟踪落实国家就业优先政策落实效果。跟踪国务院《关于做好当前和今后一个时期促进就业工作的若干意见》等系列稳就业促就业政策落实情况，评估结构调整中就业结构改善的情况，督促各地方围绕支持企业稳定发展、促进高质量就业、鼓励创业创新、提升劳动者素质等方面引导就业，综合评价对创业就业的传导影响，防范和化解企业规模性裁员风险。

（2）及时把握企业招聘用工和人员就业动向。人社、商务、海关、税务等部门需要积极交换数据和沟通信息，了解企业用工变化情况，及时把握经济走势和就业动向。充分利用大数据、云计算等技术手段，开展大样本、高频率、多维度就业形势统计监测评估，以此实时跟踪就业失业状况变化，定期发布就业报告。

（3）将就业形势监测纳入深化收入分配制度改革部际联席会议。由国家发展改革委牵头会同人力资源社会保障部、教育部、国家统计局等部委，共同构建高质量就业指标体系和就业数据库平台，在制定产业政策、财政政策、货币政策，培育经济新动能时给予优先考虑，在完善收入分配制度改革中，及时评估政策实施对就业影响的效果。

第十三章

货币政策改革和降低实际利率的途径

当前我国经济社会环境发生了较大变化，正处在经济结构的改革期，传统货币政策调控受到了较大的冲击，党的十八大提出了“健全现代市场体系，加强宏观调控目标和政策手段机制化建设”，随着我国社会经济步入了“三期叠加”的复杂局面，货币政策面临深度调整和改革的重任，我国金融业的发展规划从“十二五”时期就开始提出要推动我国的货币政策由数量型为主向价格型为主转变。在这个改革过程中，伴随着我国利率市场化改革进程，包括货币政策框架的完善、目标设置的合理化、政策工具的运用科学化、传导机制的进一步顺畅、进一步降低实际利率、切实降低中小企业融资成本等难题是货币政策改革必须考虑和解决的问题。但从实际情况来看，面临在货币政策的决策、实施以及利率传导等方面存在有效性不足的问题。本章内容立足现状分析，基于发现问题的研究视角，在探讨我国货币政策改革背景的基础上，对我国货币政策当前在传导机制和如何降低实际利率方面存在的问题进行分析并提出相关的建议。

一、中国货币政策改革的总方向、历史沿革与路径

我国货币政策的改革的总方向是推动我国货币政策由数量型为主向价格型为主转变，其核心是从传统货币数量调控下的利率管制向以利率渠道为主、通过调节利率影响总需求的思路转变。这种转变无论从现代国际社会的发展（成熟的市场经济国家），还是从我国的宏观经济环境的变化来看，都是不可逆的客观规律。

（一）我国货币政策改革的必要性

推动我国货币政策由数量型为主向价格型为主转变，这一点在党中央、国务院的政策文件和规划方案，以及中国人民银行的工作报告中均得以确认。利率市场化改革是其中的关键环节和核心内容，当前我国的货币政策改革出现一定程度的停滞，主要是由于利率市场化改革进程不畅，主要体现在存贷款利率和市场利率的“两轨”并存问题，无法畅通利率传导的渠道，也就是目前存在的货币政策利率无法传导至实体经济，无法体现市场运转的真实利率。这个问题的解决成为目前货币政策改革任务的当务之急。

当前我国经济社会环境发生了深刻变化，对传统货币政策调控带来了较大的冲击，提出了新的要求和挑战，主要表现在宏观、中观和微观三个层面。就宏观层面而言，我国经济已由高速增长阶段转向高质量发展阶段，正处在转变发展方式、优化经济结构、转换增长动力的关键时期，经济增长方式的转变引起了货币政策目标和具体操作工具上的变化；就中观层面而言，新的金融格局下金融创新的发展、5G技术的深刻影响、金融科技（Fintech）、数字货币等新金融的发展与变化；就微观层面而言，在当前我国市场化改革进程中微观预期的作用出现了越来越明显的变化。这些新的变化与发展所带来的基础货币投放渠道的改变、金融机构的稳定考量等方面的变化使得调整货币政策调控目标、合理选择和创新货币政策工具、完善货币政策调控模式等成为必须。

1. 宏观层面上，新时代我国的经济增长方式发生了深刻变化

党的十八大以来，中国特色社会主义进入新阶段。我国经济增长方式发生了转变，增长速度上从高速增长转为中高速增长，结构上要实现经济结构不断优化升级，动力上要从要素驱动、投资驱动转向服务业发展及创新驱动，原先的高增长模式离不开数量型货币政策支持，体

现为货币供应量 M2 和信贷快速增长、利用通货膨胀进行强制储蓄（投资拉动）等。“货币超发”成为原有增长模式之下的显性特征，突出表现为货币供应量与 GDP 之比、信贷余额与 GDP 之比的增长幅度大大超过了多数发达经济国家。当前高增长率不再是我国的宏观经济的政策目标，可以说，新的适度合理的增长目标已经不需要这些“旧的”货币政策手段了。过去一段时期的货币政策的重要传导渠道是通过对房地产市场加杠杆把货币投放至市场，但从实际情况看，这种传导渠道释放的流动性并没有流到可贸易部门的实体经济层面，只是被吸收到了不可贸易部门，形成了房地产资产价格的泡沫和金融内部交易资产所创造的繁荣。

2. 中观层面上，金融行业的金融科技、数字货币新业态使得我国的金融格局发生了显著变化

金融行业的新业态、新技术的发展使得原先的数量型货币政策的有效性明显下降。首先，金融创新带来了中国整个经济社会的流动性，使得原先的货币统计口径落后于这种创新所带来的变化，例如，银行承兑汇票等表外业务虽然改变了社会流动性，但由于无法体现在银行的资产负债表中，使得货币统计口径与实际的流动性产生了偏差，包括新的信息技术所带来的支付手段的革新也造成了货币统计口径与实际货币需求的脱节；其次融资结构的多元化，冲击了原有的信贷渠道下的货币政策的效果，人民币贷款所占社会融资总规模的比例 2002 年在 91.9%，到 2010 年以后这一比例整体上呈下降趋势。但是自 2015 年开始上升（主要原因在于对影子银行的强监管），不同的融资所带来的利率水平不同，使得央行的利率操作目标的确定和调整越发复杂、困难。这些方面的变化改变了传统金融业的生存业态和货币流通的速度和货币乘数，影响着商业银行的超额准备金，破坏了央行货币供应与经济增长和通货膨胀水平的有效关联（见表 13－1）。

表 13－1　2002—2020 年各类融资方式在社会融资总量（新增）中的占比情况（%）

年度	新增人民币贷款	新增外币贷款	新增委托贷款	新增信托贷款	新增未贴现银行承兑汇票	新增企业债券融资	新增非金融企业境内股票融资
2002	91.9	3.6	0.9		－3.5	1.8	3.1
2003	81.1	6.7	1.8		5.9	1.5	1.6
2004	79.2	4.8	10.9		－1.0	1.6	2.4
2005	78.5	4.7	6.5		0.1	6.7	1.1
2006	73.8	3.4	6.3	1.9	3.5	5.4	3.6
2007	60.9	6.5	5.7	2.9	11.2	3.8	7.3
2008	70.3	2.8	6.1	4.5	1.5	7.9	4.8
2009	69.0	6.7	4.9	3.1	3.3	8.9	2.4
2010	56.7	3.5	6.2	2.8	16.7	7.9	4.1
2011	58.2	4.5	10.1	1.6	8.0	10.6	3.4
2012	52.1	5.8	8.1	8.2	6.7	14.3	1.6
2013	51.4	3.4	14.7	10.6	4.5	10.5	1.3
2014	59.4	2.2	15.2	3.1	－0.8	14.7	2.6
2015	73.1	－4.2	10.3	0.3	－6.9	19.1	4.9
2016	69.9	－3.2	12.3	4.8	－11.0	16.9	7.0
2017	52.9	0.0	3.1	8.5	2.1	2.4	3.4
2018	69.7	－1.9	－7.1	－3.1	－2.8	11.7	1.6
2019	66.0	－0.5	－3.7	－1.4	－1.9	12.7	1.4
2020	57.5	0.4	－1.1	3.2	0.5	12.8	2.6

资料来源：根据中国人民银行网站和国家统计局数据整理。

3. 微观层面，市场化改革进程下微观预期的作用越发突出

党的十八大报告明确了市场在资源配置中要起决定性作用，十八大以后的历年政府工作报告均将激发市场微观主体的活力作为一项重要任务，部分年份的中央经济工作会议也不同程度地提出要更加注重市场微观主体的作用，其中市场预期是发挥市场微观主体作用的一项核心内容。微观主体预期在货币政策传导过程中的角色越来越重要，而且货币紧缩和货币宽松下的微观主体的预期是不同的，对下一步的货币政策的

调控机制、模式和传导渠道提出了改善要求。现有数量型货币政策有效性降低的其中原因之一就在于这种微观预期，主要表现就是其边际效应越来越低、边际成本越来越高。同时，由于新的利率体系的市场机制建设尚未完成，这种微观预期难以正确发挥作用，也是价格型货币政策有效性难以发挥正常效应的原因之一。

4. 国际资本市场的深刻变化及对我国国际收支的影响

2008 年金融危机之后，先后爆发了欧债危机和新冠肺炎疫情，美国、日本、欧盟等主要经济体的量化宽松政策实行了“零利率”，不可避免地陷入了“流动性陷阱”的局面。这种非常时期的特殊货币政策，短期内起到了一定的作用，但中长期带来的负面效果也来越明显。例如，由于投机所产生的资产泡沫的规模越来越大，美联储 2015 年 12 月到 2019 年上半年进入了缩表加息周期，加快和强化了国际资本流入美国的步伐和预期。2019 年 8 月美国开始率先降息，韩国、澳大利亚等国家跟进。新冠肺炎疫情以来，美国、欧洲和日本新的更大规模的宽松货币政策又重上舞台，短期内维持了基本的生产和生活，但同时也带来了国际大宗商品暴涨、能源价格急剧攀升的局面，国内物价指数达到了历史高位，2021 年 12 月 15 日，美国联邦公开市场委员会传递了明确宣布加倍缩减购债规模的信号，2022 年大概率要加息三次。我国自 20 世纪 90 年代以来，长期保持“双顺差”的格局，同时，2005 年以后国际资本市场对中国人民币有长期的升值预期。在我国的外汇管理体制之下，“双顺差”给中国带来的结果就是外汇储备规模的快速增加，2000 年以后增速加快，尤其是在 2005 年到 2014 年 6 月期间增速极快，外汇储备规模在 2014 年 6 月达到顶点 39932 亿美元之后，迎来拐点开始降低，2017 年 1 月外汇储备跌破 3 万亿美元，为 29982.04 亿美元，目前基本稳定在 3 万亿 ~3.25 万亿美元，2021 年 11 月的最新值为 32224 万亿美元（见图 13 –1）。我国 2014 年之前常年的贸易顺差和人民币升值预期意味着资本流入，并使得基础货币的外汇占款的状况尤为突出，最终导致货币政策成为事实上的美元本位制（外汇结算的货币主体是美元）。在政策选择上，为了消除这种巨大的外汇占款流动性所带来的风险，一是需要持续且大幅度提高法定存款准备金；二是为了解决提高法定存款准备金给银行带来的损失，需执行存贷款利差的管理，这就拖累了我国金融市场化改革进程。新时代，在新的市场化改革阶段，外汇管理体制与资本账户开放的改革会逐步深化，改变这种外汇占款所带来的流动性风险局面成为明确的预期。同时，人民币国际化趋势也会改变我国当前美元本位制的货币供应，而且全球经济在新的工业化革命下实现新的“再平衡”需要一个较长的过程，为我国的货币政策的调整带来时间和空间上的客观环境。

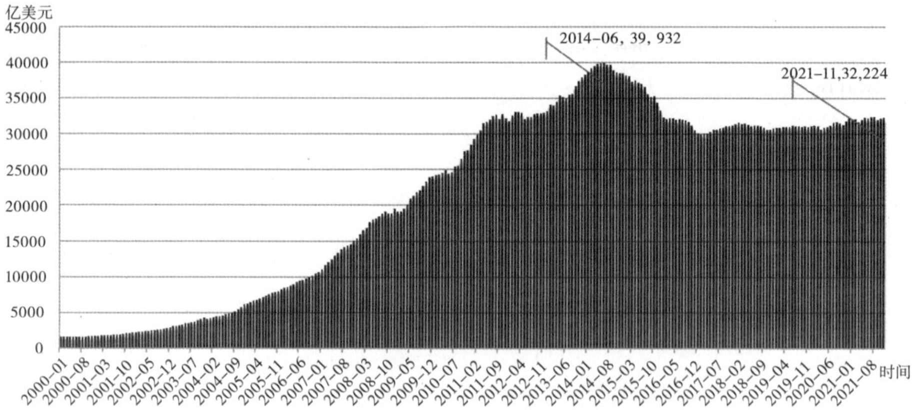

图 13－1　2000—2021 年中国外汇储备规模

资料来源：Wind。

（二）我国货币政策改革的核心要素与主要内容

理解货币政策，应当坚持系统性的原则从整体上把握。因此有些学者首先从货币政策框架入手研究货币政策。一般而言，货币政策框架是一国中央银行为了实现宏观经济目标，通过货币政策的传导机制而联系在一起的货币政策操作工具、操作目标、中介目标和最终目标的逻辑框架，其中也包含了为保证货币政策实施的相关制度（见图 13－2）。

1. 数量型货币政策框架

一国央行直接以基础货币供应量操作目标，主要通过对公开市场操作业务、存款准备金率等工具调节基础货币供应量，以实现对广义货币供应量 M2 的调控。我国数量型货币政策框架的典型特征和表现是利率管制，人民银行通过利率管制（直接规定基准利率及其上下限）控制金融资源的配置确定金融机构的信贷配给，理想状态下，经济低迷时期人民银行可以通过直接降低利率释放信贷量来“创造”总需求，而在经济过热时期人民银行反向操作来压低社会总需求。我国数量型货币政策框架的基本逻辑在我国的存款准备金制度条件下，广义货币供应量 M2 由基础货币供应量间接决定。就基本理论而言，数量型货币政策有效的主要标志是货币供应量增长率与物价指数（通货膨胀率）的同比率增长或 M2 与 GDP 的稳定关系。前者一般需要满足两个条件：第一，货币供应增长率的变化能够对应通货膨胀率的变化；第二，货币流通速度的相对稳定，即费雪货币交易方程式（$MV = PY$）中的前提假设 V 是相对稳定的。只要这两种方式中任何一种得不到满足，即视为货币数量理论的失效。后者可以直接通过 M2 与 GDP 的比值的纵向比较来考察。

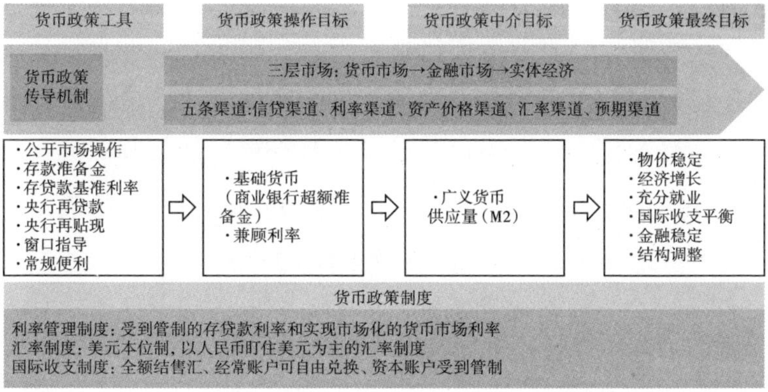

图 13－2　我国现有货币政策框架模型

资料来源：郭迎锋．中国货币政策框架转型研究［M］．北京：经济管理出版社，2018.

2. 价格型货币政策框架

2012 年《金融业发展与改革“十二五”规划》首次表述了我国要将货币政策以数量型调控为主转向以价格型调控为主的改革目标，但对于价格型调控的准确定义、其内涵与外延均没有给出，其价格型货币政策框架的最终目标（“锚”）、中介目标、操作目标以及三层目标之间的传导路径和机制均没有给出清晰的界定。考察欧美发达经济国家的价格型货币政策框架并结合上述货币政策框架的运行机理可以基本总结出其概念：价格型货币政策框架是在利率市场定价的基础上，主要通过公开市场操作工具，采取市场基准利率为操作目标并在金融市场上通过利率传导渠道对市场利率体系产生影响，进而对实体经济形成作用实现以物价稳定为主的经济目标。一国央行在价格型货币政策框架之下所采取的方式一般通过完整的通胀目标预测机制来实现，具体而言，如果通胀率的预测值高于通胀率的目标值，所采取的货币政策为紧缩性，否则采取扩张性财政政策，如果二者一致，货币政策则保持不变。当前采取价格型货币政策框架的国家或经济体一般有两种类型，一是以物价稳定为唯一目标的单一目标制，二是以物价稳定为主同时兼有就业稳定等其他目标的多元制目标；前者以德国和欧洲央行为例，后者以美国、日本央行为例。在实行单一目标制的国家，往往会设置通货膨胀率作为最终目标的衡量指标。通胀目标制的运作机理如下：一国央行明确物价稳定为货币政策唯一目标，并按照制度安排就未来时期所要达到的通货膨胀目标值向本国公众公布，同时，该央行要设计科学可行的预测模型对未来时期的通货膨胀率预测得得到预测值，而后依据预测值与目标值之间的偏离程度来确定货币政策操作工具，达到通货膨胀率实际值与通货膨胀率目标接近的目的。一般而言，如果具备了充分发育的金融市场和发达完善的直接融资市场，价格型货币政策国家在资产价格、市场预期和汇率的传导渠道上由于各个市场联动性更强且有较强的替代性，会比数量型货币政策国家的传导途径和机制更加有效（见表 13－2）。

表 13－2　各国价格型与数量型货币政策框架比较

		价格型货币政策框架					数量型货币政策框架
		美国	英国	德国/欧盟	日本	韩国	中国
操作目标		联邦基准利率	国债（两周）回购利率	国债（一周或两周）回购利率	隔夜信用拆借利率	无抵押隔夜拆借利率	基础货币
中介目标		无	无	两大支柱：M3 和未来价格风险	无	无	广义货币供应量
最终目标	物价稳定	√	√	√	√	√	√
	经济增长						√
	充分就业	√					√
	收支平衡						√
	其他				金融稳定		金融稳定
操作工具	公开市场操作	√	√	√	√	√	√
	存款准备金	√	√	√	√	√	√
	借款类工具	贴现窗口，TAF（短期拍卖工具）	FLS（融资换贷款计划）	TLTRO（长期再融资操作）	再贷款	待查	SLO、SLF、MLF、再贷款、再贴现
	存贷款基准利率						√
	窗口指导						√
传导渠道	利率	▲▲▲	▲▲▲	▲▲▲	▲▲▲	▲▲▲	▲▲
	信贷	▲▲	▲▲	▲▲▲	▲▲	▲▲	▲▲▲
	资产价格	▲▲▲	▲▲▲	▲▲▲	▲▲▲	▲▲▲	▲
	汇率	▲▲▲	▲▲▲	▲▲▲	▲▲▲	▲▲▲	▲
	预期	▲▲▲	▲▲▲	▲▲▲	▲▲▲	▲▲▲	▲

注：在传导渠道的选择上，▲越多说明该国更加倚重该渠道的传导作用；韩国在改革期曾经将类似于德国的 M3 的广义的货币供应量作为专心期内的货币政策的中介目标，后放弃。

资料来源：中国人民银行、美联储、摩根士丹利研究院，笔者绘制。

3. 货币政策目标改革

在从数量型货币政策改革到价格型货币政策的过程中，包括中间目标和最终目标的改革。

（1）货币政策的最终目标改革。货币政策的最终目标是一国货币政策的决定因素，也是宏观调控的所要追求的目标。虽然《中国人民银行法》规定人民银行的职责是保持币值稳定和促进经济增长，但长期以来我国央行所执行的货币政策框架一直执行着实际上的经济增长、物价稳定、充分就业和国际收支平衡四项宏观经济的目标，在后金融危机时代的经济结构改革时期又加入了金融稳定的结构性目标。这些目标之间在实际经济运行过程中常常会相互矛盾，因此不同的时期人民银行在各个目标的选择上会有不同的选择顺序，例如，根据人民银行发布的《货币政策执行报告》，在2006—2008上半年人民银行将目标重点确定为稳定物价和外部平衡的目标上，之后在2008年下半年至2009年货币政策目标被调整为稳定经济增长和保证就业。新时代我国经济增长从高速增长迈向高质量发展，部分阶段央行的目标重点放在结构失衡不恶化情况下促进经济增长上，依然通过数量型货币政策的调控手段（如改革期的特殊货币政策工具定向宽松）解决融资成本问题来支撑国内需求，其他的物价稳定、就业市场和国际收支平衡三个方面成为次重点目标。传统的数量型货币政策框架的最终目标总体上仍将经济增长目标放在了首位，这也导致了我国货币政策对通货膨胀和资产价格超比例上涨的反应迟缓，如有学者明确指出，1992—2013年，全国的房产价格年平均上涨速度超过10%，而GDP增长年平减指数仅为5.377%。

未来我国的货币政策框架要实现从要数量型向价格型转变，就要将数量型的绝对多元化目标向相对多元化或单一化目标发展，其思路是在人民银行（相对）独立行使货币政策的前提下将物价稳定作为核心目标来对待。当然借鉴美国美联储和日本央行的做法，可以把补充充分就业或金融稳定作为第二个核心目标来对待。但未来常规性的价格型货币政策最终目标不宜过多，因为根据丁伯根法则（Tinbergen's Rule），每个独立的政策目标必须至少有一个独立的政策工具（如果有多个政策工具对应一个政策目标，这些政策目标应该与线性无关），过多的政策工具无疑会加大货币政策的实施难度和复杂程度且容易发生相互矛盾的问题。另外，在未来如果继续执行相对多元化的货币政策最终目标，需要进一步解决多元化目标之间的矛盾，如果进行分析就会发现，美国实行最终目标的多元化（物价稳定和充分就业），如果采取通货膨胀率的中介目标，就有可能与充分就业的最终目标相矛盾，例如，物价上涨严重的情况下，按照凯恩斯理论，认为是经济过热，需要实行紧缩性货币政策来减少需求，来实现抑制经济过热稳定物价的目标达到需求与供给的平衡，但物价上涨还有另一种可能性就是供给不足，如果这种情况下依然采取紧缩性货币政策无疑会加剧供给不足，扩大总供给与总需求的不平衡状态，从而会导致失业率的上升，最终会影响到货币政策充分就业目标的实现。

（2）货币政策的中间目标改革。一般而言，货币政策的中间目标包括有操作目标和中介目标。我国处于改革期的货币政策框架的操作目标依然是以基础货币供应 M0 为主，随着我国利率市场化改革的深入，虽然全面放开了存贷款利率上下限，但依然由人民银行直接指定基准利率，可供市场自发调节的基准利率正在培育尚无法确定，且利率传导机制和渠道建设尚不完善。原因主要在于金融市场的不健全，在货币政策改革过程中，建立利率走廊的做法是我国货币政策改革的一项核心内容：将当前央行的常备借贷便利或者抵押贷款利率作为其上限，下限可以定义为超额存款准备金利率。但在具体实施上可以分步骤通过建立法定（显性）利率走廊和不公开的隐形事实走廊，后者要比前者更窄，央行通过公开市场操作维持较窄的事实走廊。未来价格型货币政策框架体系的操作目标建设应该在国债回购利率和银行间市场拆借利率二者之间进行选择，现实的选择是借鉴美联储和日韩两国央行的做法把同业拆借利率作为基准利率来培育，原因主要基于两个选择。首先，我国的国债市场建设落后于同业拆借市场的建设，主要表现为：①我国国债的期限结构不合理，国债市场上以中长期国债为主，短期国债（一年期国债）品种少且占比过低，仅占总量的20%以下，而美国的比例高达80%，使得短期国债的无风险利率的有效性不足；②国债二级市场不活跃，换手率低于1，远远低于上述几个发达国家的水平；③场外的银行间国债市场与场内的交易所国债市场分割严重，其监管机构不同甚至交叉严重，人民银行、证监会、银监会甚至财政部均有监管权限，影响了有效的收益曲线的形成；④较小的市场规模，全部的债券市场2013年的总额（包括国债、公司债）仅能占到GDP的50%，而发达国家往往可以达到100的水平 。其次，人民银行已经开始着手培育银行间同业拆借利率作为市场基准利率，当前上海银行间同业拆借利率Shibor已经成为市场基准利率的重要选项，金融市场开始逐渐形成了以Shibor为基准的定价群。但从目前来看，由于我国改革期内诸多不确定因素的影响，Shibor的波动幅度依然很大，用变异系数（标准差与平均利率的倍数）衡量的数值其波动幅度是美国、日本、韩国包括印度隔夜利率波动幅度的2~4倍。

就中介目标而言，在数量型货币政策框架体系下，广义货币供应量M2成为其必然选择，但在价格型货币政策框架体下，完善的利率市场机制使得中介目标的存在不再成为必须，货币供应量由于信贷渠道已经不是多元化金融市场体系下的主要传导渠道，货币供应量已经不能准确衡量宏观经济的整体情况，已经不能满足作为中介目标的三个前提条件（可预测性、可控性和关联性）了；即使选择价格型货币政策框架的中介目标也是基于现实经济环境的复杂性而对操作目标和最终目标之间传导过程的补充。实践操作中，基于可预测性、可控性和关联性三个前提条件以及现实经济条件的复杂性，借鉴类似于货币政策框架改革期内韩国的MCT（M2+CDs+货币信托）和德国及欧盟将M3作为中介目标的做法（弥补了多元化金融市场体系下的信贷渠道传导的缺陷），对数量型货币政策框架体系中作为中介目标的广义货币供应量 M2 进行外延扩充。但依然需要注意，货币政策框架改革期应该如何就中介目标进行取舍和选择，由于直接融资市场的发展造成了间接融资渠道难以反映总体的社会融资规模的问题，也就丧失了作为数量型货币政策框架中介目标的作用，因此，关键问题在于如何用我国的社会融资总规模指标来弥补当前的数量型货币政策框架的不足，现实可行的做法是借鉴德国和韩国在改革期内对 M2 进行扩充的做法，将广义货币供应量 M2 进一步外延：借鉴德国央行和欧洲央行的做法，扩展到 M3，或者借鉴韩国改革期做法，扩展到 MCT（M2 + CDs + 货币信托），进行货币总量的计算，以此来反映改革期非银行金融机构活动对货币政策最终目标的影响。

4. 货币政策工具的改革

对商业银行的直接信贷规模的控制在 1998 年正式结束，但直到现在人民银行依然保持了窗口指导的直接调控方式对商业银行的贷款规模、行业投向以及贷款节奏进行指导，因此，当前我国的数量型货币政策不是彻底的间接调控型货币政策框架。我国央行的常规性货币政策工具包括公开市场操作、存款准备金、存贷款基准利率、窗口指导、央行再贷款/再贴现等；改革期特殊政策工具包括短期流动性调节工具（SLO）、中期流动性调节工具（MLO）、常备借贷便利（SLF）和抵押补充贷款（PSL）、贷款基础利率（LPR）等。前者常规性货币政策工具主要着眼于对总量的控制，后者特殊性货币政策工具主要适用于当前的结构性调控经济政策，解决当前的流动性缺口。从期限上进行分类分别有：短期性工具——公开市场回购和逆回购操作工具、公开市场短期流动性调节工具；中期性工具——央行票据发行、再贷款利率和再贴现、常备借贷便利；长期性工具——抵押补充贷款。这些工具都属于数量型货币政策框架体系下对基础货币投放进行影响的工具。在改革期，这些工具之间本身具有一定的矛盾性，例如，抵押补充贷款（PSL）的目的在于培育一个中远期基准利率，与一直培育的短期基准利率（如Shibor）的关系处理上没有清晰的界定，很少有改革成功的国家在金融货币市场上是短期基准利率和中长期基准利率并存。

在我国的货币政策的改革过程中，对货币政策工具的选择应当基于上述操作目标进行利率走廊的建立和有效实施来进行，并考虑到社会融资总规模（对广义货币供应量的外延）中的外延部分确定一部分特殊而有效的操作工具。可以预见的是直接调控的窗口指导操作工具将会逐渐退出，而上述的特殊性操作工具在完成其调结构的使命之后也会逐步淡出，央行也会将其庞大的操作工具进行简约化处理，围绕着短期基础利率的操作目标进行公开市场操作，并补充存款准备金率的操作工具实现对货币市场、金融债券市场和实体经济的传导，实现物价稳定为核心的最终目标。

5. 货币政策传导途径改革

发达国家的货币政策传导渠道具有多重性，这主要源于这些国家完善的市场结构和成熟的市场机制，货币政策能够更好地通过利率、资产价格、预期、汇率的传导渠道影响到实体经济的需求与价格，相对而言信贷渠道在这些国家对货币政策的传导只能扮演次要地位，但对于我国而言，这些完善的市场结构和成熟的市场机制尚不具备，银行信贷依然居于主导地位。从数据现象上来分析（见表13－1），虽然人民币贷款从2002年以来呈下降趋势，但依然保持在50%以上，且2015年以来呈现反复上升的迹象，反映了我国直接融资市场的不够发达。未来我国建立适合国情的价格型货币政策框架的传导渠道，方向上要在利率市场化改革的基础上，培育利率传导、资产价格传导、预期传导以及汇率传导渠道。这四种渠道的培育，对应着当前我国的债券市场改革与发展、房地产市场和股票市场改革的深入推进、国有企业改革及地方政府的预算软约束问题的解决、汇率市场化改革等几个方面的改革与调整，都是复杂而艰巨的任务，而且每项改革之间也会相互影响甚至相互矛盾，需要政府统筹兼顾并且各个部门和层级统一协调的推进这些改革。同时，这四种未来建设和改善的传导渠道与传统的信贷渠道的关系也要处理好。

（三）发达国家货币政策改革实践

发达国家的货币政策从数量型向价格型改革，依据利率表市场化的改革进程将利率市场化大致分为改革前、改革中和改革后三个阶段。可以说利率市场化改革的成果是一个国家的货币政策是否可以改革成功的必要因素，货币政策的改革接续于利率市场化的完成。

1. 利率市场改革前的货币政策

以时间来划分，美国和欧洲国家等西方发达国家的利率管制（利率市场化改革前）大约结束于20世纪70年代，美国、英国、德国等国家的货币政策的共同特点是由于银行的间接融资渠道是社会融资的主要渠道，通过固定利率的利率管制能有效控制社会融资总规模，同时可以防止银行恶性竞争、降低金融体系的不稳定性外，更重要的是，按照凯恩斯主义的理论框架，低利率是货币政策的核心，有利于经济主体获得低成本资金，从而刺激总需求扩张，这些国家的经济发展在凯恩斯需求管理型的宏观调控框架下实现了高速增长。韩国与日本的利率管制结束时间较晚，持续到20世纪80年代，利率管制的货币政策是这两个国家经济赶超计划的重要组成部分，其政府主导成为日韩两国经济发展的主要推动力。

2. 利率市场化改革进程中的货币政策

利率市场化改革的进程中，美国等西方发达国家随着利率市场化改革的深入，其货币政策以稳定物价为最终政策目标，一般以公开市场操作为主要工具，对货币供应量进行监控，以美国为例，其监控的目标前期（20世纪80年代）以M1为准，后期（20世纪90年代）以M2为准，是与经济改革期的宏观调控需求相契合的：一方面，对信贷规模加以限制，是防止过剩产能进一步积累和解决滞涨问题的重要途径；另一方面，在银行信贷仍为社会的主要融资渠道时，通过调节银行准备金可以有效监控货币供应量，同样德国20世纪80年代的融资结构中非金融企业的银行贷款比例一直稳定保持在55%左右，能够对货币供应量进行有效监控。日韩两国的利率市场进程比较曲折，源于政府主导的力量过于强大，使得利率市场化的改革进程相比其他国家较为激进，同时，韩国为应对1997年的亚洲金融危机，韩国央行在其货币政策框架的改革期的90年代初扩大了货币供应的观察范围，将MCT（M2 + CDs + 货币信托）引入进行货币总量的计算，以此来体现非银行金融机构活动对货币政策最终目标的影响。

3. **利率市场化改革后的货币政策**

利率市场化改革成功之后，美国等西方发达国家开始树立价格型货币政策的框架结构，源于三方面的原因，第一，金融机构对货币市场的利率敏感性在增强，基准利率的金融资本市场的价格核心地位被塑造；第二，金融市场结构重大变化，直接融资市场取代间接融资市场的主体地位导致货币供应与信贷规模脱钩，使得宏观经济对利率的敏感性增强；第三，利率传导渠道顺畅，建立了货币市场→债券市场→信贷市场的传导渠道，在基准利率、债券利率和信贷利率之间形成了有效的价格机制。但各国的具体做法有一定的区别，1993年的泰勒法则①，为美国的货币政策框架的改革提供了理论与实践上的依据，美联储前主席格林斯潘放弃了以货币供应量为中介目标的货币政策框架，改为一直沿用至今的以联邦基金利率为操作目标并对市场利率进行影响的价格型货币政策体系，其最终目标确定为物价稳定和充分就业。欧盟央行的操作目标采取隔夜拆借率有上下限的利率走廊机制②，最终目标采取HICP的通

① 依据泰勒法则 $R = R' + a(P - P') - b(U - U')$ 所核算出的名义利率 R 与联邦基金利率的目标值非常接近，为该法则在美国对货币政策的指导提供了强有力的证据。

② 隔夜拆借率的上限为：欧洲央行管理委员会每月所确定的再融资利率水平；下限为：吸收商业银行剩余资金的存款便利。

胀目标，货币政策实施过程中其“双支柱”策略是主要特征，在“双支柱”策略目标值的设置上，第一支柱为类似于德国的 M3 货币供应量增长率，其参考值明确为 4.5%；第二支柱是对未来价格风险的广泛评估，大约包括对工资、汇率、债券价格和财政政策等，具体主要体现在银行信贷和资产价格的观测上，如果二者同时增加被认为泡沫经济的出现。韩国也将 M3（沿用了 MCT 引入进行货币总量的计算方法）作为了其中重要的监控指标，与利率市场化改革进程中的 MCT 作为最终目标不同，M3 是作为监控指标和目标出现的。

（四）我国货币政策的历史变迁

基于货币政策环境的变化，我国的货币政策可以系统总结为三次货币政策改革：改革开放经济发展的第一次改革——从计划经济时代财政政策附庸变为向直接调控的货币政策改革；市场化改革的第二次改革——从直接调控的货币政策向间接调控的货币政策改革；经济结构改革进程中的第三次改革——从数量型货币政策向价格型货币政策的转型。

1. 改革开放经济发展的货币政策第一次转型

总体上而言，我国的货币政策框架的制度变迁应该从改革开放之后开始，也就是说，1979—1992 是我国的货币政策从计划经济时代财政政策附庸变为向直接调控的货币政策。1979—1984 年为计划经济时代财政政策附庸阶段，这一阶段，计划经济时期国家财政是国民收入与分配的主体，财政政策在经济调控中居于主导地位，银行仅仅作为财政政策的附庸而存在，相对独立的中央银行不存在，中国人民银行居于从属地位。改革开放开始的 1979—1983 年，中国人民银行的贷款计划只是当时的计划委员会投资计划的一个组成部分，因此，这一期间的货币政策我们可以称之为“准货币政策”阶段。

1984—1992 年直接调控的货币政策阶段，我国的货币政策严格上讲应该从 1984 年中国人民银行正式履行中央银行的职责的开始，这一阶段是中国人民银行独立执行货币政策的探索阶段，这一阶段的显性特征是信贷规模的扩张，操作目标是直接控制贷款规模或贷款最高控制限额，因为中国人民银行直接控制了贷款规模，不需要中介目标的存在，最终目标是币值稳定和经济发展，但在实际执行过程中以经济发展为主，整体上是信贷规模高速扩张所带来的物价指数高企的时期，M0、M1、M2 增速远远大于 GDP 增速，在政策实施方面出现了紧缩与扩张的反复，缺少必要的前瞻性措施和手段，并且出现了几次大的经济波动，直接调控的货币政策的实施效果不够稳定。

2. 市场化改革的货币政策第二次转型

这一时期我国货币政策框架的典型特征是从对贷款的直接限额调控逐步向以货币供应量为中介目标的间接调控方式转变，并在 1998 年基本确立了公开市场操作为主要工具的间接调控货币政策框架，到 2008 年一直维持着外汇占款为主的货币投放政策格局。

在吸取了 1984—1992 年货币政策的经验教训结合 1992 年出现的经济发展过热、通胀率过高的情况，我国的货币政策开始进行一系列的改革以促进货币政策有效性的提高，当时货币政策的显性特征是“适度从紧”的反通胀措施。1995 年颁布实施的《中华人民共和国中国人民银行法》和《国务院关于金融体制改革的决定》进一步明确了中国人民银行的中央银行执行货币政策的职能。公开市场操作作为货币政策工具之一被提出，标志着货币政策的间接调控方式开始得到重视，同时，也取消了同业拆借利率的最高限额，并拉开了利率市场化的序幕，操作目标也从控制信贷规模开始向控制基础货币的目标过度，具体的操作工具转向了以再贴现、存贷款基准利率等间接性操作工具为主，东南亚金融危机爆发之前的 1996 年出现了“高增长、低通胀”的良好宏观经济环境。

东南亚金融危机之后，面对东南亚金融危机我国坚持货币不贬值的政策使得出口迅速减少，并带来了总需求不足、物价负增长和通货紧缩的局面，为了解决这种负面影响，在1999年开始实行反通缩的稳健货币政策。1998年人民银行确定存贷比作为其监管手段之一，取代了商业银行的信贷限额，开始编制基础货币规划，根据货币供应量的中介目标和外部经济环境来确定基础货币数量，并在该年5月开始正式实施了公开市场操作，标志着间接调控为主的数量型货币政策框架开始确定，基本建立了人民银行→货币市场→金融市场→实体经济的数量型货币政策额度间接调控机制。操作目标和中介目标依然保持着基础货币和货币供应量的目标，最终目标选择多元化，包括物价稳定、经济增长、充分就业和国际收支平衡，并且在不同年份的侧重点依据当时的宏观经济形势而有所不同。基础货币的投放占比，形成了外汇占款格局下间接调控为主的货币政策，大量的外贸结余和人民币升值预期之下大量国际资本开始进入我国，由于中国的强制结售汇制度，使得基础货币增长迅速，人民银行需要对冲外部注入的流动性，提高了商业银行的存款准备金率，提高了商业银行的资金成本，为了解决这一问题人民银行提高了存贷款基准利差，造成了流向实体经济层面的资金成本过高，一定程度上造成了金融市场与实际经济的脱节，实际上造成了数量型货币政策失效的结果。

3. 经济结构改革进程中的货币政策第三次转型

2008年金融危机后，我国开始迈入了从数量型到价格型货币政策改革，这一时期我国货币政策框架的典型特征伴随着金融危机之后国内外经济环境的巨大变化和中国利率市场化改革的逐步深入，我国的货币政策框架的中间目标从货币供应量的调控方式向基准利率的调控方式转变，并以2012年我国政府的一系列金融体制改革政策的加快部署与实施为分界岭划分为两个阶段。

2012年之前的货币政策中，2009年中央政府出台了4万亿元的财政刺激政策，货币政策作为辅助手段进行了全面宽松的操作，一般而言，这种货币政策之下的信贷资金的主要流向渠道集中在房地产和地方投融资平台上，信贷扩张中大约50%的份额流向了这两个渠道造成了房地产泡沫，这种局面下，加强了家庭和政府的持币意愿，降低了货币流通的速度，降低了货币政策框架的实施效果。

2012年以后，我国社会经济步入了“三期叠加”的局面，增速放缓、经济结构调整、前期刺激政策消化成为货币政策所面临的主要宏观经济形势，原有的数量型货币政策框架有效性不足，基于此人民银行加快了利率市场化改革的步伐，2015年10月23日人民银行放开了我国存款利率上限，标志着我国利率管制时代的结束，我国的货币政策框架正式进入了从数量型向价格型改革时期，同时外汇占款下滑、直接融资市场比例的扩大、信贷资产证券化开展、汇率市场改革加快等方面的因素也促进了向价格型货币政策框架改革的步伐。改革期内特殊的货币政策工具开始出现：短期流动性调节工具（SLO）、常备借贷便利（SLF）、中期借贷便利（MLF）和抵押补充贷款（PSL）等，在货币政策最终目标的选择上加入了金融稳定的结构性调控目标使得调控的难度加大、复杂程度提高，货币政策的最终目标的重要性顺序应当为：在保证金融稳定、结构不失衡的前提下保证经济的平稳增长，物价稳定、就业平衡、国际收支平衡的目标成为次级目标。

（五）货币政策改革的逻辑关系

我国的货币政策改革应该从两个逻辑关系上进行分析。

第一种逻辑关系：从直接调控的行政干预式向间接调控的市场调节式改革。这方面应该站在政府与市场关系的处理的高度来进行，解决政府与市场应该在什么样的原则下进行资源的配置，政府直接干预的货币政策传导渠道的选择上信贷渠道更为直接有效，而市场调节下的传导渠道利率传导、资产价格传导、汇率传导和预期传导更为有效。

第二种逻辑关系：从数量型向价格型转型。改革的核心是传统的利率管制下的数量调控向完善的利率市场机制下的价格调节转变。在这个过程中，一是要回答如何处理数量型向价格型过渡阶段过程中的特殊货币政策工具的取舍与评价；二是多元化的目标体系向单一化目标体系如何改革。数量型货币政策框架的多元化无论是在操作工具上、操作目标上（除了基础货币外还兼有管制利率），还是最终目标上相对价格型货币政策都具有多样性，而且是以货币供应量作为中介目标而实施的；完善的市场机制条件下，单一型的目标体系说明在操作工具、操作目标和最终目标的选择上都有一项必不可少的选项，具体而言，一国货币当局主要运用公开市场操作工具对基准利率（唯一性，可选货币市场的拆借利率或债券回购利率）施加影响实现主要以物件稳定为主的目标，其他少量的目标（如充分就业的最终目标）和其他少量的操作工具（如存款准备金）作为其补充。

基于上述两种逻辑关系的理解，我们可以从直接与间接、数量与价格构建货币政策框架的二维模型，如图 13－3 所示，可以看出，间接调控的价格型货币政策框架是基于这两种逻辑发展的最优模式和最成熟的阶段。

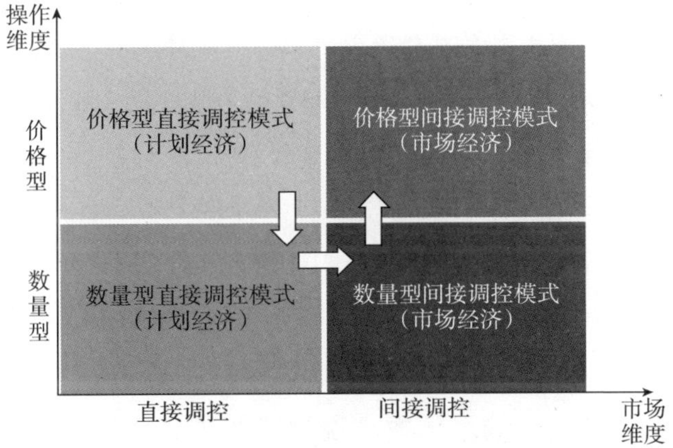

图 13－3　货币政策框架改革（转型）的二维模型

资料来源：郭迎锋．中国货币政策框架转型研究［M］．北京：经济管理出版社，2018.

二、中国货币政策改革过程中货币政策有效性分析

当前，我国利率市场化形式上完成了，货币政策正处于数量型和价格型两种框架双轨并行的过渡期。基于货币政策转型过程中的现实条件分析，过渡期内呈现了数量型有效性逐步失效和价格型货币政策有效性尚未建立的局面。

（一）数量型货币政策依然存在，但有效性正逐步失效

改革过程中，我国数量型货币政策依然发挥作用但其有效性在丧失，可以通过两类数据的比较得出，一是货币供应量M2和GDP相关数据的比较，二是货币供应量与CPI相关数据的比较。

（1）我国货币供应量M2与GDP的比较。在我国货币供应量M2与GDP的比较上，可以通过M2货币供应量和GDP的绝对值比较。在1995年我国M2的发行量首次超过了当年的GDP。M2与GDP的比值不断上升，在1999年该比值为134%，2008年该比值为151%，金融危机之后，2009年迅速上升到175%，到2016年攀升至疫情最高的208%，2017—2019年该比值分别回落至203%、199%和201%，但由于疫情，在2020年又升至目前最高的216%（见图13－4）。另外，可以通过M2的增速与GDP的增速比较来考察。有两种现象值得注意，一是M2增速与GDP增速的背离，可以看出我国历史上（自1990年以来）曾经有过两次M2增速与GDP增速的背离，一次发生在1990—1992年，另一次发生在金融危机之后的2008年到2010年；二是M2的增长速度一直远远高于GDP（实际）的增长率，说明了我国货币供应一直以来脱离实体经济的发展，背离了商品交换的实际所需的货币需求，说明了数量型货币政策框架有效性的降低，透支了人民币潜在的升值空间，使得人民

币自2005年“汇改”时开始升值，到2015年8月11日宣告结束①（见图13-4）。

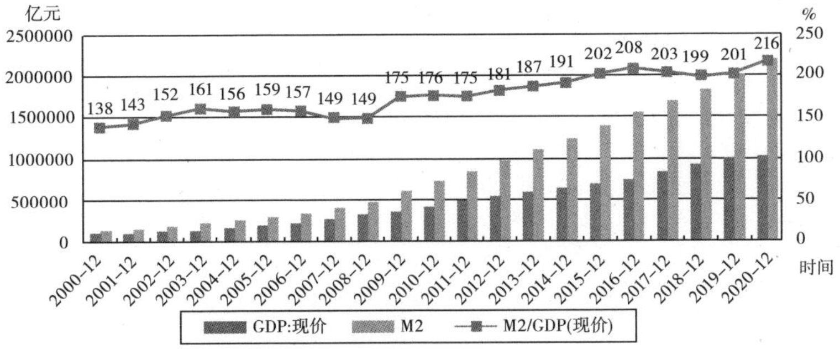

图13-4　中国M2与GDP之比走势

资料来源：GDP数据来源于国家统计局，M2数据来源于中国人民银行网站。

（2）从我国M2增长速度与CPI增长速度来考察。按照数量型货币政策理论，货币供应增长率的变化能够对应通货膨胀率的变化。但从实际情况来看，这种相关性自2003年之后越来越弱，如图13-5所示。突出表现在三个阶段，第一个阶段是2003—2007年，尤其是2003—2004年M2的增长率从19.6%下降到14.7%，而CPI却从1.2上升到3.9%，M2增长与CPI的相关性可以达到0.67%（张杰和翟福昕，2014）。第二个阶段是2008—2016年，2008年M2的增长率从17.8%迅速增长至2009年的28.5%，但2009—2011年迅速下降至13.6%，但CPI却保持上升趋势，该时期M2增长与CPI的相关性从上个时期的0.67%下降到0.19%（张杰、翟福昕，2014）。第三个阶段是新冠肺炎疫情发生的2020年1月到2021年2月，M2的增长率保持上涨趋势，从2020年1月的8.4%迅速增长至2020年5月的11.1%，且到2021年2月，M2增长一直保持在10%以上；CPI在此期间一直保持下降趋势，2020年1月从5.4%的高位迅速下降至2020年11月的-0.5%，且到

① 2015年8月11日上午，央行公布人民币兑美元汇率中间价报6.2298，较上一个交易日贬值1136点，下调幅度达1.9%，为历史最大单日降幅。

2021 年 2 月 CPI 一直维持在负增长的水平。M2 作为中介指标的数量型货币政策与物价指数作为最终目标的相关性的偏离度越来越高（见图 13－5）。

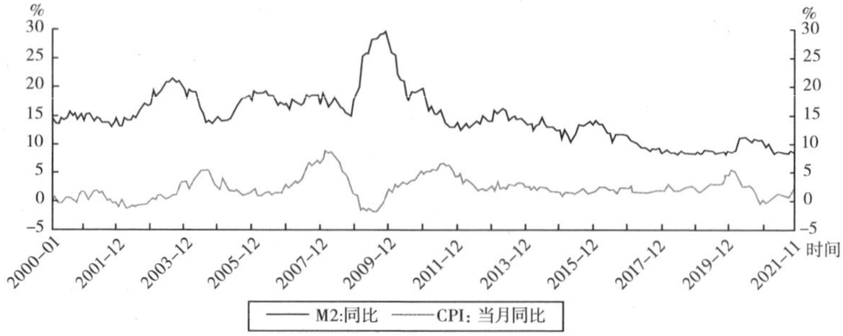

图 13－5　中国 M2 增速与 CPI 增速对比

资料来源：GDP 数据来源于国家统计局，M2 数据来源于中国人民银行网站。

（二）价格型货币政策逐步建立，有效性尚未或难以建立

当前我国价格型货币政策框架的有效性尚未建立主要表现在以下四个层面。

（1）我国央行对于价格型货币政策框架的规划不甚明晰。我国《金融业发展与改革“十二五”规划》和“十三五发展纲要”均提出了要推动我国的货币政策由数量型为主向价格型为主转变。但目前来看，除利率市场化加速推进之外，缺少实现转型目标的实施路径和计划安排，相应地，我国《金融业发展与改革“十四五”规划》如何进行部署与实施需要进一步落实。

（2）市场化基准利率体系的培育尚未完成，其市场化的传导途径还不完善。这一点是价格型货币政策发挥其宏观调控职能的核心。目前来看，我国的货币政策框架离价格型的差距还较大，表现在以下几方面：市场基准利率还不能完全确定；我国央行当前的货币政策执行上主要采取直接设定存贷款基准利率的手段，公开市场操作或调控再贴现率的间接手段还需要进一步强化；现有的货币政策采取了转型期特殊的定

向投放的操作工具，但依然属于数量型货币政策范畴，虽然在局部或短期内产生一定的效果，但不具备整体性和长期性效应。

（3）利率市场化需要进一步深化，完善金融机构内部激励与外在约束机制。随着存贷款利率上下限放开，利率市场化的实现还需要充分竞争的金融市场。充分竞争的金融市场所决定的价格才是真正的市场化利率，但当前中国以银行业为主的金融市场竞争不充分，主要体现在：外部约束力较强，需要解决金融垄断、市场准入不合理、隐性担保和刚性兑付的问题；内部激励不足，突出表现在我国国有银行的独立性不足、银政不分的问题导致国有银行间的竞争不充分，需要解决其产权关系和产权约束，进而优化公司治理架构。

（4）预期管理的缺失或货币政策的不透明。预期管理机制是货币政策在公共沟通方面的具体体现，但当前我国货币政策的预期管理是基本缺失的：与公共沟通的不足或者央行货币政策不透明，信号的传递作用严重滞后、含义模糊；货币政策的最终目标过多，我国货币政策事实上执行了“经济增长、充分就业、价格稳定、国际收支平衡”以及金融危机之后的“金融稳定”等目标，目标过多无疑增加市场预期的难度和预期的稳定性。

三、货币政策传导机制及畅通利率渠道

考察主要发达国家的货币政策改革的经验以及我国的货币政策框架的发展逻辑，其发展规律可以基本总结为：随着各国以利率市场化为核心的市场经济结构不断完善，其货币政策改革发展可以划分为信贷规模控制、盯住货币总量和基准利率调控等市场化机制由浅入深三个不同阶段，而这三个不同的发展阶段各国所依托的内部宏观经济环境和外部国际经济发展趋势基本一致，这也使得中国的货币政策框架需要加快改革以适应不断融入国际社会的宏观经济环境。

（一）间接调控的多元化利率结构体系

要实现我国货币政策改革的目标，即从数量型向价格型货币政策框架的转型，需要两个前提条件，一是间接调控的方式，二是多元化的利率结构体系，二者互为作用（见图 13－3）。间接调控（Indirect Regulation）作为宏观调控的一种方式在市场机制作用条件下，依据市场规律和长期发展趋势，使用某种政策性工具有针对性地影响市场参数，向市场传递政策信号改变市场微观主体预期、调整其经济行为，从而实现市场平衡和稳定的目的，间接调控的主要特点一是以总量控制为主，不直接干预企业的经济活动；二是以实现财政和信贷及国际收支平衡为主；三是调控的作用对象是市场环境，而非直接作用于企业。1998 年 5 月中国人民银行开始正式实施公开市场操作，确定了以间接调控为主的数量型货币政策框架，基本建立了人民银行→货币市场→金融市场→实体经济的数量型货币政策额度间接调控机制。

多元化的利率结构的建立与完善是利率市场化的核心内容，为利率的传导途径和机制的建立创造必要条件。具体而言，利率结构是货币市场、债券市场和信贷市场上的不同资产载体在各自收益率之间的相互影响，利率结构受期限、流动性和风险等因素的综合影响，就其分类而言，除了货币市场、债券市场和信贷市场三种利率体系之外，还有利率的期限结构和风险结构被广泛研究。

（二）基准利率的选择

基准利率作为价格型货币政策框架的操作目标，应该首先满足操作目标的三个前提条件：可预测性、可控性和相关性。基于不同的市场环境和经济发展状况，货币政策的操作目标一般会选择基础货币、基准利率、回购协议市场利率、票据市场贴现率等指标，就价格型货币政策而言，选择基准利率作为操作目标成为必然，在利率化市场改革的进程中，西方主要发达国家都会在货币市场利率体系中选择短期国债回购利率（以欧洲国家为代表）或者同业隔夜拆借利率（以美国和日韩为代表）作为基准利率来操作实施其货币政策，作为价格型货币政策的核心环节和内容，需要进一步对基准利率进行理论界定并进一步分析找到适合我国未来价格型货币政策框架的基准利率。

1. **我国基准利率的选择样本**

对当前我国的基准利率的考察，综合而言，应该从对央行票据利率、短期国债利率、银行间同业拆借利率（Chibor）、银行间债券质押式回购利率（Repo）和上海银行间同业拆借利率（Shibor）等几种货币市场利率中进行比较，另外一些学者也将再贴现利率和现券交易利率作为备选。

央行《中国货币政策执行报告》（2006 年第四季度）曾经给出过基准利率的概念："指在一国的利率体系中起基础性作用、作为金融市场其他产品定价参照系的利率体系"，这个概念界定过于简单，没有详细地从内涵和外延的特征上对基础货币进行描述。从现有文献来考察，所有西方国家的基准利率都是以资本资产定价模型（R = Rf + Rr）为基础形成的。在此基础上，对于基准利率的概念界定，诸多学者给出了不同的定义（黄达，1990；戴国强、梁福涛，2006；王志栋，2012；曹凤歧，2014，等等）。具体而言，基准利率应当具备的市场性、预测性、基础性、波动性和测控性五个方面的特征，并对其进行了描述和验证表明：无风险利率说明了基准利率处于风险大小的原点位置保证了其市场性特征；基准利率的期限结构合理性确保了从短期利率可以预测长期利率，而且对经济增长也可以有效地进行预测；金融市场上的定价话语权确定了基准利率的基础性；波动性是对市场性和预测性的有效补充；传导中央银行货币政策的调控意图方面体现了对上游的测控性和对下游的传导性。

2. **Shibor 适合作为我国的基准利率**

上海银行间同业拆借利率（Shibor）由中国人民银行于 2006 年推

出，它也是我国央行在利率市场化的进程中按照短期货币市场基准利率的标准进行培育的，品种包括隔夜（O/N）、1 周（1W）、2 周（2W）、1 个月（1M）、3 个月（3M）、6 个月（6M）、9 个月（9M）和 1 年（1Y）共 8 个期限交易品种，其中，交易活跃的有隔夜、1 周和 3 个月的品种运用最广。目前参与者由信用等级较高、交易活跃且信息披露比较充分的 18 家银行进行自主报价后进行简单的算术平均来作为当日的 Shibor 值，18 家银行是公开市场的一级交易商和外汇市场的做市商，包括 6 家国有银行（包括邮储银行）、1 家政策性银行、7 家股份制银行、2 家城市商业银行和 2 家外资银行组成，这些银行的经营模式、资产规模、竞争优势等不同方面的差异性充分体现了金融市场的代表性，从而在发现市场价格和全面反映资本市场的流动性方面具备优势。与银行间债券质押式回购利率（Repo）比较而言，它属于报价驱动型利率，而 Repo 属于交易驱动型，从这一点而言，在进行计量统计分析时，再求相应的月度数据时，对于 Shibor 一般是将其日度数据进行简单算术平均获得，而 Repo 则按照成交量进行加权平均来获得。

Shibor 是一种短期货币市场上的纯信用的、单利的、批发性利率，自 Shibor 正式运行之后货币市场逐渐形成了以其为基准的定价群，2007 年正式上线之后，利率衍生品逐步形成并发展（债券远期业务和人民币利率互换业务）。2007 年以来 Shibor 参与了 80 左右的货币市场交易份额（项卫星、李宏瑾，2014），具有广泛的市场代表性。从国家对 Shibor 的基准作用定位来看，一是我国《金融业发展与改革“十二五”规划》规定：“推进金融市场基准利率体系建设，进一步发挥上海银行间同业拆放利率的基准作用，扩大其在市场化产品中的应用，继续完善中央银行利率调控体系，疏通利率传导渠道，引导金融机构不断增强风险定价能力，依托上海银行间同业拆放利率建立健全利率定价自律机制。”二是 2013 年 12 月我国央行发布并实施的《同业存单管理暂行办法》规定：固定利率存单期的定价需要参考同期限 Shibor、浮动利率存单的计息以 Shibor 为浮动利率基准，这样就进一步强化了 Shibor 在金融市场利率定价中的基准作用；三是最新的《2015 年第四季度中国货币政策执行报告》显示 Shibor 对债券产品定价基准作用继续提升，2015 年所发行的固定利率企业债和固定利率短期融资券中参照 Shibor 进行定价的比例分别为 100 和 91.6①。

因此，从基准利率的五方面特征（市场性、预测性、基础性、波动性和测控性）来看是基本适用的，在中国的利率市场化改革顺利推进的情况下，Shibor 应该会成为未来我国价格型货币政策框架的操作目标，而且，诸多的学者研究成果中均证实了这一点。

（三）利率传导渠道的基本逻辑关系

依据上述传导渠道，形成了图 13－6 所表达的逻辑关系。图 13－6 “价格型货币政策框架传导机制及模型”反映了利率传导渠道的逻辑关系：央行政策目标利率→基准利率→短期货币市场利率（形成以银行间拆借利率为代表的批发市场利率）→债券市场利率→信贷市场利率，总体而言是利率“批发价”决定利率“零售价”。同时，结合上述的研究内容和分析结果，这个价格型货币政策框架传导机制模型实际上传达了三个方面的和分析层次：第一，基准利率在我国如何进行培育，包括基准利率的市场机制构建和货币政策工具的影响机制；第二，货币政策工具到基准利率的如何实施问题；第三，货币市场、债券市场和信贷市场三种市场的利率传导渠道和机制的建立问题。下文将从这三个方面进行说明。

（四）利率传导机制及存在的基本问题

一个成熟的市场经济国家，央行首先确定该基准利率的目标值，然后通过公开市场操作等货币政策工具来实现该目标值，基准利率属于货币市场利率的一种，由于基准利率在整个利率结构体系中的核心地位，

---

① 2015 年第四季度中国货币政策执行报告[EB/OL]. http://www.pbc.gov.cn/zhengcehuobisi/125207/125227/125957/2161441/3016811/2016020614180047455.pdf.

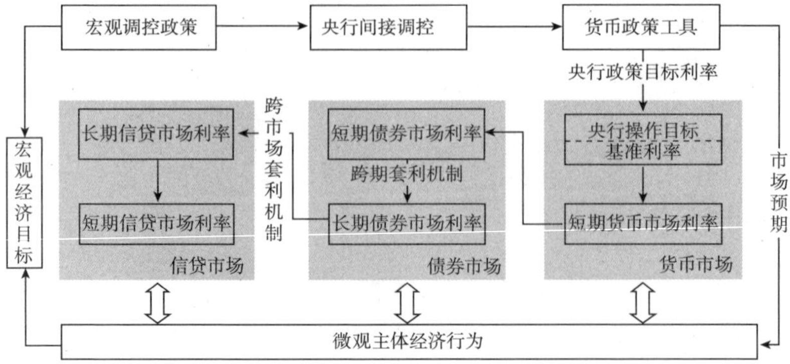

图 13－6　价格型货币政策框架传导机制模型

资料来源：依据 Boivin 等（2010）进行整理并自我绘制。

对货币市场的其他利率会产生直接作用，并主要通过短期货币市场利率将这种作用传导至债券市场的短期债券利率，通过成熟的债券市场的跨期套利机制实现对中长期债券市场利率的影响，通过债券市场与信贷市场之间的跨市场套利机制最终对信贷市场长期利率形成联动产生作用（Boivin et al.，2010）。

1. **在培育基准利率培育上，Shibor 依然存在基准性不足的问题**

（1）商业银行的报价无法发挥出 Shibor 的基准作用。目前 Shibor 各个参与报价的银行在基础性和可靠性上存在不足，诸多的研究成果认为在 Shibor 成立初期各报价商业银行由于无法准确地依据自身经营状况而报出符合货币市场资金供求关系的利率，基本上根据银行间债券回购利率等其他的利率来进行市场报价，违背了 Shibor 作为基准利率的定价逻辑。商业银行的这种报价行为说明了三方面的问题，第一，从央行层面来讲，Shibor 的推广及培育的力度不足或者能力尚缺，市场认可度还需要提高；第二，商业银行还没有充分认识到 Shibor 与货币市场及债券市场和信贷市场上其他利率之间的内在传导逻辑关系；第三，商业银行还缺少梳理 Shibor 价格的形成机制的能力，没有办法将内部资金转移定价（FTP）、转贴现和央行票据业务与 Shibor 进行挂钩，也就没有能力开发对 Shibor 的定价量化模型。

（2）Shibor 会受到存贷款基准利率的引导，存在“反向利率传导”现象。从 2007 年央行正式推出 Shibor 来取代 Chibor 作为基准利率来培育初期，Shibor 的各期限利率是建立在银行间市场的 Repor 和中央银行的票据基础之上的，同时也会受到存贷款基准利率的引导，也就是被学界称为“反向利率传导”现象，即利率“零售价”决定着利率“批发价”，因为利率零售价不是由市场竞争机制形成的，是由央行指定的，虽然利率管制已放开，但这种反向传导的效果在当前依然存在，这两方面的问题减弱了利率的传导效果。为了进一步培育 Shibor 成为基准利率，应该从以下两方面开展工作。

（3）Shibor 的波动性过大。通常情况下，中央银行会精确地将银行间市场短期利率（尤其是隔夜利率）调控到目标位置，从而体现出自己的政策意图。美联储、欧央行等众多发达国家央行都是如此。但如果将我国银行间市场的隔夜拆借利率（SHIBOR）与美国和欧洲的银行间隔夜拆借利率（LIBOR）做对比，会发现我国隔夜利率的波动性远远大于欧美。除了 2015 年下半年到 2016 年上半年这段时间，我国银行间隔夜拆借利率的波动都非常巨大。而在进入 2019 年后，隔夜拆借利率的波动还明显加大。一般而言，如果央行不能将短期利率较为精确地稳定在一个小范围内，市场就很难通过短期利率来掌握央行的货币政策态度，货币政策传导从源头上就无从谈起（见图 13 -7）。

2. 构建基准收益率曲线的工作任重而道远

构建我国的基准收益率曲线在当前向价格型货币政策框架转型的过程中也是必需的，并且应当进一步明确我国基准利率与基准收益率曲线的关系。在当前的转型过程中，金融市场上有央行票据收益率曲线、国债收益率曲线和政策性金融债收益率曲线，收益率曲线是通过利率与期限的组合而形成的（纵轴表示利率、横轴表示时间期限），在任何一个完全利率化市场的国家所有的金融产品定价都需要明确利率的期限结

图 13－7 Shibor 与美国和欧洲基准利率的比较

资料来源：WIND，中银国际证券。

构，基准利率收益率曲线表明的是各个期限结构上由相同的风险因素所组成的一组金融产品，基准收益率曲线的研究一直是金融学方面的重点研究领域，有一点是明确的：基准利率曲线上的短端、中端和长端的利率都是基准利率，都是其他相同期限品种的定价基准，可以看到，我国当前这几种收益率曲线中都没有 Shibor 各期限品种。就国际比较而言，西方国家一般会采取国债收益率作为基准收益率曲线，因为这些国家的债券市场发达、交易活跃、期限品种丰富，我国国债收益率曲线成为当前主要的基准收益率曲线备选，并得到了国家政策的支持，党的十八届三中全会发布的《中共中央关于全面深化改革若干重大问题的决定》明确提出：“加快推进利率市场化，健全反映市场供求关系的国债收益率曲线。”但国债市场当前存在的诸如银行间和场内交易所的国债市场分割、期限不合理（基本是一年期以上的品种）、二级市场不发达的问题会制约我国基准收益曲线的构建，但随着我国人民币国际化、“一带一路”倡议逐步实施，这些问题会慢慢得到解决，例如，我国加入 SDR 之后，为了符合作为国际储备货币的要求[①]，财政部开始在原有的

① 加入 SDR 之后，作为国际性的储备货币，国际货币基金组织会员国的货币当局会配置相应的中国主权资产，短、中、长期齐全的国债成为现阶段的必然选项。

5～7年的中期国债基础上开始发行3个月和6个月等短期国债，为今后构建完整的基准收益率曲线奠定基础，但任务依然艰巨。

3. **从货币政策工具到基准利率的实施：构建利率走廊**

价格型货币政策框架之下基准利率作为操作目标被选择之后，通过货币政策工具对市场化的基准利率增加影响，这种影响的结果就是使得基准利率的市场化波动围绕着政策利率目标而上下波动，这种波动的幅度区间如果通过规则化、制度化的方式使其固定在明确的曲线范围，将会形成所谓的利率走廊。

利率走廊的构建需要的前提条件有三个：第一，明确和培育我国短期基准利率（隔夜Shibor）作为利率走廊系统内部的操作对象；第二，进一步明确利率走廊的上限和下限，当前就利率走廊的上限问题有一定的争议，方先明（2015）赞成将常备借贷便利利率（SLF）作为利率走廊的上限，巴曙松和尚航飞（2015）则认为常备借贷便利利率（SLF）的期限为1～3个月，期限较长不适合作为短期利率的上限，而短期流动性调节工具（SLO）注入流动性以短期的7天回购为主适合作为该上限，将准备金存款便利作为下限是比较确定的；第三，政策目标利率，央行向市场公布其明确的政策性利率目标，使市场有充分的预期围绕该政策目标进行货币市场流动性的注入与收回。另外，构建利率走廊的基础设施条件也应该具备，就发达国家的利率走廊建立的经验而言，其全额实时电子交易清算系统成为其正确发挥作用的基础条件，利率走廊的规则在于商业银行在央行的交易当日的清算账户的余额为零，这就需要向央行为此提供完善的全额实时交易系统。

（五）货币政策传导渠道不畅的现象分析

在我国货币政策改革的过程中，利率市场化改革是核心内容，但目前存在货币政策传导渠道不畅的现象。以下从货币政策传导渠道不畅的基本面和基本要素分别进行分析。

1. 债券市场的不完善是三种市场利率之间的传导渠道不畅通的基本问题

我国货币政策传导渠道不畅的现象，从基本面进行分析，主要问题在于债券市场的不完善（或缺失），导致了货币、债市和信贷市场的三种市场利率之间的传导渠道不畅通。图 13－6 所表达的逻辑关系展现了这种价格型货币政策的传导机制，这种完整而清晰的利率传导过程体现了三种市场和三种期限的利率结构，同时也清晰表明了基准利率的形成和发生作用，是建立在金融市场的三种利率结构之间存在紧密的联动关系和内在联系的基础之上的。但这种传导机制是建立在这种西方发达国家成熟的金融市场机制上的，因此建立品种丰富、参与者活跃、流动性强的成熟的金融交易市场成为必然选择。

相关研究表明，发展中国家由于金融市场的不发达，主要表现在债券收益率期限结构的不完善，在从货币市场的基准利率影响信贷市场的利率的过程中缺少了债券市场的过渡，这也说明了在利率传导机制和渠道上发展中国家所存在的基本问题。我国的金融市场发展不完善，尤其体现在债券市场发展滞后造成了目前利率传导的不通畅。第一，企业债规模依然较小，根据社会融资规模的数据分析，虽然近年来以企业债券融资和股票融资为主的直接融资规模占比逐年上升（主要表现在企业债券融资额占比逐年上升），例如，企业债券融资占比从 2002 年的 1.82% 上升到 2015 年的 19.1%（历年来最高的水平），但与 2015 年人民币贷款占比的 73.1% 相比依然差距较大，同时，企业债券的融资占比自 2015 年达到最高的 19.1%，又开始逐步回落，2018 年为 12.9%（甚至 2017 年仅有 2%）；第二，债券市场的品种期限不合理、二级市场不发达等；第三，场外的银行间国债市场与场内的交易所国债市场分割严重。这些缺陷导致了我国国债市场与西方国家国债市场发展的差距，且即期利率的变动呈间断状态，而且长期的利率也波动剧烈。因此就我国的利率传导机制能在三个市场之间形成，就要从以上三个方面着手开展相应的工作，最终打通从货币政策到实体经济的传导渠道。

2.“二轨并存”是我国货币政策传导渠道不畅在利率结构方面存在的问题

我国货币政策传导渠道不畅的现象，从目前我国金融市场的基本要素进行分析，主要表现在“二轨并存”，即货币市场利率和债券收益率等比较市场化的利率体系与银行体系的存贷款利率不匹配，银行体系的存贷款利率往往被称为实际利率，相互独立，没有传导机制或者传导渠道不畅通，当前主要表现为实际利率过高，没有反映央行降低实体经济融资成本的政策意图，体现不了逆周期调节的作用。

（1）“两轨并一轨”的货币政策诉求

“两轨并一轨”的提法近年来最早见于2018年的货币政策执行报告。2018年第一季度货币政策执行报告中的专栏3《中央银行的利率调控与传导》提道：“也要看到，利率市场化改革还有一些‘硬骨头’。目前存贷款基准利率和市场利率‘两轨’并存，存在存款‘搬家’现象，一定程度上推动银行负债短期化、同业化，资金稳定性下降，成本上升。此外，市场基准利率体系培育、利率调控体系建设、金融机构定价能力培育等也有待进一步推进。”在2019年的央行的工作会议中也提道：“进一步强化逆周期调节，保持流动性合理充裕和市场利率水平合理稳定。加强政策沟通协调，平衡好总量指标和结构指标，切实疏通货币政策传导机制。进一步完善货币政策和宏观审慎政策双支柱调控框架。稳妥推进利率‘两轨并一轨’，完善市场化的利率形成、调控和传导机制。”

综合上述的这些提法来看，“两轨并一轨”是利率市场化的核心体现和利率市场化的延续，是利率市场化最后的硬骨头。即需要将货币市场利率和债券收益率等比较市场化的利率与银行体系的存贷款利率进行挂钩，使得前者对后者的传导作用更加顺畅，从而央行未来可以真正意义上从数量调控过渡到价格调控。发挥央行调节货币市场利率的优势，而货币市场利率对广谱利率又具有较强的传导作用。

（2）“二轨并存”的两个不同时期的不同表现

“两轨并一轨”开始提上议事日程，大的背景是2017年以来，无论是央行还是银行，都深切地感受到货币政策调节货币市场利率对存贷款利率调节的时滞和传导不畅，需要进一步疏通这种传导机制和提高传导效率。“二轨并存”突出表现在两个时期：2016年的货币政策收紧但企业融资成本未降；2018年的货币政策宽松但企业融资成本依然高企。

第一，2016年的货币政策收紧但企业融资成本未降。2015年股市杠杆破裂后造成的后遗症比较大，因此监管也开始有意识地提出金融去杠杆。加上工业供给侧改革带动工业品价格暴涨以及上游经济复苏，央行感觉经济也有所好转，因此从2016年第四季度开始，货币政策开始收紧。一开始是通过延长逆回购期限来提高市场从央行获得流动性的成本，其后逐步收紧流动性，使得货币市场利率在2016年第四季度开始大幅走高，随之是债券收益率出现大幅度上升。但是，在这个过程中，“资产荒”的烙印并没有马上消退，银行依然感觉融资需求并不旺盛。在2017年第一季度，其实货币市场利率和债券收益率相比于2016年年已有了较大幅度的抬升，但银行在信贷投放方面，依然担心后续融资需求不强，从而一开始就采取早放贷早收益的策略，以比较便宜的价格将贷款投放出去，并且投放的都是中长期贷款。这就形成了一种错位，即货币市场利率和债券收益率开始大幅抬升，但银行贷款和存款利率的上升并不明显。这就造成银行的信贷资产利率不动，但同业负债成本明显抬升，银行的息差在2017年上半年明显压缩。加上2017年4月，“三三四”的文件集中出台，货币市场和债券市场风声鹤唳，但贷款市场影响不大，随着债券收益的上升，甚至不少国企央企发行人放弃发债，转向贷款市场。

第二，2018年的货币政策宽松但企业融资成本依然高企。随着金融监管政策的出台和落地，金融去杠杆在2018年达到巅峰。“影子银行”业务从过去的“香饽饽”变成了“过街老鼠”。非标成为众矢之的，随后增量大幅收缩并转成负增长。央行为了对冲金融监管的收紧，

2018 年年初开始有意识放松货币政策，包括 CRA（临时降准）和 2018 年 4 月以及 7 月的两次降准，都很明确地释放了放松信号。货币市场利率和债券收益率也随之大幅下滑。但贷款和非标利率则恰恰相反，在金融监管收紧导致影子银行收缩，可在融资渠道收紧的情况下，房地产相关的融资需求反而更加旺盛，从而推动贷款和非标利率持续上升。货币市场利率、债券收益率等市场化利率与贷款和非标利率出现了反向的背离，导致期限利差和信用利差明显扩大。各种风险溢价回升到高位。尤其是 2018 年随着民企融资难融资贵的现象更为突出，货币政策放松对实体融资成本传导不畅的讨论也随之增加。

（3）“二轨并存”的宏观经济环境分析

货币市场利率和债券收益率仍容易受到狭义流动性（银行间市场流动性）的驱动，只要央行收紧和放松货币政策，引导货币市场利率变化，这些市场化的利率就容易跟随变动。但贷款和非标等广谱利率，更多的是受到广义流动性的驱动，受到融资需求和资金供给两个维度变化的影响。而狭义流动性和广义流动性的这种背离，也造成了不同利率体制之间的背离。

站在货币政策角度，如果希望通过常规的货币政策引导货币市场利率，从而调节整个实体融资成本，那么有必要疏通传导机制，加快传导效率，两轨并一轨也就被提上议事日程。

两轨模式的分化在于定价机制和考核机制不同，但也与金融监管抑制影子银行有关，但投融资回归表内存贷款业务后，更严格的金融监管模式导致了这种割裂，疏通传导机制，本质上是放松金融监管和重新理顺监管指标。两轨并一轨的提出源于上述提到的货币市场利率和存贷款利率的分化。但更核心的根源在于，一旦监管要抑制影子银行，包括监管和规范表内同业业务和银行理财业务，那么整体融资的核心驱动就回到了银行表内的贷款。2018 年贷款占整体社融的比例回升到 80% 以上。而在前几年影子银行比较繁荣的阶段，这个比例只有 50% 左右。重新回归银行用传统的存贷业务来驱动经济，那么存贷款利率的变动就对实体经济具有举足轻重的意义。

四、中国货币政策改革路径及畅通货币政策传导途径

在我国货币政策改革进程中，特别是目前正处于从数量型货币政策向价格型货币政策的过渡时期，数量型货币政策有效性政策逐步降低，但价格型货币政策有效性尚未建立的情况下，在货币政策改革期内需要进一步明确其改革路径，从我国货币政策框架的内部要素与运行机制和我国货币政策框架的外部环境两个层面开展，具体分为以下三个部分。

（一）修补优化当前的数量型货币政策

当前数量型货币政策框架仍然发挥作用，可以采取修补的方式来缓解货币政策实施效果不佳的问题。

1. 对现有数量型货币政策目标的优化

德国和韩国的货币政策框架在改革过程中为了缓解数量型货币政策逐步失效的问题，对当时所采用的 M2 的中介目标进行了拓展，德国采用 M3 作为中介目标、韩国采取了 MCT（ M2 + CDs + 货币信托）作为中介目标（M3）改革的方法，进行货币总量计算，以此来反映改革期非银行金融机构活动对货币政策最终目标的影响。随着我国社会融资结构的变化，直接融资所占的比例逐年上升而人民币贷款的间接融资比例逐年下降，采用社会融资总额作为中介目标进行范围更广的货币供应量的监控，因此来反映改革期非银行金融机构活动对货币政策最终目标的影响。对于应该采用社会融资总额的作为中介目标除了一些研究文献之外，《金融发展与改革“十二五”规划》也提出了“发挥社会融资规模在制定货币政策中的参考作用”，2012 年以来每季度的央行货币政策执行报告中也会明确提到社会融资总规模及结构性数据，但离正式发挥中介目标的作用距离尚远。

我国现有的货币政策的最终目标的突出特点是过多地设置了最终目标，《中华人民共和国银行法》规定的保持币值的稳定、促进经济增长，再加上2008年金融危机以来央行反复强调的促改革、调结构、惠民生和保持金融稳定的目标，这些目标的优先次序会依据不同的经济形势被不时地调整，首先，这样会给市场预期带来难度，基于某种经济形式的货币政策工具往往被市场解读为不同的政策意图，难免会带来货币政策市场预期的混乱，降低货币政策实施的效果；其次，伯根法则（Tinbergen's Rule），每个独立的政策目标必须至少有一个独立（如果有多个政策工具对应一个政策目标，这些政策目标应该与线性无关）的政策工具，过多的政策工具无疑加大了货币政策执行的难度和复杂程度且容易产生矛盾。因此，当前在数量型货币政策框架下的多元化目标问题的解决之途应该是将物价稳定作为核心目标来对待，当然这是建立在人民银行（相对）能够独立行使货币政策的前提下。

2. 货币政策“双失效”局面下的预期管理

在当前货币政策“双失效”的局面下建立良好的预期管理机制的作用非常关键且直接，预期管理可以在一定程度上替代货币政策中介目标，通过市场微观主体清晰地了解政策意图之后的反应来引导市场行为，显然这种货币政策的预期管理机制能够很好地以较低的代价和较快的速度实现货币政策的目标。但当前我国货币政策的预期管理机制的失效是显著的，突出表现在：一是货币政策的不透明，在央行的货币政策目标与市场主体之间往往存在一个理解上的鸿沟，某项货币政策出台之后市场上往往有各种不同的解读，但央行作为货币政策部门却又不做官方的进一步解释；二是没有一个较为恒定的目标，缺少类似于美联储的阈值指引（Threshold Guidance）；三是众多学者所指出央行缺少与市场建立良好、主动和有效的沟通机制，例如，连续多年的货币政策基调被定为“实施稳健的货币政策”，这种基调在不断变化的宏观经济环境和不断推成出新的货币政策工具之下形成了与政策本意的偏差。建立预期管理机制的应该首先明确货币政策最终目标的阈值，从前瞻性方面加强货币政策对市场的指引；同时要强化货币政策工具实施过程中的事前沟通和实施后的事后解释。

3. 过渡期内特殊货币政策工具完善及取舍

改革期和新冠肺炎疫情期间的特殊货币政策工具主要表现在当前的定向投放工具的使用上，一般被称之为“结构性”特殊货币政策工具，包括定向降准、差别存款准备金率、定向再贷款，包括支农再贷款和支小再贷款等具体工具，所追求的目标主要在于“去杠杆”和进行结构性调整，主要的定向投放对基建、农业和中小企业的扶持，发挥了应该由财政政策所承担的结构调整功能。但这种过渡性的货币政策一是会引起央行的独立性地位降低，其所承担的非央行应该承担的结构性调整功能难免会导致财政赤字的“货币化”和“隐形化”；二是容易滋生资金的套利行为；三是会使得市场配置资源的作用可能被削弱，引起资源配置失衡以及市场功能扭曲等问题。还有较少提及的“债务性”特殊货币政策工具，主要是为了解决地方政府发债问题，改善地方政府资产负债情况在2015年地方债务转置换过程中推出，虽然研究较少，但显然存在明显的争议。对于“结构性”特殊货币政策工具需要就其货币政策的传导机制进行规范性的分析，找到这种特殊阶段的货币政策工具的实施成本；对于“债务性”特殊货币政策工具主要要从“风险传染机理”的视角进行分析。然后对这两类特殊的货币政策工具进行退出机制研究，需要结合美国和欧洲国家的实际情况进行比较分析，最终完成对改革期特殊货币政策工具完善及舍取。

4. 完善当前我国金融市场不完善情况下的利率传导渠道

2019年8月17日，中国人民银行发布〔2019〕第15号公告，宣布将改革完善贷款市场报价利率（LPR，Loan Prime Rate）的形成机制。在利率市场化改革已启动多年却传导渠道不畅通的情况下，人民银行的此番举措可被视为利率市场化改革背景下，是在常规货币政策传导的渠道之外，另辟蹊径，打造货币政策传导“小路”的尝试。LPR，是2013年人民银行一项改革的产物。初生时，LPR叫作“贷款基础利率”，被设计为商业银行对其最优质客户所执行的贷款利率。其他的贷款利率在LPR上加减点生成。根据人民银行的公告，LPR现在叫作“贷款市场报价利率”。

其形成机制的改革有四点核心内容：第一，LPR与公开市场操作利率挂钩，LPR主要在中期借贷便利（MLF）利率上加点形成；第二，银行贷款利率与LPR挂钩，新发放的贷款主要参考LPR利率定价，并要求各银行不得以任何形式设定贷款利率的隐性下限；第三，增加LPR的期限品种，在之前已有的“1年期”期限之外，增加“5前期以上”这个新的期限品种；第四，LPR的报价银行范围从之前只包含全国性银行，扩展到还包含城市商业银行、农村商业银行、外资银行和民营银行，以增加LPR的代表性。

根据人民银行的解释，LPR改革是推进利率市场化和降低贷款利率，要解决我国贷款基准利率和市场利率并存的“利率双轨”问题，让两轨合为一轨，从而提高利率传导效率，推进利率市场化改革。另外，改革LPR形成机制，还可以让贷款利率更多地反映前期市场利率的下降，从而推动贷款实际利率的下降。目前来看，这一政策的设计初衷是好的，但能否有效有待观察。

（二）我国价格型货币政策框架有效性建立的立足点

未来我国转向价格型货币政策框架能否改革成功，其内部的机制建设和进一步的完善是根本，如果说修补当前我国数量型货币政策框架是一种应急之举，那么着眼于未来价格型货币政策框架体系内的运转机制的培养就成为根本之举。2012年以后的货币政策框架改革的核心就是利率市场化在结束利率管制后的继续深入，包括培育货币市场基准利率、市场无风险收益率曲线、完善金融市场等促进数量型向价格型的转变。所采取的基本途径为：采取以公开市场操作为主的工具调节市场基准利率并传导至金融市场利率，最终实现对物价调控的目标，在这个过程中，尽量采取相对单一的目标体系以保证价格型货币政策的连续性并提高微观主体的预期。具体而言，其有效性建立的立足点包括以下三个环节。

1. 确定我国货币市场的基准利率

第一，进一步完善和加强商业银行对 Shibor 的报价机制。在 Shibor 的价格形成过程中，各报价行对 Shibor 的报价与实际成交价之间会存在一定的偏离，主要是由于缺乏对报价行的成交约束，这种偏差需要央行制定相应的“惩罚机制”来杜绝这种脱离货币市场实际供求状况现象的发生。另外，应该围绕 Shibor 继续开发衍生交易品种，并加强其在银行间拆借、回购等同业业务品种的定价中的核心作用。当然，最重要的一点就是商业银行在理解 Shibor 的基准作用的基础上形成自身的 Shibor 定价量化模型。第二，进一步明确央行政策性利率对 Shibor 的影响。央行当前有短期、中期和长期的政策性利率，尤其是短端的短期的回购和逆回购利率、常备借贷便利（SLF）利率性政策工具对隔夜和一周 Shibor 具有间接的影响（通过影响商业银行的资金供求），央行需要在当前我国货币政策框架的转型过程中建立和明确相应的机制和手段，使市场能够清晰地获得央行的政策目标以及影响途径。

2. 明确从货币政策工具到基准利率的实施机制

建立利率走廊可以实现从货币政策工具到实施基准利率的目标，利率走廊的模式下中央银行可以通过引导商业银行的市场预期和改变商业银行的储备管理两种方式来实现利率调控的目标。构建并完善利率走廊建设的三个前提条件和一个基础条件。第一，明确和培育我国短期基准利率（隔夜 Shibor）作为利率走廊系统内部的操作对象；第二，进一步明确利率走廊的上限和下限；第三，政策目标利率，央行向市场公布其明确的政策性利率目标，使市场有充分的预期围绕着该政策目标进行货币市场流动性的注入与收回。另外，构建利率走廊的基础设施条件，即全额实时电子交易清算系统。

3. 确定三种市场的利率传导体系

价格型货币政策框架的利率传导渠道的逻辑关系是：央行政策目标利率→基准利率→短期货币市场利率（形成以银行间拆借利率为代表的批发市场利率）→债券市场利率→信贷市场利率，总体而言是利率“批发价”决定利率“零售价”。这一逻辑关系解决这三方面问题：第一，基准利率在我国如何进行培育，包括基准利率的市场机制构建和货币政策工具的影响机制；第二，货币政策工具到基准利率如何实施的问题；第三，货币市场、债券市场和信贷市场三种市场的利率传导渠道和机制的建立问题。

（三）稳步推进基于我国货币政策环境的优化的配套改革

1. 金融市场体系的改革

（1）金融市场体系的改革首先应该从债券市场的完善进行。当前，我国的金融市场体系结构中，社会融资结构中直接融资的规模逐年上升说明债券市场的重要性得到了提升，也存在着债券市场由于期限品种的不完善，使得完整的国债收益率曲线无法构建和利率在三个市场中无法顺利传导，在本章其他地方也分散地提到诸如企业债市场相对国债市场规模较小、市场流动性差、不同的债券市场由于监管主体不同造成的分裂等。这些债券市场方面的问题都需要进一步解决和完善，包括推进股票发行注册制的改革、发展多层次的资本市场、加大发展金融市场的资产证券化的力度等。

（2）要从完善金融机构的内在激励方面和外在约束方面提高银行业的竞争程度。完善金融机构内在激励机制要从完善其产权关系和产权约束，并优化金融机构的公司治理，外在约束机制要通过市场竞争和市场纪律打破金融垄断，放宽市场准入，进而打破隐性担保和刚性兑付，能够使金融机构在市场竞争中优胜劣汰。我国银行主要由国有五大行、股份制商业银行、城市商业银行和农村商业银行（含农村信用合作社）

等组成，产权结构上是以国资为主的，这也是由我国社会主义国家属性所决定的，由于金融的重要性要保证主要金融机构国有资本的控制权，但同时也要从正确解决政府与市场的关系的角度出发，处理好银行的公司治理问题，要从运用利率的价格机制更加有效和科学的配置资本市场资源的视角来分析和解决这些问题。当前我国银行业主要的问题是国有银行的独立性不足、银政不分进而导致国有银行间的竞争不充分，解决这方面的问题从内在激励和外在约束上，一方面在保证能有效控制金融的系统性风险的基础上有限度、有步骤、分区域地引入民营资本和设立民营银行；另一方面增强国有银行和主要股份制银行的经营独立性，优化其治理结构和人事管理制度来改变银企不分的不足和缺陷。另外，从更微观的视角来看，随着存贷款利率的上下线放开之后，商业银行的揽储业务已经不再成为其主营业务，经营模式需要从“规模即效益”转到“以利润为中心”上来，盈利模式要从利差转向全面的资产负债管理，这些客观环境的改变也要求商业银行自身要主动改革。

2. 摒除预算软约束的国企改革和解决地方债务问题

从国有企业改革和我国地方债务问题入手分析当前我国存在的预算软约束和刚性兑付的问题，主要还是要进一步增强对利率的敏感性，当前货币市场、信贷市场上广泛存在的“委托贷款”“影子银行”等问题来源还是国有企业和地方投融资平台的预算软约束，在利率市场化的改革进程中如果这些问题依然存在，这种资金“黑洞”效应会扩大，而且在经济形势下行、货币政策宽松的局面下这种资金“黑洞”效应会进一步削弱利率在金融市场上的资源配置效用，重蹈“四万亿”刺激的覆辙。因此，摒除预算软约束来解决国企和地方投融资平台对利率的不敏感性的问题，一是需要踩着党中央、国务院关于混合所有制改革的步点来夯实货币政策利率传导的微观基础，二是要积极推进地方政府的财税制度改革，在国务院于 2014 年 10 月 8 日颁布的《关于深化预算管理制度改革的决定》的基础上积极推进预决算的公开制度，来规范地方政府的融资活动以优化其金融市场的资源配置功能。

3. 加强中央银行的自身基础设施和制度建设

货币政策能够成功改革，汇率的自由浮动和资本项目的放开是改革的必要条件之一，这一点在日韩两国的改革经验中已经得到证实，蒙代尔“三元悖论”下的固定汇率、货币政策的独立性和资本的自由流动三个方面只能同时兼顾两个方面，央行的独立性和资本的自由流动都是未来我国金融体制改革的方向，放弃固定汇率制就成为其必然选项，但同时我国又是事实上执行汇率锚的国家，固定汇率制度就成为我国货币政策框架能否改革成功的一个障碍。具体而言，应该探索我国人民币汇率的形成机制，适度扩大人民币汇率的浮动区间，这种探索应该坚持主动、可控和渐进的原则来增强人民币的双向浮动的弹性空间，逐步退出外汇市场的政府干预，使我国的货币政策的目标能专注于物价稳定。同时资本账户的开放，在人民币国际化趋势和“一带一路”走出去国家战略下也是要实现的阶段性目标和保障，具体而言，应该吸取 1997 年亚洲金融危机的经验教训，采取循序渐进的方式分两步走：第一，可以首先考虑扩大境内合格投资者（QDII）和境外合格投资者（QFII）的主体资格来吸引外资增加投资额度；第二，可以逐步推进境内合格的个人投资者（QDII2）和非居民的个人境外投资专户制度（QFII2），这样可以有序提高跨境资本有序流动的双向开放程度。

第十四章

当前中国财政政策运用情况及分析

目前，我国经济面临国内外更为复杂的多重挑战，在经济增速持续下行的背景下，结构问题与总量问题并存。特别是，2019 年年末新冠疫情暴发并迅速在全球范围内传播，严重冲击各地经济活动，世界经济格局发生深刻变化，国内经济发展面临的内外部环境更为复杂，不确定性显著上升。

2020 年也是我国“十三五”的收官之年，“十四五”时期中国经济进入新发展阶段，加快构建以国内大循环为主体、国内国际双循环相结合的新发展格局是中央根据国内经济发展阶段和国际环境提出的重大决策，是对当前经济发展的重大战略部署。

在此背景下，财政政策应该如何平衡短期稳增长和长期结构优化之间的两难，如何在促进发展和规避风险的同时更好地发挥稳定宏观经济的作用，保持经济运行在合理区间，也面临更多的挑战。

一、当前财政政策调控情况

（一）财政政策调控的背景

（1）国内宏观经济增速持续放缓。进入新发展阶段，中国国民经济运行面临较多的下行压力，国内经济增速进一步放缓。主要经济增长指标延续了之前增速下行的趋势。2011 年以来，我国国内生产总值同比增速持续下行。2019 年，我国 6. 0% 的经济增速较 2010 年时下降了 4. 6 个百分点。其中三大产业同比增速分别为 3. 1% 、4. 9% 、7. 2% ，分别比2010年下降了1.1、7.8和2.5个百分点。从经济增长的主要动力来看，最终消费成为拉动经济增长的主要因素，净出口对经济增长的拉动明显增强。而相比之下，投资对经济增长的拉动则继续减弱。

（2）疫情蔓延，严重冲击全球经济秩序。2019年年末以来的新冠肺炎疫情在全球蔓延，进一步冲击全球化，世界经济深度衰退、地缘政治冲突加剧，同时加速了新科技革命的更迭、供应链和经贸规则的重建以及区域竞争优势重塑。根据世界银行的估算，2020年，全球GDP下滑4.3%，其中欧元区下降7.4%，美国下降3.6%，日本下降5.3%，仅22个新兴或发展中经济体实现增长，其中中国经济增长2%。

（3）国际方面，全球市场不确定性增加。近年来，在主要经济体贸易壁垒上升、贸易和地缘政治不确定性加剧，特别是疫情冲击的背景下，全球经济增长的不确定性大幅上升。导致全球耐用品和投资品需求降低，制造业生产和国际投资呈现收缩态势，部分新兴市场和发展中经济体宏观经济压力增大，以及发达经济体存在结构性问题，世界经济增长仍处于低速调整阶段。在其于2020年10月发布的《世界经济展望报告》中，IMF将2020年、2021年世界经济增速分别下调至3%和3.4%，与2020年7月的预测值相比，分别下调了0.2个和0.1个百分点。2020年年全球经济增速也将创2008年全球金融危机以来最低水平。其中受中美经贸摩擦的影响，2019年前三季度中国对美出口下降10.7%，成为除2009年外的历史最低值。

（4）结构性问题使得宏观经济调控面临更为复杂的环境。中国经济当前正处在新旧动能交替、宏观增速换挡的重要阶段，供给侧结构性改革仍然是经济工作的主线，各项改革进入深水区，财政金融领域风险仍较为突出，这就要求宏观调控政策同时兼顾短期稳增长和尝试促发展的需要，必须具有更强的针对性和前瞻性，增加了宏观经济调控政策选择和使用的难度。

（二）财政政策的实施情况

在宏观经济增速延续下行且压力不减的走势，多种不确定性因素并存的背景下，保持当前中国经济的持续稳定运行对于宏观经济政策的运用提出了更高的要求，加大逆周期调节力度，使财政政策在稳增长、稳就业中发挥更加积极的作用。作为宏观经济调控的重要手段之一，财政政策一般通过预算、税收、补贴、投资、公债、转移支付等手段，发挥稳定经济、优化资源配置、调节收入分配等方面的功能作用。

整体来看，近年来积极的财政政策加力提效，中央和地方财政部门切实采取措施，落实落细减税降费各项政策，有助于激发市场主体活力，支持实体经济发展。中央通过特定金融机构和央企上缴利润，地方也采取盘活国有资源资产及国企上缴利润等方式增加非税收入，部分弥补了税收下降带来的收入缺口，有利于促进财政收支平稳运行。财政支出较快增长，大力支持稳增长和保民生等重点领域投入，支持国家的重大战略、重点改革和重要政策措施落地。

1. 财政收入增速下行

2011 年以来，我国财政收入增速延续 2018 年以来的下行走势。2019 年全国财政收入同比增长 3.8%，较上年下降 2.4 个百分点。其中，中央一般公共预算收入 89309.5 亿元，同比下降 4.5%，较上年同期 5.3% 的增速下降了 0.8 个百分点；地方一般公共预算本级收入 101080.6 亿元，同比增长 3.3%，较上年同期 7.0% 的增速下降了 3.7 个百分点。2020 年受疫情影响，全国一般公共预算收入出现较大幅度下滑，同比呈负增长，为 182913.9 亿元，同比下降 3.9%。其中，中央财政收入下降最为明显，降幅达 7.3%，地方财政收入下降 0.9%。具体如图 14 - 1 所示。

财政收入中非税收入占比下降，增速放缓（见图 14 - 2）。过去 10 年间，我国财政收入中的非税收入规模增长约 4.4 倍，2017 年以来减税降费使得非税收入整体出现下滑，2018 年非税收收入占比下降到

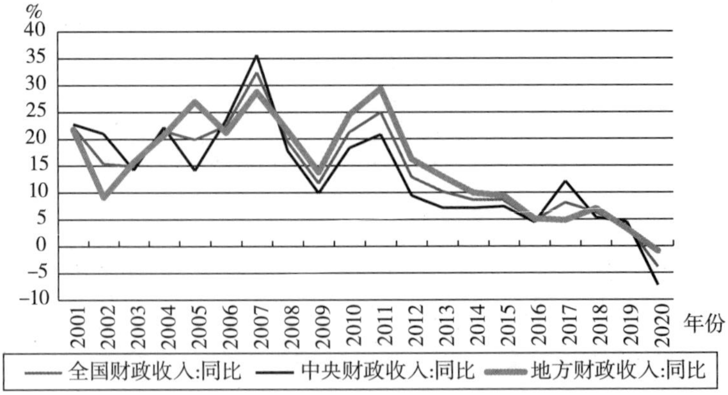

图 14－1　全国一般公共财政收入增速情况

14.7%。进入2019年，非税收入增速明显，同比增长20.1%。究其原因，主要为中央和地方财政多渠道盘活国有资金和资产筹集收入弥补了企业减税降费带来的减收，而并非提高收费导致的收入增加，支撑减税降费措施落地。在2019年的非税收入中，国有资本经营收入达到7720.5亿元，同比增加4146.3亿元，增长2.2倍，拉高全国非税收入增长11.9个百分点，贡献率为59.0%。受到疫情的影响，非税收收入在2020年出现下降明显，其中国有资本经营收入仅为1939.0亿元，带动非税收增速下降9.1个百分点，贡献率达77.3%。

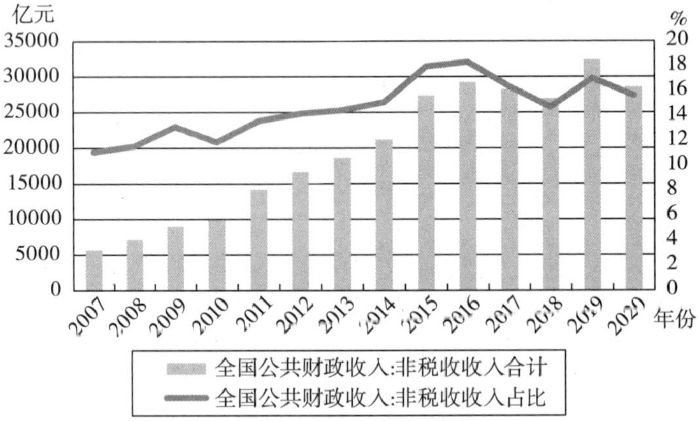

图 14－2　2007—2019 年非税收入占比下降

分省份来看，2019 年，36 个省市（自治区、直辖市、计划单列市）中，财政收入保持增长的有 30 个，其中 5 个增速超过 10%。个别地区收入增速出现下降，背后有多种原因，除了经济下行压力，加大力度，最主要的是上年同期有一次性大额收入，造成基数较高（见图 14－3）。受疫情影响，2020 年共计 14 个省份的一般公共预算收入同比下降，其中湖北和天津两地下降幅度较大，均超过 20%。

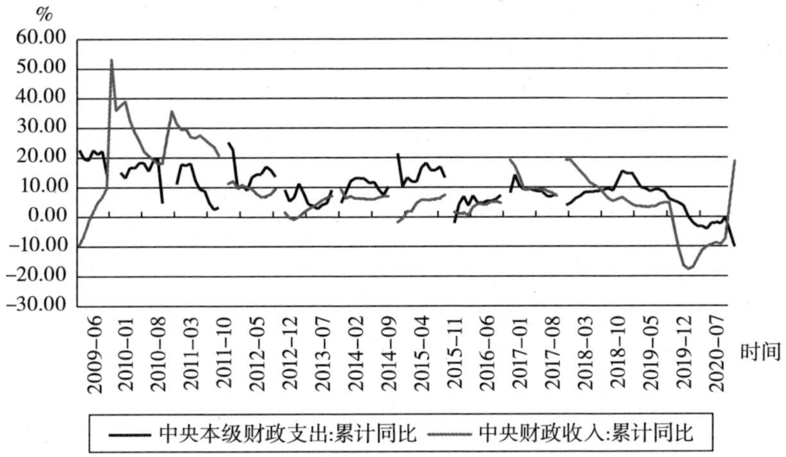

图 14－3　中央财政收入与支出变化

2. 财政支出较快增长

全国财政支出保持较快增长，重点领域支出执行情况良好。2019 年，全国一般公共预算支出 238874 亿元，同比增长 8.1%。其中，中央一般公共预算本级支出 35115 亿元，同比增长 6%；地方一般公共预算支出 203759 亿元，同比增长 8.5%。在疫情冲击之下，2020 年，全国一般公共预算支出 245588 亿元，同比增长 2.8%。其中，中央一般公共预算本级支出 35096 亿元，同比下降 0.1%；地方一般公共预算支出 210492 亿元，同比增长 3.3%。受疫情冲击，中央财政通过加快财政转移支付预算下达和资金拨付进度，有力支持地方加快支出预算执行。2020 年，安排中央对地方转移支付 83315 亿元，增长 12%。

分项目看，2019 年教育支出、科学技术支出分别增长 8.5%、14.4%，社会保障和就业、卫生健康支出分别增长 9.3%、10.0%，节能环保支出增长 18.2%，农林水支出增长 6.3%。其中，教育、科学技术、社会保障和就业、卫生健康、节能环保、城乡事务和债务付息等领域支出的增速高于公共支出的整体增速。节能环保支出是各项支出中增加较快的，累计同比增速比上年（13.0%）提升了 5.2 个百分点。此外，公共财政支出中债务付息支出仍保持较高的同比增速为 12.6%，但较上年同期已经下降了 4.5 个百分点（见图 14－4）。

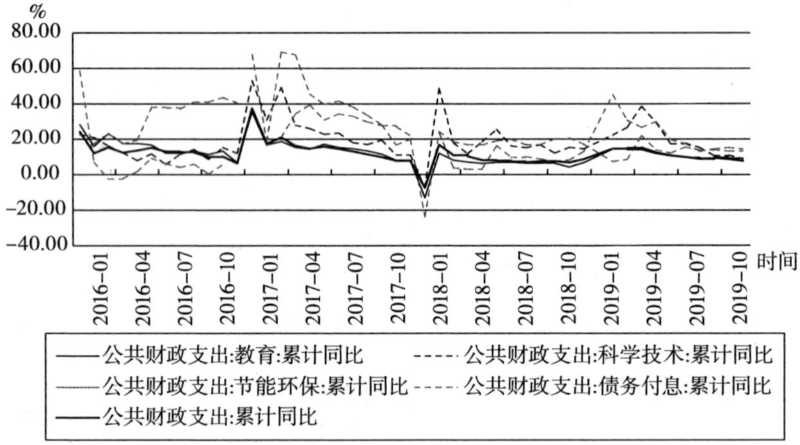

图 14－4　公共财政支出同比增速变化

（三）财政政策实施效果

2019 年以来，积极财政政策保持力度，从落实减税降费、支持基建、加快民生支出等多方面发力，发挥了稳定宏观经济、改善民生的重要作用。

1. 推动减税降费

积极财政政策不仅体现在扩大支出，也在于更大规模地扩大减税降费方面，起到为企业减负、激发市场主体活力的作用。

整体来看，我国狭义税负水平低于发达国家，但高于其他新兴经济体，而广义税负水平接近发达国家，高于大多数新兴经济体[①]。近年来，我国整体税负水平持续下降。2019 年我国狭义宏观税负（税收/GDP）为 16%，低于上年同期 1 个百分点，2020 年，狭义宏观税负进一步下降，达到 15.2%。2019 年，我国广义宏观税负（（税收 + 非税收 + 政府基金收入）/GDP）为 27.9%，较上年同期下降约 0.2 个百分点，2020 年，广义宏观税负为 27.3%，降幅较上一年有所扩大。

在 2017 年及 2018 年国务院推出超过 1 万亿元减税降费政策之后，2019 年累计减税降费减税降费 2.36 万亿元。2020 年，在疫情冲击的严峻形势下，财政部门坚决贯彻党中央、国务院关于减税降费的重大决策部署，在财政收支较为困难的情况下，连续发布实施了 7 批 28 项减税降费政策，全年新增减税降费规模超过 2.6 万亿元

2019 年，我国减税降费政策主要集中在增值税、小微企业、个税减税和社保费降费：

（1）增值税减税力度最大，主要行业税负明显降低，制造业等行业现行 16% 的税率降至 13%，交通运输业、建筑业等行业现行 10% 的税率降至 9%；保持 6% 一档的税率不变，但通过采取对生产、生活性服务业增加税收抵扣等配套措施，确保所有行业税负只减不增。有关测算表明，通过此次减税降费可拉动 2019 年 GDP 增速 0.8 个百分点。小微企业普惠性减税方面，2019 年起，对月销售额不超过 10 万元的增值税小规模纳税人免征增值税、大幅放宽可享受企业所得税优惠的小型微利企业标准并加大优惠力度，仅企业所得税减税政策就惠及 1798 万家企业，占全国纳税企业总数的 95% 以上，其中 98% 是民营企业。

（2）个人所得税专项附加扣除方面，2020 年 1 月 1 日起，子女教育、继续教育等 6 项专项附加扣除政策开始实施，第一季度约 4887 万

---

① OECD 国家税收收入/GDP 比重普遍在 30% 以上。根据 OECD 数据，2016 年 OECD 国家狭义税负水平平均值为 34.3%。其中丹麦 45.9%、法国 45.3%，德国 37.6%、英国 33.2%、日本 30.7%、美国 26.0%，而相比其他新兴经济体，2017 年俄罗斯（16.8%）、印度（16.1%）、巴西（14.3%）的税收收入/GDP 均低于我国。

纳税人享受到该政策优惠；提高起征点和实施专项附加扣除，约9163万纳税人无须再缴纳个人所得税。

（3）降低社保缴费方面，2019年起下调城镇职工基本养老保险单位缴费比例，各地可降至16%，继续执行阶段性降低失业和工伤保险费率政策，使企业特别是小微企业社保缴费负担有实质性下降。同时，进一步清理规范行政事业性收费。

2. 加大基建投入

财政投入是基础建设投资的主要资金来源。专项债券作为地方政府为了筹集资金建设某专项具体工程而发行的债券，是地方政府开展基建的重要资金来源。专项债券重点支持符合中央重大决策部署、具有较大示范带动效应的重大项目，主要是国家重点支持的铁路、国家高速公路和支持推进国家重大战略的地方高速公路、供电、供气项目，发挥了当前经济下行压力较大形势下为政府加大基础设施建设的重要资金来源的职责作用。

2019年以来，我国地方政府专项债发行规模增速上行（见图14－5），专项债务新增限额从上年的1.35万亿元大幅提高至2.15万亿元。2019年6月，为进一步发挥专项债为宏观调控扩张提供资金来源和动力来源的作用，中共中央办公厅、国务院办公厅印发了《关于做好地方政府专项债券发行及项目配套融资工作的通知》，允许将专项债券作为符合条件的重大项目资本金。2019年全年，地方政府专项债累计发行2.8万亿元，同比增速达33%。2020年地方政府专项债累计发行总额达到4.1万亿元。

专项债券对基建投资的资金带动作用仍显著小于其整体大规模发行量。根据统计，2019年，新发行的专项债券中约有2/3都是用于地方土地储备（31%）和棚户区改造（34%），投向基建和其他公共项目的专项债资金约为35%。尽管如此，从基础建设投资增速来看，2020年1—11月，基础建设投资同比增长3.5%，较上年同期回升1.7个百分

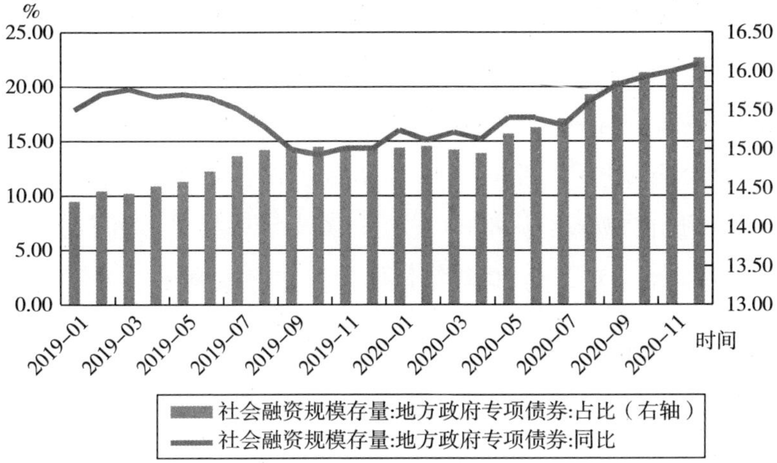

图 14－5　地方政府专项债券存量变化

点，扩大专项债规模仍为扩大基建投资提供了重要的资金保障。

3. **加快民生支出**

2019 年是决胜全面建成小康社会的关键一年，保持在发展中保障和改善民生，补齐相关领域短板是财政支出的重点领域。2019 年以来，财政支出对脱贫攻坚、“三农”、结构调整、生态环保以及教育、医疗、卫生等民生重点领域支出保持较快进度。从具体领域看，2020 年 1—11 月节能环保支出增长 14.3%、卫生健康支出增长 9.1%、教育支出增长 8.7%、社会保障和就业支出增长 8.5%、城乡事务等领域支出增长 8.2%，农林水支出增长 6.5%。上述重要民生领域的财政支出的累计同比增速不仅高于公共支出的整体增速，也高于上年同期的增速。

二、财政政策调控的未来空间

（一）扩大赤字率

2019 年财政预算赤字 2.76 万亿元，其中中央财政赤字 1.83 万亿元，地方财政赤字 9300 亿元，整体比例稳定。如果维持 3% 左右赤字率，2020 年预估中央赤字约为1.9 万亿元，地方财政赤字将达1.1 万亿元左右，对应新增地方一般债额度在1.1 万亿元左右。

2020 年在逆周期政策基调下，赤字率或有望进一步上调至3%。若名义GDP 增速在8.0%左右，则预算赤字额总体规模在3.1 万亿元左右，边际增量在3000 亿~4000 亿元。若赤字率提升方面较为审慎，维持2.8%赤字率不变，则2020 年整体预算赤字规模在2.9 万亿元左右。

（二）专项债扩容

稳定宏观经济，需要扭转当前固定投资增速持续下行的趋势，专项债扩容为重大项目提供必要的资本金，带动基础设施和民生服务领域投资仍然是财政政策能迅速发挥其作用的重要着力点（见图14-6）。2020 年8 月，专项债发行规模提前4 个月超2019 年限额，9 月底前全部发行完毕，10 月底前全部拨付到项目上。从实际执行的情况来看，考虑到9 月扩容之后新增限额下发存在延迟，以及符合专项债发行要求的项目减少，8 月后专项债发行规模回落，但11 月新增专项债出现较大回升。预计2020 年的财政政策将继续加快地方政府专项债券发行使用进度，带动有效投资支持补短板、扩内需，专项债在明年仍将以较大速度扩容。

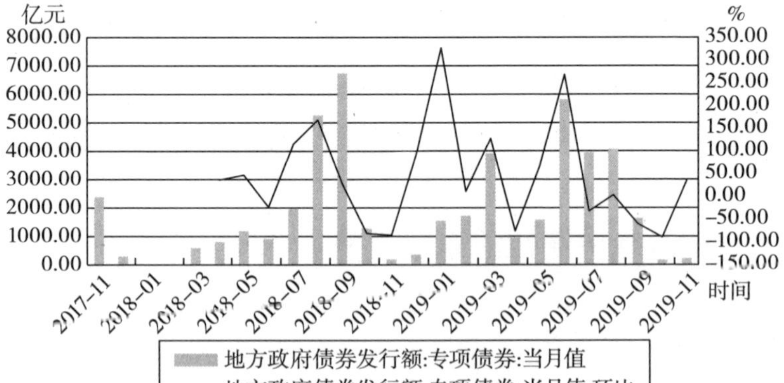

图14-6　当月专项债发行规模情况

（三）提升利润上缴比例

2020 年以来我国财政收入中非税收入有着较大幅度增长，多渠道盘活国有资金和资产，带动相关收入增加（见图 14 －7）。

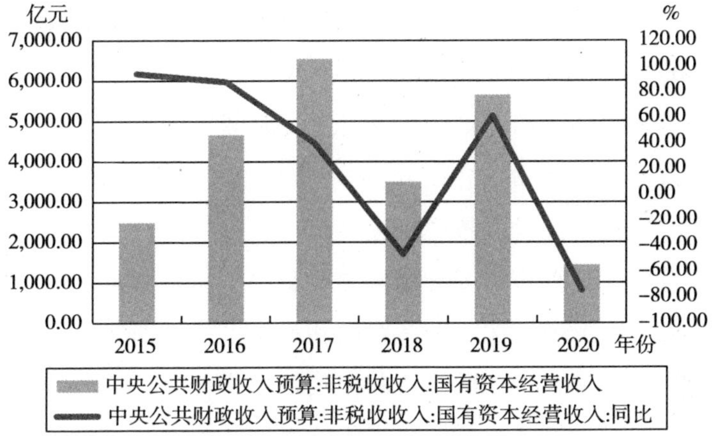

图 14 －7　国有资本经营性收入及同比增速

我国国有资本经营收入中金融机构贡献比例存在弹性，可根据经济形势和政策需要竞争调整。早在 2014 年，财政部就曾要求国有独资企业按照 5 类分行业将应交利润收取比例在当时既有基础上提高 5 个百分点。此外，2020 年两会期间，李克强总理表示未来不仅要压缩一般公共预算的支出，而且要增加特定的金融机构和央企上缴利润，进入国库，国有企业和金融机构上缴比例适当提升可进一步推升非税收入，弥补减税降费阶段税收收入的减少。

三、财政政策实施中的其他问题

（一）财政投资效率

经济增速下行过程中，扩大财政支出是拉动国内需求、托底中国经济增长的重要逆周期宏观政策调控手段。由于基础建设投资投入大，具有更好的拉动效应，采取扩张性的财政政策，其最重要的落脚点依然是基础设施领域的投资。

经济增速放缓导致财政收入紧缩与提振需求所需要的扩张性财政政策彼此矛盾。在扩大投资规模的同时，提高投资效率，利用有限的财政资源，最大限度地为经济增长提供动力显得尤为重要。增量资本产出率（Incremental Capital - Output Ratio，ICOR）是衡量增加一单位总产出所需要的资本增量，用简单的公式表示为 ΔK/ΔY，即 GDP 增长 1% 所需投资总值占 GDP 总值的比重。增加产出所需的投资越低越好，亦即增量资本产出率越小，投资效率则越高。

统计数据反映投资情况的指标主要有两个，分别是全社会固定资产投资和固定资本形成总额，两者在内涵上的主要区别在于全社会固定资产投资包括土地购置费、旧设备和旧建筑物购置费。考虑到固定资本形成总额能够更准确地测量我国可再生资本、新增资本的变化情况，此处对投资的估测使用“资本形成总额”这一指标。

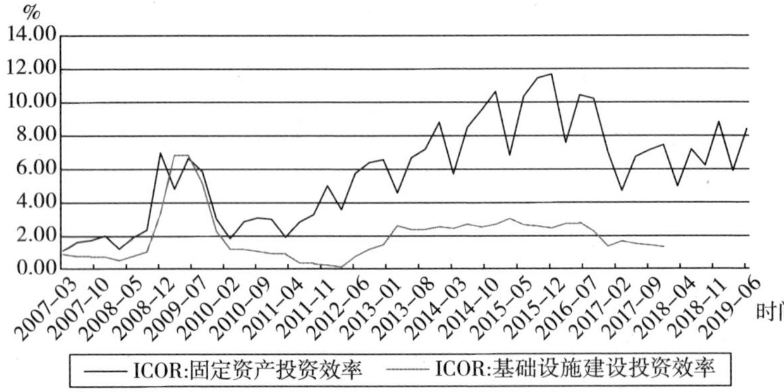

图 14－8　固定资产和基础设施建设投资的增量投资效率

从图 14－8 中可以看到，我国固定资产投资的 ICOR 指标在近年有所下降，表明投资效率有所提高。其中 2019 年第一季度固定资产投资的 ICOR 为 6.0 左右，而与财政支出联系较为紧密的基础设施建设投资也呈现了类似的趋势，2016 年以来，基础设施建设投资的 ICOR 效率有所提升，其中2017年第四季度的ICOR值为1.43。一般的统计结构表明，发达经济体的投资效率ICOR值约为11.4，中上收入经济体的投资效率指数为8.0，根据世界银行的标准，中国约1万美元的国民收入水平属于中上收入水平。因此，通过简单的计算可知，我国目前增量投资效率水平约为6.0，实际上略好于同等收入水平的经济体。①

财政投资的使用效率不仅有量的关系，也在质方面存在偏差，导致资源错配和财政资金的低效使用和浪费。充分发挥财政投入在宏观经济调控和促进经济转型发展过程中的作用，应当有必要细化财政资金使用政策，加强项目的前期审核和中间管理，防止“一哄而上”和“半拉子”工程，同时规范地方专项债项目融资的政策，明确可使用专项债资本金融资的项目范围，并做好资本金项目的监管。2020年5月，国务院公布了《政府投资条例》，明确了政府投资概念、范围、决策程序、投资年度计划、项目实施、监督管理和法律责任，在维持我国现行政府投资管理体制基础上，进一步规范了政府投资行为。落实《政府投资条例》相关规定，将有助于提高政府投资效率，化解宏观政策运用过程中的风险。

（二）政府债务规模

受经济发展的推动以及宏观经济调控政策需要，我国政府负债的债务规模近几年逐渐扩大。根植于我国现有财政体制，在我国各类政府性债务中，地方政府的债务问题尤为突出。中国地方政府债务风险问题已成为中国经济运行中需重点关注的金融风险因素之一。虽然与世界主要发达国家相比，目前我国的总体政府债务水平并不高，但地方政府性债务水平已处于相对较高水平，且仍有部分模糊较难界定的隐性债务存在。

按照政府层级划分，我国政府债务可以分为中央政府债务和地方政

---

① 由于受疫情冲击影响，2019年四季度和2020年ICOR计算值波动幅度异常大，不能反映趋势性变化，不在此处展开讨论。

府债务，而从偿还责任的强弱划分，可分为直接债务和或有债务。但是，我国目前的财政体制决定了其所衍生的政府债务涉及的内容和类别较为复杂，不同政府部门对政府债务的统计口径也有差异，因此对其规模的统计标准还没有统一，具体统计数值也可能不尽相同。

根据财政部的统计口径，我国政府债务由直接债务和担保债务两部分构成。前者是指确定由财政资金偿还、政府负有直接偿债责任的债务，如政府债券。后者则是指因政府部门和机构提供直接或间接担保，当债务人无法偿还债务时，政府在必要时根据情况负有一定连带偿还责任的债务，即通常所谓的“或有债务”。因此，在2015年新《预算法》实施之后，我国地方政府的“或有债务”仅是指地方政府为使用外国政府或国际经济组织贷款进行转贷的担保债务，除此以外不存在任何其他或有债务。

1. **中央政府债务**

在我国当前财政体制之下，中央政府的举债制度相对比较规范，其债务规模的统计也较为清晰。从内容上来看，中央政府负债主要有两部分：一是纳入预算管理的中央政府负债，主要包括由中央财政资金偿还的国债债券、国际金融组织和外国政府贷款等；二是虽然未纳入预算管理，但应由中央政府承担的债务，涉及的具体门类较多，主要包括中央部门及所属单位负责偿还的外债，以国家重大工程建设基金偿还的工程建设贷款等，目前主要为中国铁路总公司的负债、中央汇金公司发行的政府性支持机构债务以及其他中央或有政府性外债。

（1）直接债务

目前，关于中央政府负债公开的确切数据仅有中央财政债务余额情况，但考虑到其占整个中央政府负债的比重较高，其增速可以大体反映后者的变化情况。从增长速度看，2009年以来中央财政债务余额的平均增速达到11.3%，与同期10.9%的GDP名义增速大致持平。但随着我国经济进入新常态，增速开始向下调整，财政政策转向更为积极，我国中央财政赤字逐年增加，也导致中央财政债务余额保持了较快的增长速度。截至 2019 年底，我国中央直接政府性债务，即中央财政国债的余额达到 16.8 万亿元（见图 14－9），具体包括内债余额 16.6 万亿元，外债余额 2005.9 亿元。2020 年，中央直接政府性债务上升为 20.9 万亿元，同比增长 24.3%。

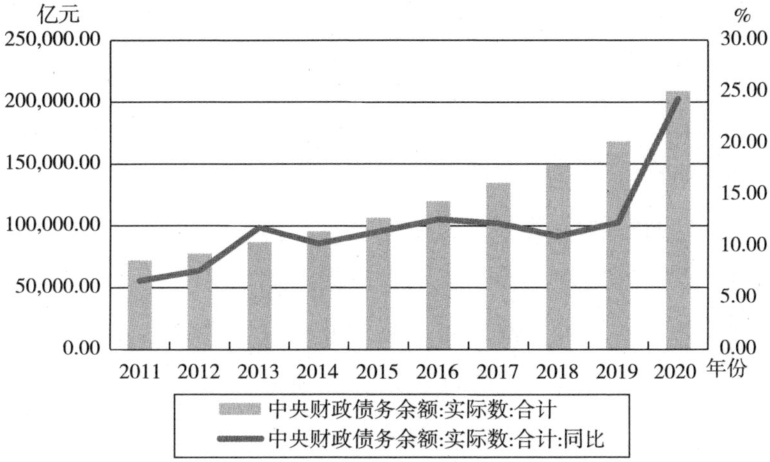

图 14－9　我国中央财政债务余额同比变化

（2）间接债务

中央或有政府性债务包括中央或有财政债务，以及中央或有部门及所属单位的债务。目前主要包括原中国铁路总公司的负债、中央汇金公司发行的政府性支持机构债以及其他中央或有政府性外债。根据相关财务报告，截至 2018 年，原中国铁路总公司的负债规模为 5.21 万亿元。而根据 2019 年和 2020 年两年中国国家铁路集团财务报表，其负债规模分别达到了 5.49 万亿元和 5.71 万亿元。此外，2019 年和 2020 年通过中央汇金公司发行的政府支持性债券分别为 960 亿元和 1090 亿元。

根据国家外汇管理局公布的数据，截至 2019 年底，我国广义政府性外债包括债务证券和贷款共计 2709 亿美元，约合人民币 18901 亿元，这部分广义政府性外债包括三部分：中央直接政府性外债、地方政府负有偿还责任的地方外债以及中央政府或有外债。其中地方外债规模较小，广义政府性外债去除中央财政负责偿还的中央外债2005.3亿元，其余约为中央或有外债1.69万亿元。类似的，2020年，中央或有外债约为2.21万亿元。因此，2019年和2020年我国中央政府或有债务三项合计分别约为7.28万亿元和8.03万亿元。

2. **地方政府债务**

我国地方政府性债务最早发生在1979年，此后各地开始陆续举债。1997年以来，随着我国经济社会发展的逐步提速以及地方财力事权不匹配现象的加剧，地方政府性债务呈快速扩张态势。

在我国当前财政体制下，相比中央政府债务，长久以来地方政府所负债务的构成较为复杂，界定也较为模糊。财政部统计口径和审计署债务审计口径对地方政府债务采用不同的分类。从内容上看，地方政府负债主要包括：地方政府的债务性收入，准地方政府债务、地方政府的欠款和挂账，以及地方政府担保的债务和社会性债务。

在中国现阶段，构成地方政府债务主体的是地方政府（含政府部门和机构）、经费补助事业单位、公用事业单位、融资平台公司等为公益性（基础性）项目建设直接借入、拖欠或因提供担保、回购等信用支持形成的债务，以及地方政府（含政府部门和机构）为竞争性项目建设直接借入、拖欠或因提供担保、回购等信用支持形成的债务。根据财政部的统计口径，其中，因直接借入、拖欠形成的债务为直接债务；因提供担保、回购等信用支持形成的债务为担保债务。

2015年1月1日，新预算法正式施行之后，我国地方政府债务的构成包括两部分：一是地方政府债券，具体包括2014年以前发行的各种财政部代发代还、自发代还、自发自还试点地方债，以及2015年以来发行各类新增地方债和置换地方债；根据新预算法的规定，地方政府债券是未来地方政府唯一合法的举债途径。二是以非政府债券形式存在的存量政府债务，即2014年12月31日之前地方政府通过融资平台以各类贷款、债券、信托等方式所形成的经过审计和甄别以后确定归属于地方政府负有偿还责任的债务。

2016 年 10 月，《国务院办公厅关于印发地方政府性债务风险应急处置预案的通知》（国办 88 号文）对地方政府的债务进行了进一步的分类。地方政府债务主要包括三类，一类债务指的是地方政府发行的一般债券、专项债券以及清理甄别认定的 2014 年年末非政府债券形式存量政府债务。二类债务指的是清理甄别认定的 2014 年年末地方政府存量担保债务。三类债务指的是清理甄别认定的 2014 年年末地方政府存量救助债务。其中，一类债务即直接债务，二三类债务则为或有债务。

（1）直接债务

地方政府直接债务是指地方政府在任何情况下都必须承担直接偿还责任的债务。具体包括，地方政府及其职能部门及机构、有财政经常性拨款的事业单位等直接借入或拖欠形成的债务，以及地方政府及其职能部门及机构成立的公司为进行基础性、公益性建设以政府信用直接借入形成的债务。

地方政府的直接债务包括一般债务和专项债务（见表 14－1）。地方政府的一般债务是指没有对应收入来源的债务，如用于义务教育、卫生防疫和疾病控制等举借的债务。地方政府的专项债务则是指有对应经营性收益或制度性收入来源的债务，如由交通部统借统还建设的高速公路（不包括企业化运作的部分）、用土地出让金作为还款来源的城市基础设施项目、高等院校和医院等事业单位质押收费权举借的债务等。

表 14－1　地方政府直接债务的分类

地方政府债务	分类项目
地方政府一般债务	地方政府一般债券 地方政府负有偿还责任的外债 已甄别清理的截至 2014 年 12 月 31 日的非以地方政府债券形式存在的存量一般债务
地方政府专项债务	地方政府专项债券 已甄别清理的截至 2014 年 12 月 31 日的非以地方政府债券形式存在的存量专项债务

财政部于2016年公布了《地方政府专项债务预算管理办法》《地方政府一般债务预算管理办法》，这两个办法中对地方政府债务余额进行了清晰界定。我国地方直接政府性债务为地方政府债务余额，截至2018年年底，我国地方政府债余额为18.38万亿元，其中地方政府一般债务余额为10.99万亿元，地方政府专项债务余额为7.39万亿元。2019年，我国地方债务余额上升为20.1万亿元，2020年更是上升到25.7万亿元。

（2）或有债务

地方政府债务风险仍需警惕。2018年，地方政府隐性债务风险得到有效控制，但地方政府整体债务总规模依然庞大。2018年，显性债务发行规模为新增21800亿元，增速达到13.5%，政府表内支付利息约为7345亿元，增速达17.1%，约为同期财政收入增速的2.75倍。债务利息的迅速增长对未来的财政保障能力和服务提供能力形成了压力。

第一，构成。根据审计署的审计口径，地方政府或有债务主要包括两部分：政府负有担保责任的债务和政府可能承担一定救助责任的债务。①地方政府负有担保责任的债务是地方政府因提供直接或间接担保，在债务人无法偿还债务时，政府负有连带偿债责任的债务。具体包括地方政府及其职能部门或机构、有财政经常性拨款的事业单位等依据合同提供担保形成的债务，以及地方政府及其职能部门或机构成立的公司为进行基础性、公益性建设以政府信用依法提供担保形成的债务。②地方政府救助责任债务则是指由地方政府融资平台公司、经费补助事业单位和公用事业单位为公益性项目举借，由非财政资金偿还，且地方政府未提供担保的债务（不含拖欠其他单位和个人的债务）。政府在法律上对该类债务不承担偿债责任，但当债务人出现债务危机时，政府可能需要承担救助责任。

我国地方政府或有债务中主要是由各地的融资平台举债形成。所谓地方融资平台，是指由地方政府部门、机构及所属事业单位通过财政拨款或注入土地、股权等资产设立，具有承担公益性、基础性项目投融资功能，拥有独立法人资格的企业法人。地方政府融资平台主要表现形式为地方城市建设投资公司（即所谓“城投公司”），其名称可以是某城建开发公司、城建资产经营公司等。

融资平台公司政府性债务的内容包括：融资平台公司为公益性、基础性项目建设举借的债务；融资平台公司为竞争性项目举借，且由政府部门提供担保的债务；融资平台公司为公益性、基础性项目建设提供担保形成的债务（不包括已作为被担保人直接债务反映的债务）。

2015 年新预算法正式实施后，正式确立授予省一级地方政府发行政府债券进行举债融资的权限，地方政府举债一律采取在国务院批准的限额内发行地方政府债券方式，地方政府债券成为地方政府举债融资的唯一合法形式，而融资平台发行的债券在法律意义上仅作为地方国有企业的自有债务。

第二，规模。随着当前相关政策规范的出台以及债务置换等操作，地方政府债券实行了预算管理、限额管理、风险预警、应急处置等一系列严格的管理制度，其总体构成和规模相对公开透明，《国务院关于加强地方政府性债务管理的意见》（国发〔2014〕43 号）发布以后，地方政府债券大量发行，地方政府举债融资已经明显规范，财预 50 号文的重点更多的在融资担保行为。因此目前对我国政府债务风险的分析主要集中于地方政府的“或有债务”问题上。就当前我国地方政府或有债务规模，各方有着不同的估计。

审计署 2013 年底摸底调查的数据显示，2007 年以来，全国各级政府负有担保责任的债务由财政资金偿还的比率在 9.95% ~19.13%，负有救助性责任的债务由财政资金偿还的比率在 4.83% ~14.64%，因此参考之前数据，将由财政资金偿还的或有债务的比例确定为 20%，并以此计算地方政府实际负有偿还责任的或有债务的规模是较为合理的，这也是 2013 年 6 月审计署匡算的平均代偿率。

根据 Wind 数据统计，2018 年底和 2019 年上半年，我国地方国有企业（包括地方融资平台与非平台类国有企业）总体负债分别为 61.3 万亿元和 69.2 万亿元。按照 20% 的政府财政偿还比例计算，计入地方政府实际债务统计的规模分别为 12.3 万亿元和 13.8 万亿元。但目前，地方融资平台的债务规模缺乏相应的数据，因此，粗略地沿用 2019 年上半年的数据作为近年的估计值。

近年 PPP 模式发展较快，逐渐成为地方政府发展基础设施建设提供公共服务的重要形式。43 号文规定，鼓励社会资本通过特许经营等方式，参与城市基础设施等有一定收益的公益性事业投资和运营，政府可通过特许经营权、合理定价、财政补贴等事先公开的收益约定规则，使投资者有长期稳定收益。同时，政府不承担投资者或特别目的公司的偿债责任。但 PPP 项目的具体落实操作过程中存在地方政府部分项目刻意规避管理要求等不规范行为，随之而产生的变相融资为地方政府带来潜在支出风险。

按照支付方式划分，PPP 项目可分为政府付费、使用者付费和可行性缺口补助，使用者付费不涉及政府债务。其中，政府付费以及部分可行性缺口补助两种类别因政府需承担未来支出责任，形成或有债务。由于目前可行性缺口补助中政府投入的比例无法确定，加上当前 PPP 项目落地率较低，因此这类可能涉及的政府投入暂不计入地方政府或有债务。根据财政部数据，截至 2018 年年底，全国入库的 PPP 项目中，政府付费项目 4461 个，投资 4.33 万亿元，而到 2019 年，这一数据分别达到了 4215 项以及 4.04 万亿元。2020 年分别为 4432 项和 4.1 万亿。

表 14－2　当前中国政府性债务规模　　单位：万亿元

2019 年			
	直接债务	或有债务	合计
中央政府性债务	16.8	7.3	24.1
地方政府性债务	20.1	17.8	37.9
合计	36.9	25.12	61.0

续表

2020 年			
	直接债务	或有债务	合计
中央政府性债务	20.9	8.0	28.9
地方政府性债务	25.7	18.0	43.7
合计	46.6	26.0	72.6

由表 14 – 2 可知，受疫情影响，2020 年我国直接债务同比增长 26.3%，其中中央政府直接债务同比增长 24.4%，地方政府直接债务增长 27.9%。估算得到的或有债务略有增长，同比上升 3.5%。

从结构上看，我国政府债务规模整体偏高，且地方政府存在较大规模的隐性债务。纳入或有债务之后，2019 年我国负债率约为 61.8%，超过了 60% 的警戒水平。2020 年这一数据进一步上升，达到 71.7%。另外，从全国来看，2019 年和 2020 年或有债务占全部债务的比重为 39.5% 和 35.8%，比重有所下降；其中，地方政府或有债务的占比则分别为 47.0% 和 41.2%，下降较为明显，中央政府的或有债务占比略有下降。目前，接近 50% 的地方或有债务水平，加上目前我国一些地区的平台类机构仍然存在债务率高企、期限严重错配等问题，长期依靠借新还旧来维持运行，部分平台已经开始要求展期。在经济下行、房地产价格预期持续低迷或下降的背景下，许多过度依赖土地出让收入作为还债重要资金来源的地方债务违约风险会加大。

四、政策建议

（一）扩大积极财政助推经济增长

在经济下行环境下，积极有效的财政政策必须主动发挥财政在国家治理中的基础和重要支柱作用，相机抉择，增强财政政策的预见性和预防性，要抓住关键环节、关键问题，精准发力、对症下药，达到“四两拨千斤”的效果。一方面，为应对经济转型时期经济下行的压力，通过适当扩大赤字率，在合理管控风险的同时，合理扩大债务投放等方式，扩大财政投入规模，提高资金使用效率，“提质增效”，加大在经济发展和社会民生的短板领域的投资，充分发挥财政政策对内需的带动作用；另一方面，积极财政也需要继续推行减税降费等措施降低企业经营成本增加居民可支配收入，切实为企业和百姓“减负”，释放企业投资和社会消费的活力。

（二）推进落实财税制度改革

首先，科学合理划分中央与地方财政事权和支出责任。中央与地方财政事权和支出责任划分改革涉及众多领域。建立规范透明、标准科学、约束有力的预算制度，全面实施绩效管理。

其次，深化税收制度改革，聚焦支持实体经济发展等实施减税降费，逐步提高直接税比重，加快健全地方税收体系。

最后，财政政策既要服务于短期宏观调控，又要契合我国从注重经济增速转向注重发展质量的要求，这一要求进一步理顺了财税体制，引导更多资源流向，加大对经济社会发展重点领域、重点地区、重点改革、重点项目的财政支出力度。

（三）防范政府债务风险累积

首先，要坚持举债同偿债能力相匹配，强化地方政府债务限额管理和全口径监测，着力完善金融基础设施，强化监管和服务能力，确保地方债务风险总体可控、压力总体可负担的原则。

其次，要推进有序改善债务分布和杠杆“转表”，在适度增加政府债务的同时，战略性地调整企业债务，并维护家庭债务水平的基本稳定，坚持优化债务投资的基本方向。

最后，要保持政策和债务的适度性，既要适当地扩大“信用”或“刚兑”空间，以提升融资能力和条件，满足投资和展期的需要，也要有效约束政府信用和金融信用的滥用，避免资金使用过程中的“道德风险”和“逆向选择”，确保专项债券额度的合法、合理使用，不得用于土地储备和房地产相关领域，不得用于置换债务以及可完全商业化运作的产业项目，稳妥处理地方政府债务风险。

（四）增源节流缓解地方财政压力

指导监督地方加强财政收支预算管理，及时采取必要的防范化解措施，确保地方财政运行平稳。

首先，督促地方压减一般性支出。在落实政府工作报告明确的压减一般性支出5%的要求基础上，进一步加大压减力度，力争达到10%以上，节省下来的资金优先用于落实保工资、保运转、保基本民生等支出。

其次，指导地方多渠道筹集资金弥补减收。地方财政部门可结合本地实际，统筹采取调入预算稳定调节基金、提高国有资本经营预算调入一般公共预算比例、盘活存量资金和国有资源资产等方式筹集资金，努力实现预算收支平衡。

最后，适当加大加快对地方转移支付力度。为支持地方财政平稳运行，2020年中央财政安排对地方转移支付7.54万亿元，比上年增长9%，是近年力度最大的。在分配均衡性转移支付、县级基本财力保障机制奖补资金时，向基层财政困难地区和受减税降费影响较大的地区倾斜，增强这些地区的财政保障能力。

（五）提高政府财政投资效率

首先，加强预算约束，控制政府投资总量，对项目的总投资额做出限制，提高财政政策使用的预算约束，从源头上控制政府项目投资规模。

其次，决策审批环节统一明晰，明确政府投资项目决策程序，统一审批环节。防止出现“半拉子”工程。按照“资金跟项目走”的要求，专项债额度向手续完备、前期工作准备充分的项目倾斜。各地和有关部门要加强项目储备，项目必须有收益，要优选经济社会效益比较明显、群众期盼、迟早要干的项目，同时也要防止一哄而上，确保项目建设取得实效。

最后，规范政府投资的领域和范围，明确界定政府投资边界，坚持以非经营性项目为主要投资领域，服务社会公益、社会民生、公共服务、国家安全等领域。另外，加强事前监督与事后究责相结合，对于违反财政规范、金融秩序的行为追究行政和法律责任。

参考文献

[1][美]保罗·萨缪尔森,威廉·诺德豪斯. 经济学(第18版)[M]. 北京:人民邮电出版社,2008.

[2][日]池田信夫. 失去的二十年:日本经济长期停滞的真正原因[M]. 胡文静译. 北京:机械工业出版社,2015.

[3][日]大野健一. 学会工业化:从给予式增长到价值创造[M]. 陈经伟译. 北京:中信出版社,2015.

[4][美]德隆·阿西莫格鲁. 国家为什么会失败——权力、富裕与贫困的根源[M]. 长沙:湖南科学技术出版社,2015.

[5]杜秦川. 从各国长期阶段性减速推算2050年中等发达国家标准[J]. 中国经贸导刊(理论版),2017(17).

[6]范必. 供给侧改革应着重打破供给约束[J]. 宏观经济管理,2016(6).

[7]方晓霞. 日本九州半导体产业集群的发展与借鉴[J]. 中国经贸导刊(中),2020(6).

[8]高帆. 如何理解和挖掘我国超大规模市场优势[N]. 社会科学报,2020-03-12.

[9]高祖贵. 世界百年未有之大变局的丰富内涵[N]. 学习时报,2019-01-21.

[10]辜朝明. 大衰退:宏观经济学的圣杯[M]. 喻海翔译. 北京:东

方出版社,2016.

[11]国务院发展研究中心,世界银行. 创新中国:培育中国经济增长新动能[M]. 北京:中国发展出版社,2019.

[12][德]克劳斯·施瓦布. 第四次工业革命:转型的力量(第1版)[M]. 北京:中信出版社,2016.

[13]李录. 文明、现代化、价值投资与中国[M]. 北京:中信出版社,2020.

[14]刘树成,李实. 对美国"新经济"的考察与研究[J]. 经济研究,2000(8).

[15]柳卸林,高太山. 中国区域创新能力报告(第1版)[M]. 北京:知识产权出版社,2015.

[16]马国川. 国家的歧路:日本帝国毁灭之谜[M]. 北京:中信出版社,2020.

[17]美国国家科学基金会. 成功的工业创新[Z]. 1969.

[18][美]乔治·吉尔德. 财富与贫穷[M]. 上海:上海译文出版社,1985.

[19]《人民日报》署名文章:五问中国经济——权威人士谈当前经济形势[EB/OL]. http://www.xinhuanet.com/politics/2015-05/25/c_1115402529.htm.

[20]石光. 中美科技脱钩的可能与应对[J]. 财经,2020(19).

[21][日]石原享一. 战后日本经济的成败启示[M]. 肖燕,梁憬君译. 北京:世界图书出版社,2018.

[22][美]斯坦利·L. 恩格尔曼,罗伯特·E. 高尔曼. 剑桥美国经济史(第二卷):漫长的19世纪[M]. 北京:中国人民大学出版社,2008.

[23]王一鸣. 中国经济新一轮动力转换与路径选择[J]. 管理世界,2017(2).

[24]魏礼群. 坚定不移走改革开放之路——我国改革开放40年回顾与前瞻[J]. 行政管理改革,2018(12).

[25]文一．伟大的中国工业革命:“发展政治经济学”一般原理批判纲要[M].北京:清华大学出版社,2016.

[26]吴金希,松野丰,孙蕊等.借鉴与转型——中日产业政策比较研究[M].北京:清华大学出版社,2016.

[27][日]西野智彦.日本的迷失·前夜:1992—1995[M].兴全基金管理有限公司译．北京:中信出版社,2017.

[28]习近平.决胜全面建成小康社会　夺取新时代中国特色社会主义伟大胜利——在中国共产党第十九次全国代表大会上的报告(第1版)[M].北京:人民出版社,2017.

[29]习近平.推动形成优势互补高质量发展的区域经济布局[J].求是,2019(24).

[30]肖刚.中国资本市场变革[M].北京:中信出版社,2020.

[31]萧琛．论美国的“新经济”和“新周期”[J].世界经济与政治,2000(4).

[32]徐静波.日本如何转型创新——徐静波讲演录[M].北京:华文出版社,2020.

[33]张季风.日本经济结构转型:经验、教训与启示[M].北京:中国社会科学出版社,2016.

[34]张军扩．坚定不移深化市场化改革　不断在关键性基础性重大改革上突破创新[EB/OL].https://www.thepaper.cn/newsDetail_forward_8154383.

[35]赵昌文,许召元等．新工业革命背景下的中国产业升级[M].北京:北京大学出版社,2020.

索　引

A

艾哈德　188

C

财税制度改革　354

财政政策　73

财政政策调控　359

产业改造升级　96

产业结构　4

产业链集群　116

产业升级　13

产业政策　22

产业转型　20

产业转型升级　20

产学研深度融合　117

产学研协作　117

创新产出　30

创新合作　113

创新能力　3

创新驱动　3

城乡二元经济　297

赤字率　261

D

大宗商品　279

德国工业 4.0　157

动力转换　48

动力源　23

动能转换　3

地方债务　248

底线思维　36

F

非公有制　61

风险叠加　263

弗莱堡学派　187

负面清单　39

G

岗位边际调整 299

改革新思维 26

公共财政支出 364

供给侧结构性改革 3

供给体系 3

供给过剩 264

供应链体系 35

供需转变 296

工业革命 47

固链补链强链 116

官产学研一体化 183

国际资本市场 315

国际收支平衡 256

国家治理体系 243

国企改革 354

H

宏观调控政策工具 244

宏观政策协调 249

混合动力 126

货币政策改革 311

货币政策传导 278

货币政策工具 247

货币政策转型 332

J

基础研究 13

激励管理 110

基建投入 366

基准利率 317

基准收益率曲线 341

技术创新 20

技术创新体系 32

技术跃迁 23

价格型货币政策 315

减税降费 250

僵尸企业 21

降本增效 24

结构性矛盾 26

结构性变革 246

就业优先 250

金融科技 35

经济下行 55

金融市场体系 322

K

科技创新 3

科技创新环境 182

科技成果 13

L

劳动力市场 119

老龄化 3

利率传导机制 321

利率市场化改革 311

利率走廊 321
利润上缴 369
两个大局 52
领跑思维 36

M
美日贸易摩擦 150
民生支出 364

N
内需潜力 59
内需市场 60
逆周期调节 241

O
欧肯 187
欧债危机 157

P
泡沫破裂 209
培育新动能 12

Q
全要素生产率 7
去产能 115

R
人力资本 3
人才支撑体系 111
人民币汇率 257

S
“三新”经济 5
社会市场经济模式 157
生产率提升 6
生产效率 17
生产要素 12
生产性服务业 34
实际利率 246
实体经济 18
市场化改革 38
市场机制 53
市场预期 60
市场准入 20
数字化转型 34
数字货币 312
数量型货币政策 312
顺周期 248

T
体制机制 13
体制机制改革 28
体制机制障碍 21
投入产出效率 127

W

微观主体活力　8
稳就业　55

X

细节管理　217
系统性风险　243
现代产业体系　27
消费价格指数　254
消费升级　13
消化吸收再创新　88
协调发展　79
新常态　3
新动能　3
新旧动能转换　3
新兴产业　5
需求侧　30

Y

要素成本　73
要素市场化改革　38
要素投入　8
研发经费　13
研发投入　5
营商环境　47
预算软约束　324

Z

增长陷阱　67
债务风险　248
债券市场　260
政府性债务　371
政府作用　25
制度环境　25
质量技术标准　115
政策体系　29
政策演变　44
知识产权保护体系　112
秩序自由主义　187
制造业回流　25
中等收入群体　46
中等收入陷阱　6
重点群体就业保障　306
中美经贸摩擦　4
中央财政收入　361
中央银行　251
中央政府债务　371
周期性波动　246
资本市场　33
资产泡沫　210
资源配置　13
自主创新驱动　153
总需求　243
专项债　248

后　记

本报告在2018—2020年中国国际经济交流中心（简称国经中心）宏观经济研究课题组的系列研究成果的基础上形成。该课题组的研究人员在常年跟踪我国宏观经济形势的过程中，以前瞻性的视角，横纵结合，深入剖析我国重点领域的热点问题，采用结构化分析的方法，找出当下我国"十四五"时期经济与社会发展的症结与矛盾，对未来如何实现社会主义现代化的目标，提出深化改革与开放的举措。本报告具有战略性、系统性、前瞻性、针对性和实用性，体现了国经中心"同享人类智慧，共谋人类发展"的宗旨。

本报告的课题指导为国经中心副理事长朱之鑫同志，他曾任国家统计局局长、国家发展改革委副主任和中央财经领导小组办公室主任，在我国宏观经济政策领域有着丰富的工作经验和深刻认识，对本书的新旧动能转换、新动能培育和宏观调控政策工具等核心议题的研究进行了指导，并审改书稿。国经中心常务副理事长、执行局主任张晓强同志，副理事长王一鸣同志，总经济师陈文玲同志也指导了本课题的研究，并对本书的写作提出了修改意见。同时，在历时3年的研究过程中，邱晓华、张宇贤等专家学者对本课题的研究也提出了宝贵且富有价值的建议。

本报告的研究人员主要由国经中心宏观经济部的研究人员组成，也包括了其他研究机构的学者。中国经济出版社的贺静编辑等为本报告的出版付出了巨大心血。在此，对大家的辛勤付出表示由衷的感谢！同时欢迎读者对报告的疏漏给予指正。

中国国际经济交流中心宏观经济研究课题组

2022 年 1 月 21 日